Desenvolvimento em turismo:

temas contemporâneos

Outros títulos da coleção turismo contexto:

A alma do lugar
Eduardo Yázigi

Criatividade em eventos
Francisco Paulo de Melo Neto

Desenvolvimento em turismo: temas contemporâneos
Douglas G. Pearce e Richard W. Butler (org.)

Ecoturismo: uma introdução
David A. Fennell

Fundamentos de planejamento e marketing em turismo
Ernesto Melgar

A pequena hotelaria e o entorno municipal
Eduardo Yázigi

Política de turismo e território
Rita de Cássia Cruz

Planejamento turístico
C. Michael Hall

A produção do saber turístico
Marutschka Moesch

Psicologia do turismo
Glenn F. Ross

Supervisão e liderança em turismo e hotelaria
Lynn Van Der Wagen e Christine Davies

Turismo – uma introdução
Ray Youell

Turismo e civilização
Luiz Gonzaga Godoi Trigo

Turismo e paisagem
Eduardo Yázigi (org.)

Turismo e patrimônio cultural
Jaime Pinsky e Pedro Paulo Funari (orgs.)

Turismo investigação e crítica
Susana Gastal (org.)

Turismo rural
Adyr Balastreri Rodrigues (org.)

Turismo urbano
Antonio Carlos Castrogiovanni (org.)

Douglas G. Pearce
Richard W. Butler
(Orgs.)

Desenvolvimento em Turismo:

temas contemporâneos

Tradução
Edite Sciulli

Preparação de originais
Sandra Regina de Souza

Revisão
Vera Quintanilha

Diagramação
Fábio Amancio

Projeto de capa
Antonio Kehl

Imagem de capa
Quadro sem título, Alfredo Liberman (acervo de Carla Pinsky)

Dados Internacionais de Catalogação na Publicação (CIP)
(Câmara Brasileira do Livro, SP, Brasil)

Pearce, Douglas G.
Desenvolvimento em turismo: temas contemporâneos / Douglas G. Pearce, Richard W. Butler (orgs.); [tradução de Edite Sciulli]. – São Paulo : Contexto, 2002. – (Coleção Turismo Contexto)

Título original: Contemporary Issues in Tourism Development.
Vários colaboradores.
Bibliografia.
ISBN 85-7244-197-2

1. Desenvolvimento sustentável. 2. Ecoturismo. 3. Impacto ambiental – Estudos. 4. Turismo. 5. Turismo – Administração. 6. Turismo – Planejamento. I. Pearce, Douglas G. II. Butler, Richard W. III. Série.

02-1170 CDD-338.4791

Índices para catálogo sistemático:
1. Desenvolvimento sustentável: Turismo: Economia 338.4791
2. Turismo: Desenvolvimento sustentável: Economia 338.4791

2002

Todos os direitos desta edição reservados à
EDITORA CONTEXTO (Editora Pinsky Ltda.)
Diretor editorial *Jaime Pinsky*
Rua Acopiara, 199 – Alto da Lapa
05083-110 – São Paulo – SP
PABX: (11) 3832 5838
FAX: (11) 3832 1043
contexto@editoracontexto.com.br
www.editoracontexto.com.br

Sumário

Figuras ____ 7
Tabelas ____ 8
Colaboradores ____ 9

Introdução: temas e abordagens ____ 11
Douglas G. Pearce

Temas teóricos para o futuro desenvolvimento do turismo: identificando a agenda ____ 25
Graham M. S. Dann

Análise do turismo comunitário: fazendo as perguntas certas ____ 47
Philip L. Pearce e Gianna Moscardo

Acadêmicos e praticantes do turismo: atravessando a grande fronteira ____ 69
Carson L. Jenkins

Problemas e temas da integração do desenvolvimento do turismo ____ 85
Richard W. Butler

Análise de recursos históricos para turismo urbano em cidades européias ____ 105
Myriam Jansen-Verbeke e Els Lievois

A política de desenvolvimento do turismo histórico: Temas emergentes para o novo milênio ____ 135
Linda K. Richter

A proliferação de cassinos e seu papel no desenvolvimento do turismo ____ 157
William R. Eadington

O desenvolvimento do turismo e das organizações nacionais de turismo em pequenos países em desenvolvimento: o caso de Samoa ____ 177
Douglas G. Pearce

Pequenas empresas na indústria do turismo na Região Central de Gana ____ 193
William C. Gartner

O desenvolvimento do turismo sustentável na América do Sul: o caso da Patagônia, na Argentina ____ 215
Regina Schlüter

O turismo e as tribos do Himalaia: em busca de opções de desenvolvimento sustentável para os Botias do Vale Bhyundar ______ 233
Tej Vir Singh e Shalini Singh

Desenvolvimento de turismo e parques nacionais no mundo em desenvolvimento: Parque Nacional da Ilha Cat Ba, no Vietnã ______ 257
Nguyen Thi Son, John J. Pigram e Barbara A. Rugendyke

Avaliação do impacto ambiental para o turismo: uma discussão e um exemplo indonésio ______ 281
Patricia Simpson e Geoffrey Wall

Impacto provocado por turistas coreanos sobre residentes coreanos no Havaí e em Queensland, na Austrália ______ 309
Sang Mu Kim

Figuras

6.1 Temas-chave na revitalização urbana por meio do turismo ___ 106
6.2 Fatores motivacionais para viagens às cidades ___ 113
6.3 Turismo cultural ___ 116
6.4 Seleção de recursos históricos ___ 118
6.5 Cidade histórica de Leuven: índice de posicionamento morfológico de construções históricas ___ 121
6.6 Atração turística de aglomerados históricos numa cidade histórica ___ 123
6.7 A cidade histórica de Leuven: índice funcional e índice de atração turística de aglomerados históricos ___ 123
6.8 Espectro de oportunidades de turismo urbano: o conceito ___ 125
6.9 Modelos de desenvolvimento do espectro de oportunidade turística urbana ___ 126
6.10 Componentes do índice de atração turística ___ 126
6.11 Tipologia de aglomerados históricos ___ 127
6.12 Espaço de atividades do turista ___ 128
6.13 A cidade histórica de Leuven: índice de conscientização turística dos aglomerados históricos ___ 129
9.1 Samoa: distribuição de acomodações (1995) e nomes de lugares ___ 181
9.2 Birô de Visitantes a Samoa (SVB): organograma ___ 185
9.3 Sociedades do Birô de Visitantes a Samoa ___ 187
10.1 Gana: localização e nomes dos países ___ 198
11.1 América do Sul: chegada de turistas em 1996 ___ 220
11.2 América do Sul: receitas de turistas em 1996 ___ 220
11.3 Patagônia: localização, nomes de lugares e parques nacionais ___ 222
11.4 Patagônia: principais destinos turísticos internacionais (porcentagem de chegadas) ___ 228
12.1 O Vale Bhyundar no Garhwal do Himalaia ___ 234
12.2 Uma estrutura para o desenvolvimento ___ 245
13.1 Recursos turísticos do Vietnã ___ 265
13.2 Parque Nacional da Ilha Cat Ba e esboço de locais turísticos ___ 267
14.1 Localização do projeto do Hotel e Refúgio Paradise Beach, em Likupang, Sulawesi do Norte, na Indonésia ___ 294

Tabelas

3.1 Estudo de casos, abordagens etnográficas e qualitativas aos impactos turísticos ____ 53-55
3.2 Pesquisa sobre os relacionamentos entre turismo e comunidade ____ 56-57
3.3 Conclusões finais dos levantamentos bibliográficos selecionados acerca das percepções das comunidades sobre turismo ____ 59-61
3.4 Figuras-chave da teoria de representações sociais ____ 64
6.1 Tipos de destinos turísticos escolhidos pelos europeus em férias, em porcentagem de feriados por país ____ 109
6.2 Principais critérios para a escolha de destinos de férias (relevante para os destinos turísticos urbanos), em porcentagem de respostas ____ 110
10.1 Em que ano esse negócio começou? ____ 200
10.2 Qual é sua atitude a respeito de empréstimos? ____ 201
10.3 O que você faz com os lucros de fim de ano? ____ 201
10.4 Estão empregados aqui amigos, conhecidos ou familiares do(s) proprietário(s)? ____ 202
10.5 É verdade que alguns proprietários de negócios consultam sacerdotes ou sacerdotisas antes de tomar decisões? ____ 202
13.1 Porcentagem de residentes indicando os tipos de contato com turistas em Cat Ba ____ 271
13.2 Impactos do turismo sobre os aspectos da vida comunitária da Ilha de Cat Ba (porcentagem de respondentes) ____ 273
15.1 Chegada de turistas e balança de pagamento (1989–1995) ____ 311
15.2 Razões para viajar ao exterior ____ 312
15.3 Dados atrativos do destino ____ 314
15.4 *Status* dos respondentes, classificados por categoria ____ 314
15.5 Gastos de turistas coreanos internacionais, por categoria ____ 315
15.6 Itens favoritos de compra de turistas coreanos internacionais por categoria ____ 316
15.7 Número de empregados em cada negócio, por categoria ____ 316
15.8 Impacto econômico sobre residentes coreanos ____ 317
15.9 Impacto sociocultural sobre residentes coreanos ____ 317
15.10 Atitude dos residentes para com os turistas coreanos ____ 319
15.11 Impacto provocado pelos gastos dos turistas na renda familiar dos residentes em 1995 ____ 320
15.12 Impacto provocado pelos gastos dos turistas em oportunidades de emprego em 1995 ____ 321
15.13 Fatores de inconveniência avaliados pelos turistas coreanos ____ 322

Colaboradores

Richard W. Butler
School of Management Studies for the Service Sector (Escola de Estudos Gerenciais para o Setor Assistencial), Universidade de Surrey, Guildford, Reino Unido.

Graham M. S. Dann
Department of Travel, Tourism and Leisure (Departamento de Viagens, Turismo e Lazer), Universidade de Luton, Luton, Reino Unido.

William R. Eadington
Institute for the Study of Gambling and Commercial Gaming (Instituto para o Estudo de Jogos e Apostas Comerciais), Universidade de Nevada, Reno, Nevada, EUA.

William C. Gartner
Tourism Center (Centro Turístico), Universidade de Minesota, St. Paul, Minnesota, EUA.

Sang Mu Kim
Department of Tourism Management (Departamento de Gerenciamento Turístico), Universidade de Keimyung, Taegu, Coréia.

Myriam Jansen-Verbeke
Department of Social and Economic Geography (Departamento de Geografia Econômica e Social), Universidade Católica de Leuven, Bélgica.

Carson L. Jenkins
The Scottish Hotel School (Escola de Hotelaria Escocesa), Universidade de Strathclyde, Glasgow, Escócia.

Els Lievois
Department of Social and Economic Geography (Departamento de Geografia Econômica e Social), Universidade Católica de Leuven, Bélgica.

Gianna Moscardo
School of Business (Escola de Negócios), Universidade James Cook, Townsville, Austrália.

Douglas G. Pearce
Department of Geography (Departamento de Geografia), Universidade de Canterbury, Christchurch, Nova Zelândia.

Philip L. Pearce
School of Business (Escola de Administração de Empresas), Universidade James Cook, Townsville, Austrália.

John J. Pigram
Centre for Water Policy Research (Centro de Pesquisa e Política da Água), Universidade de New England, Armidale, NSW, Austrália.

Linda K. Richter
Department of Political Science (Departamento de Ciências Políticas), Universidade Estadual de Kansas, Manhattan, Kansas, EUA.

Barbara A. Rugendyke
School of Geography, Planning, Archaeology and Palaeoanthropology (Escola de Geografia, Planejamento, Arqueologia e Paleoantropologia), Universidade de New England, Armidale, NSW, Austrália.

Regina Schlüter
Centro de Investigaciones y Estudios Turísticos (Centro de Investigações e Estudos Turísticos), Buenos Aires, Argentina.

Patricia Simpson
Department of Geography (Departamento de Geografia), Universidade de Waterloo, Waterloo, Ontário, Canadá.

Shalini Singh
Graduate School of Business and Administration (Escola de Pós-graduação em Negócios e Administração), Ghaziabad, Índia.

Tej Vir Singh
Centre for Tourism Research and Development (Centro de Pesquisa e Desenvolvimento do Turismo), Lucknow, Índia.

Nguyen Thi Son
School of Geography, Planning, Archaeology and Palaeoanthropology (Escola de Geografia, Planejamento, Arqueologia e Paleoantropologia), Universidade de New England, Armidale, NSW, Austrália.

Geoffrey Wall
Faculty of Environmental Studies (Faculdade de Estudos Ambientais), Universidade de Waterloo, Waterloo, Ontário, Canadá.

Introdução: temas e abordagens

Douglas G. Pearce

O turismo continua a se desenvolver, pelo mundo afora, como uma atividade social e econômica significativa. A Organização Mundial de Turismo (WTO) indica que a receita do turismo internacional duplicou no período de 1988 a 1997, elevando-se de 204 para 444 bilhões de dólares (WTO, 1998). As chegadas internacionais cresceram mais devagar, mas em termos absolutos se elevaram de 394 milhões em 1988 para 613 milhões em 1997. Dados menos abrangentes são encontrados no turismo doméstico. Números individuais para países ocidentais demonstram que a experiência do final da década de 1980 e início da década de 1990 variou consideravelmente. Em alguns países, como a França, os feriados domésticos continuaram a crescer; em outros (por exemplo, o Reino Unido, a Alemanha, a Austrália e a Nova Zelândia) apareceram sinais de estagnação ou declínio, em parte como resultado do aumento do turismo externo (Pearce, 1995). Em contraste, o turismo interno aumentava em alguns países em desenvolvimento, à medida que as mudanças de padrão de vida indicavam que as viagens domésticas tornavam-se mais acessíveis para uma fatia maior da sociedade.

Muito do turismo permanece geograficamente concentrado: pouco mais da metade das chegadas internacionais (52%) e da receita (54%) em 1997 foi registrada nos dez principais destinos. Os países da Europa e da América do Norte ainda são as maiores fontes e destinos do turismo internacional, tendo sido recentemente alcançados por outros, especialmente Ásia e Pacífico. A variação das taxas de crescimento foi registrada nessas e noutras regiões do globo, tais como a África do Sul e a América do Sul, onde existem cidades muito freqüentadas e com uma longa tradição de turismo – como Bariloche, na Argentina. Em outras cidades da África ou em algumas ilhas do Pacífico o turismo ainda emerge como forma de desenvolvimento. Enquanto nelas os números podem ainda soar como relativamente insignificantes na escala mundial, localmente sua importância cresce. Como resultado desses padrões e processos, o turismo já está amplamente estabelecido como um setor maior na economia nacional, regional e local de várias partes do mundo, ou se estabelecendo ou sendo promovido como uma opção de desenvolvimento em muitas outras.

O crescimento do turismo foi acompanhado por um aumento significativo de pesquisas e atividades escolares nessa área. Programas, centros e departamentos turísticos multiplicaram-se por todo mundo, as conferências sobre turismo proliferaram e novas publicações sobre turismo apareceram com grande rapidez. É sintomática, nessa tendência, a proliferação de jornais novos e cada vez mais especializados em turismo; entre os que apareceram na década de 1990 estão o *Journal of Tourism Studies* (1990), *Estudios y Perspectivas en Turismo* (1991), *Journal of Travel and Tourism Marketing* (1991), *Journal of Sustainable Tourism* (1993), *Tourism Economics* (1995), *Progress in Tourism and Hospitality Research* (1995), *Journal of International Hospitality, Leisure and Tourism Management* (1997), *Pacific Tourism Review* (1997), *Tourism Analysis* (1997).

O crescimento do número de estudos sobre turismo não se fez acompanhar, necessariamente, de melhoramentos na qualidade das pesquisas realizadas neste campo. Embora tenha havido progresso na última década, muitas das críticas feitas por Dann, Nash e Pearce, em 1988, em termos de grau de sofisticação metodológica e falta de uma sólida base teórica, ainda podem ser aplicadas hoje (Mowforth e Munt, 1998). Existe não apenas uma crescente necessidade de estudar mais o turismo, à medida que aparecem novos assuntos/problemas e a magnitude crescente do significado social, econômico, ambiental e político do setor, como também existe a necessidade de se compreender melhor o fenômeno, chamando a atenção para a qualidade da pesquisa que está sendo feita e como ela pode ser incrementada.

São estes assuntos inter-relacionados o principal enfoque dado pelo v encontro Semestral da Academia Internacional para o Estudo do Turismo, realizado em Melaka, na Malásia, em junho de 1997, em associação com o Ministério da Cultura, Artes e Turismo da Universidade Kebangsaan, Malásia, e do Governo Estadual de Melaka. O tema abordado pelo encontro em Melaka, do qual resultou este livro, foi: "Desenvolvimento do turismo: assuntos para uma nova agenda". A Academia foi estabelecida em 1988 com um número limitado de membros, como um corpo internacional multidisciplinar para "aprofundar a pesquisa escolar e a investigação profissional sobre o turismo, para encorajar a aplicação dos resultados e incrementar a difusão internacional e a partilha de conhecimento do tema". Sob o enfoque de assuntos contemporâneos do desenvolvimento do turismo e as formas de enfatizá-los, a conferência de Melaka realizou quatro encontros anteriores da Academia, que examinaram:

- formas alternativas de turismo (Smith e Eadington, 1992);
- temas metodológicos e conceituais na pesquisa sobre turismo (Pearce e Butler, 1993);

- mudanças no turismo (Butler e Pearce, 1995);
- temas ambientais e comunitários no desenvolvimento do turismo (Cooper e Wanhill, 1997).

Este volume, em particular, combina um enfoque dado a temas contemporâneos no desenvolvimento do turismo com consideração de matérias metodológicas e teóricas fundamentais.

Não se poderia esperar que esta obra tivesse uma cobertura abrangente ou um tratamento exaustivo; nem é isso que se pretende que ela seja. A natureza internacional e multidisciplinar da Academia e dos que contribuíram para este volume disponibiliza, entretanto, um leque de assuntos a serem apresentados a partir de várias perspectivas multidisciplinares (Geografia, Sociologia, Economia, Ciência Política, estudos sobre Turismo) e ilustrados com pesquisas que vão de cenários geográficos de Las Vegas e Leuven, no mundo desenvolvido, até o Vietnã e Gana, no mundo em desenvolvimento. Espera-se que os leitores apreciem tanto a diversidade e o ecletismo da coleção, que chama a atenção pela variedade de temas novos sobre desenvolvimento e pesquisas, quanto a direção e coerência explícitas, que os organizadores e editores da Conferência buscaram como meio de facilitar temas mais abrangentes e conceitos que emergissem dos papéis revisados e selecionados.

O enfoque aqui não é nas cidades mais familiares, bem estabelecidas e de turismo em massa, como as das costas do Mediterrâneo ou dos Alpes Europeus (ver Montanari e Williams, 1995, para uma recapitulação recente). O escopo deste volume centraliza-se na inclusão do material das partes do mundo onde o turismo ainda está se desenvolvendo e das quais há pouca pesquisa já realizada (por exemplo, Goa, Samoa, Vietnã e o Vale Bhyundar, na Índia) e outras regiões, tais como a Patagônia, que têm uma grande tradição de turismo mas acerca das quais existe pouco material escrito [em inglês]. Gartner, por exemplo, demonstra bem claramente, na sua análise Pequenas Empresas (SSES) sobre a região central de Gana, como novos tópicos podem surgir, relativos tanto ao desenvolvimento como à pesquisa que o embasa, durante as tentativas de desenvolver o turismo num novo destino. Ele acha que as teorias clássicas não lidam adequadamente com as SSES e que, para que se compreendam os assuntos relacionados ao desenvolvimento local, devem-se injetar condições culturais na equação. Schlüter, ao contrário, argumenta que muito do que está sendo apresentado na literatura como novo, em termos de ecoturismo, tem seu paralelo em formas de turismo muito mais bem estabelecidas, como na Patagônia. Outros contribuintes adotam uma abordagem explícita muito mais metodológica ou filosófica, considerando diretamente as formas pelas quais as pesquisas de turismo são feitas, como deveriam ser mais bem realizadas e como as abordagens com bases mais teóricas deveriam ser procuradas. Dann defende o desenvolvimento de uma base teórica mais forte para o estudo do turismo e relaciona as maneiras pelas quais ela poderia ser alcançada; enquanto Pearce e Moscardo, na análise que fizeram do trabalho de turismo sobre as relações comunitárias, enfatizam a necessidade de se moldar o enfoque das pesquisas e fazer as perguntas corretas. Jenkins apresenta diretamente uma faixa de temas metodológicos associados à implementação de planos de desenvolvimento do turismo e Jansen-Verbeke e Lievois delineiam alguns dos temas metodológicos associados ao desenvolvimento do turismo sobre herança cultural.

Para se colocarem capítulos individuais no contexto e tornar mais explícitos os temas mais abrangentes, as duas próximas seções delineiam dois conjuntos inter-relacionados de questões: os temas de desenvolvimento do turismo contemporâneo e as abordagens para as pesquisa nesta área.

Temas

Uma pergunta-chave em qualquer discussão sobre desenvolvimento de turismo, que forma a base dos padrões delineados no aumento dos dados WTO acima mencionados e que discorre sobre uma variedade de maneiras nos artigos que seguem, é: Por que o turismo está crescendo e por que o seu desenvolvimento está sendo estimulado? Este assunto pode ser abordado da perspectiva do lado da demanda ou do fornecedor. A demanda ou os estudos de origem reforçam as mudanças nas condições do mercado que afetam a motivação das pessoas para viajar e os fatores que influenciam sua habilidade para tal, aumentando, por exemplo, o tempo de lazer e a renda disponível, a tecnologia aperfeiçoada e a organização de viagens (Pearce, 1995). O lado fornecedor ou pesquisa de destinos – o enfoque das contribuições deste livro – tende a dirigir os benefícios que o desenvolvimento do turismo traz (ou parece trazer) consigo, para considerar o que leva tanto o público como os setores privados a fomentar seu crescimento e de que maneira poderia ser conseguido. Os benefícios do desenvolvimento do turismo já foram amplamente vistos em termos econômicos, como na capacidade de o turismo gerar renda, empregos e lucros corporativos, trazer para o país moeda estrangeira, elevar a receita de taxas e impostos, diversificar a economia e estimular o desenvolvimento regional. Os benefícios ambientais e sociais também foram reconhecidos (Pearce, 1989). À medida que os setores mais tradicionais da economia, primeiramente a agricultura e em seguida a fabricação, têm sofrido pressão para produzir nestes termos, o turismo foi cada vez mais rotulado como alternativa ou complemento potencial numa larga faixa crescente de locais das áreas urbanas às rurais, dos países desenvolvidos aos em desenvolvimento. As diferentes formas pelas quais isso ocorre são bem ilustradas pelas contribuições apresentadas neste volume.

O desenvolvimento do turismo se liga cada vez mais a outros processos. Jansen-Verbeke e Lievois mostram como o desenvolvimento do turismo foi identificado, na União Européia, como uma estratégia para a revitalização urbana. Uma estratégia que está ligada às outras políticas de promoção da conservação de heranças culturais nas cidades históricas da Europa. Essas políticas do lado fornecedor, como esclarece o autor, entretanto, só são possíveis de serem aplicadas pelo interesse crescente em tais dados como conseqüência de uma revitalização cultural mais ampla. Um crescimento semelhante, no turismo voltado a heranças culturais e no número de locais históricos registrados nos Estados Unidos, é apresentado por Richter. O crescimento rápido dessa demanda se atribui a vários fatores, inclusive alienação e saudosismo, enquanto o desenvolvimento de outros locais é visto como uma resposta comunitária à pressão do turismo, que controla o crescimento em um lugar e abre locais alternativos em outro. Num contexto completamente diferente, Eadington explica de que forma o desenvolvimento do turismo foi usado como uma das razões-chave por trás da difusão de cassinos ao longo da década de 1990. Ele argumenta que o jogo nos cassinos:

> Foi legalizado, primeiro, como meio de se alcançarem outros "propósitos mais elevados", como o desenvolvimento do turismo, em parte porque a própria atividade é considerada – especialmente pelos que definem a política – de mérito questionável. Não se encontram justificativas na demanda de jogo por parte do público em geral, mas sim nos benefícios econômicos que se pensa que ocorrem quando o jogo é autorizado.

Se esses benefícios realmente se materializam ou não, especialmente quando os cassinos são abertos em áreas urbanas, é mais discutível, mas até onde o argumento do crescimento do turismo sustentou talvez ilustre o nível de reconhecimento como estratégia de desenvolvimento. O que é claro é que onde essas ligações estão sendo feitas, entre o desenvolvimento do turismo e os outros processos, sejam estes voltados às heranças ou à conservação da natureza, a legalização do jogo ou o desenvolvimento regional precisa de uma pesquisa profunda para explorar as reclamações feitas, e onde se fizer necessária, para contribuir com a implementação das políticas em questão.

Um tema comum nos artigos sobre os países em desenvolvimento é que, enquanto a questão do apoio é reconhecida e a necessidade de mitigar qualquer impacto social, econômico e ambiental adverso é conhecida, "a ênfase é colocada no desenvolvimento" (Schlüter) e "que o desenvolvimento deve ocorrer e ocorrerá" (Simpson e Wall). Assim, os temas aqui se relacionam com as formas de se alcançar o desenvolvimento, enquanto os impactos adversos potenciais são mitigados. Son, Pigram e Rugendyke, por exemplo, discutem o uso de parques nacionais como forma de desenvolver o turismo baseado na natureza, freqüentemente apresentado como uma "forma menos predatória e mais benigna de turismo", mas é digno de nota que a conservação da natureza e o encorajamento do turismo dentro de parques nacionais não necessariamente ou imediatamente andam de mãos dadas, e uma atenção especial deveria ser dada para equilibrar uma função com a outra. Schlüter também indica que, no caso da Patagônia, motivos políticos e territoriais podem estar por trás da criação de parques nacionais e a promoção do turismo nas regiões fronteiriças. Outros colaboradores enfatizam a necessidade de se levar em consideração fatores culturais, seja em termos de organização do envolvimento do setor público no caso de Samoa (Pearce), seja encorajando iniciativas do setor privado em Gana (Gartner), seja como a participação comunitária no Vale Bhyundar nos Himalaias (Singh e Singh).

Ao enfatizar que sejam levados em conta fatores culturais e ambientais, os artigos que tratam dos países em desenvolvimento também chamam a atenção para a necessidade de se considerarem processos de desenvolvimento do turismo e a maneira pela qual diferentes formas de turismo geram diferentes níveis e tipos de impacto (Pearce 1989, 1992a). Esse ponto é abordado em termos gerais por Simpson e Wall e, em seguida, detalhado por outros colaboradores, no contexto de suas áreas de estudo. Schlüter discute quantos modelos de desenvolvimento na América do Sul foram freqüentemente importados e impostos, e defende respostas mais localizadas. O aumento da participação local em geral é visto como desejável, e as formas de analisá-lo e estimulá-lo são descritas em vários locais do mundo em desenvolvimento, nos artigos que tratam de Samoa, Gana, Vietnã e do Vale Bhyundar.

Como já mencionado, o conhecimento dos impactos potenciais ou reais gerados é um fator-chave nas decisões tomadas sobre formas de desenvolvimento adequadas e quanto de turismo é desejável. Pearce e Moscardo demonstram que, embora a avaliação dos impactos provocados pelo turismo seja um componente habitual forte e bem estabelecido da literatura, existe ainda um espaço considerável para se refinarem as técnicas de avaliação, argumentando que isso seria alcançado com mais sucesso se se desenvolvesse uma abordagem teórica mais profunda para o problema. No exame complementar que fazem da prática real utilizada na Indonésia, Simpson e Wall enfatizam não apenas a necessidade de procedimentos adequados à Avaliação de Impacto Ambiental (AIA) para os projetos de desenvolvimento do turismo formulados, mas também o fato de que esses procedimentos devem ser implementados subseqüentemente, em tempo útil e de forma efetiva, se se quiser ter alguma influência sobre seus resultados. O caso estudado por eles em North Sulawesi revela uma brecha considerável entre a teoria e a prática. Kim trata de um novo tema, avaliando os impactos de turistas coreanos sobre os coreanos envolvidos em operações turísticas em dois destinos internacionais, Havaí e Queensland, dando uma nova dimensão à análise da globalização no desenvolvimento do turismo.

Finalmente, muitos dos colaboradores apontam para a necessidade de se levar mais em conta o contexto do desenvolvimento do turismo. Enquanto dados comuns são identificados em termos de processos e impactos, diferenças cruciais também são encontradas entre um lugar e outro. O sucesso do desenvolvimento do turismo, argumenta-se, dependerá de uma apreciação completa dos fatores contextuais e da forma pela qual estes são incorporados ao processo de desenvolvimento. Essa identificação geral é bem-feita por Butler na sua visão sistemática dos problemas e assuntos relativos à integração do desenvolvimento do turismo. Para integração, Butler adota um significado amplo, que é:

> Podemos ver planejamento e desenvolvimento integrados como o processo de introdução do turismo numa área e de uma forma pela qual ele se misture com os elementos existentes. Compreendendo-se isso, torna-se implícito o fato de que esta introdução e essa mistura são feitas adequada e harmoniosamente, de maneira que o resultado final seja o sucesso de uma comunidade funcional e aceitável, tanto em termos humanos quanto ecológicos.

Mesmo que um tal processo seja desejável não deixará de apresentar dificuldades, como ele então continua discutindo.

Eadington também enfatiza a importância dos fatores contextuais observando que, enquanto Las Vegas é freqüentemente apresentada como exemplo de turismo e jogo nos Estados Unidos, por causa de suas circunstâncias únicas, ela "estabeleceu um ideal um tanto inatingível" para outras jurisdições. Ele também demonstra como a proporção entre custo e benefício declina firmemente, à medida que se vão conhecendo inúmeros cassinos e casas de jogo, desde os localizados nas vizinhanças ou mesmo jogando em casa.

Pearce e Singh e Singh alertam contra o uso de uma faixa única ou estreita para modelos de desenvolvimento. Pearce reitera uma descoberta anterior (Pearce, 1992b: 200): "Não existe um tipo ideal único de organização (turística) nem de rede interorganizacional, mas cada país deve desenvolver o sistema que melhor reflita suas condições locais, regionais e nacionais" antes de examinar se uma organização turística nacional é apropriada para Samoa e se está estruturada para acompanhar a *faaSamoa*, o estilo de vida tradicional de Samoa. Da mesma forma, Singh e Singh notam limitações na possibilidade de o modelo Sherpa de desenvolvimento de turismo ser implantado entre os Botias do Vale Bhyundar, destacando que "nenhum modelo indígena pode ser considerado uma escolha perfeita, uma vez que cada uma das culturas indígenas evolui constantemente para se adaptar às mudanças ambientais na qual ela existe".

Abordagens

A questão do geral *versus* o específico que surge na revisão dos assuntos relacionados ao desenvolvimento também se difunde na maioria das discussões sobre as abordagens à pesquisa sobre desenvolvimento do turismo. Os primeiros artigos do livro dirigem as abordagens à pesquisa explicitamente e em termos mais gerais, enquanto que nos capítulos posteriores, orientados para casos específicos, aparecem matérias metodológicas mais indiretas, mas não menos importantes. Se uma certa tensão e aparentes inconsistências aparecerem entre as diferentes abordagens advogadas ou adotadas, isso talvez seja uma reflexão razoável por excelência. A justaposição das várias abordagens, porém, enfatiza a necessidade de sermos mais explícitos quanto à forma pela qual abordamos nossa pesquisa e as forças e fraquezas de cada uma, e dá a oportunidade de examinarmos essas questões mais sistematicamente.

Dann faz uma crítica provocadora à pesquisa sobre o turismo, quando afirma:

> Em vez de um corpo cumulativo de conhecimentos desejáveis que é *êmico*, comparativo, contextual e processual (Cohen, 1979), o que freqüentemente encontramos é uma coleção desorganizada de idéias incompletas e constituída, na sua maioria, de pensamentos extensamente descritivos e confinados a casos específicos. Além disso, nas poucas ocasiões em que existe um equilíbrio ótimo entre a consciência teórica e a sofisticação metodológica (Dann *et al.*, 1988), a simples diversidade das abordagens disciplinares pode bem significar que seus vários representantes raramente falam o mesmo idioma paradigmático.

O caminho para adiante, ele argumenta, está em nos colocarmos além da descrição e uma ênfase maior na teoria e no desenvolvimento da compreensão. Três amplas abordagens pelas quais isso pode ser alcançado são delineadas: a abordagem de Toffler ou estatística, a perspectiva e o trabalho aberto de Simmel. Uma ênfase especial é dada a este último, em que uma variedade de estratégias são sugeridas sob os seguintes títulos: ruas sem saída, auto-apropriação, o oposto da sabedoria convencional, elasticidade de conceito, ampliação de âmbito, desobstrução do caso, resolução de paradoxos e estabelecimento de novas conexões. Cada uma dessas estratégias oferece oportunidades para a geração de novas questões para pesquisa e estimula nosso pensamento acerca do desenvolvimento do turismo.

Pearce e Moscardo também se preocupam com a questão de como os pesquisadores geram seus estudos. Enquanto enfocam as relações comunitárias no turismo, as matérias que discutem são relevantes a outras áreas do desenvolvimento do turismo e, de fato, à pesquisa do turismo em geral. Depois de verificar que a agenda de pesquisa do turismo é uma atividade bastante repetida, na qual assuntos como a sustentação e a qualidade surgem freqüentemente, Pearce e Moscardo observaram: "Um dos desafios para os pesquisadores examinarem esta agenda de pesquisas é como proceder a partir destas direções genéricas para o desenvolvimento de pesquisas compreensíveis e incisivas". Suas respostas estão nas perguntas que os pesquisadores fazem. Assim, eles indicam como deveríamos fazer as perguntas certas. Assuntos que eles identificaram aqui se relacionam com o nível e a profundidade da pergunta, a necessidade de um enfoque claro e o desafio da relevância. Depois de uma exaustiva pesquisa bibliográfica sobre as relações comunitárias de turismo, concluíram que:

> Precisamos reformular esta área de estudo; precisamos fazer novas perguntas ou desenvolver uma nova perspectiva teórica para não nos repetirmos numa ladainha sem fim de estudos desconexos, utilizando diferentes definições que não pertencem a um corpo cumulativo de conhecimentos.

A abordagem teórica que empregam é a pesquisa sobre representações sociais. Outros pontos semelhantes foram ponderados e expressos por Simpson e Wall, que prefaciam sua discussão sobre o AIA para turismo declarando:

> Nas últimas décadas houve uma proliferação de estudos acerca dos impactos do turismo. Muitas das descobertas desses estudos eram contraditórias e as abordagens, por meio do estudo de casos específicos, que freqüentemente foram adotadas, ainda não levaram ao conhecimento cumulativo ou ao nível de generalização desejado por aqueles que tomam as decisões.

Ao mesmo tempo, Simpson e Wall, como muitos outros colaboradores anteriormente mencionados, reconhecem a necessidade de se levarem em conta os fatores contextuais que possam criar diferenças significativas entre um lugar ou caso e outro.

Chamados a construir um corpo cumulativo de conhecimentos sobre o desenvolvimento do turismo e a levar em consideração os fatores contextuais, o desafio enfrentado pelos pesquisadores de turismo atualmente é adotar abordagens com respeito a estes, mas também contribuir com aquele. A ênfase dada a cada um dependerá, em grande parte, do propósito específico de qualquer um dos estudos em particular. Onde o primeiro objetivo é desenvolver uma teoria, a faixa de estratégias proposta por Dann e Pearce e Moscardo se torna o enfoque central. A necessidade de "desobstruir o caso", por exemplo, torna-se imperativa. Em termos de pesquisa que fornece apoio à política, o nível de generalização requerido pelos que tomam as decisões precisa ser cuidadosamente considerado. É irreal (e, na verdade, pode ser desnecessário também) imaginar que todas as decisões serão tomadas com base em pesquisas de casos específicos, mas as restrições das políticas e dos modelos de aplicação do exterior devem ser reconhecidos, conforme discutido por Eadington, Schlüter e outros colaboradores. Noutros momentos, será dada uma primeira ênfase à pesquisa de apoio à política com o desenvolvimento de técnicas e metodologias apropriadas. Os padrões específicos encontrados nos recursos históricos de Leuven podem não ser repetidos noutras cidades históricas, mas as técnicas apresentadas por Jansen-Verbeke e Lievois para identificá-las terão aplicação em outros lugares. E, é claro, teorias, idéias mais gerais, normas e outros fatores precisam ser testados novamente contra as evidências empíricas, como Richter observa.

Os artigos deste livro ilustram várias formas avançadas em termos de resolução da tensão provocada entre a exigência de abordagens mais teóricas e generalizadas na pesquisa do desenvolvimento do turismo e aqueles que adotaram uma pesquisa mais orientada para casos específicos, pressionando fatores contextuais. O mais comum é assegurarmos que a análise de qualquer caso particular seja feita honestamente na literatura, que a relevância do problema na realidade mundial seja explicitamente elaborada e que as aplicações e implicações mais generalizadas das descobertas específicas sejam delineadas. Isso facilita os aspectos do processo da construção cumulativa de conhecimento discutido por Dann. Bons exemplos foram incluídos aqui, nos artigos que tratam de Samoa, Gana, Vietnã e Indonésia.

No caso de Samoa, uma provisão explícita para os fatores contextuais ou ambientais é feita com base no modelo empregado nos sistemas abertos interorganizacionais. Enquanto isso facilita a avaliação da organização nacional de turismo no contexto do *faaSamoa*, a estrutura conceitual usada e o vínculo aos estudos comparativos sobre organizações turísticas em outros lugares também permitem que questões mais gerais sejam identificadas a partir desse estudo de um destino emergente. E o estudo assim conclui:

> Um trabalho comparativo posterior é agora necessário para averiguar até que ponto os dados descritos são específicos de Samoa ou comuns a outros pequenos países em desenvolvimento. Por exemplo, como são expressas as considerações culturais nas ações dos outros NTOS? Existem outros meios pelos quais os NTOS possam fomentar a participação local para o desenvolvimento do turismo? Até que ponto as ajudas externas determinam a forma pela qual os NTOS dos pequenos países em desenvolvimento são estruturados e funcionam, ou de que maneira a assistência além-mar é condicionada pelas políticas e atividades dos NTOS? São comuns os vazios institucionais? E como é que eles são preenchidos nos outros lugares?

O caso mais generalizado e de maior utilização da abordagem comparativa para aumentar nossa compreensão do turismo foi apresentado em outra obra por Pearce (1993).

Outra estratégia útil é reconhecer a validade e a complementaridade de abordagens diferentes. A revisão que Richter fez da política de turismo histórico é um bom exemplo do "alargamento conceitual". Ela observa:

> Os cientistas sociais comuns não pensam sobre o turismo como socialização ou comunicação política porque isso ocupa um grande espaço, fora das instituições políticas da família: o lar, a igreja, a escola, o meio e o governo. Destinos históricos podem enviar mensagens políticas particulares – intencionais ou não – que raramente têm sido estudadas.

Richter recapitula uma faixa de temas, anotando durante toda a pesquisa as brechas que aparecem, antes de concluir: "O estudo de casos são necessários para provar quem ganha e quem perde no turismo histórico. Existem inúmeras hipóteses sobre isso com pouquíssimos dados empíricos".

Um desafio diferente é apresentado por Jenkins, na sua recapitulação encorajadora da metodologia do planejamento do desenvolvimento do turismo. Jenkins identifica uma "grande divisória" entre o turismo acadêmico e o turismo prático, enfatiza a questão da implementação em vez da teorização e sugere que boa parte da pesquisa feita pelos acadêmicos é menos efetiva do que deveria ser, pelo fato de eles darem pouca atenção à aplicação prática das suas idéias e descobertas. A seguir, ele discute as diferentes etapas do processo de planejamento do turismo e considera as formas pelas quais a brecha pode servir de ligação e uma "travessia" mais efetiva pode ser feita. Do mesmo modo, Butler apresenta os princípios e temas de praticidade com respeito à integração do desenvolvimento do turismo. Os outros artigos apresentam evidências de que a "travessia" procurada por Jenkins é possível e já está ocorrendo; aqueles em Samoa e Gana, por exemplo, são escritos pelos acadêmicos envolvidos em projetos práticos de auxílio, ao passo que o escrito por Jansen-Verbeke e Lievois enfatiza os aspectos metodológicos da pesquisa de apoio à política.

Conclusões

O crescimento do turismo, aparentemente inexorável, continuará criando novos temas para o desenvolvimento do turismo e reforçando a importância de outros, que por algum tempo tenham permanecido evidentes. Como resultado, as necessidades da pesquisa relacionada também continuarão crescendo. Essas necessidades são tanto quantitativas quanto qualitativas. A exigência de um maior entendimento teórico deve ser complementada por uma consideração mais profunda das matérias metodológicas e a necessidade de implementação prática. Os artigos deste volume não cobrem todos os temas e abordagens possíveis mas, individual e coletivamente, contribuirão para a extensão do nosso conhecimento acerca do desenvolvimento do turismo, tanto pelos exemplos apresentados quanto pelo encorajamento das respostas ao desafio delineado.

Agradecimentos

Os autores agradecem a contribuição de Kadir Din, que desempenhou o papel de organizador local para o encontro na Academia em Melaka, assim como a valiosa assistência de Linda Harrison, Tim Nolan e James Guard, do Departamento de Geografia da Universidade de Canterbury, na preparação do manuscrito final, desenhando e redesenhando muitas das ilustrações deste volume e convertendo os arquivos e e-mails que chegavam em várias versões diferentes em formato utilizável.

Referências bibliográficas

BUTLER, R. & PEARCE, D.G. (eds.) *Change in Tourism: People, Places, Processes.* Londres: Routledge, 1995.

COHEN, E. "Rethinking the sociology of tourism", *Annals of Tourism Research* 6 (1): 18-35, 1979.

COOPER, C. & WANHILL, S. (eds.) *Tourism development: Environmental and Community Issues*. Chichester: Wiley, 1997.

DANN, G.; NASH, D.; PEARCE, P. "Methodology in tourism research", *Annals of Tourism Research* 28 (2): 1-28, 1988.

MONTANARI, A. & WILLIAMS, A.M. *European Tourism: Regions, Spaces and Restructuring*, Chichester: Wiley, 1995.

MOWFORTH, M. & MUNT, I. *Tourism and Sustainability: New Tourism in the Third World*. Londres: Routledge, 1998.

PEARCE, D.G. (1989) *Tourist Development*. 2ª ed. Harlow: Longman; Nova York: Wiley, 1989.

________. "Alternative tourism: concepts, classifications and questions". *In*: V.L. Smith e W.R. Eadington (eds.) *Tourism Alternatives: Potentials and Problems in the Development of Tourism*. Filadélfia: Gráfica da Universidade da Pensilvânia, 1992a.

________. *Tourist Organizations*. Harlow: Longman e Nova York: Wiley, 1992b.

________. *Tourism Today: A Geographical Analysis*. 2ª ed. Longman: Harlow, 1995.

________. "Comparative studies in tourism research". *In*: D.G. Pearce e R.W. Butler (eds.) *Tourism Research: Critiques and Challenges*. Londres: Routledge, 1993.

PEARCE, D.G. e BUTLER, R.W. (eds.) *Tourism Research: Critiques and Challenges*. Londres: Routledge, 1993.

SMITH, V.L. & EADINGTON, W.R. (eds.) *Tourism Alternatives: Potentials and Problems in the Development of Tourism*. Filadélfia: Gráfica da Universidade da Pensilvânia, 1992.

WTO. *Tourism Highlights* 1997. Madri: World Tourism Organisation, 1998.

Temas teóricos para o futuro desenvolvimento do turismo:
Identificando a agenda

Graham M. S. Dann

Introdução

O desenvolvimento do turismo, como Pearce muito bem observa, é uma expressão que inclui não apenas destinos, origens, motivações e impactos, mas também as ligações complexas existentes entre todas as pessoas e instituições daquela engrenagem, isto é, o sistema global de demanda e disponibilidade. Ele ainda afirma que desenvolvimento do turismo é um termo híbrido, que a pesquisa nesse campo consiste de duas literaturas essencialmente separadas e que existem poucos exemplos de uma boa pesquisa para tentarmos combinar os dois campos com sucesso. Uma das razões pela qual os estudantes se desencantam com tal fusão é que tanto o turismo como o desenvolvimento carecem individualmente de neutralidade ideológica, e de fato eles podem, de vez em quando, se tornar temas políticos altamente emocionais (ver o artigo de Richter) e, quando considerados juntos, seja como estado seja como processo, podem se tornar igualmente valiosos ou ainda mais carregados de valor (Wall, 1997). É pouco provável que tal qualidade atraia estudantes acadêmicos treinados com rigor na imparcialidade e na objetividade. Outra razão, talvez mais significativa, é a de que o desenvolvimento do turismo, da mesma forma que o próprio turismo, ainda se encontra no estágio inicial do seu avanço teórico. Novamente, como Pearce (1989) ilustra, boa parte do tratamento intelectual dado ao desenvolvimento do turismo aparentemente não progrediu muito além dos estágios de classificação e construção de modelos encontrados duas décadas atrás; uma situação que permite que ele afirme que "o campo do desenvolvimento do turismo ainda espera uma base teórica sólida para apoiá-lo" (Pearce, 1989:23). Reiterando esse sentimento, mais recentemente Butler (1997:121) afirmou que:

O processo de desenvolvimento de destinos turísticos recebeu pouca atenção na literatura, e a conceitualização do processo foi muito restrita. Houve um grande número de casos estudados nos padrões de desenvolvimento de destinos, mas estes tiveram como base uma fundação teórica superficial.

Considerado nestes termos, é pouco provável que um campo na sua infância teórica possa agir como um oráculo para fornecer assessoria confiável e oportuna aos governos, praticantes e comunidades que dependam do turismo para sua sobrevivência (ver o artigo de Jenkins).

Podemos ter alcançado, portanto, um estágio no qual, se aqueles que definem a política são freqüentemente acusados de ser insuficientemente proativos ante o fenômeno turístico em constante expansão, o mesmo pode ser dito legitimamente contra os teóricos. Parece que, na maioria das vezes, os sinetes da teoria – compreensão, explicação, predição e possibilidade de falsificação (Dann *et al.*, 1988) – são no máximo retalhos de pesquisa em turismo (Pearce, 1982), apenas apreendendo a realidade, se chegar a tanto, uma vez que as tendências e os eventos já tenham se materializado. Em vez de um corpo cumulativo de conhecimentos *êmicos*, comparativos, contextuais e processuais (Cohen, 1979a), o que freqüentemente encontramos é uma coleção desorganizada de idéias incompletas, constituída, na sua maioria, de pensamentos extensamente descritivos e confinados a casos específicos. Além disso, nas poucas ocasiões em que existe um equilíbrio ótimo entre a consciência teórica e a sofisticação metodológica (Dann *et al.*, 1988), a simples diversidade das abordagens disciplinares pode bem significar que seus vários representantes raramente falam o mesmo idioma paradigmático.

Mesmo concordando com muitas dessas observações bem atuais, pode-se argumentar aqui que esse cenário pode ser um pouco pessimista, pois existem pelo menos três posições adotáveis e orientadas para o futuro do desenvolvimento do turismo, o que permite uma antecipação teórica viável e um progresso razoável. Essas posições podem ser designadas como "A abordagem de Toffler ou de especulação", "A perspectiva simmeliana" e "O trabalho aberto". Depois de delinear brevemente os dois primeiros capítulos, este se concentra na terceira abordagem, explorando uma variedade de estratégias de pesquisas abertas.

A abordagem de Toffler ou de especulação

Aqueles familiarizados com os principais trabalhos de Toffler – *Future Shock* [Choque do futuro] (1970), *The Third Wave* [A terceira onda] (1980) *e Powershift*

[Troca de poder] (1990) – reconhecerão que existe uma grande ênfase na predição de situações que provavelmente ocorrerão a curto, médio e longo prazo – internacional, regional, nacional ou localmente. Alguns desses eventos e tendências preditos deverão ter mais implicações para o desenvolvimento do turismo que outros. Mudanças no estilo de vida, uma dramática redução no horário de trabalho e os aumentos correspondentes no tempo de lazer, arbitrariedade de renda e longevidade, por exemplo, deveriam assegurar não apenas o crescimento do turismo, mas também uma proliferação de diferentes tipos de turismo para o porvir (Pearce, 1989:290-2).

Na área do desenvolvimento do turismo, uma analogia a Toffler torna-se mais evidente entre aqueles que participam regularmente de pesquisas sobre probabilidades. A Universidade George Washington, por exemplo, organizou nas duas últimas décadas uma série de estudos e *colloquia* Delphi que procuraram fazer a conexão entre a probabilidade e a significação da ocorrência de um número de cenários globais viáveis, junto com seus impactos diferenciados sobre o turismo. Hawkins (1993) e Ritchie (1993) estão à frente dessas investigações e seus trabalhos são bem conhecidos. Mais germânicos para a atual discussão, porém, são suas raras observações acerca da teoria do desenvolvimento do turismo, sendo conhecidas como são por outros nomes.

Ritchie (1993:214-5), por exemplo, observa que: "Os acadêmicos do turismo deram uma contribuição importante para o desenvolvimento do conhecimento no campo [...] a fim de fazer crescer nossa compreensão no campo do turismo". Para ele, os anos a partir de 1990 serão *radicalmente* diferentes dos anteriores. Inovações tecnológicas *rápidas*, mudanças políticas *dramáticas* e mudanças socioculturais igualmente evidentes ocorrerão nos estilos de vida das pessoas. "O turismo como um fenômeno", ele afirma, "é nitidamente afetado por essas mudanças em *muito*, e talvez *mais* do que qualquer outro setor". Como exemplos específicos de tais mudanças, Ritchie enfatiza a importância crescente dada ao turismo com a participação dos residentes, aos estilos de vida globais, ao crescimento demográfico e à brecha sempre crescente entre o Norte e o Sul. A menos que uma pesquisa colaboradora, internacional, culturalmente cruzada, multidisciplinar e multimetodológica forneça uma rede maior de informações acerca deste e de outros desenvolvimentos, ocorrerão sérios déficits paralelos no âmbito da política, da avaliação, do gerenciamento, da ação e da operação.

De forma semelhante, Hawkins (1993:176) afirma que: "Existe a necessidade de apresentarmos um espectro maior e mais compreensível de temas turísticos importantes de âmbito internacional relacionados aos campos da saúde, da energia, do transporte, da tecnologia, das finanças, da conservação de recursos, da preservação histórica e da educação". Noutras palavras, como Ritchie, Hawkins aborda o desenvolvimento do turismo enfatizando que o progresso numa esfera da vida traz impacto a muitas outras esferas (inclusive o que as pessoas fazem nos seu tempo livre). A pesquisa, portanto, é necessária para identificar as necessidades, a fim de operar com sucesso um modelo do processo. É interessante que dos 19 temas e das 52 perguntas da pesquisa, que ele identifica nos estudos Delphi, somente três possuam um componente teórico percebido como "compreensão":

> Até que ponto a indústria do turismo contribui para a reestruturação global pela aceitação da responsabilidade de... acentuando o entendimento da diversidade cultural e natural do mundo? (p. 188)
>
> Como podem as novas economias orientadas ao mercado desenvolver uma compreensão realista das forças competitivas que operam no mercado de turismo global? (p. 190).
>
> Como podemos melhorar nossa compreensão acerca das percepções, valores e prioridades dos residentes com respeito ao papel do turismo na comunidade deles? (p. 190)

Pode-se argumentar, também, que tal *conhecimento*, com seu grande componente informativo e a pressão da identificação da necessidade, não é exatamente o mesmo que a plataforma *baseada no conhecimento* de Jafari (1989), agora clássica – isto é, que aquilo que emerge depois dos estágios pré-teóricos de defesa, cuidado e adaptação – mas sim uma abordagem abertamente descritiva e funcionalista à aquisição do conhecimento. Se tal crítica é válida ou não, fica pouco claro nos escritos de Ritchie e Hawkins, pois eles nunca definiram, realmente, o que queriam dizer com *compreensão*, e se esta tinha alguma relação com as perguntas de "*Por quê?*" em vez de apenas "*Como?*". Apesar disso, eles estão certamente corretos quando afirmam que uma apreciação dos fatores interligados com, e impactando sobre, o turismo, é vital *antes* que a agenda viável para o desenvolvimento do turismo seja posta em prática.

A perspectiva simmeliana

O formalismo na sociologia, que é bastante identificado com os escritos de Georg Simmel, adota uma posição intermediária feliz entre as macro e microteorias. Sua utilidade no atual contexto, porém, tem mais a ver com a habilidade de abstração das essências do fenômeno, aquelas formas recorrentes e imutáveis da realidade que, apesar de combinadas, se erguem em agudo contraste ao conteúdo da mudança. Por definição, essas formas transcendem o tempo e o espaço, de maneira que podem ser entendidas como perenes e, portanto, como se relacionam *a fortiori* com o futuro, o passado e o presente. Assim, o ensaio de Simmel sobre a metrópole, por exemplo, embora baseado num estudo feito em Berlim na virada do século XX, contém diversos discernimentos intuitivos estranhos, que são igualmente aplicáveis a Nova York ou a Amsterdã de hoje ou a alguma nova metrópole do futuro cujos planos ainda não estão na prancha.

Com respeito à pesquisa em turismo, a aplicação mais conhecida de Simmel (1950) é o trabalho de Cohen (1972, 1974, 1979b) sobre o estranho que, quando alinhado com o de Schutz (1944), fica na base das suas tipologias sobre turismo. À parte dessas contribuições incisivas à nossa compreensão sobre o turista, porém, e com a possível exceção dos artigos de Brewer (1984), Greenblatt e Gagnon (1983) e Machlis e Burch (1983), por exemplo, muito pouco foi derivado de Simmel e aplicado ao turismo. Ainda assim, discutivelmente, as análises de Simmel sobre troca, sigilo, alienação, liderança, rivalidade, liberdade, amizade, lealdade e autoridade monetários, além de outros, poderiam resultar numa estrutura teórica útil para os estudos relacionados com o desenvolvimento do turismo, tanto os atuais como os futuros (Dann e Cohen, 1991).

Vamos identificar rapidamente alguns dados recorrentes do desenvolvimento do turismo, nos quais esse tipo de compreensão interpretativa poderia ser útil. Um termo que me vem à mente é a expressão de De Weerdt (1990) "*vocation touristique*" que, embora tenha sido originalmente aplicada ao turismo rural francês, Morris (1995:183) o acha útil em relação a algo diferente como a Torre de Sydney – um complexo *shopping* de telecomunicações com um telão audiovisual que narra a história da "*vocation touristique*" daquela cidade aos visitantes (brancos). Entretanto, no sentido adotado por Simmel, *vocation* (*Beruf*) significa mais alguma coisa. É a resposta a um convite para participar de um grupo, as condições *a priori* para as quais já existem. Assim, entre alguns povos, a prática de deixar um lugar vago na mesa para algum viajante inesperado, de certa forma, demonstra que a presença de um peregrino foi antecipada numa cultura em que a hospitalidade é espontânea. Como resultado dessa compreensão, é possível que se chegue a uma apreciação mais profunda dos aspectos mercantis do desenvolvimento do turismo contemporâneo, pela análise das precondições naturais do fenômeno que se basearam nas trocas sociais sem prêmio, em que um hóspede era esperado como algo sagrado sob a proteção dos deuses (Przeclawski, 1994:8).

Um segundo exemplo vem de um trabalho de Chang *et al.* (1996). De acordo com eles, os estudos específicos de locais "não apresentam nenhuma conceitualização dos processos que jazem por trás do turismo urbano (histórico)" (p. 287).

As tentativas teóricas futuras devem, portanto, examinar tais forças econômicas globais como a desindustrialização, assim como o "papel que os fatores locais podem desempenhar mediando os processos do princípio ao fim" (p. 302). Apesar do quanto esta observação seja válida, talvez seja necessária uma compreensão mais profunda das atrações do desenvolvimento do turismo urbano, que deveria ter sido derivada do ensaio de Simmel acerca da metrópole. Dentre as figuras perenes e essenciais deste estilo de vida, Simmel identifica a dependência do tempo – e tanto que, mediante experimentos mentais e reconstruções imaginativas de uma realidade alternativa, ele sugere que se todos os relógios parassem haveria um caos total. (Compare essa situação visualizada com o mesmo evento ocorrendo em uma capital do Terceiro Mundo, onde provavelmente seria considerado um negócio costumeiro com piadas sobre as atitudes locais quanto ao tempo.) Outras qualidades da cidade que Simmel delineia inclui a presença de certos tipos sociais – por exemplo, profissionais do entretenimento, estranhos, atravessadores – o estímulo da energia nervosa, pessoas sendo tratadas como números, e daí por diante (características que, incidentalmente, poderiam ser igualmente aplicadas a um parque temático contemporâneo). Entretanto, inversamente, o que seria atraente para os interessados na história de uma cidade, seria a *ausência* de tais características pós-modernas? Quando combinados com os pensamentos de Simmel sobre o fascínio das ruínas, nós certamente teríamos todos os ingredientes principais necessários à compreensão da herança urbana.

O trabalho aberto

Uma terceira fonte de identificação das futuras direções teóricas no estudo do desenvolvimento do turismo (ou, de fato, de qualquer outro campo de esforço humano) é examinar as pesquisas publicadas e, em particular, enfocar o início e a conclusão de suas contas existentes. A primeira, mais conhecida como "pesquisa bibliográfica", contextualiza o problema, reconhece as contribuições relacionadas dos outros e não deixa a desejar quanto à originalidade. A segunda, também conhecida como "áreas para investigações posteriores", tenta demonstrar o que um determinado estudo acrescentou ao corpo cumulativo de conhecimento *e,* desta forma, como ele revela as avenidas adicionais para as perguntas potenciais. É esta última figura que é orientada para o futuro e aberta, representando, portanto, uma verdadeira mina de inspiração para aqueles intrigados com possíveis desenvolvimentos teóricos nos anos seguintes. Se alguma dessas aberturas for utilizada numa promoção escolar posterior, então elas se tornam parte de uma nova pesquisa bibliográfica. E assim o processo continua *ad infinitum*.

Talvez tenhamos crescido tão acostumados a este formato quase obrigatório de contas de pesquisa, que a participação no exercício pode começar a assumir muitas das qualidades de um ritual, com sua própria estrutura de prêmio acadêmico. Se essa é nossa visão preconceituosa num mundo gerenciado e obcecado pela quantidade de publicações em lojas de qualidade, perdoem-nos. Apesar disso, seria uma lástima se essa fosse nossa única visão da vida escolástica, pois certamente estaríamos perdendo o ponto fundamental da partilha no progresso de uma disciplina ou tratamento temático, e o fato de que tal desenvolvimento intelectual só é possível graças à troca dialética de idéias.

No que concerne à pesquisa sobre o desenvolvimento do turismo, podemos explorar de modo útil as várias formas de mapeamento da agenda futura num número de trabalhos recentes – alguns notoriamente mais criativos que outros –, na esperança de que eles ajam, separada e coletivamente, como estímulo para o avanço de nossa compreensão do fenômeno. Essas diversas estratégias podem ser arranjadas de acordo com o grau de confiança que demonstram, numa dada linha de investigação, e a determinação de persegui-la em colaboração com outros. Elas são ordenadas com os títulos de "ruas sem saída", "auto-apropriação", "invertendo a sabedoria convencional", "extrapolação conceitual", "ampliação do escopo", "desobstrução do caso", "resolução de paradoxos" e "estabelecimento de novos vínculos". Os exemplos incluídos se referem direta ou indiretamente às abordagens adotadas para o desenvolvimento do turismo.

Ruas sem saída

Examinando a viabilidade ou a falta de várias alternativas teóricas possíveis, alguns pesquisadores logo de saída abandonam aquelas linhas do questionário e, em termos bastante ásperos, julgam que elas são menos que úteis. Essa técnica de denegrimento é uma estratégia dupla de se "evitar a abordagem". A indicação das ruas sem saída salva os outros de se aventurarem pelos *culs-de-sac* teóricos. Ao mesmo tempo, ela promove o caminho escolhido, pela rejeição dos atalhos falsos.

Marie-Françoise Lanfant, por exemplo, na tentativa de planejar um curso em que a identidade, a mudança e o turismo internacional sejam tratados simultaneamente, sente necessidade de declarar que o "turismo como um agente da destruição de culturas é um *tema banal*" (Lanfant 1995a:5, destaque acrescentado). De um golpe, porém, ela rejeita como inútil a postura adotada por muitos estudos tradicionais sobre o desenvolvimento do turismo, que vêem o impacto de uma cultura externa (superior) ou outra interna (variedade subordinada), de forma semelhante à colisão das bolas de bilhar (conforme Picard, 1995). Assim, em vez de perseguir um turismo "enraizado numa estrutura explanatória, que se caracteriza pelo etnocentrismo ocidental, unívoco e redutivo" (isto é, em termos de lazer conspícuo, redução de jornada de trabalho, democratização de feriados, desejo por escapadas da cidade etc.), Lanfant (1995b:24) argumenta que é necessário visualizar o fenômeno, tanto emicamente quanto como um fato internacional: "que aproxima grupos sociais de modos contrastantes de discursos sociais: países desenvolvidos e países em desenvolvimento; populações urbanas e populações rurais; sociedades tecnológicas e sociedades tradicionais; sociedades quentes e sociedades frias" (Lanfant, 1995b:30). A partir daí, o debate anterior sobre tradição e modernidade no contexto dos impactos multidimensionais do turismo se rende a uma análise na qual a pseudodicotomia é explorada continuamente, e os pólos opostos aparentes são absorvidos um pelo outro (Lanfant, 1995b:36).

Como suporte a esse argumento, porém, deve-se reconhecer que a contribuição teórica de Lanfant repousa na sua aplicação reconhecida de uma compreensão clássica de Emile Durkheim, aquele relativo a fatos sociais. Visto por este ângulo, o turismo como um fato social internacional torna-se um aparato de constrangimento externo que pode subjugar a escolha turística e as aspirações das comunidades de destinos. Os agentes desse processo de globalização são claramente as corporações multinacionais da chamada "nova ordem econômica", que freqüentemente trabalha em conexão com vários corpos da UN e outros órgãos internacionais, transcendendo as fronteiras das nações, da mesmíssima forma que o turismo (Lanfant, 1980). Desse ponto de vista, o desenvolvimento do turismo se torna parte de um processo capitalista muito mais amplo, que coloca limites no exercício da liberdade individual.

Deve-se notar também que, no seu entusiasmo para desencorajar certas avenidas de investigação teórica, a linguagem dos pesquisadores pode, ocasionalmente, chegar ao extremo. Assim, Salamone (1997:306-7) reduz a abordagem superorgânica à chamada *cultura turística* a um "relativismo niilista solipsístico", e as perguntas referentes à autenticidade de uma cultura a degenerações de "meros jogos platônicos de palavras para os que têm planos políticos" (Salamone, 1997:319).

Se nos ativermos à retórica, entretanto, a mensagem para a teoria do desenvolvimento do turismo se torna evidente. A grande teoria (*à la* Parsons ou Marx, por exemplo) só é útil na conceitualização sistemática ou funcional do turismo. E assim acontece ao risco de se verem superficialmente todos os microdesenvolvimentos relacionados com as abordagens baseadas na comunidade (Murphy, 1985).

A rejeição dos adversários com o fim de reforçar uma dada posição teórica, evidentemente, não é uma técnica acadêmica nova. Ela nos chega desde os diálogos de Sócrates e a disputa escolástica medieval, e de fato corre por todos os principais trabalhos de Tomás de Aquino. Sua aplicação ao desenvolvimento do turismo, porém, pode ser nova e recompensadora, particularmente onde os temas são de natureza controversa, como o aludido potencial do turismo de fomentar a paz mundial (Dann, 1988; Crick, 1989; Smith, 1998).

Auto-apropriação

Algumas vezes a busca de determinada linha teórica de perguntas pode ser um assunto pessoal, tanto que os autores preferem lidar com a tarefa eles próprios, em vez de deixá-la para outros (arruiná-la). Em nenhum lugar essa atitude é mais evidente do que o interesse antropológico relativamente recente no papel de observador de estudos do turismo no Terceiro Mundo (conforme Crick, 1985; 1995). A esse respeito, Bruner (1995:238) escreve: "O turismo é, primeiramente, visual, e a etnografia, verbal. Os turistas se rendem, os etnógrafos lutam. Possivelmente, até mais importantes são dois pontos sobre os quais eu ainda estou coletando dados e *não me sinto preparado para discutir neste momento*, mas vou mencioná-los" (grifos meus). Tendo assim aberto o apetite da sua audiência, Bruner então apresentou a natureza dos negócios inacabados – a contradição da responsabilidade moral e política por parte dos turistas e sua aceitação pelos etnógrafos, e a impossibilidade de diferenciação entre os destinos turísticos e os etnográficos na cultura dos destinos maduros.

A auto-apropriação da agenda torna-se ainda mais dramática pelo uso da primeira pessoa do singular – uma figura mais notável no tratamento antropológico do desenvolvimento do turismo do que em qualquer outra disciplina social científica.

Inversão da sabedoria convencional

Outra maneira de se estabelecer uma agenda teórica excitante é pôr fim às pieguices das hipóteses populares e, com a "imaginação sociológica (e outras)", inverter a sabedoria convencional. Essa abordagem não alija completamente o que possa ter ocorrido antes, mas apenas altera a direção da dependência, virando-a de cabeça para baixo.

Assim, Kruhse-Mount Burton (1995) examina o ponto de vista comumente aceito de que o desenvolvimento do turismo e a prostituição caminham juntos, tanto que normalmente se acredita que o primeiro provoque a segunda. Isso não é verdade, ela argumenta; a prostituição já existia séculos antes do advento do turismo, quanto mais sua expansão! Outra explicação mais satisfatória teria, portanto, de ser buscada sobre a razão exata pela qual os homens procuram companhia feminina fora do casamento, especialmente em culturas diferentes das suas próprias (por exemplo, o caso do turismo sexual australiano no Extremo Oriente). A resposta, ela sugere, pode estar na estrutura motivacional de puxa-empurra, ainda muito utilizada numa análise de turismo contemporâneo *não sexual*. Mais especificamente, enfatizando o fator saudade na motivação do turista, poderíamos começar a entender como esses homens desejam voltar ao tempo em que eram garotinhos, visitando áreas cujas populações são capturadas na promoção numa deformação similar de tempo.

A inversão da sabedoria convencional muitas vezes se faz acompanhar de revelações incríveis. Smith (1998:206) observa clinicamente que "se houver uma guerra, haverá turismo". De fato, e continuando na mesma linha de pensamento, ela declara: "Apesar dos horrores e da destruição (e também *por causa* deles), a memória da guerra e seus produtos aliados... provavelmente constituem a *maior* categoria das atrações turísticas do mundo" (Smith 1998: 205). O destaque aqui enfatiza a ligação causal intencional e reforça o produto final do conhecimento recebido no qual o turismo floresce e contribui para uma atmosfera de paz. "Não necessariamente", Smith afirma. Não apenas os índices mais rápidos de crescimento turístico foram registrados no período pós-guerra (*post hoc, ergo propter hoc*), mas agora existem novas formas de turismo (emocional, militar e político) que suprem, em grande escala, tal demanda. Daí a crescente popularidade dos torneios medievais, representações de batalhas famosas, passeios em cemitérios, campos de holocausto e locais de desastres atômicos. Gostemos ou não do seu enfoque, Smith está correto quando conclui que essas características obscuras do turismo contemporâneo podem e devem ser incluídas no desenvolvimento do turismo.

Extrapolação conceitual

Van der Borg *et al.* (1996:308) declararam recentemente que a "sustentação se tornou atualmente um tema central em quase toda a literatura do desenvolvimento do turismo. Entretanto, a aplicação do conceito de desenvolvimento do turismo sustentável já foi amplamente restringido às áreas rurais ou não-urbanas". Assim, eles extrapolam a estrutura teórica de um contexto para explorar sua viabilidade em outro – neste caso, o crescimento do turismo nas cidades européias históricas. Agindo assim, é claro, eles também deveriam analisar duas expressões controversas: "turismo sustentável" e "desenvolvimento sustentável" (Butler, 1997; Wall, 1997), ambas resultantes da extrapolação conceitual.

Argumentando do lado oposto, se este existir, Oppermann (1996:86-7) mostra que, embora haja uma longa tradição de turismo rural, o fenômeno não foi equiparado por uma pesquisa da tradição igualmente longa. Na verdade, conceitualmente, ele afirma que não existe sequer uma definição comumente aceita acerca do que seja o turismo rural. Conseqüentemente, ele mantém que se faz necessário investigar as relações entre os centros urbanos e as áreas rurais, e vice-versa. Além disso,

> Enquanto a maioria das pesquisas se concentra nos hospedeiros ou nos hóspedes e em uns ou em ambos, estudos sobre as interações e relacionamentos entre os hospedeiros e hóspedes são raros. Assim, outra pergunta importante é se os hóspedes contribuem para o potencial inovador do hospedeiro pela transferência de idéias das áreas urbanas para as rurais.

Ampliação do escopo

Intimamente ligada à "extrapolação conceitual" está a necessidade observada de se ir além das idéias e das variáveis operacionalizadas para ampliar o escopo global de um projeto de pesquisa, num estágio posterior. Um vestígio comum na literatura de que uma agenda foi adiada é a expressão "embora fora do escopo deste trabalho, seria de grande interesse conhecer mais sobre..." (Timothy e Wall, 1997:336).

A esse respeito, Parrinello (1993:242), enquanto reconhece a importância do anúncio num discurso cada vez mais simbólico sobre a promoção do turismo dentro das etologias vizinhas pós-industriais de diversas sociedades geradoras de turismo, mostra como as investigações podem transcender a simples restrição a análises de mensagens de conteúdo limitado: contextualizando-as dentro de outra faceta da condição pós-moderna – aquela da mercantilização. Conseqüentemente, ela recomenda que se estenda a análise aos casos em que os produtos de consumo de luxo (por exemplo, câmeras e perfumes) são promovidos simultaneamente aos destinos exóticos. Pegando a dica da sugestão, esse autor descobriu recentemente um número de técnicas relacionadas de *marketing* que figuravam numa revista de viagens (Dann, no prelo), enfatizando assim a importância crescente da imagem nos estudos sobre o desenvolvimento do turismo (Dann e Potter, 1994; Gartner, 1997).

Outro exemplo de estratégia de ampliação pode ser encontrado na recente investigação de Hughes (1997), acerca de locais onde homossexuais masculinos se reúnem. Pela extensão feita da abordagem tradicional à identidade do turista, conforme evidenciado no trabalho de MacCannell (1989) e Bruner (1991), para incluir uma dimensão de gênero, ele pode afirmar: "os feriados, apesar de tudo, parecem contribuir significativamente para a criação e validade da identidade de muitos homens homossexuais", antes de acrescentar, como para uma agenda futura: "a natureza e a dimensão desta contribuição ficam para ser avaliadas mais profundamente" (Hughes, 1997:7).

Para complementar, Wall (1997) aponta estudos feministas que constituíram uma abordagem recente e importante, senão muitas vezes controversa, às teorias do desenvolvimento do turismo. De forma idêntica a Hughes, ele lamenta sua relativa falta de profundidade.

Desobstrução do caso

Em um artigo sobre a utilização de Papai Noel como meio de desenvolver o turismo na Lapônia, Pretes (1995) é muito consciente da necessidade de desobstrução do caso de uma aldeia do Ártico perto de Rovaniemi. Investigando por que os turistas desejavam visitar esse local específico e pouco notável (coletando a partir daí conhecimento útil para os planejadores e marqueteiros do turismo local), ele entendeu imediatamente que as respostas a esta pergunta da pesquisa (em termos de uma saudade romântica da infância) também forneciam um grau de generalização que se estendia além de um local particular na Finlândia para outros destinos com temas hiper-reais (por exemplo, a Disney World). Por quê? Porque, segundo suas palavras: "Talvez *o mais importante seja o fato* de que *a compreensão* do comportamento do turista possa iluminar uma pergunta sociológica *mais profunda*: o que *motiva* os turistas a visitar atrações claramente inventadas?" (Pretes, 1995:2; destaque acrescentado). Assim, de acordo com Pretes e certamente muitos outros, é a teoria ("compreensão") que transcende o ideográfico e o alcance do nomoético possível. Além disso, essa tarefa esclarecedora é facilitada pela confrontação do que é certamente o tema mais teórico de todos – a motivação – que, como o próprio Max Weber apontou em diversas ocasiões, jaz no âmago da interpretação causal (Dann *et al.*, 1988).

Em relação ao desenvolvimento do turismo, entretanto, a agenda de Pretes levanta outra questão teórica importante: se é viável, e talvez desejável, substituir as atrações artificiais e inventadas por outras, genuínas e naturais, com base numa melhor sustentação ambiental e menor invasão de privacidade residencial (Buck, 1977). Mas necessariamente trancado nos debates teóricos mais amplos sobre a autenticidade (Cohen, 1979b, 1995; Boorstin, 1987; MacCannell, 1989), a falta de lugares (Relph, 1983) e suas respectivas associações com os impactos diferenciados do turismo, ele está de novo para desobstruir o único caso.

Resolvendo paradoxos

De acordo com a posição clássica de Berger (1963), uma das marcas oficiais da teoria é que ela deveria ser sociologicamente problemática, o que corresponde a dizer que deveria fornecer uma compreensão do que é familiar (que nós, muitas vezes e enganosamente, acreditamos já compreender). A abordagem de Berger contrasta de modo expressivo com a posição que considera a realidade uma série de problemas sociais. Assim, para ele, antes de estudar os desvios patológicos, deveríamos tentar chegar a entender o que é normal – antes de pensar no divórcio, por exemplo, precisaríamos ter uma compreensão acerca do casamento. Para esse autor, isso parece seguir o que já foi exposto, isto é, que as estratégias que aumentam a consciência do problemático também ampliam a consciência teórica. Tal estratégia desenvolve a percepção do paradoxo.

Na pesquisa sobre desenvolvimento do turismo, existem diversos exemplos nos quais os praticantes conscientizaram sua audiência da existência de paradoxos e, talvez, ao mesmo tempo, do conteúdo teórico dos seus problemas. Um exemplo é o trabalho de Wilson (1997) em Goa. Ele faz a seguinte pergunta: "Por que tantos turistas se mostram tão entusiasmados com o destino dessa ilha indiana quando existem vários aspectos da experiência turística que, se encontrados na Europa ou em qualquer outro país desenvolvido, constituiriam motivo para reclamações sérias"?. (p. 53) E ainda "por que o desenvolvimento do turismo foi tão fortemente condenado em Goa, apesar do fato de seus benefícios econômicos se difundirem tão bem pela população local, muitos dos quais parecem acolher bem o turismo e os turistas"?. (p. 57) Embora não fornecendo todas as respostas a essas perguntas, e inclusive abrindo a discussão para uma pesquisa futura, Wilson especula sobre algumas soluções. Quanto ao primeiro paradoxo, ele indica que existe certa *compensação* na mente dos turistas, entre a falta de higiene, preços altos e drogas, de um lado, e o clima ameno, povo acolhedor e sentimentos de segurança e relaxamento, do outro lado – uma espécie de análise mental custo-benefício emprestada da teoria econômica e traduzida para atitudes psicossociais.

O segundo paradoxo pode não ser devido, em grande parte, à tendência tradicional de se atribuir ao desenvolvimento do turismo as conseqüências negativas associadas aos fenômenos simultâneos (por exemplo, a urbanização e a industrialização), mas sim devido ao fato de o turismo internacional assumir incorretamente a culpa pela expansão do turismo doméstico (que poderia ser considerado igualmente culpado, ou até mais). Foi essa última possibilidade que levou Wilson a reconhecer que uma fraqueza da sua própria pesquisa não permitiu que ele abordasse adequadamente este tema (p. 65), e daí, por implicação, que essa área também conduza necessariamente à agenda futura.

Estabelecendo novos vínculos

Uma forma de fazer avançar a causa teórica no desenvolvimento do turismo é pegar dois ou mais campos e combiná-los. Xiao (1997:358), num estudo sobre a China, declara que "apesar da natureza multifacetada da pesquisa sobre lazer e turismo, questões fundamentais sobre suas inter-relações ainda permanecem sem solução". Conseqüentemente, ele propõe que, em vez de assumirmos que o desenvolvimento do turismo seja orientado para os lucros (para os visitantes) e que o desenvolvimento do lazer seja orientado para o bem-estar (para os residentes), que se considere uma experiência de lazer uma experiência turística. A adoção dessa abordagem possibilita o exame das condições sob as quais o turismo se torna lazer, das contribuições das comunidades locais para o lazer e o turismo e os fatores sociais que parecem integrar o turismo e o lazer.

De forma semelhante, Pearce (1997), na sua análise do desenvolvimento do turismo na Espanha, mantém a opinião de que a ciência política e a teoria do desenvolvimento precisam ser integradas, a fim de se obter um cenário mais completo do que se tem. "Ambos os processos", ele declara, "o de transformação política e o desenvolvimento do turismo, atraíram uma atenção considerável, mas relativamente pouco trabalho foi feito sobre as *ligações entre eles*" (Pearce, 1997:157; destaque acrescentado). Ao mesmo tempo que afirma que seu próprio estudo contribui para o "preenchimento dessa brecha", de forma interessante ele considera essa contribuição apenas como um primeiro passo. Longe de considerá-la um fechamento da discussão, ele reconhece prontamente em outras três ocasiões separadas (p. 168, 173 e 175) que sua própria oferta está aberta para futuras pesquisas. A última dessas admissões é, talvez, a mais significativa, uma vez que apresenta a necessidade da teoria. Nas suas próprias palavras: "*Trabalhos posteriores* sobre as organizações turísticas são necessários agora, *para aumentar o conhecimento* desses participantes importantes e *melhorar a compreensão* sobre outras atividades, tais como estas que normalmente só são vistas de um ponto de vista técnico" (Pearce, 1997:174; destaque acrescentado).

Finalmente, uma tentativa ambiciosa de procurar conexões mediante tratamento multidisciplinar é evidente num *trabalho* recente de Bramwell e Rawding (1996). Os autores lidam com a questão vital da promoção do turismo e, mais especificamente, com as formas pelas quais as velhas cidades industriais se entregam a um novo estilo de vida, por meio do desenvolvimento do turismo. Uma vez que o enfoque maior é dado à imagem, e que esta se abre à análise multidisciplinar, eles procuram compreensão simultânea oriundos da Geografia, do *Marketing* e da Sociologia Crítica. Ligada à apresentação atual está a futura orientação teórica dos seus estudos, uma vez que Bramwell e Rawding apontam claramente o que já foi explicado em cada disciplina e o que ainda permanece para ser compreendido. Esta última consideração, por sua vez, rompe novas barreiras enquanto remete a questões maiores (relativamente pouco examinadas) sobre as desigualdades de riqueza e poder, a distribuição dos benefícios do turismo, a participação da comunidade na autopromoção e o desenvolvimento do sentido de lugar. O trabalho deles constitui um exemplar excelente da preocupação com a teoria turística, tão multidisciplinar quanto orientada para o futuro e, como tal, bem poderia servir de modelo para outros na investigação do desenvolvimento do turismo.

Conclusão

Foram examinadas três formas de elaboração da futura agenda de pesquisa nos estudos do desenvolvimento do turismo. Embora as estratégias sejam, num primeiro momento, muito diferentes, curiosamente elas convergem para a percepção da necessidade de multidisciplinaridade.

A abordagem de probabilidade adotada por Hawkins e Ritchie, por exemplo, chegou a um ponto no qual eles sugerem pesquisas de turismo colaboradoras, internacionais, culturalmente cruzadas, multidisciplinares e multimetodológicas (Ritchie, 1993:202-3). A perspectiva simmeliana, embora menos óbvia a esse respeito, também pode ser considerada em termos não meramente sociológicos. Uma análise do turista (ou estranho à comunidade), se beneficiaria da compreensão adicional fornecida pela psicologia, geografia, história, psiquiatria e ciência política. Então as noções aliadas também poderiam se beneficiar, como a de pertencer a um grupo, a de ter um lugar ou não ter nenhum, de alienação e vocação, todas cruciais para a compreensão do desenvolvimento do turismo, no passado, no presente e nos anos vindouros. Neste momento nós simplesmente não temos estudos que explorem em teoria estas realidades perenes, nascidas de uma combinação de paradigmas e disciplinas.

Examinando os buracos negros da literatura, nós também chegamos a uma junção, epitomizada pelo trabalho de Bramwell e Rawding (1996), em que diversas disciplinas são simultaneamente cooptadas a fim de provocar uma compreensão que se abra aos temas críticos que, por tanto tempo, permaneceram quase que completamente inexplorados.

Crouch (1991:67-9) apresenta uma situação um pouco diferente, se bem que em termos complementares. A edificação do conhecimento em turismo, ele diz, é como a construção de um edifício físico. No começo, podemos ter apenas uma idéia vaga do tipo de edifício que precisamos, e essa idéia vaga com freqüencia se reflete na planta que está sendo preparada. À medida que a construção continua, inevitavelmente algumas das fundações podem balançar, por se localizarem em solo considerado alagadiço, onde até escavações constantes não conseguem achar um leito de rocha sólida. Outras fundações, bem mais profundas, podem mais tarde servir de base para uma extensão posterior. Para Crouch, o projeto de uma construção não precisa ser um negócio tão precário, particularmente se prestarmos atenção ao trabalho já executado, como principal e analogamente evidenciado nas pesquisas bibliográficas.

Este capítulo adota um ponto de vista semelhante. Embora concordando com Pearce (1993:1) quanto ao fato de que a "literatura de turismo nunca foi objeto de debates amplos e constantes sobre temas teóricos e metodológicos", também mantém que tal situação já está madura para uma mudança. É simplesmente uma questão de compilar uma longa lista de áreas para pesquisas futuras e então priorizar os temas na forma de uma agenda viável. A maneira pela qual esse empreendimento deve ser levado a cabo pode ser vista se voltarmos rapidamente ao modelo de processo de Hawkins (1993). Depois que os temas para o desenvolvimento do turismo de amanhã forem identificados pela técnica Delphi, as questões a serem pesquisadas podem ser deduzidas. Assim, por exemplo, um dos 19 temas turísticos a emergir deste *brainstorm* de especialistas é a necessidade de um turismo "com maior participação dos residentes", o que equivale a dizer que haverá uma participação mais democrática nas tomadas de decisões no turismo pelos membros importantes da sociedade do destino. Hawkins (p. 190) indica que este tema, por sua vez, nos remete a três questões de pesquisa:

- a identificação das medidas que assegurem que o desenvolvimento do turismo esteja em harmonia com os objetivos socioculturais, ecológicos e históricos da comunidade local, juntamente com quaisquer outros valores e aspirações relacionados;
- a busca de abordagens criativas para promover a participação dos cidadãos nos benefícios econômicos gerados pelo desenvolvimento do turismo;
- melhor compreensão da percepção, valores e prioridades dos residentes a respeito do papel desempenhado pelo turismo na comunidade.

Agora, dessas três questões de pesquisa e conforme anotado anteriormente, só a última é estritamente teórica, uma vez que busca a compreensão. Com um pouco de imaginação, porém, as duas primeiras questões também podem ser vistas como geradoras de conceitos teóricos. O uso da palavra "harmonia", por exemplo, implica a aplicação crítica de algum tipo de perspectiva de consenso, exatamente como sua oposta, "conflito", sugere um retrabalho lento de escoamento do paradigma de dependência. A noção de "uma partilha maior na tomada de decisões" por aqueles diretamente afetados pelo desenvolvimento do turismo, mas que podem não ter a necessária habilidade para tal deliberação, também pode ser muito problemática e, nesse ponto, teórica. Quem sabe, a troca de teorias poderia preencher este vão.

A mesma estrutura também se mostra adequada para muitos outros temas-chave de Hawkins:

- reconhecimento das limitações finitas do desenvolvimento do turismo (em contraste com as aspirações infinitas exploradas pela promoção do turismo);
- a crescente importância da consciência ambiental (além do choque com os políticos e a prática de interesses fixos alternativos em locais verdes);
- o custo crescente de capital (e a competição dos outros assuntos rivais, isto é, saúde e educação);

- os rápidos avanços da tecnologia (e, com o advento do "pós-turismo", uma redução da necessidade do desenvolvimento do turismo convencional);
- a globalização (e a necessidade de respostas proativas de parte da indústria do turismo);
- a tensão entre o centro e a periferia no desenvolvimento do turismo (e as implicações das iniciativas nacionais *versus* regionais);
- a flutuação na demanda do turismo (como dependente das mudanças de estilo de vida).

Todos esses itens possuem componentes teóricos, mas muito poucos parecem ter sido explorados conforme as linhas desejáveis.

Da mesma forma, muitas áreas para futuras pesquisas, identificadas e extraídas tão facilmente, tanto *a priori* pela perspectiva simmeliana quanto *a posteriori* pela abordagem aberta, parecem receber pouca atenção teórica da literatura. Por que falta este ingrediente vital na pesquisa? De acordo com outros colaboradores deste volume (Pearce e Moscardo) e o já citado Peter Berger (1963), um enfoque teórico só pode ser gerado se as perguntas certas forem feitas. A menos que os temas sejam problematizados – e a menos que reconheçamos que nossa compreensão é incompleta – não conseguiremos apresentar adequadamente temas sobre o desenvolvimento do turismo no presente e menos ainda no futuro próximo.

Referências bibliográficas

Berger, P. *Invitation to Sociology*. Nova York: Doubleday, 1963.

Boorstin, D. *The Image. A Guide to Pseudo Events in America*. edição do 25º aniversário, Nova York: Atheneum, 1987.

Bramwell, B. & Rawding, L. "Tourism marketing images of industrial cities". *Annals of Tourism Research* 23 (1): 201-21, 1996.

Brewer, J. "Tourism and ethnic stereotypes: variations in a Mexican town". *Annals of Tourism Research* 11 (3): 487-501, 1984.

Bruner, E. "Transformation of self in tourism". *Annals of Tourism Research* 18 (2): 238-50, 1991

________. "The ethnographer/tourist in Indonesia". *In*: M.-F. Lanfant, J. Allcock e E. Bruner (eds.) *International Tourism. Identity and Change*, Londres: Sage, 1995.

Buck, R. "The ubiquitous tourist brochure. Exploration in its intended and unintended use", *Annals of Tourism Research* 4 (4): 195-207, 1977.

Butler, R. "Modelling tourism development: evolution, growth and decline". *In*: S. Wahab e J. Pigram (eds.) *Tourism, Development and Growth. The Challenge of Sustainability*. Londres: Routledge, 1997.

Chang T.; Milne, S.; Fallon, D.; Pohlmann, C. "Urban heritage tourism. The global-local nexus", *Annals of Tourism Research* 23 (2): 284-305, 1996.

COHEN, E. "Towards a sociology of international tourism", *Social Research* 39 (1): 164-82, 1972.

_______. "Who is a tourist? A conceptual clarification", *Sociological Review* 22 (4): 527-55, 1974.

_______. "Rethinking the sociology of tourism", *Annals of Tourism Research* 6 (1): 18-35, 1979a.

_______. "A phenomenology of tourist experiences", *Sociology* 13 (2): 179-201, 1979b.

_______. "Contemporary tourism – trends and challenges: sustainable authenticity or contrived post-modernity?". *In*: R. Butler e D. Pearce (eds.) *Change in Tourism. People, Places, Processes*, Londres: Routledge., 1995.

CRICK, M. "'Tracing' the anthropological self: quizzical reflections on fieldwork, tourism and the ludic", *Social Analysis* 17:71-92, 1985.

_______. "Representations of international tourism in the social sciences. Sun, Sex, sights, savings and servility", *Annual Review of Anthropology* 18: 307-44, 1989.

_______. "The anthropologist as tourist: an identity in question". *In*: M.-F. Lanfant; J. Allcock; E. Bruner (eds.) *International Tourism. Identity and Change*. Londres: Sage, 1995.

CROUCH, G. "Building foundations in tourism research". *In*: R. Bratton; F. Go; J. Ritchie (eds.) *New Horizons in Tourism and Hospitality Education, Training and Research*, Calgary: World Tourism Education and Research Centre, Universidade de Calgary, 1991.

DANN, G. "Tourism, peace and the classic disputation". *In*: L. D'Amore & J. Jafari (eds.) *Tourism. A Vital Force for Peace*, Montreal: First Global Conference, 1988.

_______. "The other side of tourism: punching around in the dark", palestra pública dada a estudantes de pós-graduação e pessoal do Scottish Hotel School, Universidade de Strathclyde, em 12 de março, 1988.

_______. (no prelo) "The pomo promo of tourism", *Tourism, Culture and Communication*, 1, 1.

_______. & COHEN, E. Sociology and Tourism [Sociologia e turismo], *Annals of Tourism Research* 18 (1): 155-69, 1991.

_______.; NASH, D. & PEARCE, P. "Methodology in tourism research", *Annals of Tourism Research* 15 (1): 1-28, 1988.

_______. & POTTER, R. "Tourism and Post-modernity in a Caribbean setting", *Cahiers du Tourisme*, série C, nº 185, 1994.

DE WEERDT, J. (1990) "L'espace rural français: vocation touristique ou processus de touristification?", trabalho apresentado a um grupo de trabalho sobre turismo internacional da Associação Sociológica Internacional, Madri, julho, 1990.

FOLLEY, M. & LENNON, J. "JFK and the dark tourism: a fascination with assassination", *International Journal of Heritage Studies* 2 (4): 198-211, 1996.

GARTNER, W. "Image and sustainable tourism systems". *In*: S. Wahab e J. Pigram (eds.) *Tourism, Development and Growth. The Challenge of Sustainability*. Londres: Routledge, 1997.

GREENBLATT, C. e GAGNON, J. "Temporary strangers: travel and tourism from a sociological perspective", *Sociological Perspectives* 26 (1): 89-110, 1983.

HAWKINS, D. "Global assessment of tourism policy: a process model". *In*: D. Pearce e R. Butler (eds.) *Tourism Research. Critiques and Challenges*, Londres: Routledge, 1993.

HUGHES, H. "Holidays and sexual identity", *Tourism Management* 18 (1): 3-7, 1997.

JAFARI, J. "Sociocultural dimensions of tourism. An English language literature review". *In*: J. Bystrzanowski (ed.) *Tourism as a Factor of Change. A sociocultural Study*, Viena: Vienna Centre, 1989.

KRUHSE Mount-Burton, S. "Sex tourism and traditional Australian male identity". *In*: M.-F. Lanfant; J. Allcock; E. Bruner (eds) *International Tourism. Identity and Change*, Londres: Sage, 1995.

LANFANT, M.-F. "Tourism in the process of internationalization" , *International Social Science Journal* XXXII, 1: 14-43, 1980.

_______. "Introduction". *In*: M.-F. Lanfant; J. Allcock; E. Bruner (eds.) *International Tourism. Identity and Change*, Londres: Sage, 1995a.

_______. "International tourism, internationalization and the challenge to identity". *In*: M.-F. Lanfant; J. Allcock; E. Bruner (eds.) *International Tourism. Identity and Change*, Londres: Sage, 1995b.

MACCANNELL, D. *The Tourist, A New Theory of the Leisure Class*. 2ª ed., Nova York: Schocken Books, 1989.

MACHLIS, G. & BURCH, W. "Relations between strangers: cycles of structure and meaning in tourist systems", *Sociological Review* 31 (1): 666-92, 1983.

MILLS, M. *The Sociological Imagination*. Nova York: Grove Press, 1959.

MORRIS, M. "Life as a tourist object in Australia". *In*: M.-F. Lanfant; J. Allcock; E. Bruner (eds.) *International Tourism. Identity and Change*, Londres: Sage, 1995.

MURPHY. P. *Tourism: A Community Approach*. Londres: Methuen, 1985.

OPPERMANN, M. "Rural tourism in Southern Germany", *Annals of Tourism Research* 23 (1): 86-102, 1996.

PARRINELLO, G.-L. "Motivation and anticipation in post-industrial tourism", *Annals of Tourism Research* 20 (2): 233-49, 1993.

PEARCE, D. *Tourist Development* , 2ª ed., Harlow: Longman, 1989.

_______. "Introduction". *In*: D. Pearce e R. Butler (eds.) *Tourism Research. Critiques and Challenges*, Londres: Routledge, 1993.

_______. "Tourism and the autonomous communities in Spain", *Annals of Tourism Research* 24 (1): 156-77, 1997.

PEARCE, P. *The Social Psychology of Tourist Behaviour*. Oxford: Pergamon., 1982.

PICARD, M. "Cultural heritage and tourist capital: cultural tourism in Bali". *In*: M.-F. Lanfant; J. Allcock; E. Bruner (eds.) *International Tourism. Identity and Change*, Londres: Sage, 1995.

PRETES, M. "Post-modern tourism. The Santa Claus industry", *Annals of Tourism Research* 22 (1): 1-15, 1995.

PRZECLAWSKI, K. *Tourism and the Contemporary World*. Varsóvia: Institute of Social Prevention and Readaptation, Centre for Social Problems of Education, Universidade de Varsóvia, 1994.

RELPH, E. *Place and Placenessless*. Londres: Pion, 1983.

RITCHIE, J. "Tourism research. Policy and managerial priorities for the 1990s and beyond". *In*: D. Pearce e R. Butler (eds.) *Tourism Research. Critiques and Challenges*, Londres: Routledge, 1993.

SALAMONE, F. "Authenticity in tourism. The San Angel inns", *Annals of Tourism Research* 24 (2): 305-21, 1997.

SCHUTZ, A. "The stranger: an essay in social psychology", *American Journal of Sociology* 49 (6): 495-507, 1994.

SEATON, A. "Guided by the dark: from thanatopsis to thanatourism", *International Journal of Heritage Studies* 2 (4): 234-44, 1996.

SIMMEL, G. "The stranger". *In*: K. Wolff (ed.) *The Sociology of Georg Simmel*, Glencoe: Free Press, 1950.

SMITH, V. "War and tourism: an American ethnography", *Annals of Tourism Research* 25 (1): 202-27, 1998.

TIMOTHY, D. & WALL, G. "Selling to tourists. Indonesian street vendors", *Annals of Tourism Research* 24 (2): 322-40, 1997.

TOFFLER, A. *Future Shock*. Nova York: Random House, 1970.

_______. *The Third Wave*. Nova York: William Morrow, 1980.

______. *Powershift*. Nova York: Bantam Books, 1990.

VAN DER BORG, J.; COSTA, P.; GOTTI, G. "Tourism in European heritage cities", *Annals of Tourism Research* 23 (2): 306-21, 1996.

WALL, G. "Sustainable tourism – unsustainable development", em S. Wahab e J. Pigram (eds.) *Tourism, Development and Growth. The Challenge of Sustainability*, Londres: Routledge, 1997.

WILSON, D. "Paradoxes of Tourism in Goa", *Annals of Tourism Research* 24 (1): 52-75, 1997.

XIAO, H. "Tourism and leisure in China. A tale of two cities", *Annals of Tourism Research* 24 (2): 357-70, 1997.

Análise do turismo comunitário: fazendo as perguntas certas

Philip L. Pearce e Gianna Moscardo

Introdução

Este capítulo apresenta dois temas interligados. O primeiro diz respeito à forma pela qual os pesquisadores geram seus estudos; quer dizer, como é que eles estruturam e fazem as perguntas. Este assunto é ilustrado por uma segunda linha de atenção: o direcionamento, a forma e as possibilidades futuras para os pesquisadores em turismo, na área de relacionamentos entre o turismo e a comunidade. A análise por perguntas será utilizada para dar algum discernimento dentro da pesquisa do turismo comunitário e poderá apelar para duas audiências: a dos ligados às perguntas sobre turismo em geral e a dos que possuem um interesse específico nos impactos gerados pelo turismo comunitário.

Fazendo as perguntas no contexto

À medida que o turismo se desenvolveu, que a pesquisa de campo tornou-se mais proeminente e que a necessidade de uma pesquisa mais articulada e reconhecida se evidenciou, foram feitas inúmeras tentativas de identificação da agenda de pesquisa em turismo (Ritchie e Goeldner, 1994). Algumas dessas agendas correspondiam aos esforços do governo; outras, aos exercícios da indústria e outras ainda receberam orientação acadêmica ou são o resultado de esforços cooperativos diversos (Faulkner *et al.,* 1995). A área de interesse do presente trabalho, relacionamentos entre o turismo e a comunidade, é freqüentemente citada em documentos de planejamento de pesquisas e muitas vezes o *status* na lista das agendas de pesquisa sobre turismo global, nacional e local recebe prioridade. A Reunião dos Líderes Mundiais de Turismo (World Tourism Leader"s Meeting) sobre Impactos Sociais do Turismo sugere que os países deveriam, com prioridade máxima, "apoiar um envolvimento maior das comunidades no planejamento dos processos de monitoramento da implementação e avaliação dos projetos e programas da política de turismo" (WTO, 1997a). Da mesma forma, a Conferência dos Primeiros Ministros da Ásia sobre Turismo e Ambiente sugeriu que o turismo deveria "fomentar o envolvimento comunitário local e um planejamento turístico integrado para sua sustentação" (WTO, 1997a).

Ritchie (1993), revendo os itens da agenda de pesquisas para a política de turismo global resultante de grupos de debate com 90 profissionais sênior da área de turismo, inclusive do governo, da indústria e acadêmicos, de 26 países, notou um item da agenda principal: a identificação de residentes responsivos ao turismo. Mais adiante, Ritchie identificou 15 necessidades da pesquisa aliadas a esta área (Pearce, Moscardo e Ross, 1996:10).

À medida que o estudo sobre o turismo evolui, fica claro que o estabelecimento da agenda de pesquisa sobre turismo é uma atividade envolvente e freqüentemente repetida. Temas como sustentação e qualidade são comuns e básicos nas agendas. Um dos desafios dos pesquisadores no exame dessas agendas de pesquisa é saber como proceder a partir das direções genéricas para o desenvolvimento de uma pesquisa incisiva e criativa. Este capítulo propõe que se preste uma cuidadosa atenção ao tópico de como as perguntas devem ser feitas e que tipos de perguntas representam um caminho criativo, das inúmeras agendas de pesquisa aos estudos reais.

Análise da forma de fazer a pergunta

Três fatores podem ser apontados como fundamentais para a compreensão do processo de fazer perguntas. O primeiro é a importância do nível e da profundidade da pergunta. Sem dúvida, muitos pesquisadores partilharam suas experiências pessoais de envolvimento numa conversa complexa em que os pesquisadores perguntavam o que parecia ser óbvio. Um grupo de filósofos, por exemplo, discutindo a questão "como é que eu sei que você está aqui?" pode gerar uma resposta simples, ingênua e positiva do entrevistado, como: "porque eu posso vê-lo". Para os filósofos, essa é uma explicação cômica e inadequada para um problema substancial em ontologia. Em turismo, as perguntas do tipo "por que é que as pessoas viajam?" e "o turismo tem um impacto sobre o ambiente?" parecem ser razoáveis. Sob uma análise mais profunda, entretanto, essas questões também merecem um substancial refinamento e elaboração. Claramente, o nível e a profundidade nos quais a pergunta é estruturada e o tipo de resposta que se pode esperar são considerações importantes para o ato de se fazer perguntas.

O segundo fator na análise da pergunta é a necessidade de esta apresentar um enfoque claro. Lord Florey, o químico pioneiro que desenvolveu a penicilina e recebeu o prêmio Nobel, era acima de tudo um supervisor e professor exigente e encorajador (Bickel, 1983). Ele gostava de passear pelos laboratórios em Oxford e apresentar aos seus pesquisadores uma pergunta simples: "diga-me, da forma mais simples que puder, em que você está trabalhando?". Esse tipo de ênfase é valioso, pois mantinha os pesquisadores concentrados na questão central sobre a qual pesquisavam e evitava que se dispersassem nos assuntos fascinantes, mas superficiais à sua volta. A necessidade dos pesquisadores de turismo de saberem exatamente o que estão tentando determinar nos seus estudos é um componente importante no ato de fazer perguntas.

O terceiro fator na análise da questão é o desafio da relevância. Muitos pesquisadores e analistas acadêmicos em turismo já devem ter recebido esta pergunta como resposta desafiadora do pessoal da indústria: "e daí?". Esse desafio pode ser encontrado em muitos níveis, mas como nossos estudos sobre turismo são a curto prazo e de conseqüências práticas, ele pode provocar uma aplicação mais longa e genérica, ou pode ser tão fascinante quanto um estudo sobre a mudança da natureza da sociedade contemporânea. O desafio da relevância realmente coloca as seguintes questões: é relevante para quem, em quanto tempo e com que propósito? Independentemente de nossa abordagem responder ou não ao fator da relevância, ele permanece como uma dimensão importante na análise das perguntas.

Uma das preocupações deste capítulo é a compreensão do processo de perguntar, de forma que possa ser gerado algum discernimento ao longo do caminho pelo qual nossas áreas de estudo sobre o turismo se desenvolvem. Podem ser identificados quatro processos que tiram os pesquisadores de uma área geral de pesquisa para uma questão específica. O primeiro: um pesquisador pode estender uma teoria já existente ou revisar e modificar um aspecto de uma estrutura existente. A pergunta pode, portanto, ser feita em teoria direta ou indiretamente. Um segundo processo que estimula novas perguntas deriva de alguma inovação tecnológica ou industrial. Várias questões foram levantadas pela comunicação pela Internet no marketing turístico e, assim, pode-se perguntar como é que esta nova prática se adequa ao padrão existente do sistema de turismo (Schonland e Williams, 1996; Walle, 1996). Muitos pesquisadores sobre turistas também suspeitam que exista um freqüente elemento autobiográfico envolvido na motivação do indivíduo que desenvolve a pergunta da pesquisa. Esse elemento pode ser uma observação aguda, uma experiência pessoal ou um fascínio antigo por algum tópico que os tira da área da pesquisa para uma pergunta da pesquisa. Tais questões autobiográficas têm o poder de ser significativas tanto para o indivíduo quanto para uma comunidade inteira. No quarto processo a indústria, o indivíduo, um negócio ou uma organização identifica um problema que eles acham que precisa de ação e solução, e a gênese da questão pesquisada permanece nesta atividade. Não importa o processo pelo qual as pessoas saem da área de pesquisa para uma questão da pesquisa. A boa pergunta terá que ser respondida dentro dos recursos do pesquisador e sujeita a uma boa prática científica em termos de rigor, replicação e refutação (conforme Ryan, 1995).

Três grandes categorias de perguntas podem ser identificadas. Existem perguntas descritivas como: "Quantos...?", "O que é...?", "Quanto tempo...?", "A que distância...?" e "Quanto custa...?". Existem perguntas de diferença, como: "Qual o maior...?", "O que é mais importante...?" e "O que você prefere...?; e existem perguntas de relacionamento, causa e padrão, como: "O que se relaciona com que?", "O que está ligado a que?", "O que depende de que?" e "O que sintetiza o padrão...?" no conjunto total das informações.

Em suma, para os pesquisadores de turismo analisarem o processo de perguntar, é importante considerar o nível e a profundidade da pergunta, o seu enfoque e sua relevância para diversas audiências. Além disso, a gênese da questão pode variar e incluir o fato de ela ser ou não uma extensão teórica, se representa ou não uma novidade industrial, se diz respeito a uma biografia pessoal ou deriva de um problema e ação da indústria. Por fim, a categoria das perguntas que nos interessam também pode variar em termos de descrição, diferença, relacionamento ou padrão. Armados com essa estrutura, agora examinaremos os relacionamentos entre turismo e comunidade, como um caso de estudo sobre o ato de perguntar.

Estudos sobre turismo comunitário

Os relacionamentos entre turismo e comunidade representam uma agenda de pesquisa significativa no cenário total de estudos sobre o desenvolvimento do turismo. Os trabalhos de Hawkins (1993) e Ritchie (1993), de Krippendorf (1987) e Murphy (1981, 1985, 1998) forneceram uma base para enfatizar a centralidade dos relacionamentos entre o turismo e a comunidade no futuro do turismo. Numa identificação dos temas mais importantes que formam a política global do turismo, Hawkins (1993) relacionou 19 temas, cinco deles centralmente ligados aos impactos sociais e comunitários causados pelo turismo. Da mesma forma, Ritchie (1993) apresenta uma agenda de pesquisas para encorajar e facilitar o turismo com interação dos residentes, que ele também identificou como a força motriz do turismo para o novo milênio. A obra de Murphy, uma abordagem de planejamento turístico comunitário, reconhece explicitamente que as comunidades devem ser assessoradas em termos de sua percepção, preferências e prioridades, para o planejamento e desenvolvimento do turismo, enquanto Krippendorf tece um argumento direto a favor e descreve novas abordagens para o planejamento do turismo com envolvimento dos residentes. Os relacionamentos entre a comunidade e o turismo são um tema central aos argumentos sobre turismo sustentável e, apesar do domínio de uma linguagem biofísica para descrição dos recursos turísticos no debate sobre a sustentação, todas as concepções originais do termo se alinharam à preocupação com o bem-estar das comunidades (Pearce, 1995).

Os pesquisadores de turismo fizeram alguns avanços e produziram compreensão na área dos relacionamentos entre o turismo e a comunidade. Existe um número considerável de estudos publicados, especialmente ao longo das últimas décadas. O propósito deste capítulo é avaliar o que tais estudos disseram; considerar os tipos de perguntas que os pesquisadores fizeram nesse ramo da análise do turismo e, então, pensar como gerar novas perguntas que acrescentem algo à compreensão dos trabalhos existentes. É importante que esses fatores gerais sejam fortalecidos por alguma evidência profunda. Usando um procedimento de amostragem exata, 262 referências foram coletadas da literatura existente sobre o turismo, publicada em inglês sobre os relacionamentos entre turismo e comunidade e seus impactos. Um conjunto menor, de 110 publicações que descreviam a pesquisa ou as teorias acerca dos impactos sociais e culturais do turismo sobre as atitudes da comunidade em relação ao turismo, foi então identificado. Os comentários, as bibliografias e o planejamento de literatura compõem o resto da amostragem total. A fonte deste material são o *Annals of Tourism Research* e o *Journal of Travel Research*, desde o primeiro número até meados dos anos 1990, além de uma busca menos intensiva feita nos 12 maiores jornais de turismo. Foi feita também uma investigação cruzada no *Current Contents* para as ciências sociais e comportamentais com as listas de referência da literatura anteriormente compilada. Os resultados desse processo de busca estão listados de duas formas. Um grupo de estudos de pesquisa pode ser classificado como "casos de estudo", envolvendo abordagens etnográficas e qualitativas aos impactos turísticos (Tabela 1). Um segundo conjunto de estudos com base no levantamento bibliográfico também pode ser identificado (Tabela 2). Embora essas tabelas não tenham o objetivo de ser definitivas ou completas, elas cobrem um corpo considerável da trabalhos de pesquisa julgados feitos neste campo. A literatura existente apresentada nessas tabelas consiste, resumidamente, das duas maiores tradições metodológicas e duas abordagens conceituais relacionadas.

A primeira tradição metodológica é a do estudo etnográfico do caso; a maioria desses estudos foi conduzida em países em desenvolvimento e, sob uma perspectiva cautelosa, enfatiza as conseqüências negativas do turismo. Diversos cenários-modelos formam a principal base conceitual desse tipo de pesquisa. Os cenários-modelo, como o de Doxey (1975) e Butler (1980), embora nem sempre diretamente desenvolvidos para tentar resolver os relacionamentos entre o turismo e a comunidade, foram utilizados como uma ampla estrutura dentro da qual casos de estudo específicos foram interpretados. Esses cenários-modelo sugerem que o desenvolvimento do turismo aumenta num destino onde a maioria das comunidades sofrem de uma variedade de impactos negativos e quase inevitavelmente se tornam, pelo menos, preocupados ou às vezes hostis ao turismo. A tradição etnográfica foi complementada e, até certo ponto suplantada, por uma segunda tradição metodológica, a pesquisa de análise social.

O trabalho de pesquisa social tenta detalhar e examinar as atitudes da comunidade hospedeira diante do turismo e seus impactos. Muitas variáveis diferentes foram estudadas em diversos locais, mas poucos padrões ou relacionamentos consistentes puderam ser descobertos (Tabela 3). Em geral, existe evidência limitada de um relacionamento entre o aumento do desenvolvimento do turismo e a maior conscientização dos impactos turísticos. Alguma evidência sugere a existência de eqüidade ou processos de intercâmbio social, que constitui a segunda maior abordagem conceitual ao estudo dos relacionamentos entre o turismo e a comunidade. Essa abordagem propõe que os indivíduos equilibrem os custos e benefícios do turismo e que seu apoio ao turismo dependa da receita dessa equação custo-benefício. Infelizmente, ambos os modelos conceituais existentes são muito simples para explicar o padrão complexo dos resultados já reportados e, lidemos com abordagens baseadas em cenários ou com explicações baseadas na eqüidade, o fato é que existe uma inconsistência na evidência apresentada.

Há ao todo três tipos de problemas importantes nessa área de pesquisa e, quando combinados, eles explicam a considerável confusão que parece existir. Primeiro, existem problemas de definição e medição nos conceitos dos turistas, do turismo e da comunidade. Em particular, não foram feitas investigações sistemáticas sobre a natureza do fenômeno turístico. O trabalho existente é principalmente dirigido às diferenças dos hospedeiros e apenas uns poucos estudos examinaram as diferenças encontradas entre os turistas ou no turismo. Neste

Tabela 1. Estudo de casos, abordagens etnográficas e qualitativas aos impactos turísticos.

Akau'ola, L., L. "Ilaiu e A Samate
1980 "The social and cultural impact of tourism in Tonga". *In*: *Pacific Tourism as Islanders See It*, Associação de Ciências Sociais do Pacífico do Sul e Instituto de Estudos sobre o Pacífico. Fiji: Instituto de Estudos sobre o Pacífico da Universidade do Pacífico do Sul e a Associação de Ciências Sociais do Pacífico do Sul.

Andronicou, A
1979 "Tourism in Cyprus". *In*: *Tourism. Passport to Development? Perspectives on the Social and Cultural Effects of Tourism in Developing Countries* , Ed. de Kadt (ed.). Nova York: Gráfica da Universidade de Oxford.

Awekotuku, N.T.
1977 "A century of tourism". *In*: No *The Social and Economic Impact of Tourism on Pacific Communities*, B. H. Farrell (ed.) Santa Cruz: Centro de Estudos do Pacífico do Sul, Universidade da Califórnia.

Brougham, J.E. e R.W. Butler
1981 "A segmentation analysis of resident attitudes to the social impact of tourism". *Annals of Tourism Research*, 8, 569-90.

Boissevain, J.
1979 "The impact of tourism on a dependent island". Gozo, Malta, *Annals of Tourism Research*, 6 (1): 76-90.

Cohen, E.
1982a "Thai girls and Farang men. The edge of ambiguity", *Annals of Tourism Research*, 9 (3): 403-28.
1982b "Marginal paradises. Bungalow tourism on the islands of Southern Thailand", *Annals of Tourism Research*, 9 (2): 189-228.

Cowan, G.
1977 "Cultural impact of tourism with particular reference to the Cook Islands". *In*: *A New Kind of Sugar. Tourism in the Pacific,* B.R. Finney e K. A. Watson (eds.) Santa Cruz, Califórnia: Centro de Estudos do Pacífico do Sul.

Crystal, E.
1978 "Tourism in Toraja" (Salawesi, Indonesia) *In*: *Hosts and Guests: The Anthropology of Tourism*, V. Smith (ed.) Oxford: Basil Blackwell.

Duffield, B.S. e J. Long
1981 "Tourism in the Highlands and Islands of Scotland. Rewards and conflicts", *Annals of Tourism Research*, 8 (3): 403-31.

Esman, M.R.
1984 "Tourism as ethnic preservation: The Cajuns of Louisiana", *Annals of Tourism Research*, 11: 451-67.

Farver, J.M.
1984 "Tourism and employment in the Gambia", *Annals of Tourism Research*, 11 (2): 249-65.

Fong, P.
1980 "Tourism and urbanization in Nausori". *In*: *Pacific Tourism as Islanders See It*, Associação de Ciências Sociais do Pacífico do Sul e Instituto de Estudos sobre o Pacífico. P. 87-8. Fiji: Instituto de Estudos sobre o Pacífico da Universidade do Pacífico do Sul e Associação de Ciências Sociais do Pacífico do Sul.

Tabela 1. Continuação.

Fukunaga, L.
1977 "A new sun in North Kohala: The socio-economic impact of tourism and resort development on a rural community in Hawaii". *In: A New Kind of Sugar. Tourism in the Pacific,* B.R. Finney e K.A. Watson (eds.) Santa Cruz, Califórnia: Centro de Estudos do Pacífico do Sul.

Gamper, J.A
1981 "Tourism in Austria. A case study of the influence of tourism on ethnic relations", *Annals of Tourism Research*, 8 (3): 432-46.

Greenwood, D.J.
1978 "Culture by the pound: an anthropological perspective on tourism as cultural commoditization". *In: Hosts and Guests*, V.L. Smith (ed.). Oxford: Blackwell.

Hudman, L.E.
1978 "Tourist impacts: the need for regional planning", *Annals of Tourism Research*, 5 (1): 112-25.

Horoi, S.R.
1980 "Tourism and Solomon handicrafts". No *Pacific Tourism as Islanders See It*, Associação de Ciências Sociais do Pacífico do Sul e Instituto de Estudos sobre o Pacífico. p. 111-14. Fiji: Instituto de Estudos sobre o Pacífico da Universidade do Pacífico do Sul e Associação de Ciências Sociais do Pacífico do Sul.

Jordan, J.W.
1980 "The Summer People and the natives. Some effects of tourism in a Vermont vacation village", *Annals of Tourism Research*, 7 (1): 34-55.

Jud, G.D. e W. Krause
1977 "Evaluating tourism in developing areas: an exploratory inquiry", *Journal of Travel Research* 15 (2): 1-9.

Kariel, H.G.
1989 "Tourism and development: perplexity or panacea?", *Journal of Travel Research* 28 (1): 2-6.

Kariel, H.G. e P.E. Kariel
1982 "Socio-cultural impacts of tourism: an example from the Austrian Alps", *Geografiska Annaler* B64: 1-16.

Kousis, M.
1989 "Tourism and the family in a rural Cretan community", *Annals of Tourism Research*, 16 (3): 318-22.

Lange, F.W.
1980 "The impact of tourism on cultural patrimony. A Costa Rican example", *Annals of Tourism Research*, 7 (1): 56-68.

Loukissas, P.J.
1982 "Tourism's regional development impacts. A comparative analysis of the Greek islands", *Annals of Tourism Research*, 9 (4): 523-41.

May, R.J.
1977 "Tourism and the artfact industry in Papua, New Guinea" *In: A New Kind of Sugar. Tourism in the Pacific,* B. R. Finney e K. A Watson (eds.) Santa Cruz, Califórnia: Centro de Estudos do Pacífico do Sul.

Tabela 3.1. Continuação.

McElroy, J.L. e K. De Albuquerque
1986 "The tourism demonstration effect in the Caribbean", *Journal of Travel Research* 25 (2): 31-4.

McKean, P.F.
1978 "Towards a theoretical analysis of tourism: Economic dualism and cultural involution in Bali". *In*: *Hosts and Guests,* V. Smith (ed.). Oxford: Blackwell.

Meleisea, M. e P.S. Meleisea
1980 "'The best kept secret': Tourism in Western Samoa". *In*: *Pacific Tourism as Islanders See It,* Associação de Ciências Sociais do Pacífico do Sul e Instituto de Estudos sobre o Pacífico. Instituto de Estudos sobre o Pacífico da Universidade do Pacífico do Sul e Associação de Ciências Sociais do Pacífico do Sul.

Monk, J. e C.S. Alexander
1986 "Free port fallout. Gender, employment and migration on Margarita Island", *Journal of Travel Research* 13 (3): 393-413.

Niukula, P.
1980 "The impact of tourism on a Suvavou village". *In*: *Pacific Tourism as Islanders See It,* Associação de Ciências Sociais do Pacífico do Sul e o Instituto de Estudos sobre o Pacífico, p. 83-5. Instituto de Estudos sobre o Pacífico da Universidade do Pacífico do Sul e a Associação de Ciências Sociais do Pacífico do Sul.

Peck, J.G. e A S. Lepie
1978 "Tourism and development in three North Carolina coastal towns". *In*: *Hosts and Guests,* V. Smith (ed.). Oxford: Blackwell.

Samy, J.
1980 "Crumbs from the table? The workers' share in tourism". *In*: *Pacific Tourism as Islanders See It,* Associação de Ciências Sociais do Pacífico do Sul e Instituto de Estudos sobre o Pacífico, p. 67-83. Instituto de Estudos sobre o Pacífico da Universidade do Pacífico do Sul e Associação de Ciências Sociais do Pacífico do Sul.

Skinner, R.J.
1980 "The impact of tourism on Niue". *In*: *Pacific Tourism as Islanders See It,* Associação de Ciências Sociais do Pacífico do Sul e o Instituto de Estudos sobre o Pacífico, p. 61-4. Instituto de Estudos sobre o Pacífico da Universidade do Pacífico do Sul e Associação de Ciências Sociais do Pacífico do Sul.

Smith, V.
1978b "Eskimo tourism: Micro-models and marginal men". *In*: *Hosts and Guests,* V. Smith (ed.), p. 51-70. Oxford: Blackwell.

Swain, M.B.
1978 "Cuna women and ethnic tourism: A way to persist and avenue to change". *In*: *Hosts and Guests,* V. Smith (ed.) Oxford: Blackwell.

Tabela 2: Pesquisa sobre os relacionamentos entre turismo e comunidade.

Ap, J.; T. Var; K. Din
1991 "Malaysian perceptions of tourism", *Annals of Tourism Research*, 18: 321-3.

Belisle, F.J. e D.R. Hoy
1980 "The perceived impact of tourism by residents: A case study in Santa Marta, Colombia", *Annals of Tourism Research*, 7 (1): 83-101.

Brayley, R. e T. Var
1989 "Canadian perceptions of tourism"s influence on economic and social conditions", *Annals of Tourism Research*, 16 (4): 578-82.

Bystrzanowski, J.
1989 *Tourism as a factor of change: A sociocultural study*. Áustria: Viena Center.

Caneday, L. e J. Zeiger
1991 "The social, economic and environmental costs of tourism to a gaming community as perceived by its residents", *Journal of Travel Research* 30 (2): 45-9.

Davis, D; J. Allen; R.M. Cosenza
1988 "Segmenting local residents by their attitudes, interests and opinions towards tourism", *Journal of Travel Research* 27 (2): 2-8.

Dowling, R.K.
1993 "Tourism planning, people and the environment in Western Australia", *Journal of Travel Research* 31 (4): 52-8.

Haukeland, J.V.
1984 "Sociocultural impacts of tourism in Scandinavia", *Tourism Management* 5 (3): 207-14.

Johnson, J.D. e D.J. Snepenger
1993 "Application of the tourism life cycle concept in the Greater Yellowstone Region". *Society and Natural Resources* 6 (2): 127-48.

Johnson, J.D.; D.J. Snepenger; S. Akis
1994 "Residents' perceptions of tourism development", *Annals of Tourism Research*, 21 (3): 629-42.

King, B.; A Pizam; A Milman
1993 "Social impacts of tourism: Host perceptions", *Annals of Tourism Research*, 20 (4): 650-5.

Lankford, S.V.
1994 "Attitudes and perceptions towards tourism and rural regional development", *Journal of Travel Research*, 32 (3): 35-43.

Lankford, S.V. e D.R. Howard
1994 "Developing a tourism impact attitude scale", *Annals of Tourism Research*, 21 (1): 121-39.

Liu, J. e T. Var
1986 "Resident attitudes towards tourism impacts in Hawaii", *Annals of Tourism Research*, 13 (1): 193-214.

Liu, J.C.; P.J. Sheldon; T. Var
1987 "Resident perception of the environmental impacts of tourism", *Annals of Tourism Research*, 14 (1): 17-37.

Long, P.; R. Perdue; L. Allen
1990 "Rural resident tourism perceptions and attitudes by community level of tourism", *Journal of Travel Research*, 28 (3): 3-9.

Madrigal, R.
1993 "A tale of tourism in two cities". *Annals of Tourism Research*, 20 (2): 336-53.
1995 "Residents' perceptions and the role of government", *Annals of Tourism Research*, 22 (1): 86-102.

Tabela 2. Continuação.

McCool, S.F. e S.R. Martin
1994 "Community attachment and attitudes towards tourism development", *Journal of Travel Research*, 32 (3): 29-34.

Milman, A e A Pizam
1988 "Social impacts of tourism on Central Florida", *Annals of Tourism Research*, 15 (2): 191-204.

Mok, C.; B. Slater; V. Cheung
1991 "Residents' attitudes towards tourism in Hong Kong", *International Journal of Hospitality Management*, 10: 289-93.

Murphy, P.E.
1981 "Community attitudes to tourism: A comparative analisys", *Tourism Management*, 2 (3): 189-95.

Perdue, R.R.; P.T. Long; L. Allen
1987 "Rural resident tourism perceptions and attitudes", *Annals of Tourism Research*, 14 (3): 420-9.
1990 "Resident support for tourism development". *Annals of Tourism Research*, 17 (4): 586-99.

Pizam, A.
1978 "Tourist impacts: The social costs to the destination community as perceived by its residents". *Journal of Travel Research*, 16 (1): 8-12.

Pizam, A. e J. Pokela
1985 "The perceived impacts of casino gambling on a community", *Annals of Tourism Research*, 12 (2): 147-65.

Prentice, R.
1993 "Community-driven tourism planning and residents' preferences",. *Tourism Management*, 14 (3): 218-27.

Ritchie, J.R.B.
1988 "Consensus policy formulation in tourism: measuring resident views via survey research", *Tourism Management*, 9 (3): 199-212.

Schlüter, R. e T. Var
1988 "Resident attitudes towards tourism in Argentina", *Annals of Tourism Research*, 15 (3): 442-5.

Sheldon, P.J. e T. Var
1984 "Resident attitudes to tourism in North Wales", *Tourism Management*, 5 (1): 40-7.

Tsartas, P.
1992 "Socio-economic impacts of tourism on two Greek Islands", *Annals of Tourism Research*, 19 (3): 516-33.

último caso, alguma atenção foi dada em relação ao nível de desenvolvimento do turismo, mas muito pouca atenção foi dispensada aos tipos de turismo. Burr (1991) também notou que o conceito daquilo que constitui uma comunidade não foi considerado com a devida cautela pelos pesquisadores. Numa revisão de 25 estudos empíricos sobre os impactos causados pelo turismo na comunidade, Burr tentou classificar os pontos de vista e abordagens ao conceito da comunidade utilizadas pelos pesquisadores. Ele encontrou uma grande variação de pontos de vista dos pesquisadores acerca de uma comunidade. Ocasionalmente, os pesquisadores pareciam usar um simples modelo ecológico humano enfocando apenas o termo "comunidade" como sinônimo de lugar, enquanto mais tarde um pequeno conjunto de artigos adotava elementos críticos, como a ênfase em poder, tomada de decisões ou dependência, como parte de suas análises. Pode-se argumentar que um pluralismo de abordagens teóricas seja apropriado aos propósitos de uma diversidade de estudos sobre turismo. Em geral, quando se define "comunidade" como estudos de comunidades turísticas, os pesquisadores deveriam pelo menos ter em mente que a comunidade é uma entidade interativa comunicativa e dinâmica.

Um segundo problema importante além dos problemas relacionados ao tema de definição, é o de descrição e delineamento do perfil dos impactos do turismo observados. Embora nem todos os estudos o apresentem, a maioria deles pede aos entrevistados que relacionem de alguma forma os impactos causados pelo turismo. Infelizmente, raros estudos desenvolvem essa lista dos próprios entrevistados ou lhes dá a oportunidade de acrescentar ou comentar algo. Esse assunto nos remete às sugestões feitas por Cohen (1979): uma boa pesquisa de turismo deveria ser *êmica* no seu projeto e considerar as perspectivas dos participantes, não necessariamente as perspectivas dos pesquisadores como parte do processo do teste da pesquisa. Poucos estudos pediram aos entrevistados que relacionassem a importância de vários impactos, portanto ficamos confusos entre a existência de um impacto e sua importância. Assim, pode-se argumentar que temos uma visão muito limitada sobre a natureza e o conteúdo das percepções dos hóspedes sobre turismo, tanto usando-se um filtro ético quanto um não-*êmico*, e por não levarmos em consideração a importância da literatura de impacto. Esse assunto também está relacionado à utilização restrita da pesquisa psicológica atual sobre as atitudes e certa ingenuidade dos pesquisadores de turismo, quando adotam esta pesquisa psicológica para seus próprios estudos.

O problema final e mais importante, talvez, é a falta de teoria. A natureza não teórica de quase toda a pesquisa feita sobre turismo é o principal fator

Tabela 3. Conclusões finais dos levantamentos bibliográficos selecionados acerca das percepções das comunidades sobre turismo.

Variável examinada	*Estudo*	*Conclusões-chave*
1. Nível de desenvolvimento do turismo	1. Liu, Sheldon & Var (1987)	Residentes de lugares com uma longa história de desenvolvimento do turismo são mais conscientes dos impactos, tanto os positivos quanto os negativos.
	2. Allen, Long, Perdue & Keiselbach (1988)	Houve um relacionamento curvilinear entre as percepções dos impactos negativos e o desenvolvimento do turismo, mas este não foi um relacionamento forte, como o ocorrido entre as percepções dos impactos negativos e o crescimento da população.
	3. Long, Perdue & Allen (1990)	Houve um relacionamento curvilinear entre o apoio dado ao turismo e o nível de desenvolvimento, mas como os níveis de desenvolvimento do turismo aumentam, as percepções também, tanto dos impactos negativos quanto dos positivos.
	4. Perdue, Long & Allen (1990)	As percepções dos impactos são relacionadas ao nível do desenvolvimento do turismo.
	5. Madrigal (1993)	O nível do desenvolvimento do turismo é o maior preditor das percepções dos impactos negativos do turismo, mas não dos positivos.
2. Dependência econômica do turismo A - Comparações de residentes, negociantes e oficiais do governo	1. Pizam (1978)	Os empresários eram mais positivos sobre o turismo do que outros grupos.
	2. Thomason, Crompton & Kamp (1979)	Os empresários eram mais positivos sobre o turismo do que outros grupos.
	3. Keogh (1990)	Não houve diferenças significativas nas percepções de negociantes e residentes.
	4. Lankford (1994)	Os residentes eram mais cautelosos do que os negociantes e oficiais públicos.
	5. Murphy (1983)	Diferenças significativas apareceram entre residentes, administradores e negociantes.
B – Trabalho no turismo ou equilíbrio positivo percebido de custos e benefícios pessoais do turismo	1. Pizam (1978)	Houve um relacionamento positivo entre trabalho com turismo e apoio para o turismo.
	2. Rothman (1978)	A dependência econômica do turismo estava relacionada às percepções mais positivas do turismo.
	3. Husbands (1989)	Os residentes empregados no turismo se mostraram mais positivos sobre o turismo.
	4. Perdue, Long & Allen (1990)	Os benefícios pessoais oriundos do turismo foram importantes para explicar as percepções dos impactos turísticos positivos, mas não os negativos.
	5. Mansfeld (1992)	Os residentes empregados no turismo eram mais positivos acerca do turismo.
	6. Madrigal (1993)	Os benefícios pessoais oriundos do turismo foram os melhores preditores das percepções dos impactos turísticos positivos.

Tabela 3. Continuação.

	7. Prentice (1993)	Houve um relacionamento positivo entre os benefícios percebidos do turismo e as percepções dos impactos positivos do turismo.
	8. Glasson (1994)	Relacionamento positivo entre trabalhar no turismo e apoiar o turismo.
	9. Lankford & Howard (1994)	Os que eram mais dependentes do turismo se mostraram mais positivos acerca do turismo.
3. Distância entre o local de residência e as áreas turísticas	1. Belisle & Hoy (1980)	Conforme a distância entre as residências e as áreas de turismo aumentavam, os residentes se mostravam menos positivos acerca do turismo.
	2. Brougham & Butler (1981)	Houve alguns relacionamentos entre a residência em zonas de alta pressão turística, mas a natureza dos relacionamentos diferia na proporção dos diferentes tipos de turistas.
	3. Sheldon & Var (1984)	Os residentes das áreas de maior densidade turística se mostraram mais positivos sobre o turismo.
	4. Keogh (1990)	As pessoas que moravam mais próximas de um projeto de desenvolvimento turístico percebiam mais os impactos negativos.
	5. Mansfeld (1992)	As pessoas que moravam mais longe das áreas turísticas viam mais os impactos negativos do turismo.
4. Nível de contato com turistas	1. Pizam (1978)	Os residentes que tinham mais contato com turistas se mostravam mais negativos acerca do turismo.
	2. Rothman (1978)	O estreito contato com turistas se associou às percepções positivas sobre o turismo.
5. Demografia dos respondentes	1. Belisle & Hoy (1980)	Não houve nenhum relacionamento entre as percepções do turismo e faixa etária, sexo ou nível de educação.
	2. Brougham & Butler (1981)	Os residentes mais velhos se mostravam mais negativos acerca do turismo.
	3. Davis, Allen & Cosenza (1988)	Não houve nenhum relacionamento entre a demografia e as atitudes acerca do turismo.
	4. Ritchie (1988)	Os residentes mais velhos eram menos positivos acerca do turismo.
	5. Husbands (1989)	A educação e a idade se relacionavam com as percepções acerca do turismo.
	6. Perdue, Long & Allen (1990)	Não houve nenhum relacionamento entre a demografia e as percepções sobre o turismo, quando os benefícios pessoais oriundos do turismo podiam ser controlados.
	7. Caneday & Zeiger (1991)	O nível de educação dos residentes se relacionava com as percepções mais positivas sobre o turismo, mas também com as percepções mais negativas de empresários que não trabalhavam com o turismo.
	8. King, Pizam & Milman (1993)	Apenas diferenças limitadas nas percepções sobre o turismo foram encontradas entre grupos demográficos distintos.

Tabela 3. Continuação.

	9. Lankford (1994)	Não houve nenhum relacionamento entre as percepções do turismo e os grupos demográficos.
6. Apego comunitário	1. Brougham & Butler (1981)	As pessoas que tinham vivido mais tempo numa comunidade se mostraram mais positivas sobre certos tipos de turistas.
	2. Davis, Allen & Cosenza (1988)	As pessoas nativas de um lugar eram mais positivas sobre o turismo do que as que para lá se mudavam.
	3. Lankford & Howard (1994)	Não houve nenhum relacionamento significativo entre as percepções sobre o turismo e o apego à comunidade.
	4. McCool & Martin (1994)	Um maior apego à comunidade se associava a percepções mais elevadas tanto dos impactos positivos do turismo quanto dos negativos.
7. Uso de facilidades recreativas ao ar livre	1. Perdue, Long & Allen (1987)	Não houve nenhuma diferença significativa de percepção do turismo entre grupos com níveis diferentes de recreação ao ar livre.
	2. Keogh (1990)	Os residentes que usavam uma área projetada para desenvolvimento do turismo viam os impactos mais positivos e os mais negativos do desenvolvimento.
8. Condições econômicas gerais de uma comunidade	1. Perdue, Long & Allen (1990)	Quando os residentes acreditavam que o futuro de sua cidade era brilhante, eles apoiavam menos o desenvolvimento do turismo.
	2. Johnson, Snepenger & Akis (1994)	Um menor apoio ao turismo se relacionava com os baixos níveis de atividade econômica geral.
9. Habilidade percebida de influenciar as decisões sobre o turismo	1. Madrigal (1993)	A habilidade percebida de influenciar as decisões sobre o turismo se relacionava significativamente com as percepções positivas do turismo.
	2. Lankford & Howard (1994)	Houve um relacionamento positivo significativo entre a habilidade percebida de influenciar as decisões sobre o turismo e a percepção dos impactos positivos e negativos do turismo.
10. Conhecimento do turismo	1. Davis, Allen & Cosenza (1988)	O conhecimento do turismo se relacionava positivamente com a percepção positiva do turismo.
	2. Keogh (1990)	Um maior conhecimento de um projeto de desenvolvimento turístico se associava com as percepções mais detalhadas e positivas dos impactos do turismo.
	3. Lankford & Howard (1994)	Um maior conhecimento do turismo se relacionava a um maior apoio ao turismo.
11. Auto-identificação política	1. Snepenger & Johnson (1991)	Os residentes com pontos de vista políticos conservadores eram mais negativos acerca do turismo do que os que tinham visões liberal ou moderada.
12. Influência de uma campanha turística de relações públicas	1. Robertson & Crotts (1992)	Os residentes de uma comunidade com uma campanha de relações públicas eram mais positivos sobre o turismo do que os que não eram expostos a uma campanha de relações públicas.

Nota: Vários estudos e pesquisas não foram incluídos nesta tabela porque não examinaram os relacionamentos entre quaisquer variáveis com as percepções do turismo. Esses estudos, porém, forneceram descrições das respostas comunitárias. Pizam e Telisman-Kosuta (1989), Getz (1994), Cooke (1982), Andressen e Murphy (1986), Murphy (1981), Pizam e Pokela (1985) e Milman e Pizam (1988), por exemplo.

limitador do seu desenvolvimento. Alguns pesquisadores de comunidades turísticas reconhecem esse problema, e Ap (1990:165) chegou a afirmar que "a menos que os pesquisadores acabem, nas pesquisas atuais, com o estágio de descrições elementares e comecem um estágio explicativo, onde a pesquisa se desenvolve dentro de uma estrutura teórica, eles poderão continuar parados por mais dez anos".

As pesquisas bibliográficas existentes sobre turismo e comunidades (que se limitam aos trabalhos publicados em inglês) deixam claro que é imperativo que se preste mais atenção a este tópico. Kurt Lewin, um eminente cientista social, gostava de dizer que "não existe nada tão prático como uma boa teoria". Os comentários de Lewin poderiam ser parafraseados para este tópico desta forma: "não existe nada tão necessário como uma boa teoria". Tal teoria precisaria considerar cuidadosamente que tipos de turistas, de turismo e de comunidades estão sendo estudados, ter o poder de explicar e integrar algumas das descobertas das pesquisas existentes e ter uma credibilidade considerável no âmbito da ciência social.

O desafio, então, para a pesquisa sobre os relacionamentos entre turismo e comunidade está claro. Precisamos reformular esta área de estudo; precisamos fazer perguntas novas ou desenvolver uma nova perspectiva teórica, para não nos limitarmos a uma lista infindável de estudos desconexos com definições diferentes e que deixam de alimentar um corpo de conhecimento cumulativo.

Está na hora, portanto, de voltar à nossa análise das perguntas sobre turismo. Vamos considerar novamente o tema da profundidade. Estamos fazendo nossas perguntas com profundidade suficiente? Estamos realmente explorando a forma pela qual as comunidades funcionam em relação ao tema do turismo ou estamos simplesmente trabalhando no que pode ser identificado como pesquisa permanente, pegando as variáveis relativamente acessíveis e fazendo perguntas simples sobre elas? Precisamos ainda perguntar se nossas perguntas estão bem enfocadas. Estamos sendo realmente claros quanto à razão pela qual estamos conduzindo os estudos? Os planejadores e as comunidades estão se beneficiando desse trabalho ou ele é apenas uma literatura acadêmica só do meu interesse? Um discernimento particular a respeito da relevância é que devemos comunicar nossas descobertas sobre as reações da comunidade de forma que os planejadores e os administradores do turismo possam compreender; o que precisamos identificar é a visão da comunidade e dos grupos comunitários significativos e não uma lista de variáveis isoladas. Ao voltarmos à nossa agenda de boas perguntas, a possibilidade de procurarmos uma nova abordagem teórica e substituir o tipo de perguntas que fazemos agora parece uma oportunidade atraente.

A abordagem teórica que será utilizada para acrescentar compreensão nessa área é a da teoria de representações sociais. Essa abordagem toma explicitamente uma perspectiva *êmica* e procura compreender a realidade do ator social. As representações sociais são grupos de atitudes tomadas com respeito a um tópico socialmente significativo, mas são mais que isso. Moscovici (1981, 1984) descreve como representações sociais as teorias diárias ou os ramos de conhecimento utilizados para a organização do mundo. As representações sociais podem ser caracterizadas por um conjunto de frases e imagens definidas, como "a Aids é uma praga homossexual" ou "o turismo é um abutre que destrói as culturas". Essas frases e imagens organizadoras são cristalizações das atitudes sociais e políticas relacionadas, mas também um forte filtro perceptivo que influencia a forma pela qual os indivíduos e os grupos vêem o mundo. As figuras-chave da teoria de representações sociais estão na Tabela 4.

A ênfase colocada nas representações sociais para a área dos relacionamentos entre turismo e comunidade indica algumas possibilidades lógicas encorajadoras. As representações sociais têm sido usadas em outros campos de ciência social para a compreensão de como as comunidades se sentem a respeito de tópicos como saúde, sexo e loucura. O turismo poderia parecer um tópico igualmente atraente aos olhos de uma estrutura de representações sociais. Já foi sugerido que as representações sociais são um sistema de conhecimento partilhado por uma comunidade. Essa visão desafia toda a lógica dos estudos sobre turismo comunitário. A lógica existente afirma que os impactos turísticos fazem com que as pessoas tomem atitudes contra o turismo. As representações sociais sugerem que a maneira pela qual nós vemos o turismo, que é o nosso sistema de conhecimento ou a representação social dele, afeta nossa percepção e reação aos impactos. Talvez tenhamos de começar a perguntar como as pessoas vêem o turismo em toda parte, e então indagar como essa visão geral do turismo afeta os impactos, em vez de perceber que a cadeia causal vai para outra direção. Além disso, o redirecionamento mais profundo de nossas perguntas nasce de uma observação precisa da evidência. Ao contrário de algumas revisões, não existe um único sumário consistente das variáveis sociodemográficas individuais nos estudos e pesquisas. Algumas vezes, o trabalho no turismo torna as pessoas muito pró-turismo; em outras vezes, elas se mostram menos entusiastas acerca de novos desenvolvimentos. Nossa observação dos dados sugere que outras forças trabalham nesse tema, em termos de "como as pessoas vêem e definem o turismo". A questão da relevância também se alia a essa discussão. As necessidades das comunidades, dos governos, da indústria e dos planejadores sugerem que deveríamos redirecionar e aprofundar nossas perguntas. O povo é um pacote inteiro e não fatias de idade, sexo, ocupações ou locais de residência. O que é desejável para a questão da relevância e para os planejadores é saber quem tem qual visão e, por analogia, quais os segmentos da comunidade (similares aos segmentos de mercado) que têm atitudes favoráveis ao desenvolvimento do turismo.

Com essas direções, poderemos voltar nossa atenção às perguntas não sobre diferenças entre as atitudes comunitárias nem sobre questões descritivas, os dois tipos de questões que caracterizam as primeiras etapas do estudo de relacionamento comunitário no turismo, mas questões sobre padrão. Dessa forma, numa discussão mais extensa desse tópico, os dados existentes sobre o Havaí e a Nova Zelândia foram avaliados e ficou demonstrado que essas grandes representações sociais, que são uma macrovisão do turismo, existem, sim (Pearce, Moscardo e Ross, 1996). Adicionalmente, coletamos dados originais e analisamos esse material num número considerável de cidades ao norte da Austrália e, de novo, pudemos constatar que as visões do turismo em larga escala levam a visões dos impactos turísticos, em vez do contrário.

Tabela 4. Figuras-chave da teoria de representações sociais.

1	As representações sociais são meta-sistemas complexos do conhecimento diário e incluem valores, crenças, atitudes e explicações.
2	O conteúdo e a estrutura das representações sociais são importantes.
3	As representações sociais ajudam a definir e organizar a realidade.
4	As representações sociais facilitam a comunicação e a interação.
5	As representações sociais tornam o não-familiar familiar.
6	Através do uso de metáforas, analogias e comparações com protótipos, as representações sociais se encaixam nos conceitos / eventos novos e abstratos dentro da estrutura existente.
7	As imagens são componentes centrais das representações sociais.
8	Os conceitos abstratos são simplificados (pelo uso de imagens e analogias) e elaborados (pelas conexões feitas ao conhecimento existente).
9	Uma vez criadas, as representações sociais têm uma existência independente e podem ser encontradas nos artefatos sociais ou culturais.
10	As representações sociais são componentes críticos de grupo e identidade individual.
11	As representações sociais são figuras importantes da interação grupal e, assim, a teoria das representações sociais reconhece explicitamente o conflito social e a importância do poder na dinâmica social.
12	As representações sociais são consagradas pelo uso. Podem direcionar a ação e o pensamento (especialmente a percepção).
13	As representações sociais não são determinantes nem estáticas. Variam em muitas dimensões, inclusive o nível de consenso sobre elas, seu nível de detalhamento e como elas se comunicam. Os indivíduos podem e exercem influência, criam e alteram as representações sociais, que podem ser mudadas através da influência individual, experiência direta, comunicação persuasiva e/ou interação grupal.
14	As representações sociais ligam os indivíduos aos seus mundos sociais/culturais.
15	As representações sociais são influenciadas pela ciência e a influenciam.

O que é uma típica representação social do turismo? No exemplo havaiano, um dos pontos de vista mais fortes e consistentes, partilhado por alguns membros da comunidade, é que o turismo *é uma máquina de crescimento, uma casa de força econômica* para a economia geral. Na amostra da Nova Zelândia houve alguma evidência inicial de que quando o turismo era visto como uma indústria que desenvolvia oportunidades recreativas para as pessoas "como os neozelandeses", então era positivamente recebido. A representação social aqui é a do turismo como *apoiador da cidade e salvador*. Os estudos australianos também identificaram um grupo de pessoas que pensava que o turismo era uma força que as negligenciava – um ponto de vista que o turismo era um *inimigo dos desprotegidos* – e ainda os que se *preocupavam com a cultura* e com as mudanças que o turismo, como uma entidade, provocava no estilo de vida local. Existe uma miríade de padrões menores de atitudes e percepções, subjacentes a essas descrições amplas da forma pela qual o turismo é conceitualizado. É importante entender que a perspectiva das representações sociais possui fortes ligações com a identidade social das pessoas e que as preocupações com a identificação grupal podem moldar o tipo de representação que as pessoas adotam para seu sistema de conhecimento sobre o turismo.

Armados com essa estrutura, não nos é mais possível ver as atitudes do turismo como pontos isolados, atômicos e redutores no espaço conceitual do residente. Em vez disso, as atitudes provocadas pelo turismo são parte de uma grande representação da forma pela qual as indústrias e os fenômenos sociais importantes são percebidos. Essas amplas atitudes sociais são alimentadas pela mídia e pelas conversas diárias. A lógica e o conteúdo das representações sociais envolvem comunicação, discussão e interação social.

Em termos da nossa análise das perguntas, afastamo-nos ocasionalmente do campo da pesquisa que estava sendo efetuada na comunidade turística das questões descritivas para as de diferença. Agora, sugerimos que sejam exploradas as questões de padrão, para que possamos gerar um campo de pesquisa mais rico para o futuro.

O enfoque principal deste capítulo, ou seja, como fazer perguntas melhores no campo de pesquisa de relacionamentos entre a comunidade e o turismo, pode se estender a um círculo de influência maior. Particularmente, a estrutura de representações sociais, que era a base teórica deste capítulo e que é altamente relevante para perguntas como "o que as pessoas partilham em seus pontos de vista?" num tópico específico, poderia ser estendido às áreas como as imagens que os turistas fazem dos destinos, assim como um fenômeno social chave para os turistas como saúde, crime, sexo e clima. Mais genericamente, o valor de equipar as agendas de pesquisa turística com um questionário ricamente estruturado é como tirar os pesquisadores de uma abordagem empobrecida e de uma única disciplina de um tópico para colocá-los perante um programa de estudos focado em níveis diferentes da questão, com visões diferentes e semelhantes dos participantes e com perguntas que variam de foco, de longo prazo e relevância de curto prazo. Enquanto a pesquisa sobre o desenvolvimento do turismo se expande, gostaríamos de parafrasear as indagações do Lord Florey aos seus alunos – não é apenas uma questão de que pergunta você tenta responder, mas sim qual o conjunto de perguntas, feitas por quem e em que prazo.

Agradecimentos

Os autores agradecem ao Centro Rainforest de Pesquisas Cooperativas para Administração e Ecologia como parte do corpo fundador para esta pesquisa.

Referências bibliográficas

AP, J. "Residents perceptions research on the social impacts of tourism", *Annals of Tourism Research* 17 (4): 610-16, 1990.

BICKEL, L. *Florey: The man who made penicillin*. Melbourne: Sun Books, 1983.

BURR, S.W. "Review and evaluation of the theoretical approaches to community as employed in travel and tourism impact research on rural community organisation and change". *In*: A.J. Veal; P. Johnson; G. Cushman, *Leisure and Tourism: Social and Environmental Changes*, trabalhos do World Leisure and Recreation Association Congress, Sydney, Austrália, 1991.

BUTLER, R.W. "The concept of a tourist area cycle of evolution: implications for the management of resources", *Canadian Geographer* 24 (1): 5-12, 1980.

COHEN, E. "Rethinking the sociology of tourism", *Annals of Tourism Research* 6: 18-35, 1979.

DOXEY, G.V. "A causation theory of visitor resident irritants: methodology and research inferences" [Teoria de causa da irritação de visitantes residentes: inferências metodológicas e de pesquisa], no *The Impact of Tourism, Sixth Annual Conference Proceedings*. Travel Research Association, San Diego, 1975.

FAULKNER, B.; PEARCE, P.; SHAW, R.; WEILER, B. "Tourism research in Australia: confronting the challenges of the anos 1990s and beyond", *Bureau of Tourism Research, Tourism Research and Education in Australia, Proceedings from the tourism and Educators Conference, Gold Coast (1994)*. Canberra: Bureau of Tourism Research, 1995.

HAWKINS, D.E. "Global assessment of tourism policy". *In*: D.G. Pearce e R.W. Butler (eds.) *Tourism Research. Critiques and Challenges*. Londres: Routledge, 1993.

KRIPPENDORF, J. *The Holiday Makers: Understanding the Impact of Leisure and Travel*, Londres: William Heinemann, 1987.

MOSCOVICI, S. "On Social representations". *In*: J.P. Fórgas (ed.) *Social Cognition: Perspectives on Everyday Understanding*, Londres: Academic Press, 1981.

______. "The phenomenon of social representations". *In*: R.M. Farr e S. Moscovici (eds) *Social Representations*. Cambridge: Gráfica da Universidade de Cambridge, 1981.

MURPHY, P.E. "Tourism course proposal for a social science curriculum", *Annals of Tourism Research* VIII (I): 96-105, 1981.

_______. *Tourism: A Community Approach*. Nova York: Methuen, 1985.

_______. "Community driven tourism planning", *Tourism Management* 9 (2): 96-104, 1988.

_______. *Tourism 2000: Building a Sustainable Future for Asia-Pacific. Final Report*. Asia-Pacific Minister's Conference on Tourism and Environment, Maldivas, 16-17 February, Madri, Espanha: Organização Mundial do Turismo, 1997b.

PEARCE, P.L. "From culture shock and culture arrogance to culture exchange: ideas towards sustainable socio-cultural tourism", *Journal of Sustainable Tourism* 3 (3): 143-54, 1995.

PEARCE, P.L.; MOSCARDO, G.M.; ROSS, G.F. *Tourism Community Relationships*. Oxford: Elsevier, 1996.

RITCHIE, J.R. "Tourism research: policy and managerial priorities for the 1990s and beyond". *In*: D.G. Pearce e R.W. Butler (eds.) *Tourism Research. Critiques and Challenges*, Londres: Routledge, 1993.

RITCHIE, J.R., Brent & GOELDNER, C.R. (eds.) *Travel, Tourism and Hospitality Research: A Handbook for Managers and Researchers*. Nova York: John Wiley & Sons, Inc., 1994.

RYAN, C. *Researching Tourist Satisfaction: Issues, Concepts, Problems*. Nova York: Routledge, 1995.

SCHONLAND, A M. & WILLIAMS, P.W. "Using the Internet for travel and tourism survey research: experiences from the Net Traveler Survey", *Journal of Travel Research*, 25 (2): 81-7, 1996.

WALLE, A.H. "Tourism and the Internet: opportunities for direct marketing", *Journal of Travel Research*, 25 (1): 72-7, 1996.

WTO. *World Tourism Leaders" Meeting: The Social Impacts of Tourism. Final Report*, Madri, Espanha: WTO, 1997a.

Acadêmicos e praticantes do turismo:
atravessando a grande fronteira

Carson L. Jenkins

Introdução

O propósito deste capítulo é discutir a proposição de que os acadêmicos e as publicações acadêmicas raramente, se tanto, influenciam o desenvolvimento do turismo e como isso é implementado. Um primeiro objetivo é convidar a que teçam comentários e debatam a proposição. Um segundo objetivo é considerar as formas pelas quais a fronteira divisora existente entre os acadêmicos e os praticantes possa ser atravessada.

A proposição surgiu da experiência em campo deste autor que, embora um acadêmico de tempo integral, tem experiência de mais de 25 anos em aproximadamente 40 países em desenvolvimento na política, planejamento e desenvolvimento do turismo. A proposição, portanto, surgiu da observação participativa no desenvolvimento do turismo suplementada por uma análise da literatura de desenvolvimento do turismo. Pode-se dizer de saída que essa proposição poderia ser construída como uma explosão de capricho empírica, em vez de ter seu objetivo analisado e apoiado por uma extensa pesquisa bibliográfica, que é a base da maioria dos escritos acadêmicos. Em defesa da abordagem de observação participativa, pode-se argumentar que não houve nenhum escrito direto a esse respeito, embora algumas publicações (WTO, 1994) apoiem indiretamente a disputa.

Também é necessário afastar qualquer suposição de que os acadêmicos não se comprometem com o trabalho de consultoria; muitos o fazem, sim, mas como já mencionei aqui, o envolvimento deles é mais como *técnicos especialistas* do que de formuladores de abordagem de planejamento. Ainda se pode argumentar que a abordagem de planejamento ao desenvolvimento do turismo normalmente nasce da experiência, que é metodologicamente padronizada e pouco influenciada por publicações acadêmicas. Existem exercícios e projetos de planejamento de turismo nos quais essas afirmações podem não caber. Como uma generalização, entretanto, é a disputa que vale.

A experiência empírica do autor está enraizada nos países em desenvolvimento, onde a maior parte do desenvolvimento do turismo, que inclui planejamento, política e implementação de estratégias, é custeada por agências de desenvolvimento internacional e executada por companhias profissionais de consultoria. Existe uma diferença fundamental entre um trabalho de consultoria orientado para a implementação e uma pesquisa acadêmica. Uma das diferenças principais em relação ao resultado é que a "natureza confidencial do cliente" normalmente limita a publicação e a distribuição de relatórios baseados em consultoria, enquanto a pesquisa acadêmica objetiva primeiramente uma publicação que apoie a disseminação do conhecimento. Esses temas serão discutidos mais detalhadamente adiante.

A grande fronteira

Os dois grupos enfocados aqui são os acadêmicos e os praticantes do turismo.

Acadêmicos do turismo

Embora o turismo, como atividade, tenha uma longa tradição (Lickorish e Jenkins, 1997), como assunto acadêmico é um desenvolvimento dos anos 1960. A concentração inicial do desenvolvimento do tema se deu na Europa, mas agora já pode ser visto como um fenômeno pelo mundo todo. E na década de 1960 havia poucas instituições acadêmicas que ofereciam cursos de turismo (diferentemente dos programas específicos de viagens de negócios e hospitalidade). Conseqüentemente, existiam apenas alguns acadêmicos que se podia chamar de "palestrantes de turismo". À medida que o turismo se expandiu, tanto como atividade doméstica quanto internacional, porém, atraiu inevitavelmente o interesse dos acadêmicos de muitas disciplinas, com um conseqüente desenvolvimento de cursos e programas universitários. O turismo, como tema, pode ser encontrado hoje em muitas instituições acadêmicas pelo mundo afora, e muitos acadêmicos agora se designam "palestrantes de turismo". Atualmente, com uma quantidade de instituições em muitos países oferecendo uma carreira variada, é possível para um acadêmico prever uma carreira no estudo acadêmico de turismo. O crescimento do turismo, como tema, se reflete no número continuamente crescente de publicações relacionadas ao assunto em livros, jornais especializados, conferências e, cada vez mais, através de *sites* na Internet.

Como grupo, os acadêmicos têm três características principais, baseadas no seu papel tradicional de seres pensantes, pesquisadores, analistas e professores:

- fazem progredir tanto o conhecimento como a compreensão sobre o assunto;
- disseminam informações no magistério, em publicações e conferências;
- e, por meio do magistério e de publicações, educam e influenciam os alunos, outros acadêmicos e a indústria.

Embora possa haver algum debate sobre essas características, elas parecem representar o que a maioria dos acadêmicos faz. Na área do magistério, o propósito não é apenas informar os alunos, mas também influenciar seus pensamentos, equipando-os com conceitos e técnicas relevantes para suas futuras carreiras, e este é um objetivo apoiado pela crescente literatura sobre o turismo.

A necessidade de publicar jornais acadêmicos e livros de assuntos específicos procura influenciar (se não impressionar) o grupo de colegas acadêmicos. A disseminação da informação é essencialmente escolar e motivada para a carreira. Alguns dos debates centrais e contínuos, por exemplo, definem que a área do tema (Jafari, 1990; Leiper, 1981; Tribe, 1997), a natureza e definição de turismo "sustentável" (Butler, 1991; Cater, 1993; Forsythe, 1996; Hunter, 1997) e o papel do turismo na sociedade (Smith, 1989; Wilkinson, 1987; Wilson, 1997) são tópicos que fazem progredir nossa compreensão teórica do assunto, mas não parecem ser de grande interesse dos praticantes. Uma outra dificuldade é que, dada a necessidade de rigor acadêmico nas publicações e no sistema de avaliação, muitas publicações se tornam obsoletas e perdem sua utilidade antes mesmo de serem publicadas. Deve existir ainda outro problema: os praticantes de turismo não lêem a literatura acadêmica. Aqui sugere-se, com base na experiência, que é isso que acontece na maioria das vezes. Daí segue que os acadêmicos escrevem para informar seus colegas acadêmicos e procuram informá-los. Muito do trabalho inovador que está sendo feito por acadêmicos provavelmente influenciará muito pouco a prática do desenvolvimento do turismo, a menos que o acadêmico também seja um praticante.

A extensa e crescente literatura sobre ecoturismo, participação comunitária no planejamento do desenvolvimento do turismo e relacionamento entre hospedeiros e hóspedes, por exemplo, são três áreas de interesse atual dos acadêmicos. Embora esses temas também interessem aos praticantes, a preocupação deles é essencialmente pragmática, limitada aos recursos e orientada à implementação. Quanto à necessidade, os praticantes se mantêm dentro dos parâmetros do projeto e não buscam prescrições mais generalizadas.

Praticantes

Com relação ao planejamento do desenvolvimento, os praticantes de turismo ou são consultores individuais ou firmas de consultoria. Os consultores, ao contrário dos acadêmicos, operam em um ambiente de negócios e podem ser identificados como possuindo três características gerais operacionais:

- o trabalho deles é contratual, dirigido a um projeto específico e tendo como objeto o lucro;
- a disseminação do conhecimento se faz por relatórios de projetos, planos e estudos específicos, que são comissionados pelo cliente e têm circulação limitada; e
- eles procuram assegurar contratos de trabalho futuros, por meio do desenvolvimento da perícia e da reputação.

Os consultores, devido à natureza bastante competitiva do seu trabalho, não disponibilizam prontamente aos pesquisadores seus relatórios passados, a menos que estes lhes assegurem algum trabalho futuro. E como a maioria dos projetos é feita em duas etapas, que são a preparação e a subseqüente implementação, os consultores procuram proteger sua base de clientes e sempre, como em todos os negócios, tentam assegurar a sustentação de sua empresa com contratos futuros. Grande parte do planejamento de desenvolvimento do turismo é custeada por agências internacionais, como o Banco Mundial, a União Européia, o Programa de Desenvolvimento das Nações Unidas e, para desenvolvimentos regionais, por bancos como o Banco Asiático de Desenvolvimento. Muitos dos projetos são grandes e de longo prazo, requerendo vários recursos e habilidades técnicos. Poucas instituições acadêmicas teriam os recursos ou a flexibilidade necessários para competir por contratos maiores com as empresas de consultoria de grande porte na área de desenvolvimento do turismo.

Por essas razões, quando um grande contrato é assinado, muitas empresas de consultoria subcontratam especialistas, muitas vezes acadêmicos e, às vezes, instituições acadêmicas. Dessa forma, existe uma "travessia" a ser feita entre o acadêmico e o praticante.

Travessia

Embora se postule que as instituições acadêmicas não podem, real ou efetivamente, competir no mercado internacional de turismo, os acadêmicos trabalham como *especialistas de projeto*, oferecendo perícia e experiência normalmente durante curto prazo, por exemplo: economistas de turismo, especialistas de previsões e marketing. Estas posições, porém, são preenchidas depois que o contrato é assinado e a estratégia e a metodologia do projeto são estabelecidas. Uma breve descrição do estágio de preparação do projeto ilustrará este caso.

Preparação do projeto

Embora os projetos variem em escala e complexidade, existem basicamente *cinco* etapas no ciclo do projeto, que são sucintamente discutidas a seguir (EU, 1993a):

1. Identificação do projeto

Dependendo da natureza e da escala do projeto, existem normalmente três subcomponentes envolvidos nesta etapa:

(a) Especificações técnicas

Nesta etapa do conceito de identificação do projeto, por exemplo para desenvolver um cenário turístico ou especificar um exercício de planejamento de turismo, formaliza-se uma proposta de projeto com a identificação dos objetivos do projeto, os resultados esperados e as atividades relacionadas. O objetivo é estabelecer o maior número possível de indicadores mensuráveis que eventualmente possam avaliar o projeto para que este prossiga.

(b) Estudos de viabilidade

Para alguns projetos, faz-se um estudo para avaliar a viabilidade da proposta. Para as agências internacionais de financiamento, uma área de interesse particular é a determinação de como os projetos propostos cabem em qualquer programa indicativo de diretrizes gerais de cooperação entre o país beneficiário e a instituição de financiamento. Por exemplo, que prioridade é dada ao setor turístico em um determinado país (talvez indicada num plano de desenvolvimento nacional) e até que ponto o projeto proposto contribui para os objetivos de desenvolvimento setorial e nacional? Em alguns países africanos, como Zâmbia, o turismo não só é reconhecido como setor de prioridade pelo governo, como o turismo zambiano se baseia quase que exclusivamente na vida selvagem (obviamente, nas áreas rurais) e o desenvolvimento do turismo contribui para aumentar o desenvolvimento, o emprego e a receita rurais – todos eles objetivos econômicos nacionais (UE, 1995b).

(c) Proposta financeira

Se o estudo confirma a viabilidade do projeto proposto e os objetivos fundamentais concordam com os objetivos de desenvolvimento nacional, então delineia-se uma proposta financeira para o projeto. Esta basicamente estabelece um orçamento para o projeto.

Na etapa de identificação do projeto é comum se empregar um ou mais consultores para preparar os vários documentos de trabalho. As especificações técnicas e a proposta financeira são utilizadas para preparar os Termos de Referência.

2. Termos de Referência

Os Termos de Referência são a "bíblia" do projeto. Eles estabelecem em detalhes os objetivos do projeto, que atividades serão necessárias e que resultados são esperados dentro dos limites de um dado orçamento. Normalmente incorporados em um resumo chamado Documento de Projeto, os Termos de Referência não apenas guiam os consultores na seqüência do projeto, como também são o principal instrumento de avaliação, que mede o desempenho contra a especificação.

3. O processo de oferta

Os consultores podem ser convidados a fazer uma licitação aberta ou fechada para o contrato. O sistema aberto significa que, talvez com alguma qualificação, qualquer empresa poderá entrar na licitação para o contrato. A oferta fechada convida apenas empresas selecionadas. Neste último caso, isso pode ser uma conseqüência das pressões de prazo ou até da natureza especializada do contrato.

As ofertas recebidas normalmente apresentam três dimensões: um perfil da empresa ofertante (inclusive um registo com as experiências anteriores); uma proposta técnica para indicar como as especificações contratuais serão cumpridas (isto é, a metodologia do projeto e a equipe de consultores proposta) e uma proposta financeira. Nem sempre a oferta que apresenta o menor custo ganha o contrato. As avaliações das ofertas deveriam envolver uma leitura cuidadosa da experiência passada da empresa, uma avaliação da metodologia proposta, do time de consultores que levarão a efeito o projeto e da proposta financeira.

A avaliação de ofertas é um processo muito misterioso. A qualidade da avaliação dependerá dos profissionais que a farão – seu conhecimento, experiência e compreensão do projeto proposto. Algumas avaliações de projeto são guiadas por tentativas de sistematização do processo, em geral usando-se uma escala de pontos para averiguar os diferentes componentes do projeto. Em alguns casos, o processo pode seguir linhas mais subjetivas. O resultado do processo de oferta é a premiação e a assinatura de um contrato com o(s) consultor(es).

4. Implementação do projeto
O consultor implementa o projeto usando os recursos financeiros previstos no contrato. A implementação exige que o consultor prepare um plano de operações e apresente relatórios sobre o progresso do projeto, conforme especificado no projeto. Normalmente, também é solicitado que forme um Comitê Diretor do projeto, para supervisionar a operação do contrato, monitorar e discutir quaisquer assuntos que surjam. O Comitê Diretor é o canal operacional principal entre o consultor/contratante e o cliente.

5. Avaliação de projeto
Envolve a avaliação e a análise dos resultados e o impacto causado pelo projeto. As avaliações de projeto podem ser feitas durante ou após o término do projeto. No caso de um projeto de múltiplas etapas, o começo da próxima etapa normalmente depende da conclusão da etapa precedente.

Embora o esquema delineado do projeto varie entre as agências dependendo de uma variedade de circunstâncias e práticas, os estágios principais são comuns aos exercícios de planejamento de desenvolvimento. O que é importante notar é que a metodologia para o projeto tenha sido apresentada pelo(s) consultor(es) da empresa prestadora de serviços.

Metodologia

Apesar dos crescentes recursos financeiros que estão sendo canalizados para o planejamento e desenvolvimento do turismo, conhece-se muito pouco sobre como, e com base em que, a metodologia do projeto é escolhida. O relatório da WTO (1994), por exemplo, apresenta uma breve sinopse de vários planos de desenvolvimento para projetos em diversos países, mas não existe uma discussão sobre como uma metodologia específica foi escolhida, que alternativas poderiam ter sido consideradas e como esta seleção foi feita. Embora muito se tenha escrito sobre micrometodologias, como análise de custo-benefício, estudos sobre impacto econômico, análise de impacto social e técnicas de avaliação ambiental, muito pouco se escreveu sobre macroprojeto de metodologia para turismo. Os temas metodológicos são normalmente conceituais, como os debates sobre a viabilidade de sustentação, sobre participação comunitária e delegação de poder através da descentralização. São esses temas, conceituais porém essencialmente pragmáticos, que são freqüentemente relevantes para o projeto, e são o enfoque principal para a pesquisa e a literatura acadêmica. Para muitos acadêmicos, o negócio é perguntar "Por quê?" em vez de "Como?". Pode-se interpretar esta última pergunta como de interesse fundamental para o consultor.

Sugere-se que, na maioria dos projetos, a metodologia seja delineada com base na experiência passada, pois é a metodologia testada e provada que prevalece acima de qualquer outra inovação. Em projetos em que as margens de lucro são muitas vezes apertadas, uma inovação pode custar caro. Se, como hoje é normalmente aceito, a participação comunitária no desenvolvimento do turismo é desejável, isso poderia ser escrito nos Termos de Referência. Como isso é implementado, é um desafio, apesar dos extensos escritos acadêmicos sobre este tópico (Murphy, 1985; Pearce, 1994; Ritchie, 1993). Na prática, a participação pode apenas envolver consulta, e talvez o consultor empregado para empreender essa tarefa (acadêmica ou não) pode ser metodologicamente cerceado pelo gerente do projeto, ou pelo orçamento, ou por ambos.

Na maioria dos grandes projetos existe uma série de temas metodológicos. No nível do projeto (macro), a maior preocupação é tramar uma abordagem metodológica que cubra as atividades e produza os resultados desejados dentro do orçamento e do prazo. Em termos de componentes (micro), por exemplo, o estudo sobre impacto econômico, pesquisa de mercado, análise de demanda e previsão, os mesmos limites são aplicados, mas a metodologia e as técnicas são estabelecidas com mais firmeza. Em todos os casos, porém, a metodologia é guiada pelo pragmatismo, e tira informação da experiência em vez de tirar da teoria.

Embora a metodologia seja uma área na qual se espera que os acadêmicos fiquem mais à vontade, parece que poucos acadêmicos realmente se envolvem com ela no que diz respeito ao projeto. Algumas contribuições importantes ao turismo de países em desenvolvimento permanecem trancadas na literatura, muitas vezes não lidas pelos consultores. Essa afirmativa, é claro, é impressionante e se baseia na experiência do autor. É uma contenda que pode ser testada por uma pesquisa pelos praticantes de turismo ou respostas a este capítulo. Uma fonte de informação mais importante ainda poderia ser projetada pelos financiadores de desenvolvimento de turismo e, em particular, pelas instituições financeiras.

Embora organizações como a União Européia, o Programa de Desenvolvimento das Nações Unidas, os bancos e as organizações doadoras nacionais de desenvolvimento tenham financiado e continuem financiando projetos turísticos, muito pouca informação foi liberada acerca do relativo sucesso ou fracasso desses projetos. Esses financiadores têm a habilidade, e provavelmente a necessidade também, de criar uma *memória institucional*, quer dizer, comparar por estimativas e avaliações, um grande banco de dados de informações relacionadas ao turismo. Tais informações não são relevantes apenas para os prospectos de futuros projetos mas, se disseminadas, estimulariam o debate. Essa inovação teria que vir de um financiador de projeto; a natureza confidencial do cliente impediria que o consultor revelasse tais informações.

A metodologia tem um significado particular no turismo por causa da sua natureza multidisciplinar. Vários aspectos de um único projeto podem incluir dados econômicos, sociais, ambientais e políticos, e cada um deles pode requerer uma abordagem metodológica específica para se harmonizar com a estrutura operacional do projeto e cumprir os Termos de Referência. Alguns dos maiores debates atuais em desenvolvimento do turismo incluem: sustentação, ambiente, impactos sociais, participação comunitária, poder local, tipos, escala, local do desenvolvimento, globalização, indigenização, mulheres no desenvolvimento e relacionamentos entre hospedeiros e turistas. Esses são temas que atraíram o maior interesse e publicações acadêmicos. Como podem os praticantes de turismo e as agências financiadoras se conscientizarem melhor deste resultado? Como é que este resultado pode ser incluído nas metodologias de projeto?

A partir da breve discussão do ciclo de projeto, pode-se deduzir que existem dois pontos nos quais a abordagem metodológica pode ser influenciada. O primeiro é no estágio de preparação dos Termos de Referência para o projeto, e o segundo durante o estágio de implementação, quando se iniciam as atividades do projeto. Conforme mencionado antes, os Termos de Referência estabelecem as atividades, os dados a serem acrescentados e os resultados esperados do projeto. Em grande parte, o escritor dos Termos de Referência pode exercer uma influência direta sobre a metodologia empregada, especificando certas atividades integrais para o projeto, por exemplo estabelecendo que o processo de planejamento deve incorporar algum envolvimento com a comunidade; que a escala do projeto leve em consideração o possível impacto sobre o ambiente social e natural; que sejam delineadas medidas para aumentar a participação de mulheres no processo de desenvolvimento. Em cada caso, os Termos de Referência normalmente não especificam como essas atividades serão feitas – apenas que elas têm que ser incorporadas na fase de implementação ou operação. Termos de Referência bem escritos podem incorporar num projeto a maioria das exigências que são debatidas academicamente hoje – por exemplo, como será alcançada a sustentação do projeto?

Os Termos de Referência também são informados acerca das perspectivas do cliente e de qualquer estrutura legal e de planejamento que possa existir no local do projeto. Quando os clientes são as agências de desenvolvimento internacional, insistirão em certos parâmetros de desenvolvimento que afetam diretamente a metodologia do projeto. Muitas agências de desenvolvimento, como o Banco Mundial, exigem que um número maior de iniciativas de desenvolvimento sejam canalizadas para e através do setor privado. A longa experiência do capitalismo dominado pelo Estado, tanto nos países do Leste Europeu como nos africanos, não geraram os níveis esperados de benefícios decorrentes do desenvolvimento. Nos países da África, por exemplo Zâmbia, uma "unidade de privatização" está vendendo os bens comerciais do Estado, como minas de cobre, para investidores privados locais e internacionais.

Quando parte da verba do projeto é destinada a apoiar um maior envolvimento do setor privado no esforço para o desenvolvimento, medidas específicas têm que ser tomadas. Tanto em Zâmbia como no Zimbábue, embora as empresas privadas estivessem e ainda estejam envolvidas no setor de turismo, não existia um corpo representativo de estatura reconhecida para fornecer uma "visão industrial". Nesses dois países, com a ajuda da assistência do desenvolvimento, as associações representativas da indústria foram admitidas no Conselho de Turismo do Zimbábue e no Conselho de Turismo de Zâmbia que, no último caso, estão sendo formalmente incorporadas na proposta de Lei de Turismo e Hospitalidade.

Em termos de participação comunitária no desenvolvimento do turismo, o projeto do "Campfire" do Zimbábue rendeu benefícios às comunidades das aldeias, em troca de atividades contra a caça ilegal e de conservação da vida selvagem. Essas iniciativas atendem aos requisitos de maior participação local no desenvolvimento do turismo e ainda ajudam a aumentar o desenvolvimento rural particularmente relacionado com empregos e renda. Pode-se ver nesses exemplos como os Termos de Referência de um projeto asseguram que os objetivos gerais de desenvolvimento sejam incluídos nos parâmetros de um projeto específico.

Os Termos de Referência orientam a formulação da metodologia do projeto ou, em outras palavras, como o projeto deve ser implementado. Nesse ponto, seria útil fazermos uma distinção entre metodologia de projeto e gerenciamento de projeto. A metodologia determina "como fazer algo" e o gerenciamento de projeto monitora, altera e assegura que os cronogramas sejam obedecidos. Como já foi mencionado, sabe-se muito pouco sobre como a metodologia de projeto em turismo é formulada. Ela é determinada no estágio contratual de oferta, quando a própria proposta metodológica se torna um aspecto importante da oferta. Em projetos razoavelmente grandes, como os planos nacionais de desenvolvimento, a experiência sugere que a metodologia seja derivada das abordagens "provadas e testadas". Esses planos tendem a se reduzir a componentes bem reconhecidos: *marketing*, transporte, desenvolvimento de recursos humanos, impacto ambiental etc. Para se manter dentro das atividades do projeto e alcançar os resultados esperados, conforme especificado nos Termos de Referência, não é necessário quase nenhuma inovação. As principais oportunidades de introdução de inovações metodológicas estão relacionadas com as atividades componentes. Os acadêmicos podem tornar-se praticantes nessas áreas de atividades com o fornecimento de dados subcontratados para o projeto, ou escritos acadêmicos que informam aos praticantes sobre desenvolvimento no campo. Esse é o "grande rio", e onde pouco se sabe acerca das atividades de "travessia". Até que ponto os acadêmicos se envolvem com projetos de desenvolvimento de turismo, como assessores ou praticantes temporários? Como eles podem influenciar a metodologia e/ou a implementação do projeto? Os praticantes de turismo estão conscientes dos temas/desenvolvimentos/conceitos mais recentes nesse campo? São essas perguntas, quase todas sem resposta, que deveriam ser incorporadas a uma nova agenda.

Fechando a brecha – temas para uma nova agenda

Se a idéia de que existe uma brecha entre os acadêmicos e os praticantes de turismo é aceita, então como se poderia fechá-la para benefício mútuo das duas partes? As sugestões abaixo não são exaustivas, mas espera-se que enfoquem algumas das preocupações fundamentais apresentadas.

Pesquisa

Em se tratando de país, não deveria ser difícil identificar essas empresas consultoras interessadas e com experiência em projetos de desenvolvimento de turismo. Por meio de um levantamento e, provavelmente, entrevistas pessoais, o tema da formulação de metodologia poderia ser explorado, como também os da relevância e do conhecimento das publicações acadêmicas sobre turismo. Também se poderiam obter informações sobre as ligações com os acadêmicos e o seu uso nos projetos. O esforço para que uma pesquisa seja cuidadosamente estruturada deveria render informações para iluminar o que, atualmente, é um buraco negro.

Publicações

Como já foi observado, o sistema de julgamento com freqüência tem o efeito de atrasar consideravelmente as publicações. Numa era em que predomina a mídia eletrônica, deveria ser cada vez mais facilitada a colocação de pelo menos alguns dados preliminares e minutas de artigos nas redes específicas, acessíveis tanto para os consultores como para os acadêmicos. Existe, é fato, o problema de direitos autorais e do plágio, mas este é o meio de ter o trabalho disseminado com mais rapidez e abrangência.

Outro problema é que muitos acadêmicos diriam que "essa abordagem é essencialmente unilateral. O que as empresas consultoras ofereceriam em troca?". Pode ser que esse tipo de distribuição de informação forneça às empresas consultoras mais informação acerca de quais são os interesses acadêmicos, e quem está trabalhando naquela área – o que também levaria a oportunidades de consultoria para um número maior de acadêmicos. Isso facilitaria a "travessia", mas alguns acadêmicos argumentariam que, assim, eles estariam comprometendo sua objetividade como comentaristas ou analistas do setor turístico. Os resultados esperados do projeto podem limitar, se não obstruir, o debate e a experimentação sobre os temas mais teóricos e conceituais, nos quais os acadêmicos estão muito mais interessados.

Reuniões

É notório que à maioria das conferências acadêmicas sobre temas turísticos – cujo número é crescente – comparecem muito poucos consultores ou empresas consultoras. Isso pode se dar em virtude da pressão de trabalho ou, talvez, porque os praticantes não têm muito interesse no que os acadêmicos discutem? Deve-se fazer um esforço muito maior no sentido de convidar e envolver os praticantes nesses fóruns, provavelmente convidando-os para apresentações escritas e/ou orais. A criação de um número maior de interesses comuns facilitará a "travessia". Para muitos acadêmicos mais jovens, essa pode ser uma oportunidade para que compreendam quais são os imperativos da consultoria.

Educação

Em uma era crescentemente profissional, a maioria dos consultores terá recebido educação universitária. A proliferação dos programas turísticos e o crescimento da indústria ao redor do mundo estão criando uma maior conscientização do potencial de carreira em turismo. Os acadêmicos têm a oportunidade de influenciar os alunos com uma visão equilibrada do turismo, de como ele se desenvolveu e sobre que temas terão mais importância no futuro. A educação completa nessa área deveria se tornar a base do aprendizado de uma vida. A base do conhecimento deve ser continuamente refrescada. Os acadêmicos podem ajudá-los nisso. A tarefa seria facilitada se os praticantes tivessem mais resultados que fizessem a "travessia". Infelizmente, como a maioria dos trabalhos dos praticantes é confidencial, serão necessárias permissões dos clientes para a liberação de material não-sensível ao projeto. Muitos dos planos de desenvolvimento de turismo nacional concluídos raramente foram aclamados pelo público. Os resultados de projeto poderiam tornar-se muito úteis como ferramentas de ensino e, talvez, para iluminar alguns dos temas metodológicos que surgiram neste artigo.

Participação acadêmica

Existem quatro momentos durante os quais os acadêmicos podem influenciar os projetos turísticos. O primeiro é quando eles são convidados a escrever os Termos de Referência para um projeto. O segundo é quando eles são empregados por uma empresa consultora para ajudá-la a delinear a metodologia para a oferta de um projeto. O terceiro é durante o estágio de implementação, normalmente envolvidos como especialistas (isto é, economista, ambientalista). O quarto é quando o acadêmico é chamado a participar do Comitê Diretor do projeto, que monitora o seu progresso. Geralmente é possível, por meio desse envolvimento, acrescentar muito à metodologia do projeto ou sugerir as alterações necessárias e apropriadas.

A participação do acadêmico nos quatro momentos exigirá que ele tenha certa reputação no campo especialista, e aqui existe um problema. Embora o acadêmico possa ser percebido pelos seus colegas como um líder no campo, o praticante ainda poderá vê-lo como um cidadão dentro de uma "torre de marfim". Embora essa designação possa soar grosseira, os acadêmicos de turismo que não se comprometem com o trabalho prático dos projetos podem ter sua influência marginalizada e até mesmo cautelosa mas completamente neutralizada. É claro que, em parte, essa situação não se origina da natureza do trabalho do acadêmico, que quase sempre envolve pensamento teórico e conceitual, e que pode não ter uma aplicação imediata.

Conclusão

Parece haver uma evidência empírica de que existe uma separação entre os acadêmicos e os praticantes de turismo. Existe uma necessidade postulada de facilitar mais a "travessia" e algumas medidas já foram sugeridas neste capítulo. Entretanto, é importante reconhecer que existe uma sinergia entre os dois grupos, assim como a possibilidade de aumentar o benefício mútuo, e esse é um objetivo que ambos deveriam lutar para alcançar.

Essencialmente, o desenvolvimento do turismo é todo sobre *implementação*. Projetos complexos e até mesmo inovadores não causam nenhum impacto no desenvolvimento, a menos que sejam implementados. Talvez a grande preocupação dos acadêmicos seja mais sobre o *impacto* produzido do que o *processo* de implementação. Esses dois aspectos estão ligados porque o processo de implementação é, por si só, um assunto metodológico que pode afetar diretamente o impacto do que é feito. Se existisse um papel mais central na formulação da metodologia, o acadêmico poderia desempenhar uma função participativa realística que beneficiaria o projeto, e a experiência conseguida também beneficiaria o ensino e as pesquisas futuras. Existem benefícios consideráveis de "travessia" a serem conquistados por ambas as partes, se a grande separação puder ser efetivamente cruzada.

Referências bibliográficas

BUTLER, R. "Tourism, environment and sustainable development", *Environmental Conservation* 18: 201-9, 1991.

CATER, E. "Ecotourism in the Third World: problems for sustainable development", *Tourism Management* 14: 85-90, 1993.

EUROPEAN UNION. *Manual of Project Cycle Management: Integrated Approach and Logical Framework*. Bruxelas: European Union, 1993.

______. *Zambia, Medium-Term National Tourism Strategy*. Lusaka: EU, 1995b.

FORSYTHE, T. *Sustainable Tourism: Moving from Theory to Practice*. Godalming: World Wildlife Fund/ Tourism Concern, 1996.

HUNTER, C. "Sustainable tourism as an adaptive paradigm", *Annals of Tourism Research* 24 (4): 850-67, 1997.

JAFARI, J. "Research and scholarship: the basis of tourism education", *Journal of Tourism Studies* 1 (1): 33-41, 1990.

LEIPER, J. "Towards a cohesive curriculum in tourism: the case for a distinct discipline", *Annals of Tourism Research* 8 (1): 69-84, 1981.

LICKORISH, L.J. & JENKINS, C.L. *An Introduction to Tourism*, Oxford: Butterwoth-Heinemann, 1997.

MURPHY, P. *Tourism: a Community Approach*. Nova York: Methuen, 1985.

PEARCE, P.L. "Tourism: resident impacts; examples, explanations and emerging solutions", em W.F. Theobald (ed.) *Global Tourism*. Oxford: Butterwoth-Heinemann, 1994.

RITCHIE, J.B.R. Crafting a destination vision; putting the concept of resident-responsive tourism into practice, *Tourism Management* 14:5, 1993.

SMITH, V.L. (ed.). *Hosts and Guests: The Anthropology of Tourism*. 2ª ed., Filadélfia: Universidade da Pensilvânia, 1989.

TRIBE, J. The indiscipline of tourism, *Annals of Tourism Research* 24 (3): 638-57, 1997.

WILKINSON, P.F. "Tourism in small island: a fragile dependence", *Leisure Studies*, 6: 127-46, 1987.

WILSON, D. "Paradoxes of tourism in Goa", *Annals of Tourism Research* 24 (1): 52-75, 1997.

WTO. *National and Regional Tourism Planning: Methodology and Case Studies*. Londres e Nova York: Routledge, 1994.

Problemas e temas da integração do desenvolvimento do turismo

Richard W. Butler

Introdução

Integração é um termo que tem numerosos significados no contexto do turismo. Embora hoje seja comum falarmos de "planejamento integrado do turismo" (Haywood, 1988; Innskeep, 1991), já houve um padrão de integração bem estabelecido com respeito ao lado fornecedor do turismo, desde que este se tornou uma atividade popular. Na sua forma moderna, o turismo talvez tenha um século e meio de idade, se a emergência do turismo de massa puder ser representada pela primeira vez em que o transporte de massa foi usado de forma organizada para viagens de lazer. A antiga coordenação de viagens por trens e ônibus, com a acomodação comercial e os serviços de guia de Thomas Cook, o pai do turismo moderno, representa a primeira integração formal de serviços de turismo (Swinglehurst, 1982). Embora os turistas individuais utilizem uma faixa dos serviços turísticos desenvolvidos a partir do período do *Grand Tour*, poucos destes foram integrados de maneira formal, e a maioria se desenvolveu numa forma *ad hoc* ao longo do tempo, em resposta à demanda regular feita por um grupo pequeno mas rico de viajantes (Towner, 1985). É desde os tempos antigos do turismo de massa que podemos ver a emergência da idéia de criar facilidades e serviços integrados para o turismo. Entretanto, tal integração ocorreu somente no lado operacional ou de fornecimento do turismo, sendo o trabalho e a responsabilidade predominantemente dos agentes de viagens como Cook e os que seguiram seu exemplo. Por grande parte do século seguinte, a integração que existia no turismo se relacionava apenas com o transporte e as acomodações ou, noutras palavras, consistia em transportar o turista a um destino e de volta do mesmo, e em cuidar das acomodações que ele precisasse enquanto estivesse lá.

O desenvolvimento do arranjo de facilidades familiares e comuns encontrado em muitos dos destinos de turismo em massa no final do século XIX e cenários como Blackpool, Brighton, Atlantic City, Ocean City, Manley, Nice, Cannes ou Santander, que deram origem ao Recreation Business District (Distrito de Negócios e Recreação) (Stansfield e Rickert, 1970) por meio da morfologia diferenciada de seus cenários, pertencem a uma ocorrência posterior. A aparente integração das amenidades e facilidades encontradas nesses destinos também parecia surgir de forma gradual em vez de planejada e organizada, com algumas exceções, como Boardwalk em Atlantic City. Apenas nas cidades clássicas de *spa* da Europa, como Bad Gastein ou Baden Baden e, até certo ponto, nos equivalentes norte-americanos como Saratoga Springs, existia a evidência de um planejamento para a integração. Bath, no sudoeste da Inglaterra, talvez seja um dos principais exemplos do planejamento e gerenciamento de integração do turismo em local urbano, sob o controle quase tirânico de Beau Nash, com facilidades não apenas em desenvolvimento mas também já sendo operadas de forma altamente eficiente e rigorosamente social. No caso de Bath sob a orientação de Nash, a ênfase era claramente mais direcionada às facilidades a serviço dos requisitos sociais da audiência de elite do que à satisfação das necessidades de recursos apropriados e ambientais do destino, como acontece na maioria das vezes ainda hoje. Em algumas formas de desenvolvimento de turismo em destinos modernos talvez já tenhamos completado o círculo, desde a forma integrada e estilizada de desenvolvimento de Bath e a elegância de Nash ao entusiasmo dos GOs do Clube Med e às ofertas de entretenimento formalizadas do *Pump Room,* que estão sendo substituídos por esportes e competições aquáticos. Nas duas últimas décadas em particular, muito do desenvolvimento do turismo, especialmente nos países em desenvolvimento, caracterizou-se por cenários integrados. Esses desenvolvimentos representam enclaves turísticos nas áreas de destino e são conhecidos pelo fato de fornecerem uma grande faixa de atrações e serviços, de modo que os turistas que lá estão não precisem sair da área de desenvolvimento. Todas as facilidades, operações e atrações são integradas em um único local (Innskeep, 1991). Os acampamentos de férias do Reino Unido representam uma das primeiras formas de integração, desde quando apareceram pela primeira vez, nos anos 1950, e o tipo de desenvolvimento do Clube Med opera sob um princípio semelhante. Mais recentemente, a escala de desenvolvimento de cenários integrados tornou-se muito maior e a natureza de muitos locais, muito mais luxuosa e em alta no mercado. Embora apresentem certas vantagens em termos de potencial ambiental e de operações de controle de qualidade, tais desenvolvimentos já foram criticados por minimizarem as despesas dos turistas nas comunidades locais e pelos altos níveis de fuga econômica. O fato de muitos dos maiores desenvolvimentos serem de propriedade estrangeira e de muitas vezes importarem os próprios alimentos e outros itens agrava ainda mais essa situação. Essa forma de desenvolvimento de turismo integrado, porém, não é o enfoque deste capítulo.

A discussão que propomos aqui é sobre o conceito de integração em uma escala maior, isto é, aquela que envolve a própria integração do turismo, e seus elementos, com sua vizinhança nas áreas do destino, e não sobre a integração dentro do turismo, conforme discutido acima. Neste capítulo, será apresentado o argumento de que, embora já haja uma grande discussão positiva acerca da integração do turismo e, particularmente, acerca do planejamento integrado do turismo, na realidade a verdadeira integração do turismo não é comum, e essa falta de integração apropriada representa a principal razão da existência de tanta insatisfação com o turismo emergente ao longo do tempo em muitos destinos. O capítulo discutirá primeiro os princípios básicos de integração e depois os temas políticos que esta cria. Um levantamento das dificuldades de integração do turismo antecede um comentário sobre a integração que está sendo praticada. O capítulo é concluído com uma discussão dos problemas inerentes ao sucesso da integração.

Princípios da integração

Integração tornou-se um termo comum e freqüentemente usado na literatura do turismo, em especial no contexto de planejamento e desenvolvimento. À parte, o volume de Innskeep (1991), que nos remete especificamente a este tópico, o termo é consideravelmente referenciado nos trabalhos de autores como Gunn (1988), Haywwod (1988), Murphy (1985), Pearce (1989, 1995) e Wall (1997), sobre assuntos gerais relacionados com o planejamento e o desenvolvimento do turismo. Na área mais específica de turismo sustentável, por exemplo, encontramos esse termo sendo apoiado em numerosas publicações, como as de Bramwell *et al.* (1996), Priestley, Edwards e Coccossis (1996), Nelson, Butler e Wall (1993), Stabler (1997) e Wahab e Pigram (1997). Isso não nos surpreende, uma vez que o conceito de desenvolvimento sustentável implica a ligação ou a integração de elementos do ambiente de forma apropriada, Wahab e Pigram (1997:4) comentando que a "sustentação é um conceito integrador".

Embora o termo seja amplamente utilizado, como desenvolvimento sustentável, raramente ele é definido de modo adequado. A definição do dicionário descreve o verbo integrar como "pertencer a um todo ou fazer parte de um todo; incorporar ou ser incorporado" (Collins, 1988:588), e ainda "amalgamar où misturar... em uma dada comunidade". No contexto turístico, contudo, podemos usar "planejamento e desenvolvimento integrado" como o processo de introduzir o turismo em uma área de forma que ele se mescle com os elementos já existentes. Fica implícita aqui que tal introdução e mescla se façam de maneira harmoniosa e adequada, para que daí resulte uma comunidade aceitável e funcionalmente ideal, em termos tanto ecológicos quanto humanos. A integração ideal, em muitos casos, é semelhante aos princípios básicos apresentados tão eloqüentemente por Ian McHarg (1967) no seu livro *Design with Nature* [Projete com a natureza], há mais de três décadas. À medida que aumentam as pressões dos patrocinadores da Agenda 21 para incorporar o desenvolvimento do turismo aos princípios do desenvolvimento sustentável, a integração ideal do turismo, com outros processos e atividades nas áreas de destino, torna-se mais significativa e importante.

É possível anotar pelo menos três princípios que tornariam o conceito de integração no contexto turístico mais adequado e atraente para os envolvidos com o desenvolvimento do turismo:

- aceitação;
- eficiência; e
- harmonia.

A integração ideal do desenvolvimento do turismo numa comunidade ou destino deveria tornar o desenvolvimento mais aceitável, tanto para os residentes locais quanto para os que utilizam os recursos existentes, do que um desenvolvimento turístico que é imposto de forma segregada e indesejável. A integração ideal também pode ser um processo muito eficiente. Para a maioria dos planejadores, desenvolvedores e gerentes, a eficiência é o principal objetivo, e os passos e mecanismos que agilizam o processo de conclusão e a aceitação do desenvolvimento serão bem recebidos. Tão importante quanto, talvez, é o fato de que a integração ideal pode evitar problemas que, de outra forma, poderiam se materializar mais tarde na fase operacional do desenvolvimento, por meio da sinergia e até mesmo da simbiose alcançadas (Budowski, 1976) com outras atividades e processamentos de recursos já existentes no lugar de competição ou conflito (Butler, 1993). Por fim, no momento em que a resolução do conflito for um crescente processo de desenvolvimento comum, a conquista da harmonia e a falta do conflito, por meio do desenvolvimento aceitável e adequado, darão lugar a outra situação desejada, tanto pelos planejadores quanto pelos desenvolvedores.

Apesar desse apoio genérico dado ao conceito de integração no desenvolvimento e planejamento do turismo, em particular na última década, na verdade é difícil encontrar exemplos verdadeiros no campo. Em muitos casos, existem brechas consideráveis entre o conceito conforme descrito em muitos planos e o que realmente aparece e é operacionalizado nos destinos turísticos específicos.

Existem numerosas razões que podem ser colocadas em prática para esse padrão de eventos que serão discutidas a seguir. Pode-se argumentar que, em geral, não é a falta de intenção nem a falta de vontade de se chegar à integração, e sim, como a implementação do desenvolvimento sustentável, é mais um caso de falta de compreensão e informação sobre a natureza do turismo que evita que se alcance o objetivo.

Temas políticos

Como ocorre com qualquer processo relacionado ao desenvolvimento, a conquista do objetivo com sucesso depende de uma variedade de fatores. No contexto de integração e sua inclusão em planejamento, existem diversos temas chamados de questões políticas que precisam ser levados em consideração. A integração do desenvolvimento do turismo implica, inevitavelmente, o fato de que o turismo está sendo acrescentado a um conjunto de uma ou mais atividades e processos existentes no destino específico. Os inter-relacionamentos dentro desse conjunto de atividades e processos, e os inter-relacionamentos potenciais entre eles e o turismo, são de importância capital.

- *Prioridades*. No mundo real, poucas atividades econômicas ou socioculturais têm a mesma prioridade. Normalmente, existe um estado constante de competição ou, quando muito, de aliança difícil entre as atividades na maioria das comunidades, algumas ascendentes e outras estagnando ou em declínio. Em muitas partes do mundo nas quais o turismo foi introduzido, as atividades primárias tradicionais tinham sua prioridade estabelecida há longo tempo, tanto em termos de importância econômica quanto por estarem freqüentemente intricadas com os padrões culturais e comportamentais. O turismo é visto, muitas vezes, em direta competição com essas atividades tradicionais e, nessas situações, a integração, mais do que a imposição, é essencial para que o desenvolvimento tenha sucesso.
- *Controle*. Em muitas áreas nas quais o turismo está sendo introduzido ou expandido, o controle e a administração dos recursos freqüentemente são investidos nos membros da comunidade envolvidos noutras atividades. Em tais situações, o turismo pode ser visto como uma ameaça à estrutura do poder estabelecido, como uma força que pretende controlar os recursos e o espaço. Assim, a aceitação pode ser difícil se o turismo não for cuidadosa e adequadamente colocado dentro dos sistemas existentes. Essa situação é muitas vezes complicada pelo fato de que, no caso de desenvol-

vimentos de turismo em grande escala, a posse e o controle desses desenvolvimentos normalmente ficam fora da comunidade local, e o elemento de controle externo pode tornar a aceitação desse desenvolvimento muito mais problemática (Sofield, 1996). A falta de consideração pelas preferências locais, os padrões de atividades e as prioridades podem exacerbar tal situação (Berno, 1996).

- *Escala*. Nitidamente, os desenvolvimentos de pequena escala, em geral, podem ser integrados às comunidades e sistemas com mais facilidade do que os desenvolvimentos grandes e complexos que demandam muito mais recursos locais. O desenvolvimento do turismo ocorre numa ampla faixa de escalas: das operações locais pequenas, como a provisão de acomodações em residências privadas (Wall e Long, 1995) ou a venda itinerante de suvenires (Cukier, 1996) até os imensos complexos inclusivos, muitas vezes de propriedade estrangeira, que requerem muito mais espaço e trabalho.
- *Estágio ou velocidade do desenvolvimento*. A menos que o turismo seja introduzido numa área carente de povoado, o destino conterá uma variedade de atividades em vários estágios do desenvolvimento e poderá se categorizar a si próprio como em desenvolvimento, desenvolvido ou não desenvolvido (Pearce, 1989). Mesmo quando o desenvolvimento do turismo é feito em uma área não habitada, deve-se levar em consideração os processos naturais. Em uma comunidade, o estágio de desenvolvimento pode ser de crucial importância para que a integração turística seja um sucesso. Comunidades maduras, complexas ou sofisticadas (economicamente) têm uma chance maior de integrar o desenvolvimento turístico com sucesso no padrão de atividade e de absorver os impactos econômicos do turismo do que economias mais básicas, nas quais os efeitos podem ser muito mais severos e inesperados.
- *Harmonia ou conflito comunitário*. As comunidades raramente têm visões uniformes, especialmente sobre fatores como turismo, que são vistos como capazes de provocar mudanças consideráveis para a comunidade e dentro dela. O turismo, como qualquer outra forma de desenvolvimento, é capaz de gerar uma faixa imensa de emoções, desde o apoio entusiasta ao antagonismo radical, não apenas às vezes, como descrito no modelo unidirecional e super-simplista de Doxey (1976), mas também valendo-se da sugestão inicial do turismo antes mesmo da ocorrência do desenvolvimento (Mathieson e Wall, 1982). O assunto pode não ser tanto "como evoluem" os sentimentos acerca do turismo, mas existem pontos de vista

contrários em qualquer momento. É preciso que haja políticas e práticas nas comunidades que determinem as opiniões sobre o desenvolvimento e habilitem a comunidade a decidir que tipo e escala de desenvolvimento podem ser acomodados nela antes que o desenvolvimento ocorra (Sofield e Birtles, 1996). Se tais processos existirem e operarem no local, então a integração do tipo adequado de desenvolvimento será alcançada com muito mais facilidade.

Outros assuntos também estão envolvidos em determinar se o desenvolvimento do turismo será implementado com sucesso numa comunidade específica ou não, e muitos deles são específicos a lugar e tempo, como também em relação à natureza do desenvolvimento.

Praticabilidade

Embora os assuntos discutidos sejam, talvez, mais abstratos e genéricos por natureza, também existe uma faixa de temas práticos que afetam consideravelmente o eventual sucesso ou fracasso da integração do turismo em locais específicos.

- *Multiplicidade de formas.* Como Simpson e Wall observaram, o turismo possui muitas formas e seus efeitos são extremamente variados. Os procedimentos que parecem apropriados para a integração do desenvolvimento do turismo de uma forma pode não ser viável ou ideal para outra forma. Além disso, é raro que um destino experimente apenas uma forma de turismo ou uma forma de desenvolvimento de turismo durante seu ciclo de vida. Assim, a integração ideal de um tipo de turismo não garante que todo o desenvolvimento será aceito e integrado da mesma forma, ou que novas formas de turismo serão capazes de ser incorporadas à comunidade com sucesso. Setores diferentes, mesmo dentro da mesma forma de turismo, podem ter demandas muito diferentes sobre a base de recursos do destino, com níveis variáveis de aceitação.
- *Dinâmica.* Sob muitos aspectos, a natureza dinâmica do turismo é o problema maior e mais difícil de ser resolvido, quando o alvo é o sucesso da integração do turismo. Os índices de desenvolvimento e de mudanças são, eles próprios, inconsistentes, e quanto mais rápido é o índice de desenvolvimento mais difícil é a tarefa de integração, porque o tempo disponível para consultar a comunidade e o estudo dos processos ecológicos no destino fica reduzido. Como já foi discutido em outras publicações (Butler,

1997), os próprios agentes da mudança tornam-se sujeitos a mudanças, provocando uma variedade infinita de inconsistência. Assim, o próprio processo de integração tem que ser dinâmico e flexível, além de capaz de se adaptar às visões sobre o turismo, às mudanças nas atividades e processos econômicos, ao comportamento cultural e aos pontos de vista políticos (Hall, 1994).

- *Benefícios e custos*. É razoável presumir que, se os atributos anotados acima resultam da integração do turismo com sucesso, então eles podem ser vistos como benefícios e terão uma forma econômica tangível. A ausência de conflito, o aumento de velocidade e eficiência de planejamento e desenvolvimento e, então, da operação, aliados a uma ausência de ajustes pós-desenvolvimento devido à inadequação da escala de desenvolvimento, possuem potenciais benefícios sociais e ambientais. Entretanto, o fato de que os benefícios podem advir da integração não necessariamente assegura o sucesso ou a viabilidade do desenvolvimento. Em muitos casos, os benefícios podem ser derivados, na sua maioria ou até exclusivamente, dos desenvolvedores ou de agências do exterior, o que permite que a insatisfação e a oposição continuem ou se desenvolvam mais, no nível local. Geralmente, os benefícios têm um efeito de espelho, no qual numa área ou num certo nível podem ser equiparados pelos custos em outras áreas e setores. A integração, para ter sucesso, precisa assegurar que os custos no nível local sejam, pelo menos, compensados pelos benefícios no mesmo nível e, espera-se, que provenham dos mesmos setores que enfrentam os custos por causa do desenvolvimento. Em muitos casos, os benefícios do turismo podem ir em direção aos novos atores no cenário econômico, enquanto para outros operadores estabelecidos, existem apenas os custos decorrentes da acomodação ou expansão do desenvolvimento do turismo. Se os princípios de desenvolvimento sustentável (WCED, 1987) têm de ser implementados no desenvolvimento do turismo, então a eqüidade se tornará uma consideração maior, com a alocação de benefícios e custos no presente e no futuro.

Além dos fatores acima descritos, outros elementos, como a política e as origens dos atores envolvidos, podem se tornar influências significativas no sucesso ou no fracasso das tentativas de integrar o turismo a uma comunidade. Na verdade, a estrutura política e os relacionamentos dentro de uma comunidade, com agências no exterior e níveis de governo, podem criar associações estranhas e grupos de opiniões (Hall, 1994). Isso pode se complicar ainda mais com as origens dos proponentes e oponentes ao desenvolvimento e as formas pelas quais o turismo poderia ser integrado numa comunidade. Os *backgrounds* variados, a familiaridade com o destino, os diferentes níveis de conhecimento sobre turismo e o contexto para o desenvolvimento podem afetar o sucesso ou o fracasso das tentativas de integração.

Prática

A brecha entre a integração de turismo com sucesso e a integração parcial ou simbólica pode ser grande. Depende muito das atitudes dos responsáveis pelo planejamento e desenvolvimento turístico e das abordagens que eles usam para coordenar e incluir todos os pontos de vista nos desenvolvimentos propostos, até mesmo o dos residentes locais. Já foi argumentado que, se a participação local deve ser efetiva para superar os freqüentes problemas de tomada de decisões centralizada e da desigualdade na alocação dos benefícios do desenvolvimento, então ela deveria se originar nas próprias comunidades locais (Mowforth e Munt, 1998). O nível de envolvimento e a habilidade de provocar mudanças nas propostas de desenvolvimento, para que os resultados finais sejam verdadeiramente integrados aos sistemas locais, variam enormemente. Um dos primeiros pesquisadores a descrever os vários estágios de participação foi Arnstein (1969), que propôs seis "passos" na sua "Ladder to Public Participation" [Escada para a participação pública]. Mais recentemente, Pretty (1995) descreveu sete etapas numa tipologia de participação. As cinco categorias listadas a seguir refletem os mesmos elementos básicos do nível de participação e do poder de tomada de decisões investidos nas comunidades envolvidas, conforme as tipologias de Arnstein e Pretty. Elas variam da "imposição" até a "igualdade", refletindo-se em grande escala na natureza da tomada de decisões no país e na comunidade de hospedeiros.

- *Imposição*. Nitidamente, a forma menos desejável de integração e, provavelmente, a menos efetiva, é quando se força uma comunidade sem levar em consideração sua reação. Em tais casos, o desenvolvimento é normalmente controlado e financiado de fora da comunidade e tem o apoio externo e dos altos níveis do governo. O desenvolvimento de Nusa Dua, em Bali, serve como exemplo desse tipo de desenvolvimento. Um complexo de franquias de hotéis internacionais e facilidades relacionadas desenvolvido com financiamento externo com forte apoio do governo central da Indonésia foi construído em alguns anos no sul de Bali, nos anos 1980

(Wall, 1993). Pode-se dizer que o complexo é integrado, por ter fortes ligações econômicas com outras partes de Bali por meio de desenvolvimentos de transportes e empregos, que é promovido como parte de Bali e não como um destino separado e, até certo ponto, que integrou água e outros elementos de planejamento e operações ambientais. Está espacialmente segregado do restante de Bali em virtude de sua localização, projeto e pelo mercado-alvo, que é consideravelmente mais rico do que os atraídos pela maior parte do restante de Bali.

- *Petição.* Enquanto a categoria anterior apresentava uma ausência total de envolvimento local nas decisões tomadas sobre locação, escala, projeto e outros elementos de integração do desenvolvimento, essa categoria sugere uma alternativa de participação. Entretanto, essa participação foi pensada sem a obrigação, por parte das agências que tomam as decisões (ou detêm a autoridade), de se aceitar tal participação ou modificar suas intenções. Nesses casos, a proposta é apresentada às comunidades locais para comentários só depois das demandas e petições, uma vez que tal oportunidade só é dada quando a maioria das decisões já foi tomada. A oportunidade de integração na maioria das vezes é unilateral, isto é, os operadores locais e usuários dos recursos podem ter uma oportunidade de ajustar seus padrões de operação para permitir a integração com o desenvolvimento antes mesmo que este comece, ou pelo menos termine, facilitando assim uma inserção do desenvolvimento mais fácil e possivelmente com mais sucesso. Até certo ponto, essa situação reflete o processo da Ilha Anuha discutido por Sofield (1996), onde a situação deteriorou-se rapidamente, provocando mudanças de proprietário e de operação, e as percepções do nível de envolvimento das autoridades locais foram abruptamente alteradas com resultados desastrosos.
- *Assessoramento.* Essa categoria representa uma situação na qual se procura assessoramento local sobre as formas pelas quais o desenvolvimento poderia ser projetado, locado e operado, a fim de torná-lo mais integrado à comunidade, embora a autoridade indicada para a tomada de decisão final ainda permaneça fora da comunidade. Existe a possibilidade das especialidades e prioridades locais serem refletidas no desenvolvimento, não apenas na sua escala e operação, mas também no seu projeto e locação. A integração efetiva deve ser alcançada mais ou menos nesse nível ou depois dele, pois existe pela primeira vez a oportunidade de ajustamento para alcançar a integração tanto por parte dos desenvolvedores quanto das comunidades locais. Esse processo foi acompanhado pelas autoridades do

Parque Nacional do Canadá nos anos 1970, quando a participação pública foi introduzida no planejamento do parque pela primeira vez.

- *Representação.* Nesse estágio, as comunidades têm direitos formais para se envolver no processo de integração por meio do planejamento e da operação do desenvolvimento. Isso pode tomar a forma de representação nas agências locais para supervisionar o projeto, a construção e até a operação do desenvolvimento. Com envolvimento desde os primeiros estágios, as especialidades locais podem ser incorporadas mais completamente aos procedimentos do projeto e da operação, e os efeitos de desenvolvimento e uso dos ambientes serem minimizados. Quanto maior a partilha de conhecimento sobre o ambiente local e a operação do desenvolvimento, maior a oportunidade de se evitar conflitos e incompatibilidade à medida que o turismo se desenvolve. No Canadá, os desenvolvimentos do turismo nos parques nacionais que agora têm construções permanentes são projetados e operados de tal forma que os habitantes se envolvem ativamente desde os primeiros estágios (Parks Canada, 1994). As decisões locais ainda são tomadas de fora da área local, e o processo ainda pode causar preocupação ou gerar oposição, porque os compromissos ainda têm de ser cumpridos.
- *Igualdade.* A verdadeira igualdade na integração de desenvolvimentos de turismo é rara. Pode ser tomada como representação a situação na qual os proponentes e os recipientes do desenvolvimento são tratados como iguais e todos os elementos do processo de integração são acordados por todas as partes. Os ajustes nos desenvolvimentos do projeto e da operação são, provavelmente ou talvez mais, ajustes na operação das atividades existentes e nos estilos de vida. As tomadas de decisão ficam a cargo das duas locações: as comunidades e a fonte do desenvolvimento. É claro que quando o desenvolvimento vem de dentro da comunidade e esta opera num formato democrático ou igualmente aceitável para seus residentes, essa situação deveria ser automática. Quando o desenvolvimento é proposto de fora, os procedimentos precisam estar no lugar para garantir que os proponentes tratem as comunidades como iguais. Um veto flexível é, obviamente, uma maneira de se lidar com essa situação. Parece que essa situação, ou alguma outra equivalente, pode materializar-se em Nanavut, a seção dos Territórios do Noroeste Canadense a ser estabelecida em futuro próximo, sob o controle dos Inuit, onde o governo local não apenas controlará o desenvolvimento como também os recursos que a custearão (Milne, Grekin e Woodley, 1998).

As categorias aqui discutidas representam os níveis generalizados de envolvimento local na tomada de decisões, e foram discutidas de várias formas com respeito ao planejamento, mas não foram aplicadas especificamente à integração dos desenvolvimentos de turismo. Conforme será discutido a seguir, um dos maiores problemas é que levou muito tempo para a idéia de envolvimento local no processo de planejamento de turismo se tornar uma realidade em muitas áreas (Murphy, 1985). Em muitas partes do mundo, infelizmente, numa grande proporção do que são os cenários de maior desenvolvimento e expansão de turismo, isso ainda não existe. Entretanto, o envolvimento dos atores locais no planejamento não necessariamente se transporta para o envolvimento no desenvolvimento, e menos ainda para as operações. A integração é muito mais que planejamento e envolve todos os elementos do projeto, planejamento, construção e operação, para que tenha sucesso. A presença de envolvimento local não garante uma integração com sucesso, mas pode-se argumentar enfaticamente que sua ausência parece resultar em uma integração *fracassada*.

Problemas

Se é aceitável que o pensamento e as atitudes atuais com respeito ao desenvolvimento do turismo são fortemente a favor de uma abordagem integradora, e que tal abordagem deva ser bastante alinhada com os princípios de desenvolvimento sustentável, que também parece ter apoio político e popular muito difundido, talvez nos surpreenda que os exemplos da integração de turismo com sucesso sejam difíceis de ser encontrados. O exemplo de Pearce (1995), de tal abordagem em Sarawak, é um caso no qual os assessores externos foram muito além do que a maioria, expressando claramente a necessidade e a vantagem da integração. Os Programas de Desenvolvimento Integrado Turístico Rural para Andaluzia, discutido por Cavaco (1995), representam outro exemplo. Na realidade, enquanto a intenção pode estar presente em outras áreas, e embora se possa perguntar se existe algo mais que apenas intenção simbólica em algumas situações, existem inúmeros fatores que tornam a implementação difícil de ser alcançada.

- *Falta de igualdade*. Apesar das antigas chamadas para o envolvimento local e comunitário no turismo (Murphy, 1985) terem ecoado fortemente no *Nosso Futuro Comum* (WCED, 1987), as comunidades locais não possuem o mesmo poder que as altas autoridades governamentais ou as agências externas de desenvolvimento em grande escala. As atividades locais, especialmente nos locais onde são de pequena escala e altamente fragmentadas como, por exemplo, pequenas fazendas da família ou barcos de pesca de propriedade individual, raramente podem ser efetiva ou fortemente representadas quando os desenvolvimentos de grande escala são promovidos e discutidos. Diferentes prioridades são envolvidas em níveis diferentes de governo, e as preocupações locais podem ficar subordinadas às políticas de níveis nacional ou regional. Tal situação pode freqüentemente significar que, enquanto o turismo pode ser integrado ao planejamento em níveis nacional e regional, ele na verdade torna-se imposto no nível local. Podem-se fazer esforços para se integrá-lo no nível comunitário, mas nessas situações é mais provável que as atividades existentes tenham que ser ajustadas para acomodar o turismo, do que o turismo ser significativamente modificado para se adaptar às atividades locais estabelecidas. Tais situações são comuns ao desenvolvimento de todos os tipos. É raro que os interesses locais, geralmente representados por uma base de poder pequena e limitada, sejam capazes de alcançar e manter com sucesso a igualdade entre os altos escalões do governo e as grandes corporações externas do setor privado. Quando eles são capazes disso, em geral é por causa de condições locais específicas, como atributos geográficos e tempo que, junto com as contribuições de indivíduos-chave, promovem os meios de alcançar tal igualdade de poder (Butler e Nelson, 1994).

- *Falta de vontade.* Para se alcançar uma integração de sucesso são necessários recursos consideráveis de tempo e dinheiro, assim como compromissos consistentes. Na maioria dos países, representantes eleitos têm uma visão relativamente curta, em geral só até a próxima eleição. Para se assegurar uma integração adequada é necessário envolvimento desde o primeiro estágio da proposta inicial de desenvolvimento até o monitoramento da fase operacional dos desenvolvimentos. Ainda que as mesmas autoridades e oficiais estejam no poder até o fim desse período, é provável que suas prioridades e compromissos mudem e suas preocupações sobre desenvolvimentos específicos em áreas específicas se desvaneçam depois da conclusão do desenvolvimento. Existem sinais semelhantes no ciclo de tema-atenção de análise de impacto. O processo de análise de impacto ambiental geralmente atrai uma atenção considerável nos primeiros estágios de um processo, mas normalmente a atenção diminui à medida que o projeto continua. Em muitos poucos casos a monitoração continua, e raramente as projeções originais do impacto são revisadas e verificadas depois que o desenvolvimento esteja estabelecido e operando. Os recursos são raramente alocados para garantir que a integração do desenvolvimento continue na fase operacional, mesmo que a integração já tenha sido alcançada durante o planejamento e o desenvolvimento de um projeto. O desenvolvimento raramente pára depois que a construção inicial estiver concluída, e o elemento dinâmico do turismo, anotado acima, quase sempre resulta em modificações das características físicas e operacionais da maioria dos projetos que extrapolam o prazo. Tais modificações também deveriam ser revistas e analisadas quanto à sua possibilidade de serem integradas com sucesso ao ambiente local.

- *Falta de apreciação.* Apesar de toda a pesquisa e atenção dada ao turismo nos últimos vinte ou trinta anos, ainda existe uma considerável ignorância acerca dos seus efeitos e da forma pela qual ele opera, em todos os níveis. A opinião cegamente otimista de que o turismo é uma panacéia econômica promovida nos anos 60 (Zinder, 1969), quando era visto como a salvação das áreas em declínio e, assim, introduzia o progresso a qualquer preço, felizmente mudou, na medida em que o custo e os benefícios do turismo estão sendo avaliados com mais precisão. Entretanto, até certo ponto o pêndulo se elevou muito de um lado e o turismo hoje é freqüentemente visto como uma forma complementar de atividade econômica que pode muito bem se acomodar em muitas áreas periféricas ou marginais, com poucos ajustes. Geralmente imagina-se que o turismo se compatibilizará automaticamente com as atividades existentes, por exemplo: que os fazendeiros locais fornecerão alimentos aos hotéis e que os pescadores já têm mercados prontos para suas redes, ignorando-se o fato de que muitas cadeias de hotéis preferem comprar em grandes quantidades de fornecedores externos, para garantir a confiabilidade e a consistência do fornecimento e da qualidade, e que muitos turistas demandam comidas que não são produzidas localmente. O turismo é complexo, uma indústria de recursos específicos que opera em escala global, freqüentemente dando pouca atenção às prioridades locais. A falta de apreciação de que é uma indústria com vínculos, dependências e relacionamentos globais, pode resultar não apenas na impossibilidade de se alcançar a integração mas, em última instância, na substituição de uma monocultura frágil por outra mais forte e dominante, pelo menos a curto prazo.

- *Falta de mecanismos.* Existe uma falta generalizada de mecanismos apropriados que assegurem a integração do turismo, assim como um reconhecimento muito difundido acerca da fragmentação e da complexidade do turismo, da dificuldade de se exercer um controle consistente sobre a indústria e da sua falta de habilidade em se auto-regular. Para muitas outras atividades econômicas existem agências estabelecidas projetadas e autorizadas a controlar elementos como produção, qualidade, preço, marketing e participação, por exemplo, em câmaras de marketing de agricultura, como a Câmara do Trigo, no Canadá, a Autoridade do Peixe Branco, na Grã-Bretanha, ou as Autoridades de Energia Atômica em muitos países. Nenhuma dessas entidades existe para o turismo, e o controle e a regulamentação são entregues a agências que normalmente não estão especificamente equipadas para a tarefa. As autoridades de planejamento de nível nacional, na maioria dos países, ou estão ligadas a amplas estratégias, ou à promoção do desenvolvimento, ou a ambas, e o controle e a regulamentação, se existirem de fato, são relegados aos níveis regionais e locais. Não se tem certeza se o turismo é suficientemente singular para exigir um mecanismo específico que garanta sua regulamentação e integração. O que é certo é que, sem os mecanismos adequados (junto com a vontade de aplicá-los, conforme citado anteriormente), o turismo provavelmente não se integrará efetivamente dentro dos princípios de igualdade, nem mesmo no estágio de planejamento, quanto mais nos estágios operacionais do desenvolvimento.
- *Falta de dados e conhecimento.* A falta de conhecimento detalhado da forma pela qual o turismo se relaciona e provoca impactos sobre as outras atividades já foi observada acima. Uma das razões principais para essa falta de conhecimento diz respeito à falta de dados sobre o turismo e o ambiente no qual este opera. Tradicionalmente, os dados são coletados e analisados por setor, o que impediu uma abordagem holística e integrada. Além disso, os dados cobriam apenas um período de tempo limitado, o que dificultou a identificação e a atribuição das mudanças durante o período a qualquer agente causador. A monitoração da mudança não apenas era cara e consumia muito tempo, como freqüentemente se tornava impossível na escala necessária. Tais mudanças identificadas geralmente se limitavam às pequenas áreas e raramente eram implementadas em contextos regionais, quanto mais nos níveis nacionais. Muitos dados foram coletados mais para as unidades administrativas do que para os ecossistemas naturais, o que tornou a identificação da causa e a escala de efeitos muito mais difíceis

também. Só mais recentemente é que se tornou possível, com o uso de dados coletados remotamente, por exemplo, de sistemas de imagens por satélite, a coleta de dados em escala adequada que permitam a compreensão e a monitoração da mudança nos sistemas naturais. Ainda assim, a análise desses dados foi difícil até que técnicas adequadas, como os Sistemas de Informação Geográfica, foram disponibilizadas e aplicadas ao turismo (Butler, Boyd e Butler, 1999). O advento de uma ampla faixa de sistemas relativamente amigável aos usuários para a análise espacial dos dados, combinada à facilidade crescente de acesso a dados em larga escala, significa que um dos maiores bloqueios à efetivação do planejamento da integração pode ser removido.

Conclusões

O conceito de integração é popular na literatura do turismo e a demanda de sua adoção tem aumentado significativamente com a popularização e o apoio dado ao conceito de desenvolvimento sustentável. O sucesso do desenvolvimento sustentável requer inevitavelmente a aplicação de uma abordagem integradora, pois por definição ela exige que o processo de desenvolvimento não elimine opções futuras nem previna a continuação das operações, especialmente dos povos indígenas. Ao discutir o planejamento do gerenciamento do turismo para o futuro, Maitland (1998:2) comenta:

> Existe uma interação crescente entre o turismo e outras indústrias e entre os visitantes e as populações hospedeiras que não têm nenhuma conexão com o turismo. A conseqüência é que precisamos de um planejamento turístico que integre o desenvolvimento do turismo a estratégias mais abrangentes, para o desenvolvimento de locais e negócios não turísticos.

À medida que o turismo se torna cada vez mais ligado a processos e agentes globais, também se envolve cada vez mais com muitas atividades e processos não relacionados diretamente ao lazer, e só terá sucesso se seu desenvolvimento for integrado com esses outros processos. Embora o fracasso de um empreendimento turístico em nível global pela falta de integração seja uma infelicidade, o desenvolvimento do turismo em nível local que não seja adequadamente integrado às atividades e processos locais pode ser desastroso (Butler e Hall, 1998). É provável que a integração completa do desenvolvimento do turismo não seja concluída em muitas comunidades, assim como a conquista da sustentação é mais um objetivo do que uma realidade, na maioria das situações. Entretanto, é provável que tentativas sinceras de integração que incluam o envolvimento das comunidades locais sejam mais bem recebidas do que o desenvolvimento para o qual não são feitos esforços no sentido de se chegar à compatibilidade, se não simbiose, com os sistemas locais ecológicos, econômicos e sociais. Ainda nos locais onde a sustentação não é um tema, um desenvolvimento que faz parte de uma comunidade geralmente tem mais sucesso do que o desenvolvimento que é feito separadamente da comunidade.

Referências bibliográficas

ARNSTEIN, S.R. "A ladder to citizen participation", *American Institute of Planners Journal* 35: 216-24, 1969.

BERNO, T. "Cross-cultural research methods: content or context? A Cook Islands example". *In*: R.W. Butler e T. Hinch (eds.) *Tourism and Indigenous Peoples*. Londres: Routledge, 1996.

BRAMWELL, B.; HENRY, I.; JACKSON, G.; PRAT, AG.; RICHARDS, G.; STRAATEN, J. (eds.) *Sustainable Tourism Management: Principles and Practice*, Tilburg: Gráfica da Universidade de Tilburg, 1996.

BUDOWSKI, G. "Tourism and environmental conservation: conflict, co-existence or symbiosis?", *Environmental Conservation* 3(1): 27-31, 1976.

BUTLER, R.W. "Integrating tourism and resource management: problems of complementarity". *In:* M. Johnson e W. Haider (eds.) *Communities, Resources and Tourism in the North*, Thunder Bay, Canadá: Centro de Estudos do Norte, Universidade de Lakehead, 1993.

_______. "Modelling tourism development: evolution, growth and decline". *In:* S. Wahab e J.J. Pigram (eds.) *Tourism Development and Growth: the Challenge of Sustainability*. Londres: Routledge, 1997.

BUTLER, R.W.; BOYD, S.W; BUTLER R.D. "The application of geographic information systems in tourism planning and management", *Tourism Management* (no prelo), 1999.

BUTLER, R.W. e HALL, C.M. "Conclusion: the sustainability of tourism and recreation in rural areas" . *In:* BUTLER, R.W.; HALL, C.M.; JENKINS, J. (eds.) *Tourism and Recreation in Rural Areas*. Chichester: Wiley, 1998.

BUTLER, R.W. & NELSON, J.G. "Evaluating environmental planning and management: the case of the Shetland Islands", Geoforum: Wiley, 1994.

CAVACO, C. "Rural tourism: the creation of new tourist spaces". *In:* A. Montanari e A.M. Williams (eds.) *European Tourism*. Chichester: Wiley, 1995.

COLLINS *The Collins Concise Dictionary*. Londres: Collins, 1988.

CUKIER, J. "Tourism employment in Bali: trends and implications". *In:* R.W. Butler e T. Hinch (eds.) *Tourism and Indigenous Peoples*. Londres: Routledge, 1996.

DOXEY, G. "A causation theory of visitor-resident irritants: methodology and research inference". *In*: *The Impact of Tourism*. Procedimentos da Conferência da Associação de Viagem e Pesquisa de 1976, Salt Lake City: Associação de Viagem e Pesquisa, 1976.

GUNN, C. *Tourism Planning*. Nova York: Taylor and Francis, 1988.

HALL, C.M. *Tourism and Politics: Policy, Power and Place*. Harlow: Longman, 1994.

HAYWOOD, K.M. "Responsible and responsive planning in the community", *Tourism Management* 9 (2): 105-18, 1988.

Innskeep, E. *Tourism Planning: An Integrated and Sustainable Development Approach*. Nova York: Van Nostrand Reinhold, 1991.

MCHARG, I. *Design with Nature*. Nova York: Doubleday, 1967.

MAITLAND, R. *Planning the Management of Tourism for the Future*, trabalho apresentado no Simpósio sobre Planejamento do Gerenciamento Turístico para o Futuro, Universidade de Westminster, Londres, março de 1998.

MATHIESON, A & WALL, G. *Tourism: Economic, Social and Physical Impacts*. Londres: Longman, 1982.

MILNE, S.; GREKIN, J.; WOODLEY, S. Tourism and the construction of place in Canada's eastern Arctic. *In:* G. Ringer (ed.) *Destinations: Cultural Landscapes of Tourism*. Londres: Routledge, 1998.

MOWFORTH, M. & MUNT, I. *Tourism and Sustainability: New Tourism in the Third World*. Londres: Routledge, 1998.

MURPHY, P.E. *Tourism: a Community Approach*. Londres: Methuem, 1985.

NELSON, J.G.; BUTLER, R.W.; WALL, G. *Tourism and Sustainable Development: Monitoring, Planning, Managing*, Waterloo, Canadá: Universidade de Waterloo, 1993.

PARKS CANADA *National Parks Policy*. Otawa: Gráfica da Rainha, 1994.

PEARCE, D.G. *Tourist Development*, 2ª ed., Londres: Longman, 1989.

________. "Planning for tourism in the 1990s: an integrated, dynamic, multiscale approach". *In:* R.W. Butler e D.G. Pearce (eds.) *Change in Tourism: People, Place, Processes*. Londres: Routledge, 1995.

PRETTY, J. "The many interpretations of participation", *In Focus* 16: 4-5, 1995.

PRIESTLEY, G.K.; Edwards, J.A; Coccossis, H. *Sustainable Tourism? European Experiences*. Wallingford: CAB Internacional, 1996.

SOFIELD, T.H.B. Anuha Island Resort, Solomon Islands: a case study of failure [Ilha Anuha e Ilhas Salomão: um caso de fracasso], em R.W. Butler e T. Hinch (eds.) *Tourism and Indigenous Peoples*. Londres: Routledge, 1996.

SOFIELD, T.H.B. & BIRTLES, R.A. "Indigenous Peoples Cultural Opportunity Spectrum for Tourism (IPCOST)". *In*: R.W. Butler e T. Hinch (eds.) *Tourism and Indigenous Peoples*. Londres: Routledge, 1996.

STABLER, M. (ed.) *Tourism and Sustainability: Principles to Practice*. Wallingford: CAB Internacional, 1997.

STANSFIELD, C.A & RICKERT, J.E. The Recreational Business District, *Journal of Leisure Research* 2(4): 213-25, 1970.

SWINGLEHURST, E. *Cook's Tours: The Story of Popular Travel*. Poole: Gráfica Blandford, 1982.

TOWNER, J. "The Grand Tour: a key phase in the history of tourism", *Annals of Tourism Research* 12(2): 297-335, 1985.

WAHAB, S. & PIGRAM, J.J. (eds.) *Tourism Development and Growth: the Challenge of Sustainability*. Londres: Routledge, 1997.

WALL, G. "International collaboration in the search for sustainable tourism in Bali, Indonesia", *Journal of Sustainable Tourism* 1(1): 38-47, 1993.

________. "Sustainable tourism – unsustainable development". *In*: S. Wahab e J.J. Pigram (eds.) *Tourism Development and Growth: the Challenge of Sustainability*. Londres: Routledge, 1997.

WALL, G. & LONG, V. "Small-scale tourism development in Bali". *In:* M.V.Collin e T. Baum (eds.) *Island Tourism: Management Principles and Practice*. Chichester: Wiley, 1995.

WORLD COMMISSION ON ENVIRONMENT AND DEVELOPMENT (WCED) *Our Common Future*. Oxford: Gráfica da Universidade de Oxford, 1987.

ZINDER, H. *The Future of Tourism in the Caribbean*. Washington DC: Zinder and Associates, 1969.

Análise de recursos históricos para turismo urbano em cidades européias

Myriam Jansen-Verbeke e Els Lievois

"A questão urbana"

O desenvolvimento e o gerenciamento do turismo urbano tornou-se um grande desafio em muitas cidades da Europa. Elas são berços de história e cultura, de vida social e cultural, ricas de construções históricas mas, em muitos casos, são também áreas onde se concentram problemas econômicos, sociais e ambientais (Cortie, Dekker, Dignum, 1993). Essa "questão urbana", agora, constitui uma alta prioridade da agenda política, no âmbito da União Européia (UE) e no âmbito dos países, regiões e cidades (EC, DG Regional Policy, 1992). Espera-se que o desenvolvimento de turismo urbano reequilibre a economia urbana, pela geração de atividades novas e pela regeneração dos distritos defasados. Entretanto, essa "injeção econômica" não é, por definição, e certamente não para todas as cidades, uma cura mágica. A revitalização potencial do turismo depende fortemente da presença de recursos que podem ser desenvolvidos para se tornar atrações turísticas, da capacidade financeira dos associados públicos e privados para tal e da vontade dos políticos. Existem diferenças consideráveis entre as cidades da Europa quanto à forma pela qual as políticas para o turismo urbano são concebidas e integradas nas estratégias de desenvolvimento urbano (EC, DG Regional Policy and Cohesion, 1997).

As políticas para revitalização urbana são fortemente inspiradas pela possibilidade de explorar o potencial cultural dos distritos históricos urbanos. No primeiro estágio do "Projeto Piloto Urbano" europeu (1989-93), o enfoque principal foi dado sobre a regeneração dos centros históricos (EC, DG XVI, 1997). Os projetos pilotos eram um primeiro passo dado em busca de soluções para os problemas de declínio dos centros urbanos, que se presumia que tivessem um valor histórico intrínseco. Parece que o apoio externo é altamente necessário em situações nas quais não é possível adaptar os centros históricos a novos usos e solicitações de espaço, para manter os edifícios históricos com nova funcionalidade. O alto custo da manutenção das estruturas físicas, a falta de investimentos locais e conhecimentos para acabar com esse ciclo de declínio também são temas-chave. Renovar e redesenvolver áreas comerciais arruinadas e melhorar a qualidade dos edifícios são as novas prioridades das agendas políticas de muitas cidades históricas da Europa.

Isso explica o crescimento do interesse nos recursos históricos, na identidade cultural (local e regional), nos investimentos em infra-estrutura cultural e, em particular, na busca de novos usos para velhas estruturas. Gradualmente, a ênfase vai se deslocando para a necessidade de uma abordagem integrada para a regeneração urbana e para o papel do turismo. Isso caracteriza a segunda fase do "Programa Urbano Piloto" da UE, aprovado em julho de 1997 (EC, DG XVI, 1997). O programa da UE apóia a inovação no planejamento e na regeneração urbana e introduz o desafio de promover uma coesão econômica e social em diferentes escalas. Os assuntos-chave relativos à revitalização urbana por meio do turismo foram sintetizados na Figura 1. A necessidade de novas iniciativas foi um incentivo real para muitas cidades européias reconsiderarem suas estratégias de desenvolvimento, inclusive o desenvolvimento do turismo urbano e a conservação e reutilização dos edifícios históricos. Em particular, as autoridades locais das cidades de pequeno e médio porte estão "descobrindo" agora novas oportunidades no local. A abordagem baseada na área ao desenvolvimento de turismo está sendo amplamente difundida e vista como o melhor caminho para o planejamento integrado.

Nesse contexto de interesse político na revitalização urbana por meio do turismo, entre outros usos e em vista dos recentes incentivos da UE, existe uma necessidade crescente de avaliação crítica do potencial turístico das cidades históricas. Os temas-chave nesse processo de desenvolvimento do turismo como um veículo

1. Transformação dos recursos históricos
   em produtos de turismo urbano
2. Identidade cultural das cidades européias
   - Sensibilidade ao lugar
   - Processo de seleção e interpretação
3. Gerência da qualidade
   - Integração do turismo ao sistema urbano
   - Gerência de recursos
   - Gerência dos visitantes

Figura 1. Temas-chave na revitalização urbana por meio do turismo.

para a revitalização urbana são a forma pela qual os recursos históricos estão sendo transformados em produtos turísticos, a preocupação com a conservação da identidade cultural dos lugares e, sem dúvida o maior desafio, desenvolver opiniões e estratégias para um gerenciamento urbano de qualidade. A procura pelo gerenciamento integrado de qualidade nos destinos urbanos turísticos atraiu a atenção das autoridades públicas e dos pesquisadores (Jansen-Verbeke e Van de Wiel, 1995). O enfoque dado à pesquisa de apoio à política agora está colocado sobre os critérios de identificação da qualidade dos diferentes pontos de vista e em exemplos de histórias que deram certo – nas quais o gerenciamento do turismo urbano realmente levou a uma grande melhora da qualidade no destino.

Turismo urbano

Levando-se em consideração os muitos desafios relacionados ao desenvolvimento do turismo urbano nas cidades da Europa, que vão muito além do *marketing* dos destinos urbanos turísticos, a Direção Geral XXIII da União Européia decidiu constituir um grupo de trabalho sobre "turismo urbano na Europa" em 1997 para apoiar o debate atual sobre a "questão urbana" e para definir os temas-chave. A Comissão Européia está custeando diversas ações a favor do turismo europeu. Essas ações afetam os atuais planos de desenvolvimento turístico e o enfoque da pesquisa de várias maneiras. Um dos objetivos é aumentar a qualidade do turismo na Europa pela promoção de turismo sustentável (Hinch, 1996). Isso implica apoio às iniciativas locais no que diz respeito aos programas de gerenciamento dos visitantes.

Temas atuais em desenvolvimento de turismo urbano

Numa Europa altamente urbanizada, as cidades desempenham um papel importante na competição econômica e no processo de coesão social e cultural. A alta prioridade dada à revitalização urbana reabriu o debate sobre o papel potencial e real do turismo urbano como uma "nova" atividade econômica (Law, 1992). As considerações-chave a respeito do desenvolvimento de turismo urbano incluem:

1. A questão da mobilidade crescente do lazer relacionada à mudança nos padrões de tempo e uso (turismo do dia, breves escapadas, turismo de fim de semana) e padrões de uso do espaço nos destinos urbanos e do interior (Cazes e Potier, 1996).

2. A reafirmação das atrações urbanas, fortemente apoiadas pela apreciação renovada dos cenários históricos, eventos culturais e de uma ampla faixa de facilidades e atividades culturais, inclusive diversas oportunidades de compra e diversão (Law, 1993; Herbert, 1995).
3. O atual processo de "turistificação" é irreversível e afeta o sistema urbano em termos físicos, econômicos, sociais e culturais. Uma nova infra-estrutura (isto é, expansão do setor hoteleiro) e novas funções (lazer, diversão, entretenimento, compras) substituem as funções urbanas tradicionais. Os riscos de desequilíbrio do sistema urbano pelo domínio das funções turísticas são reais (Jansen-Verbeke, 1997). A multifuncionalidade e a lucratividade das empresas urbanas tornam-se grandes preocupações nessa nova tendência das "Cidades de Lazer".
4. A função turística e de lazer tende a necessitar cada vez mais dos espaços urbanos públicos e a provocar um impacto significativo sobre o ambiente urbano. Isso, eventualmente, afeta a qualidade do ambiente para outros usos e usuários.

O mercado de turismo urbano na Europa

O turismo urbano na Europa é um mercado de crescimento, que se beneficia especialmente do desenvolvimento de estadas curtas e da divisão das férias. "Foi estabelecido que, ao contrário das outras formas de turismo de temporada alta, o turismo urbano é relativamente estável em qualquer época – principalmente como resultado da complementaridade entre o turismo de lazer e o turismo de negócios e conferências" (EC, DG, XXIII, 1998). A relativa importância do turismo urbano reflete-se no levantamento do Eurobarômetro sobre os padrões de feriados dos europeus (Comissão Européia, 1998). Os destinos urbanos recebem cerca de 17% de todos os feriados dos europeus, o que ainda fica bem abaixo dos balneários e montanhas, embora existam diferenças consideráveis de país para país (Tabela 1).

Uma análise dos critérios principais para a escolha de destinos nos feriados indica mais claramente a fatia do mercado e os fatores motivadores do turismo urbano (Tabela 2). Os "lugares de interesse cultural e histórico, monumentos e museus" foram mencionados em 32% das respostas da pesquisa feita pelo *Eurobarometer*. Quando o fator "Entretenimento (cinemas, discotecas, parques temáticos)", que pode ser considerado uma das maiores atrações urbanas e foi mencionado em 18% das respostas, é acrescentado, o fator motivador das cidades pode ser mais bem compreendido.

Tabela 1. Tipos de destinos turísticos escolhidos pelos europeus em férias, em porcentagem de feriados por país – N = 8,417.

	para a cidade	*para o mar*	*para as montanhas*	*para o interior*	*% do total de respostas*
Áustria	23,3	59,5	24,7	22,0	2,2
Bélgica	30,1	58,1	28,9	23,3	2,7
Dinamarca	47,4	58,5	30,7	32,5	1,4
Finlândia	41,2	29,6	12,8	40,1	1,3
França	22,8	68,0	29,2	23,5	15,1
Alemanha Ocidental	*17,5*	*64,8*	*31,1*	*20,7*	*18,1*
Alemanha Oriental	*20,7*	*52,1*	*38,1*	*23,2*	*4,3*
Alemanha (total)	18,2	62,0	32,7	21,2	
Grécia	27,6	78,8	19,9	8,2	2,8
Irlanda	41,4	58,4	13,6	28,8	1,1
Itália	18,6	67,2	20,3	6,3	15,9
Luxemburgo	26,2	68,2	33,7	22,9	0,1
Países Baixos	31,6	45,4	36,5	39,6	4,1
Portugal	22,2	60,5	11,9	23,0	2,6
Espanha	32,5	59,9	20,8	15,9	10,6
Suécia	41,0	54,5	23,7	36,1	2,4
Reino Unido	24,9	67,0	16,4	36,1	15,0
Total	2.060	5.287	2.093	1.948	12.353
	16,7	42,8	16,9	15,8	100,0

Fonte: The Europeans on Holidays 1997-1998. *Eurobarometer Survey*, 1997.

Em virtude da falta de dados estatísticos, os fluxos de turismo urbano até agora foram enormemente subestimados. Uma pesquisa recente em grande escala (3.500 respondentes) feita na França com respeito aos padrões de feriados em turismo urbano confirmou a importância crescente do turismo urbano para o desenvolvimento regional e local, e mostrou que o turismo urbano é menos de temporada do que as outras formas de turismo (INRETS, 1996). Os destinos urbanos exercem uma atração especial sobre os jovens (abaixo de 35 anos), dos quais três quartos visitam uma cidade pelo menos uma vez por ano. A porcentagem dos visitantes com mais de 65 anos de idade que vão a uma cidade é de cerca de 40%. O perfil do turista urbano, de acordo com essa pesquisa da França, indica uma nítida predominância de pessoas jovens, de educação superior, solteiros e famílias de quatro pessoas. A orientação urbana mais fraca nos padrões de lazer encontra-se entre as populações de desempregados, aposentados, idosos, grupos de renda mais baixa, habitantes rurais e pessoas sozinhas.

Uma pesquisa nacional (5.110 respondentes) feita nos Países Baixos (NIPO, 1990) concluiu que metade dos respondentes tinha visitado uma cidade durante seus feriados no ano anterior. Nos três anos antecedentes foi encontrada uma média de 2,3 visitas a uma cidade de outro país. Essa pesquisa também identifica uma alta proporção de turistas urbanos na faixa etária entre 18 e 34 anos e das classes sociais mais elevadas.

Tais pesquisas permitem maior compreensão da atração que as cidades exercem sobre as pessoas em férias. A distinção entre as cidades de trânsito e as cidades de destino é muito relevante em termos de turismo potencial, assim como a duração de sua estada. Na média, as visitas urbanas são curtas, e apenas um quarto das visitas dura uma semana ou mais. Existe pouca diferença entre as temporadas, e o único

Tabela 2. Principais critérios para a escolha de destinos nas férias (relevante para os destinos turísticos urbanos), em porcentagem de respostas N = 8,417.

Países	*Lugares de interesse cultural e histórico (museus, monumentos)*	*Entretenimento, cinema, discotecas, parques temáticos etc.*
Áustria	32,2	15,1
Bélgica	28,7	16,3
Dinamarca	50,5	11,1
Finlândia	23,4	11,7
França	24,7	14,0
Alemanha Ocidental	*35,0*	*15,6*
Alemanha Oriental	*38,3*	*18,7*
Alemanha (total)	35,7	16,2
Grécia	27,6	40,2
Irlanda	16,9	21,1
Itália	35,3	27,4
Luxemburgo	22,4	20,8
Países Baixos	39,1	13,6
Portugal	19,8	14,8
Espanha	28,5	16,5
Suécia	40,2	18,7
Reino Unido	28,5	17,3
Total	2.662	1.525
	12,5	7,1

Fonte: The Europeans on Holidays 1997-1998. *Eurobarometer Survey, 1997.*

fator de influência são as férias escolares. Os resultados desse tipo de pesquisa enfatizam a necessidade de pesquisas empíricas mais profundas, especialmente quanto aos padrões motivacionais, a fim de que se compreenda o fator motivacional real dos destinos de turismo urbano (Page, 1995). Analisar os padrões de motivos e atividades é um exercício dos mais úteis e, efetivamente, uma base efetiva para os planos de desenvolvimento do turismo urbano.

Obviamente existe uma ampla faixa de atividades da qual os turistas urbanos participam. No contexto deste capítulo sobre turismo histórico e cultural, a questão é avaliar a relativa importância das atividades culturais, que incluem visitas a prédios e locais históricos. Uma pesquisa feita na Europa pela KPMG (1993) a respeito de imagens e fatores motivacionais de destinos urbanos concluiu que os principais fatores motivacionais são a cultura, as compras, as paisagens, os eventos e os esportes. Isso é muito parecido com os resultados da pesquisa francesa, na qual foi declarado que as atividades culturais representam 40% das atividades dos turistas na cidade. Em particular, os visitantes que viajam pela primeira vez se concentram mais nos aspectos culturais e históricos do lugar, conhecem suas paisagens e seguem fielmente as recomendações dos livretos-guias. O segundo grupo de atividades relaciona-se com as compras (15% das atividades), os eventos e as facilidades de entretenimento. O papel dos restaurantes, bares, atrações e vida noturna é mais significativo como fator motivacional. Aparentemente, existe também um pequeno (5%) mas crescente interesse na herança industrial e na história social e industrial (Prentice, 1994).

Uma comparação sistemática do perfil de turistas urbanos nos diferentes países europeus ainda não é possível, pois cada uma das pesquisas tem um formato diferente, variam com relação às dimensões do lugar e de tempo e incluem diferentes definições de atividades. Isso permanece um obstáculo sério para a interpretação das tendências internacionais quanto ao turismo urbano (Jansen-Verbeke, 1996).

A pesquisa holandesa (NIPO, 1990), que lidou com visitas feitas a países estrangeiros, estabeleceu a seguinte classificação de motivos para as visitas às cidades:

1. Conhecer os arredores, paisagens	58%
2. Museus e outras atrações	36%
3. Compras	26%
4. Visitas a amigos e parentes	10%
5. Comidas e vinhos	7%
6. Bares	5%

7. Trânsito 4%
8. Ambiente agradável 3%

Os desenvolvedores e marqueteiros de turismo urbano precisam desse tipo de informação sobre os motivos e as atividades, para estruturar seus planos para o desenvolvimento e marketing futuros (Light e Prentice, 1994).

Uma abordagem complementar consiste em avaliar o processo de construção de imagens e a forma pela qual este determina a escolha do destino. Num estudo comparativo feito sobre dez destinos urbanos da Europa, a KPMG (1993) chegou à conclusão de que os seguintes fatores determinam as imagens dos lugares:

1. Ambiente agradável
2. Histórica – herança cultural
3. Museus
4. Atrações turísticas
5. Atividades culturais
6. Preço
7. Segurança
8. Restaurantes
9. Transporte público

Dos resultados das diferentes pesquisas, tanto os fatores motivacionais gerais quanto os mais específicos para as viagens na cidade puderam ser identificados (Figura 2). Esses resultados indicam fortes argumentos para que o enfoque seja colocado nos recursos históricos e culturais, como componentes principais no desenvolvimento de turismo urbano, embora uma informação específica sobre a atração exercida pelos monumentos, museus e outros ainda não seja disponível. Uma segunda conclusão que podemos tirar a partir das pesquisas é que o turismo urbano não pode ser visto como uma "atração isolada" da cidade mas que, por definição, se ancora fortemente na morfologia urbana e no sistema urbano funcional (Murphy, 1992).

A simbiose de cultura, herança e turismo

O atual sucesso dos destinos urbanos como atração para os turistas é fortemente relacionado com uma "revitalização cultural" na sociedade e, em particular, no turismo. O turismo cultural é visto como o segmento que mais cresce no mercado turístico (Richards, 1996). Um crescente interesse por herança cultural,

Figura 2. Fatores motivacionais para viagens às cidades.

Fatores motivacionais gerais	Fatores motivacionais específicos
1. Singular e interessante	Muita coisa para ser vista e feita Um lugar interessante Experiência única
2. Atrações culturais e vista de paisagens	Marcos bem conhecidos Arquitetura interessante Notável pela história Museus e galerias excelentes Povo local interessante Cultura e estilo de vida são diferentes Costumes e tradições locais
3. Entretenimento	Vida noturna excitante Compras excitantes Música alegre Teatro e artes Festivais e eventos interessantes
4. Comida e acomodações	Bons hotéis Restaurantes sofisticados Cozinha típica

lugares históricos e cidades que oferecem uma agenda cultural variada abre novas perspectivas para a economia urbana (Van den Borg *et al.*, 1996). Isso implica novos desafios para a indústria do turismo, para o gerenciamento de facilidades culturais e para as agências públicas (Swarbrooke, 1994). As autoridades urbanas mostram um interesse cada vez maior nos recursos históricos e culturais, com uma ênfase especial na infra-estrutura, que eventualmente pode ser desenvolvida como um motor para o desenvolvimento econômico.

A revalorização da herança européia é uma nova tendência, fortemente apoiada pelos programas de ação da UE (por exemplo, RAPHAEL). Isso inclui um programa de conscientização relativo aos valores culturais da Europa, o desenvolvimento de redes, a acessibilidade e a reutilização dos edifícios históricos, a inovação e profissionalização do gerenciamento de lugares históricos (EC, EC, DG X, 1997). O impacto dessas ações sobre o turismo urbano é considerável. O projeto piloto sobre "Art Cities in Europe" [Cidades da Arte na Europa] estabeleceu uma rede de 42 cidades em 15 países europeus, com o objetivo comum de fortalecer a simbiose entre a herança cultural e o turismo, pela aplicação de novas tecnologias de informação. A agenda de eventos culturais nas cidades da Europa também está explodindo, o que pode ser interpretado como uma outra expressão da revitalização cultural e de novos nichos de mercado.

Sinergia entre cultura e turismo

Os benefícios mútuos para a cultura e o turismo estão levando ambos os setores rumo à definição de metas econômicas comuns. A conservação dos recursos culturais e o processo de transformação em produtos turísticos podem ser incentivos reais para o processo de revitalização da identidade cultural, tanto no nível comunitário quanto no regional. Por sua vez, esse processo cria um clima de incubação favorável para seu desenvolvimento e o investimento em novos projetos turísticos, dos quais o mercado do turismo necessita na sua busca atual de inovação e diversificação. Geralmente, supõe-se que a cultura e o turismo sejam interdependentes (Ashworth, 1993). Dado os altos custos envolvidos na conservação da herança cultural e na exploração das instalações culturais, os proventos do turismo são muito necessários. O dinamismo da cultura, nas suas diferentes formas e expressões, encontra um incentivo e, em muitos casos, apóia genuinamente o turismo. Do ponto de vista da cultura, o turismo também é visto como uma maneira de legitimação do apoio político, uma justificativa social (e econômica), um meio de agilizar a conservação e um incentivo para a inovação. Em muitos países, o turismo tornou-se um patrono importante da herança cultural, para a qual não existe alternativa. O mercado turístico precisa dos recursos culturais e históricos a fim de desenvolver produtos novos. Esses produtos e facilidades acrescentam valor à experiência turística, portanto os interesses de ambos os setores, a cultura e o turismo, são altamente compatíveis.

De acordo com muitos observadores, esse relacionamento de interdependência já se tornou até inevitável. Do ponto de vista do turismo, a cultura, na sua definição mais ampla, é vista como um recurso onipresente que pode ser desenvolvido num produto turístico (Ashworth, 1995). Para cada cidade existe uma história, e cada monumento tem sua história – então o potencial parece ser ilimitado. Além disso, o processo de transformação dos recursos culturais em produtos turísticos não é necessariamente um investimento caro, se comparado a outros projetos de infra-estrutura turística. Provavelmente um dos incentivos mais relevantes para o investimento nos produtos de cultura turística é o fato de que não existe licença para recursos históricos ou culturais, e com freqüência não se pode reclamar propriedade; em muitos casos, esses recursos são bens públicos, um lago comum onde qualquer desenvolvedor de turismo criativo pode pescar (Healy, 1994). Em cidades históricas, muitos empresários turísticos se beneficiam do ambiente histórico, sem terem de pagar substancialmente qualquer taxa pelo valor agregado ao produto turístico.

Os recursos culturais e históricos, em particular, desempenham um papel-chave no desenvolvimento do turismo urbano. Essa forte crença no potencial do turismo cultural como o motor dos negócios relacionados ao turismo urbano nos leva a uma pergunta-chave: essa visão realmente se apóia numa mudança estrutural do lado da demanda? Os pesquisadores acadêmicos, marqueteiros turísticos e gerentes de negócios em turismo estão sendo desafiados a compreender melhor as características desse segmento do mercado "cultural", os fatores que motivam o lado da demanda e os fatores que motivam o lado fornecedor.

Perfil do "turista cultural"

Ainda não existe um consenso real sobre a definição de turismo cultural e turistas culturais, e menos ainda sobre os motivos dos turistas de heranças culturais. O fato de que o "turismo cultural" aumenta o volume de viagens pode ser compreendido como uma alteração do padrão motivacional dos viajantes; a compreensão de outras culturas, o ganho de novas perspectivas de vida, a visita a tesouros culturais, de herança histórica e arqueológicos estão se tornando motivos importantes para viajar (Herbert, 1995). A fim de avaliar essa tendência, tanto como uma alteração temporária e superficial no mercado quanto, possivelmente, como uma mudança sociocultural importante, precisamos compreender mais acerca da agenda oculta de pessoas que chegam para visitar uma cidade e fingem que "conhecer os arredores e as paisagens" é sua motivação principal (Jansen-Verbeke e Van Rekom, 1996). Existe alguma indicação de interesse genuinamente cultural ou a combinação de compras com outras atividades de lazer é que é a compreensão mais realística do turismo urbano (Jansen-Verbeke, 1994)?

As questões-chave, portanto, são: quem é este "turista cultural", quais são os motivos, as atividades, as experiências e as características desse segmento do mercado e qual a importância desse segmento? Seria interessante identificar concretamente esse segmento do turista cultural dentro das muitas tipologias de turistas que foram publicadas até hoje. Obviamente, o segmento de mercado pode ser identificado de muitas formas, dependendo dos objetivos do estudo. Por exemplo, a segmentação do mercado e a tipologia dos turistas europeus, baseadas em uma pesquisa internacional de estilos de vida, mostram vários indícios interessantes (Mazanec e Zins, 1994). Até que ponto os motivos culturais e as atividades são fatores relevantes nessa segmentação do mercado? Com base em diferentes tipologias e estudos/pesquisas, o mercado de turistas culturais pode ser dividido em três segmentos distintos (Figura 3).

Os turistas culturalmente motivados selecionam um destino de férias como uma função dos seus interesses específicos e das facilidades culturais oferecidas numa área do destino. São altamente motivados a aprender e se beneficiar de cada oportunidade apresentada. Passarão vários dias num destino específico (cidade ou região) e passearão bem preparados e com um guia turístico profissional. Esse turista cultural "ideal" apenas representa uma pequena minoria do mercado, de acordo com uma pesquisa feita na Europa (Bywater, 1993).

Os turistas culturalmente inspirados são atraídos por assuntos culturais especiais. Eles visitam os locais de cultura bem conhecidos, as maiores exposições e festivais, viajam pelas redondezas e colecionam experiências em muitos lugares, nunca permanecendo muito tempo num só local. Esse grupo de turistas tem sempre na agenda lugares como Veneza, Atenas e a Catedral de Canterbury. De acordo com muitas estimativas, um número crescente de viajantes pertencerá a esse tipo de "consumidores de cultura" (Van den Borg *et al.*, 1996).

Para os turistas atraídos pela cultura, enquanto estão de férias em algum balneário ou nas montanhas, uma visita ocasional a uma cidade ou local histórico no interior, a um museu, igreja ou monumento, é vista como uma diversão gostosa no programa de férias. Na verdade, eles não selecionam seus destinos de férias com base nessas facilidades, mas, uma vez que lá estão, costumam apreciar muito as oportunidades disponíveis. Já que a tendência para feriados mais ativos está na moda, é muito provável que esse padrão cultural cresça (Light e Prentice, 1994).

TURISMO CULTURAL
Segmentação em demanda (UE, 1993)

Turistas culturais "intencionais"
O turista culturalmente motivado

Turistas culturais "oportunistas"
O turista culturalmente inspirado

Turistas culturais "não-intencionais"
O turista culturalmente atraído

Figura 3. Turismo cultural.

Apesar das características comuns nos motivos e comportamentos, ainda permanece a questão sobre a motivação real do indivíduo. A motivação é uma agenda oculta por trás dos processos de escolha e padrões comportamentais do turista.

Recursos herdados e turismo cultural

Muitas cidades históricas da Europa possuem uma rica herança sobre a qual construir funções turísticas (Van den Borg *et al.*, 1996). Isso implica a necessidade de uma avaliação sistemática da forma pela qual os recursos históricos e culturais são ancorados no espectro de oportunidades do turista regional ou urbano e nas tendências e demandas do mercado de turismo cultural e urbano.

Em muitos destinos turísticos urbanos existe atualmente um processo de seleção que envolve os recursos históricos que podem ou poderiam ser desenvolvidos em produtos turísticos. Em alguns aspectos, o processo de desenvolvimento de produtos turísticos a partir de recursos culturais e históricos pode ser comparado com um processo de produção industrial; existe um produto básico, um processo de transformação e um produto final é colocado em promoção no mercado. Essa é uma visão simplificada do processo de produção turística, pois na verdade o produto final do turismo é a "experiência vivida pelo turista", na qual muitos atores e fatores diferentes desempenham seus papéis (Urry, 1990).

Conforme mostrado na Figura 4, esse processo de produção e seleção tem, pelo menos, dois grupos de investidores. De um lado existem as agências de conservação dos recursos culturais e históricos, que apostam seus próprios valores e selecionam os artefatos e locais que, do seu ponto de vista, poderiam se beneficiar do turismo. Do outro lado, os marqueteiros de turismo que avaliam os recursos culturais e históricos do ponto de vista de potencial turístico e de investimentos de marketing. O processo de seleção pode levar a visões diferentes e algumas vezes opostas sobre as estratégias do desenvolvimento de produto. Na verdade, existe uma ampla faixa de recursos culturais e históricos que pode ser transformada em produtos turísticos, o que explica a importância do procedimento de seleção. No processo de desenvolvimento e planejamento de produtos turísticos, a etapa de seleção dos artefatos e locais mais interessantes e a atribuição de uma função e interpretação específica são cruciais e, muitas vezes, irreversíveis. Introduzir "atrações" históricas no mapa mental do turista é realmente um primeiro passo decisivo no processo de "turistificação" da cidade histórica.

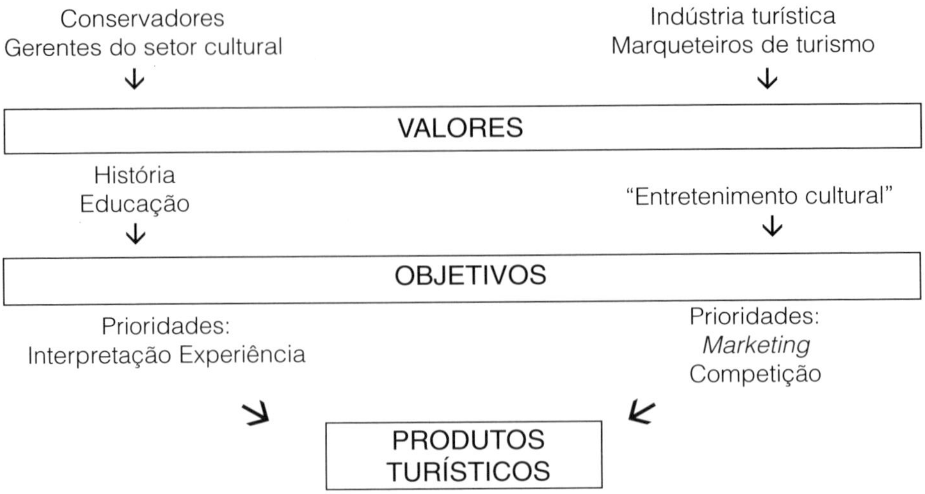

Figura 6.4. Seleção de recursos históricos.

Em cada cidade histórica que entra no estágio de desenvolvimento do turismo, essa discussão se apresenta, algumas vezes na escala dos distritos urbanos, noutras imitando exemplos de sucesso tirados de outras cidades. Mas sempre com uma pequena preocupação com a identidade cultural do lugar e uma falta de compreensão do que um "senso de lugar", valor acrescentado à experiência turística, signifique na realidade. Os argumentos para um uso particular se baseiam na convergência aparente das preferências, expectativas e comportamentos do turista, como a "imagem padrão" de uma cidade histórica atraente fortemente promovida pela mídia. Isso acarreta mais imitação no desenvolvimento dos produtos turísticos e na forma pela qual o espaço público urbano está sendo reestruturado para propósitos turísticos. A convergência sobre o lado da demanda e a padronização de produtos, do lado fornecedor, combinam bem com os pontos de vista atuais sobre e com a prática de economias de escala. Isso também explica porque a opção de diversificação e a divergência no desenvolvimento de produtos turísticos, com ênfase na singularidade e na identidade cultural dos recursos, lugar e pessoas, é considerada como a opção de maior "risco".

Entretanto, existem sinais claros de que a conscientização cresce gradualmente com respeito às vantagens competitivas de comunicação da identidade cultural e da singularidade de um lugar. Nessa busca pela singularidade do lugar e por estratégias que integrem os recursos históricos ao espectro específico de oportunidades turísticas urbanas, uma análise espacial da estrutura funcional e morfológica das cidades históricas abre as perspectivas mais interessantes.

Análise espacial de aglomerados históricos

Introduzir edifícios históricos no mapa mental dos turistas e, eventualmente, no campo de suas atividades, não é apenas uma questão de marketing de lugar. Antes que esse passo de promoção e comunicação seja dado, é necessário compreender o sistema de atração turística urbana e a forma pela qual os lugares históricos podem se tornar elementos centrais do produto turístico urbano. Diversos conceitos úteis sobre o produto turístico urbano, o sistema de atração turística e o papel dos ícones* (McCannell, 1976; Leiper, 1990; Pearce, 1991) foram introduzidos anteriormente e agora estão sendo aplicados nos estudos de campo nas cidades flamengas no projeto de pesquisa intitulado "The role of cultural tourism in the revitalization of Flemish cities" [O papel do turismo cultural na revitalização das cidades flamengas], que está sendo feito pelo Instituto de Geografia Social e Econômica da Universidade Católica, em Leuven. Um dos objetivos do estudo empírico é a avaliação da capacidade que as cidades têm de transformar recursos históricos em produtos centrais de turismo urbano. O potencial turístico das cidades históricas é determinado por inúmeros fatores, dos quais obviamente a presença de edifícios históricos interessantes é apenas um aspecto.

Dois temas estão sendo explorados: o primeiro se refere às características morfológicas dos edifícios históricos e o padrão de suas localizações dentro da cidade histórica. Esse aspecto "formal" é considerado de vital importância na estruturação e no desenvolvimento de zonas e trilhas turísticas atraentes. O segundo diz respeito à integração dos edifícios e complexos históricos à estrutura multifuncional da cidade. A atração turística dos edifícios históricos depende fortemente de sua função e uso reais e da maneira como se distribuem dentro do espectro de oportunidades turísticas urbanas. A abordagem metodológica e a aplicação empírica de alguns modelos experimentais serão brevemente discutidas, com relação aos resultados de um estudo piloto feito em Leuven, na Bélgica (Lievois, 1998).

* (N.T.) Ícone é o termo mais moderno dado atualmente a um marco histórico ou simbólico de uma cidade.

Características morfológicas dos recursos históricos

A atração turística de uma cidade histórica ou de um distrito urbano específico depende, embora não exclusivamente, das características do ambiente construído, da arquitetura, das formas urbanas, dos artefatos e dos espaços públicos. Supõe-se que uma concentração espacial de edifícios e lugares históricos na cidade histórica exerça uma atração turística maior do que uma faixa de edifícios históricos simples. Essa suposição se baseia nos recentes resultados de análises de tempo-espaço, que indicam as preferências de turistas em oportunidades de aglomerados (Dietvorst, 1995).

Um inventário de todos os edifícios "classificados como" históricos, independentemente de suas funções ou escala, forma a base dos estudos exemplares. A falta de consenso encontrada nos edifícios com o *status* de "históricos", ou os critérios pelos quais eles foram selecionados para conservação, complica esse inventário. O critério de "edifício histórico" pode ser controverso, especialmente quando diz respeito a monumentos e edifícios "reconstruídos" seguindo uma arquitetura tradicional e nativa (Soane, 1994).

Por exemplo, a praça do mercado velho de Leuven, tão apreciada como um lugar histórico interessante da cidade foi, na verdade, completamente reconstruída, depois de ter sido seriamente danificada durante a Primeira Guerra Mundial. Esse fato levanta a questão sobre a autenticidade dos chamados recursos históricos. Certamente a idade atual dos edifícios não é realmente crucial para a apreciação dos turistas comuns (Urry, 1990; Ashworth, 1995).

O propósito principal do estudo piloto é uma análise espacial do padrão de local dos edifícios e complexos históricos. A análise vai além de mapear as áreas de concentração, introduzindo o conceito de aglomeração, com base nas distâncias a pé entre os diferentes locais (medidas ao longo do padrão das ruas). O modelo, comparável a um modelo de gravidade, inclui o peso dos edifícios. O índice de posicionamento morfológico leva em consideração a distância dos edifícios em relação aos ícones. O método permite que os aglomerados das áreas centrais sejam identificados: quanto mais elevado o índice, mais central (em termos de distância) o edifício se situa num conjunto de edifícios históricos. Este método requer uma seleção de edifícios ou locais que possam ser considerados ícones na cidade histórica, que deverão funcionar como pontos de referência no mapa mental dos turistas urbanos.

No estudo piloto feito em Leuven, como núcleo para os aglomerados, selecionamos edifícios ou locais históricos de ícones com valores mais elevados. Na comunicação externa dos destinos turísticos, faz-se referência aos ícones específicos. O material promocional, alvo do mercado doméstico, foi selecionado a fim de se definir a hierarquia dos ícones de cada cidade. A identificação do valor do ícone dos edifícios históricos também deveria ser deduzida do padrão de comportamento real tempo-espaço dos turistas. Na verdade, a validade dessa seleção também foi checada do ponto de vista dos turistas (ver p. 118-30).

A função dos ícones é dar pontos de referência espacial ao mapa mental dos turistas e, portanto, eles são centrais para a análise do posicionamento morfológico dos edifícios e lugares de interesse histórico. A aplicação do método de partição de rede em TRANSCAD possibilita que se definam, ao longo da rede de ruas, as distâncias entre as zonas e os aglomerados. O modelo se baseia nas visitas de pedestres à cidade histórica e nas diferentes distâncias entre as zonas marcadas na partição do aglomerado. No índice de posicionamento morfológico, podem-se distinguir diversos graus, dependendo do número de ícones, o valor do ícone e as distâncias (a pé) consideradas aceitáveis para os turistas. Esse tipo de análise espacial viabiliza a força posicional dos diferentes edifícios de um aglomerado e, a partir daí, o potencial dos aglomerados dentro da cidade histórica pode ser identificado (Figura 5).

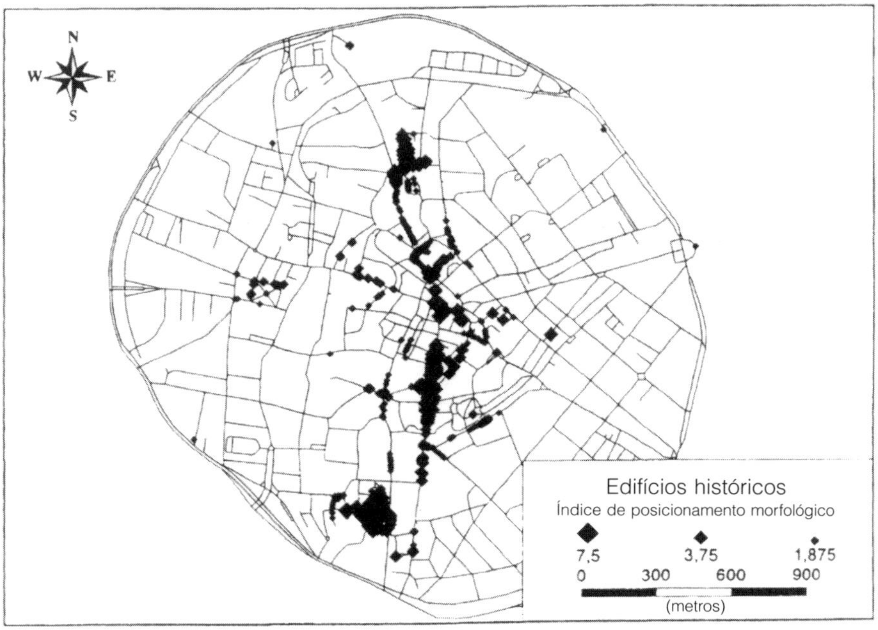

Figura 5. Cidade histórica de Leuven: índice de posicionamento morfológico de construções históricas.

Fonte: Estudo de caso sobre Leuven, 1997, E. Lievois.

Claramente, a atração turística dos aglomerados aumenta conforme o grau da centralidade que, por sua vez, reflete o número, a escala e o valor do ícone dos edifícios históricos numa dada rua ou área. Esse modelo analítico também permite que se estabeleça uma hierarquia entre os lugares de interesse na cidade, com base nas características e nos posicionamentos morfológicos. Entretanto, o índice de posicionamento é apenas um fator na atração turística: o acesso dos turistas aos edifícios históricos, a função turística e os usos específicos ainda precisam ser avaliados.

Características funcionais de aglomerados históricos

A função turística dos edifícios históricos depende do acesso dado aos turistas (por exemplo, acesso ao público e o período em que estão abertos), do uso atual e da função do edifício ou complexo de edifícios. Esse último caso pode variar entre monofuncional (isto é, centro de visitantes, museu) e multifuncional (uma combinação de atividades culturais, bares, lojas). Os edifícios históricos podem abrir ao público e ter uma função turística exclusiva, ou ter um uso multifuncional. Em alguns casos, eles não possuem nenhum uso direto para turistas (por exemplo, edifícios residenciais, universidade), mas ainda acrescentam algo ao cenário e ao conjunto histórico da cidade.

Na análise da função turística dos aglomerados históricos, o índice funcional se refere à combinação do acesso aos turistas e à faixa de usos/funções dentro do aglomerado. O índice funcional mais elevado é dado aos edifícios que têm uma função central na atração turística, que têm uma função turística específica e são "diariamente" acessíveis aos turistas. Isso é baseado numa avaliação das diferentes atrações turísticas da cidade como elementos centrais ou elementos secundários (Jansen-Verbeke, 1994).

O modelo conceitual de atração turística aplicado nessa análise é uma ferramenta para identificar aglomerados históricos e medi-los em termos de posicionamento morfológico e funcionalidade (Figura 6). Os resultados dessa análise na cidade histórica de Leuven estão ilustrados na Figura 7.

O princípio básico desse modelo analítico é uma íntima interação entre a forma e a função no desenvolvimento de aglomerados históricos "interessantes". Existe uma nítida graduação entre aglomerados históricos que funcionam como elementos centrais no produto turístico urbano, tanto pelas características e posicionamento morfológicos quanto por seu acesso, e funções turísticas e edifícios históricos que não são integrados, nem espacial nem funcionalmente, num aglomerado. Estes últimos são menos atraentes para os turistas pedestres comuns.

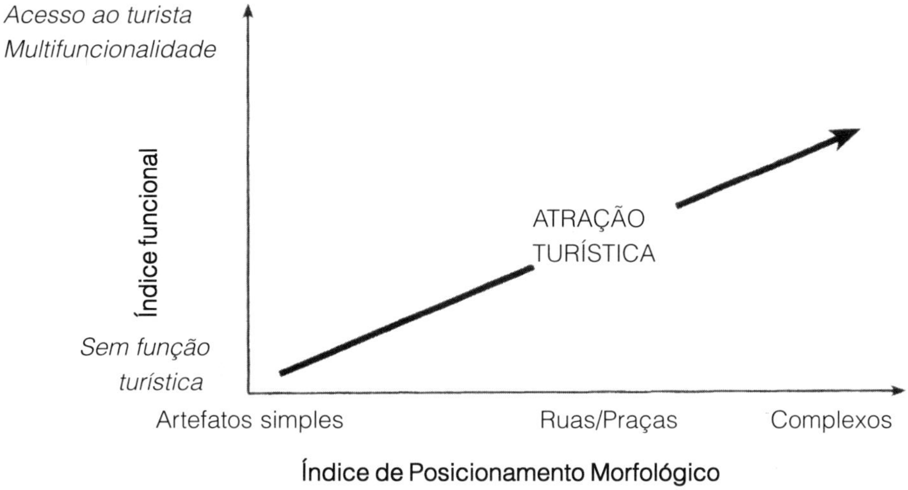

Figura 6. Atração turística de aglomerados históricos numa cidade histórica

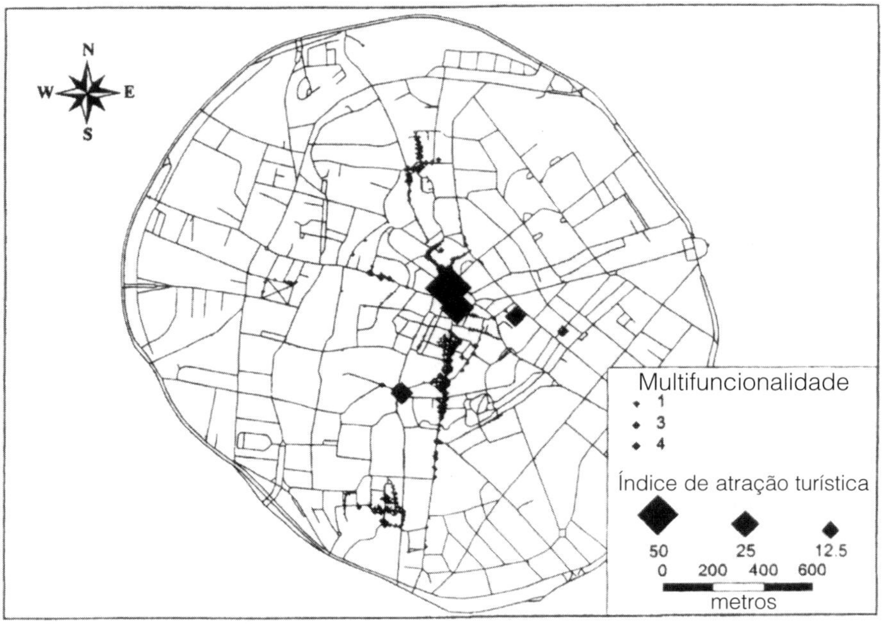

Figura 7. A cidade histórica de Leuven: índice funcional e índice de atração turística de aglomerados históricos.

Fonte: Estudo de caso sobre Leuven, 1997, E. Lievois.

O primeiro passo dado na análise se concentrava nos aglomerados históricos dentro da cidade histórica sem levar em consideração a estrutura nem o zoneamento funcional de lado a lado, no centro da cidade. A função turística de uma cidade histórica não pode ser vista como algo que foi implantado numa fábrica urbana. Ao contrário, ela é parte do sistema urbano de várias formas (Ashworth e Tunbridge, 1990). A crescente importância da função turística muda gradualmente a mistura funcional no centro da cidade, e o impacto das atividades turísticas afeta as qualidades e características ambientais. A harmonia e a interação entre o turismo e as outras atividades econômicas, em termos de espaço/uso, dependem grandemente da forma pela qual os aglomerados históricos são integrados, física e funcionalmente, ao sistema urbano.

Espectro de oportunidades do turista urbano

Essa visão sobre a integração espacial e funcional do turismo ao sistema urbano pode ser elaborada pela referência do espectro de oportunidades turísticas. O conceito não é novo. Os conjuntos de oportunidade foram introduzidos como instrumentos analíticos para marketing de destinos, o Espectro de Oportunidade e Recreação (EOR) como estrutura para planejamento, gerenciamento e pesquisa (Clarke e Stankey 1979) e o Espectro de Oportunidades Turísticas como contexto para compreensão e interação de áreas de destinos turísticos que satisfizessem as múltiplas necessidades dos turistas, residentes locais, empresários e agências públicas (Butler e Waldbrook, 1991). Essas visões sobre planejamento de oportunidades turísticas em desenvolvimento de turismo baseado em recurso natural podem ser adaptadas ao contexto dos destinos turísticos urbanos.

O espectro de oportunidade turística urbana precisa ser definido de forma mais restrita com respeito à faixa de oportunidades às quais os turistas têm acesso, inclusive a faixa de elementos principais e uma diversidade de elementos secundários e facilidades de apoio que acrescentam muito ao valor da experiência do turista (Figura 8). O conceito de "espectro de oportunidade", do ponto de vista do turista e num contexto urbano, precisa ser explorado mais profundamente, como uma ferramenta de planejamento e um instrumento mercadológico.

Os fatores que desempenham um papel no desenvolvimento do espectro de oportunidade de turismo urbano são os seguintes:

- acesso às (e dentro das) áreas do destino;
- possibilidade de escolha através de uma ampla faixa de atividades e reuniões de uma diversidade de preferências;

ESPECTRO DE OPORTUNIDADE TURÍSTICA URBANA
=
ACESSO A UMA FAIXA DE
FACILIDADES URBANAS e
CARACTERÍSTICAS AMBIENTAIS
de Interesse Potencial e Utilização dos Turistas

Elementos centrais (ou principais) do produto de turismo cultural = fatores principais de motivação para turistas culturais valor de mercado mais alto *Edifícios e complexos históricos, museus, monumentos, eventos, teatros etc.*

+

Elementos secundários (valor agregado à experiência e imagem do turista) *Bares, restaurantes, mercados de rua, lojas etc.*

Figura 8. Espectro de oportunidades de turismo urbano: o conceito.

- combinação de atividades dentro de um programa específico de tempo-espaço;
- arranjo espacial de locais interessantes (redes, trilhos);
- sinergia funcional entre as facilidades urbanas;
- interação entre as atividades.

Os resultados obtidos com base em uma análise espacial de aglomerados históricos formam uma estrutura interessante para o estudo do espectro de oportunidade de turismo urbano. Isso implica uma análise mais profunda das funções urbanas que apóiam as atividades turísticas (isto é, bares, restaurantes, lojas e eventos), da interação e da sinergia entre o turismo e outras atividades urbanas e, por fim mas não menos importante, das atividades e preferências dos turistas na cidade. Uma análise funcional mais detalhada da utilização do espaço urbano foi parte do estudo piloto. Uma primeira interpretação desses resultados nos leva a definir três dimensões importantes no modelo de desenvolvimento do espectro de oportunidade de turismo urbano (Figura 9). O desafio agora é fazer uma análise mais profunda de cada uma dessas dimensões, em particular para assessorar o papel dos aglomerados históricos no desenvolvimento de um espectro atraente para diferentes tipos de turistas.

"Aglomerações"
Concentração espacial de produtos turísticos complementares
Critério: distâncias + imagens

"Sinergia"
Multifuncionalidade: Turismo + outras funções urbanas
Critério:
Compatibilidade de atividades
Complementaridade de funções

"Trilhos temáticos"
"Oportunidades intermediárias"
Critério: Sedução e surpresas

Figura 9. Modelos de desenvolvimento do espectro de oportunidade turística urbana.

Os componentes do índice de atração turística (combinação do índice de posicionamento morfológico com o índice de funcionalidade) oferecem uma estrutura para o espectro de oportunidade do turismo urbano (Figura 10). Para que se possa usar efetivamente essa abordagem analítica como uma ferramenta de planejamento, precisa-se de muito mais informação sobre os componentes de atração turística e sobre as atividades e preferências dos turistas. Em especial, a construção de trilhos temáticos e o papel das oportunidades intermediárias necessitam de trabalho de campo mais profundo.

Índice de posicionamento MORFOLÓGICO
Distâncias
Massa crítica
+
Índice FUNCIONAL
Diversidade funcional
Acessibilidade

↕

Espectro de oportunidade turística
Espaço de atividades turísticas

Figura 10. Componentes do índice de atração turística.

A compreensão dos diferentes componentes que a atração urbana exerce sobre os turistas culturais não é objetivo final, e sim uma base para o desenvolvimento de estratégias de gerenciamento. Elas podem ser ajustadas para aumentar o potencial turístico do cenário histórico, o que acontece com a chegada de novos visitantes a esse mercado de destinos turísticos culturais. Os conceitos e modelos acima também podem ser implementados como ferramentas de planejamento nas cidades onde o turismo está alcançando seus limites de capacidade.

O assessoramento das atrações turísticas de forma analítica e crítica abre perspectivas novas sobre o desenvolvimento sustentável. A compreensão da tipologia de aglomerados históricos, se se levarem em conta as características de localização e funcionais, forma uma base sólida de opções ao desenvolvimento. Por exemplo, no caso de Leuven, as opções são fortalecer a função turística dos aglomerados históricos que ligam as áreas centrais ou acrescentar atividades turísticas aos locais históricos que agora funcionam apenas como áreas de passeio (Figura 11).

Índice de funcionalidade 1. Acessibilidade do turista 2. Multifuncionalidade			
Alta	ÁREA CENTRAL (isto é, a praça do mercado principal)	Praças interessantes com facilidades de apoio (isto é, bares e restaurantes)	
Média	RUAS E PRAÇAS Ao longo das trilhas turísticas		Histórico de interesse especial (isto é, a biblioteca da universidade)
Fraca	APENAS PASSEIO (isto é, a Great Beguinage*)		Prédios históricos isolados
	Alta	**Média**	**Fraca**
	Índice de posicionamento morfológico		

Figura 11. Tipologia de aglomerados históricos.

* Expressão que significa ponto de encontro, local onde as pessoas se reúnem para iniciarem um passeio.

Uso do tempo-espaço pelos turistas urbanos

A análise espacial da cidade histórica, como discutido acima, leva em consideração o ponto de vista do turista, referindo-se ao valor de mercado dos edifícios ou complexos históricos como núcleos dos aglomerados históricos, mas não inclui uma análise do campo de ação do turista (Pearce, 1988, 1998). O conceito de aglomerado se baseia na hipótese de que os turistas pedestres descobrem a cidade dentro de um prisma de tempo-espaço limitado e que têm um mapa mental construído com base na presença dos marcadores. Os fatores que determinam o espectro de oportunidade de turismo urbano se baseiam, da mesma forma, no princípio de possibilidades combinadas.

Os conceitos de planejamento, como o aglomerado do espectro e rede de oportunidade de turismo urbano (ligações físicas entre aglomerados de turistas, alianças funcionais e de negócios entre fornecedores e associações organizacionais e entre sócios públicos e privados), estão sendo desenvolvidos e implementados agora em lugares diferentes. Essa abordagem espacial ao processo de "turistificação" precisa ser complementada e calçada com o mapa do campo de ação do turista (Figura 12). A pesquisa sobre os rumos e orçamentos tempo/espaço foi recentemente impulsionada pelas diferentes possibilidades de aplicação de GIS, mas o trabalho nessa área permanece experimental na maioria dos casos (Dietvorst, 1995; Van der Knaap, 1997).

Método:
- Análise de orçamento tempo-espaço
- GIS/TRANSCAD – análise em rede

Objetivos:
- Índices de conscientização turística
- Uso de rotas e espaço
- Hierarquia de lugares (quanto ao tempo)

Problemas: Conexão
- Comportamento tempo-espaço e
- Percepção e apreciação

Figura 12. Espaço de atividades do turista.

Portanto, faz-se necessária uma análise sobre os rumos tempo-espaço dos turistas, que inclua uma avaliação dos índices de apreciação (Figura 13). O estudo piloto feito em Leuven incluía uma exploração dos motivos, atividades e apreciação dos visitantes da cidade histórica. A conscientização dos aglomerados históricos parecia ser um fator crucial na forma pela qual a cidade foi descoberta pelos turistas. Esse fato indica claramente a importância do material promocional e outros da mídia de comunicação, sobre os quais as expectativas e imagens foram construídas.

O papel dos marcadores (usados para construir os aglomerados históricos) provou ser altamente significativo para as rotas (uso do tempo-espaço) dos turistas. A pesquisa feita entre os visitantes de Leuven tinha mais o objetivo de ser um experimento metodológico sobre como conectar dados em tempo/espaço com os índices de apreciação pela aplicação de análise em rede (GIS/TRANSCAD).

A atração turística dos prédios históricos, conforme indicado acima pela análise espacial de aglomerados, foi avaliada com base no ponto de vista dos turistas. Essa linha de pesquisa é mais promissora em termos de marketing, a que

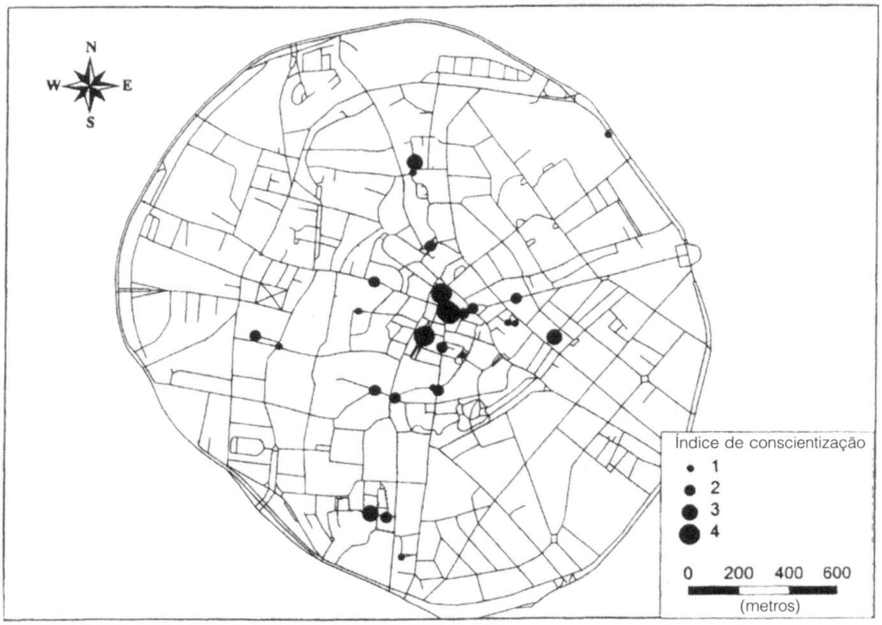

Figura 13. A cidade histórica de Leuven: índice de conscientização turística de aglomerados históricos.

Fonte: Estudo: Visitantes em Leuven, 1998, Van Nunen.

melhor se ajusta às combinações de lugar/produto e também é útil na indicação dos locais fracos dentro do padrão funcional de facilidades turísticas. A validade dessa abordagem para os aglomerados históricos como um componente fundamental na estrutura do turismo urbano pode ser concluída de uma comparação entre os dois meios de análise. Encontrou-se uma alta congruência entre os resultados relativos ao índice de atração turística dos aglomerados históricos (em 75% dos casos), o que é um incentivo para que se continue com essa linha de pesquisas. Algumas disparidades específicas encontradas também são interessantes; a apreciação dos turistas com respeito aos recursos históricos numa cidade histórica tende a se basear mais em áreas (praças, ruas) do que em edifícios isolados. Aparentemente, o mapa mental antes da visita se baseava fortemente nos marcadores (edifícios isolados), enquanto a apreciação depois da visita se estruturava mais nos aglomerados e tinha ocorrido uma apreciação mais generalizada do espectro de oportunidade do turismo urbano.

Agenda de pesquisa

Ambas as linhas de pesquisa precisam ser aprofundadas, tirando-se vantagem das aplicações do GIS na análise de rede. A fim de se lidar com o espectro de oportunidade de turismo urbano adequadamente, é necessária uma compreensão completa de todos os fatores. A compreensão dentro dos padrões de atividades turísticas (em tempo e espaço) é o primeiro passo dado no processo de desenvolvimento de estratégias para gerenciamento dos visitantes e, eventualmente, também para o gerenciamento de recursos históricos. O espectro de oportunidade de turismo urbano não é apenas uma ferramenta efetiva de planejamento, mas também uma estrutura na qual o processo de "turistificação" das cidades históricas pode ser compreendido e controlado. Os estudos de campo confirmam o fato de que o desenvolvimento do turismo histórico nas cidades históricas inicia um processo irreversível de "turistificação", tanto em formas quanto em funções. Isso certamente se tornará uma preocupação central para os gerentes urbanos e os conservadores culturais nos próximos anos.

Não se pode negar que o turismo histórico abre muitas oportunidades para as cidades históricas. Entretanto, o planejamento estratégico com o objetivo de sustentabilidade precisa ser apresentado num estágio inicial do processo de desenvolvimento do produto (McNulty, 1993). Existem várias ameaças envolvidas nesse processo de transformação de recursos históricos em produtos turísticos num cenário urbano. Podem-se antecipar conflitos, ou até mesmo evitá-los, pela compreensão dos padrões de interação existentes entre as atividades turísticas e o ambiente urbano no qual elas se desenvolvem. É inevitável que o número crescente de turistas e o aumento da demanda espacial para as atividades relacionadas ao turismo induzam os processos e a pressão de transformação espacial (Ashworth e Dietvorst, 1995). As mudanças na morfologia do lugar, nas estruturas físicas, nos padrões funcionais, na utilização do espaço público, todas contribuem para esse processo de transformação. Na verdade, muitos aspectos da vida diária das "cidades turísticas" são afetados pela atividade turística. O impacto das atividades turísticas é complexo, e é preciso compreender as diferentes maneiras pelas quais elas alteram o cenário urbano. Novas atividades são induzidas pelo desenvolvimento do turismo, interferindo no sistema já existente e, a partir daí, colocando em risco o equilíbrio do sistema (Jansen-Verbeke, 1997). Pela análise dos diferentes componentes desse dinamismo urbano, os efeitos indesejáveis do turismo podem ser previstos e, até certo ponto, evitados.

O planejamento responsável é um assunto-chave na agenda dos planejadores de turismo urbano, para o qual ferramentas adequadas precisam ser especialmente desenvolvidas e testadas em campo. Ter uma visão do turismo como uma função integrada no sistema urbano pode reduzir os riscos de desequilíbrio entre o turismo, a cultura e outras funções sociais (McNulty, 1993). Isso implica na compreensão da complexidade do sistema turístico e das mudanças demandadas, que agora tendem à multimotivação e, conseqüentemente, exigem o fornecimento de facilidades "multifuncionais" (Pearce, 1991). No contexto de uma cidade histórica, com um índice de aglomerados históricos atraentes para os turistas e, por definição, uma vocação multifuncional, o gerenciamento de recursos particulares não pode mais ser isolado de uma política integrada de gerenciamento urbano. Esse "novo" campo de gerenciamento busca agora instrumentos e diretrizes claras relativas a regulamentos, implicações e efeitos desejáveis e indesejáveis.

Existe um consenso crescente de que o turismo precisa de políticas antecipatórias, e isso reforça o debate sobre as responsabilidades e tarefas. Entretanto, o horizonte de tempo das várias agências varia consideravelmente; a indústria turística enfoca os relatórios de negócios anuais e de estação, as autoridades locais fixam os períodos de eleição como seus horizontes de tempo e os conservadores tendem a olhar para trás, algumas vezes para a frente, sem se preocupar (nem informar) muito sobre a dinâmica do mercado de turismo. Essa diferença em horizontes de tempo e também com respeito aos valores transforma cada processo de planejamento turístico numa série de compromissos.

Conclusão

A introdução, na teoria e na boa prática, dos princípios de sustentação, enfatizando-se a irreversibilidade do processo de "turistificação" nas cidades históricas, pode ser vista como uma abordagem negativa e rende respostas insuficientes. Pode-se compreender a baixa resposta às opções idealistas, como o turismo sustentável, porque os planejadores e acadêmicos de turismo carecem de especialidade para traduzir os modelos e conceitos em uso, e porque são raros os exemplos de boa prática. O turismo histórico se encontra hoje numa encruzilhada importante: a missão de explorar na mídia a nostalgia, a autenticidade, a educação e o entretenimento de forma a enriquecer as experiências dos turistas e salvaguardar os recursos históricos para as gerações do futuro aparece acima de tudo como o objetivo mais importante, que é usar o turismo como estimulante da economia urbana e acrescentar valor à vida urbana.

Referências bibliográficas

ASHWORTH, G.J. "Culture and tourism, conflict or symbiosis in Europe?". *In*: W. Pompl e P. Lavery (eds.) *Tourism in Europe*, Londres: Mansell, 1993.

_______. "Managing the cultural tourist". *In*: G.J. Ashworth e A. Dietvorst (eds.) *Tourism and Spatial Transformations: Implications for Policy and Planning*, Wallingford, Reino Unido: CAB Internacional, 1995.

ASHWORTH, G.J. & DIETVORST, A.G.J. *Tourism and Spatial Transformations: Implications for Policy and Planning*, Wallingford, Reino Unido: CAB Internacional, 1995.

ASHWORTH, G.J. & TUNBRIDGE, J.E. *The Tourist-Historic City*. Londres: Belhaven, 1990.

BUTLER, R.W. e WALDBROOK, L. A. "A new planning tool: the turist opportunity spectrum", *Journal of Tourism Studies*, 2(1): 2-14, 1991.

BYWATER, H. "The market for cultural tourism in Europe", *EIU Travel & Tourism Analyst* 6: 30-46, 1993.

CAZES, G. & POTIER, F. *Le Tourisme Urbain*, Paris: Gráficas Universitárias da França, 1996.

CLARKE, R. & STANKEY, G. *The Recreation Opportunity Spectrum: A Framework for Planning, Management and Research*. EUA: Department of Agriculture and Forest Service, Pacific Northwest Forest and Range Experiment Station, General Technical Report, PNW-98, 1979.

CORTIE, C.; DEKKER, S.; DIGNUM, K. "Prosperity and city types in the European Community", *Planologisch Nieuws* 13 (2): 117-26, 1993.

DIETVORST, A. "Tourist behaviour and the importance of time-space analysis". *In*: G.J. Ashworth e A Dietvorst A (eds.) *Tourism and Spatial Transformations. Implications for Policy and Planning*. Wallingford, Reino Unido: CAB Internacional, 1995.

EUROPEAN COMMISSION, DG Regional Policy. *Urbanisation and the functions of cities in the European Community*. Regional Development Studies, Luxemburgo, 4, 1992.

_______. DG Regional Policy and Cohesion. *Community Involvement in Urban Regeneration: Added Value and Changing Values*. Regional Development Studies, Luxemburgo, 27, 1997.

_______. DG X *Information, Communication, Culture and Audiovisuals*. RAPHAEL Programme, 1997-2000. European Commission, DG XVI (1997), *Urban Pilot Project Newsletter*, inverno de 1997.

_______. DG XXIII. *Draft Summary Report on Tourism in Europe*. fevereiro de 1998.

_______. *The Europeans on Holidays 1997-98*. Eurobarometer Survey, Bruxelas, 1998.

HEALY, R. "The 'common pool' problem in tourism landscapes", *Annals of Tourism Research* 21(3): 596-611, 1994.

HERBERT, D.T. (ed.) *Heritage, Tourism and Society*. Londres: Mansell, 1995.

HINCH, T.D. Urban Tourism: Perspectives on Sustainability, *The Journal of Sustainable Tourism*, 4(2): 95-110, 1996.

INRETS. *Le Tourisme Urbain – Les Pratiques des Français*. Relatório nº 208, Instituto Nacional de Pesquisas sobre os Transportes e sua Segurança, Paris, 1996.

JANSEN-VERBEKE, M. "Synergy between shopping and tourism; the Japanese experience". *In*: W. Theobald (ed.) *Global Tourism; the Next Decade*. Butterworth-Heinemann, 1994.

_______. "Cultural Tourism in the 21st Century", *World Leisure and Recreation* 1: 6-11, 1996.

_______. "Urban Tourism: Managing resources and Visitors". *In*: S. Wahab e J. Pigram (eds.), *Tourism, Development and Growth*. Londres e Nova York: Routledge, 1997.

_______. "Turistification of historic cities; a methodological exercise", *Annals of Tourism Research* 25(2) (no prelo), 1998.

JANSEN-VERBEKE, M. & VAN DE WIEL, E. "Tourism planning in urban revitalisation projects". *In*: G. J. Ashworth e A. Dietvorst (eds.) *Tourism and Spatial Transformations*, A Wallingford Reino Unido: CAB Internacional, 1995.

JANSEN-VERBEKE, M. & VAN REKOM, J. "Scanning museum visitors. Urban tourism marketing", *Annals of Tourism Research* 23(2): 364-75, 1996.

KPMG. *Toeristische Concurrentiepositie van Amsterdam ten opzichte van tien andere Europese steden*. Amsterdã: Klynveld Management Consultants, 1993.

LAW, C. "Urban tourism and its contribution to economic regeneration", *Urban Studies* 29 (3/4): 599-618, 1992.

_______. *Urban Tourism: Attracting Visitors to Large Cities*. Tourism, Leisure and Recreation Series, Londres: Mansell, 1993.

LEIPER, N. "Tourism attraction systems", *Annals of Tourism Research* 17 (3): 367-84, 1990.

LIEVOIS, E. De toeristische functie van historische gebouwen in de stad Leuven: een ruimtelijke analyse, em *De Aardrijkskunde* (no prelo), 1998.

LIGHT, D. & PRENTICE, R. "Market based product development in heritage tourism", *Tourism Management* 15 (1): 27-36, 1994.

MACCANNELL, D. *The Tourist: A New Theory of the Leisure Class*. Nova York: The MacMillan Press, Ltd., 1973.

MCNULTY, R. "Cultural tourism and sustainable development", *World Travel and Tourism Review* 156-62, 1993.

MAZANEC, J. & ZINS, A. H. "Tourist behaviour and the new European life style typology". *In*: W. Theobald (ed.) *Global Tourism: The Next Decade*, Oxford: Butterworth-Heinemann, 1994.

MURPHY, P. "Urban Tourism and visitor behaviour", *American Behavioural Scientist* 36(2): 200-11, 1992.

NIPO. *Survey of city trips of the Dutch Population*. Amsterdã: Nederlands Instituut Publieksonderzoek, 1990.

PAGE, S. *Urban Tourism*. Londres: Routledge, 1995.

PEARCE, D.G. "Tourist time-budgets", *Annals of Tourism Research* 15 (1): 106-21, 1988.

PEARCE, D.G. "Tourist districts in Paris: structure and functions", *Tourism Management* 19 (1): 49-65., 1998.

PEARCE, P.L. "Analysing tourist attractions", *The Journal of Tourism Studies* 2: 46-55, 1991.

PRENTICE, R. *Tourism and Heritage Places*. Londres: Routledge, 1994.

RICHARDS, G. (ed.) *Cultural Tourism in Europe*.Wallingford, Reino Unido: CAB Internacional, 1996.

SOANE, J. "The renaissance of cultural vernaculism in Germany". *In*: G. J. Ashworth e P. J. Larkham (eds.) *Building a New Heritage*, Londres: Routledge, 1994.

SWARBROOKE, J. "The future of the past: heritage tourism into the 21st century". *In*: A V. Seaton et al. (eds.) *Tourism: the State of the Art*, Chichester: John Wiley & Sons, 1994.

URRY, J. *The Tourist Gaze, Leisure and Travel in Contemporary Societies*. Londres: Sage Publications, 1990.

VAN DER BORG, J.; COSTA, P.; GOTTI, G. "Tourism in European heritage cities", *Annals of Tourism Research* 23(2): 306-21, 1996.

VAN DER KNAAP, W. "The tourist's drives". tese de Ph.D., Universidade de Wageningen, Wageningen, 1997.

A política de desenvolvimento do turismo histórico:

Temas emergentes para o novo milênio

Linda K. Richter

"Qual a quantidade certa de lembranças?"
(Horn, 1997:60)

Introdução

A expressão "turismo histórico" tornou-se bastante elástica, aplicada por algumas pessoas a quase qualquer coisa do passado que possa ser visitada. Esse tipo de turismo pode envolver museus, distritos históricos, representações de eventos históricos, estátuas, monumentos e templos.

Talvez devido ao fato de a palavra "histórico" soar grandiosa e importante é que existe a hipótese de que tal turismo deva ser, por definição, bom, e que seu desenvolvimento não deva ser controverso. Isso deve estar errado. Todas as motivações, expectativas, problemas e negociações que envolvem qualquer forma de desenvolvimento do turismo devem ser fatorados no desenvolvimento de lugares históricos. O desejo de crescimento econômico, empregos, receita de impostos, orgulho cívico e benefícios privados, é uma parte da luta pelo desenvolvimento das heranças históricas. Como tal, o turismo histórico não fica, de nenhuma forma, imune à batalha entre o poder e os recursos. O estabelecimento de um distrito histórico em algumas cidades do mundo é pouco mais fácil do que criar uma zona de prostituição!

Entretanto, existem assuntos e desafios políticos mais centrais ao desenvolvimento do turismo histórico do que a outras formas de turismo. O turismo histórico parece ser potencialmente uma forma importante de desenvolvimento; por exemplo, como fonte de identidade nacional ou de comunicação e socialização política. Mas há pouca pesquisa empírica sobre esse tópico. Este capítulo sugere onde tal pesquisa se faz necessária, e também ilustra como essa forma de turismo está se expandindo e se tornando uma arena crescente de conflitos políticos.

Os temas de desenvolvimento de heranças históricas são centrais para o que Harold Lasswell chama de política: "Quem ganha o que, como e onde?" (Lasswell, 1936). O turismo histórico também aponta para o âmago daquilo que constitui nossa memória política coletiva, nossa identidade nacional. Como Garry Wills observa:

> Para que se compreenda qualquer cultura, os historiadores devem lê-la julgando o que ela escolheu honrar. Os gregos antigos não elogiavam apenas os guerreiros; eles também honravam os filósofos. As estátuas medievais eram de santos. O Renascimento trouxe os deuses clássicos de volta à terra. Embora nós americanos não pensemos sobre nós mesmos como militaristas, as estátuas de Washington são predominantemente de generais. Será que esta é uma auto-revelação inconsciente, uma espécie de "deslize freudiano" de pedra?
>
> (Wills, 1997:21)

Benigna, militarista, jacobinista ou "disneyficada", a experiência do turismo histórico também pode ajudar a formar atitudes e valores que delineiem as orientações individuais para os grupos, instituições e temas. Até mesmo a própria substância da herança histórica é uma construção política do que é recordado – diferente para cada grupo de uma sociedade.

Normalmente, os cientistas sociais não pensam no turismo como uma socialização e comunicação política, porque ele ocorre mais freqüentemente fora das instituições políticas familiares: o lar, a igreja, a escola, a imprensa e o governo. Os destinos históricos podem enviar mensagens políticas particulares – intencionalmente ou não –, que só raramente foram estudadas.

Como os grupos e as comunidades estão se tornando cada vez mais conscientes da importância simbólica de sua representação em lugares históricos, as atividades dos grupos de interesse se concentraram no que é salvo, destruído ou interpretado. A política pública também revolveu algumas decisões para comemorar os legados políticos e históricos. Neste capítulo, serão examinados quatro temas políticos emergentes e interligados, associados ao turismo histórico. A primeira seção trata da mudança do equilíbrio de poder na preservação, no desenvolvimento e na apresentação do turismo histórico. A segunda detalha o número crescente de reivindicações com relação à representação política nos locais históricos, enquanto a terceira discute a competição crescente sobre temas de autenticidade e interpretação. A quarta seção explora a popularidade emergente da comemoração de eventos políticos trágicos. A cada ponto as brechas de pesquisa poderão ser observadas.

Equilíbrio de poder em mudança

A luta acerca do turismo histórico reflete seu crescimento e sucesso. Todo mundo quer um pedaço da sua ação. E para compreender por que essa luta se intensificou, tudo que precisamos é olhar para a magnitude do turismo envolvido.

O turismo é uma das maiores indústrias do mundo. Só em termos de turismo internacional, ocorreram 613 milhões de chegadas em 1997, e a receita do turismo internacional totalizou 448 bilhões de dólares (WTO, 1998). O crescimento do turismo histórico, embora de medida mais complicada, também foi substancial. Por exemplo, o número de lugares históricos registrados nos Estados Unidos subiu de 1.200 em 1968 para 37 mil em 1987. A cada semana um novo museu é aberto. Atualmente existem nos Estados Unidos mais de 8 mil museus com mais de um bilhão de visitantes anuais (Horn, 1997:54). No Reino Unido, o número de lugares históricos cresceu para 500 mil prédios históricos, 5.500 áreas de conservação e 12 mil museus (Dann, 1994:55).

Por que o crescimento? Numerosas explicações já foram apresentadas. Dean MacCannell o atribui à alienação que muitas pessoas sentem nas suas vidas estressadas e ocupadas (Graburn, 1995:167). John Urry acrescenta que esse crescimento "é claramente parte de um processo através do qual o passado se tornou muito mais valorizado em comparação com o presente e o futuro" (Dann, 1994:60-1). Pode ser, mas será que isso explica os museus sobre o holocausto, os campos de concentração e a escravidão? Aparentemente, sob a perspectiva desse autor, os museus oferecem uma visão multifacetada de um passado sem conhecido e não compreendido. As ciências humanas são cada vez mais desprezadas nas escolas e colégios, ao mesmo tempo que os turistas buscam lugares históricos.

Um quarto fator que pode ser envolvido é a pressão da comunidade para expandir o número de atrações e destinos, a fim de acomodar o imenso número de turistas. Muitos destinos ficam lotados durante a maior parte do ano. Controlar o crescimento de um lugar, e ao mesmo tempo promover locais culturais alternativos, está se tornando um problema crucial para muitos governos. Assim como os parques nacionais mais populares, os principais lugares culturais são "amados até a morte".

O quinto fator mostra que os demográficos também favorecem o crescimento do turismo histórico. O "envelhecimento" do comércio turístico é um bom augúrio para os lugares históricos. Existe a expectativa de que os turistas mais idosos possam buscar tais lugares em números desproporcionais (Dann, 1994:60).

Dadas as razões apresentadas para o crescimento contínuo do turismo histórico, como se comportou o equilíbrio de poder durante esse processo? Para respondermos a essa pergunta, é importante olharmos para o contexto global no qual o turismo histórico está inserido. Há muito tempo que se observa a assimetria nos impactos de turismo. Algumas dessas disparidades já foram discutidas em termos de centro-periferia (Hoivik e Heiberg, 1980), em que alguns países são nações geradoras de turistas e outros, basicamente, de destinos. O turismo também refletiu desequilíbrios nas práticas de contratação por sexo e raça, com as minorias e as mulheres ocupando uma fatia desproporcional dos empregos em turismo, mas favorecendo enormemente os da base da escada da carreira profissional (Fredericks, 1992:12; Edgell, 1993:18 e Richter, 1994).

O turismo histórico não é diferente. Historicamente, esses lugares refletiram os pontos de vista estabelecidos e dominantes sobre o que é importante recordar e comemorar. Foi isso que Donald Horne habilmente ilustrou: o fato de que há expectativa de poder no processo do que é salvo. No seu magnífico estudo "The Great Museum" [O grande museu], ele examina como certas figuras, freqüentemente de importância igual na história de vários países, podem ser reverenciadas em um país, com muitas estátuas e museus, e ignoradas em outro (Horne, 1984). Escolher o que vai ser destruído em geral é também um ato político deliberado. Normalmente, um dos primeiros atos da revolução é a destruição dos artefatos do passado (Ashworth e Tunbridge, 1990:255).

Os críticos conservadores da proliferação de novos museus e/ou as interpretações mais contraditórias anexas às narrativas de museus podem exigir "ética política" (Leo, 1994:21), mas a revisão da história é uma tradição honrada muito tempo, à medida que o equilíbrio de poder sofre mudanças. O turismo histórico faz parte da luta de classe! O período moderno que se seguiu à Guerra Fria lançou uma quantidade incomum de revisões da história, ligado como é aos processos mundiais anti-socialistas e democráticos. O que os conservadores ignoram é que a esquerda política de Lenin e Marx está sendo "diminuída", ou esquecida, e que novas figuras estão emergindo para o centro do palco, até mesmo nos museus e monumentos. Há pouco tempo, entretanto, os museus eram repositórios da glória e da pilhagem do império. Na verdade, a criação de alguns museus britânicos foi explicitamente projetada para instilar na classe trabalhadora a admiração pelos "seus maiorais".

Talvez Friedrich Nietzsche tivesse aprovado tal didática do turismo histórico: "Como poderia a história servir melhor à vida se não juntasse até mesmo as gerações e populações menos favorecidas às suas terras natais e seus costumes". Por outro lado, ele talvez tivesse simpatizado com os políticos cheios de dívidas, que enfrentavam a demanda de verba para preservar algo querido ao coração de seu distrito eleitoral. "O fato de que algo envelheceu agora apresenta a demanda de que é imortal" (Nietzsche, 1988:20-1).

Se o processo de revisão do turismo histórico não é novo, o que *é* novo é, em primeiro lugar, o número de atrações projetadas para lembrar os *grupos marginalizados* da sociedade. Atualmente, muitos dos novos monumentos e museus refletem grupos que, mesmo hoje, atraem atenção passageira nos principais livros de história.

Em segundo lugar, as decisões podem se divorciar cada vez mais dos indivíduos que serão afetados pelos lugares. À medida que o turismo histórico é considerado com mais seriedade, prolifera o número de atores políticos que funcionam como grupos de veto ou facilitadores de projetos. A liderança política e certamente as organizações nacionais e internacionais, assim como as fundações e associações, estão se tornando seriamente envolvidas nos temas ligados ao custeio, projeto e interpretação dos lugares históricos. O envolvimento da Unesco na restauração do Templo Borabadur, na Indonésia, e da cidade histórica de Dubrovnik, na Croácia, o Prêmio de Turismo Histórico entregue à Associação de Viagens da Área do Pacífico, as preocupações do Congresso Americano com o Muro do Vietnã, o Enola Gay e o memorial de Franklin Roosevelt sugerem a variedade de assuntos envolvidos. Os papéis específicos das autoridades anexados a esse compromisso por grupos externos, e suas conseqüências para aqueles que são afetados pelo seu envolvimento, não foram estudados.

Um terceiro fator na mudança de equilíbrio do poder é a fascinação global pela diminuição da esfera pública, ao mesmo tempo que aumenta a privatização de bens e serviços (Richter e Richter, 1995). O turismo histórico também refletiu essa tendência, tornando-se mais empresarial e orientado ao entretenimento, num esforço de competir com os parques temáticos e numa última tentativa de ser visto como mais educativo (Graburn, 1995:167). A pesquisa precisa explorar como a mudança da averbação causa impacto sobre o que é recordado e de que forma. Será que algum dia veremos a ala da Coca-Cola no Museu Britânico, ou o Parque de Veados Toyota, em Nara?

Um quarto fator, junto com o aumento da amplitude dos assuntos e as mudanças de averbação relacionados aos museus ou ao turismo histórico, também ocorreu na democratização do processo pelo qual os turistas absorvem a experiência. "Os museus [...] já não são mais vistos simplesmente como caixas e troféus de uma época antiga. Deve-se entrar neles e possuí-los" (Dann, 1994:66). Assim, quando se faz um *tour* pelo Museu do Holocausto em Washington DC, tem-se a opção de usar um cartão com o nome e a descrição de uma vítima do holocausto. Mais informações são fornecidas, ao longo do *tour*, até que finalmente os detalhes da morte da vítima são conhecidos. A intenção é, obviamente, criar empatia e infundir realidade à história hedionda que o museu representa.

Além disso, os próprios museus e locais estão sendo transformados pelo turista. Além da seção de comentários do livro de visitantes, espera-se uma nova participação entre o turista e o local histórico que está sendo forjada, quando qualquer um dos dois poderá iniciar a comunicação.

Como foi que isso aconteceu? Ninguém tem uma resposta definitiva, mas algumas pessoas especulam que nos Estados Unidos foi influenciado pelas emoções poderosas evocadas pela cobertura da AIDS e do Memorial do Vietnã:

> As transformações mais dramáticas feitas nos museus foi a inclusão de vozes já desqualificadas como muito baixas, pouco científicas ou infantis. A cobertura da AIDS, como os ursinhos e os poemas deixados pelos visitantes no Memorial de Veteranos do Vietnã [...], demonstrou como as pessoas comuns podem ajudar na reforma dos lugares que preservam as memórias da nação.
>
> (Horn, 1997:60)

> [...] estes novos museus se transformaram, eles próprios, em verdadeiros fóruns públicos, lugares de experiências e trocas comuns, para separar o grupo e a identidade nacional. As histórias que eles contam não são mais escritas apenas por curadores especialistas. Elas incorporam o testemunho de pessoas comuns, testemunhas, participantes e até de visitantes do museu.
>
> (*ibid.*:54)

Em alguns museus os turistas são convidados a dar informações sobre os indivíduos apresentados no museu. Nem todas as informações ou conselhos são recebidos com entusiasmo. Por exemplo, foi uma pressão pública, feita em abril de 1997 por deficientes físicos, que levou ao Memorial FDR o que estava sendo alterado para refletir a deficiência do presidente americano anterior.

A maioria dos museus adquire cada vez mais um formato interativo. No Museu da Tolerância em Los Angeles, é possível determinar, em diversos pontos, a quantidade de explicação que se deseja. Para este autor, o mais irritante foi um terminal de computador que permitia que se conhecessem, depois de digitar o estado e a cidade onde morava, os nomes e números dos grupos que eram odiados naquela área!

Para as gerações acostumadas com a televisão e o computador, os novos museus oferecem uma acessibilidade que não se baseia exclusivamente em leitura ou impressos. Mais do que isso, com a internet, pode-se redefinir o que significa ser turista, visitando e interagindo com os lugares transportados por *modem* a outra época e outro mundo.

Finalmente, pode existir uma mudança de equilíbrio do poder que ainda não foi reconhecida. Será que o museu moderno é um "Big Brother" onde se cria um nível de controle orweliano? Luzes, sons, música e até mesmo odores e temperatura podem ser manipulados para afetar a intensidade emocional da experiência. As pessoas normalmente se movem pelo museu num passo controlado, sentando-se, ficando de pé e ouvindo, conforme uma coreografia cuidadosamente estudada para os visitantes.

Não seria uma deformação irônica do destino se as técnicas que permitem que os turistas maximizem sua apreciação por esses lugares históricos fossem as mesmas que controlam e manipulam os visitantes?

Novos reivindicadores à representação política

> "É claro que quem chega a contar a história é a batalha do dia."
> (Horn, 1997:60)

Os novos reivindicadores à representação política no nosso passado memorializado têm, pelo menos, dois objetivos: (1) estar na história; e (2) dizer uma linha sobre a melhor história. Há dez anos, teria sido relativamente fácil identificar todos os locais em que se recordavam as contribuições das minorias e das mulheres à história dos Estados Unidos. Mas isso não é mais verdade. Os movimentos de direitos civis dos anos 1960 e 1970 podem ter escapado, mas seu efeito foi o de recuperar grande parte da história negligenciada pelos historiadores importantes. Agora essa história está sendo mostrada em registros de museus e estátuas, exposições e eventos especiais.

Um dos exemplos mais impressionantes não é exatamente um museu de história política, mas um museu de arte que apresenta exclusivamente trabalhos de mulheres. No processo de alcançar visitantes pouco familiarizados com os nomes e as obras, como peças de um quebra-cabeças, a captação revelou as negligências das mulheres artistas. "A história de todos os tempos, e de hoje também, ensina especialmente que... as mulheres serão esquecidas se se esquecerem de pensar nelas mesmas" (Louise Otto-Peters, 1849). Essa citação é apresentada como uma advertência legendária no Museu Nacional de Mulheres nas Artes, em Washington DC. O aviso foi dado à autora citada quando, em 1987, o museu se tornou o primeiro do mundo dedicado ao trabalho de mulheres artistas. Muitos dos trabalhos apresentados são tidos pelos parentes como superiores aos dos artistas homens – em geral irmãos, filhos e maridos – agora famosos em grandes galerias do mundo. Alguns permanecem desconhecidos, como o das mulheres do claustro que trabalhavam na Tapeçaria Bayeaux, no século XI.

Esse museu é um exemplo de como eram necessários recursos privados para se levar ao público o fato de que as galerias normalmente ignoram as mulheres artistas. Na verdade, algumas artistas que eram famosas na sua época estavam perdidas para a atualidade até a abertura desse museu. Como o pintor da corte de Maria Antonieta escreveu em 1835 sobre as mulheres pintoras e escultoras: "É difícil passar uma idéia da urbanidade, da graça serena e, numa palavra, da afabilidade de maneiras que se tornou o charme da sociedade parisiense há quarenta anos. As mulheres reinaram então: a Revolução as destronou" (Turismo pessoal, 1993). Em 1994, o museu apresentou uma exposição de arte de mulheres árabes que romperam com os estereótipos do que eram essas mulheres e seu alcance artístico ("Lifting the Veil" [Levantando o véu], 1994). De que forma essa arte afetará as atitudes contra as mulheres e o mundo árabe? Essa é uma questão que vale a pena ser investigada.

O Monumento dos Soldados de Buffalo, inaugurado em 1992, é um exemplo do recente esforço feito para homenagear os soldados negros que lutaram em todas as guerras americanas, mas que raramente foram reconhecidos. Os soldados de Buffalo eram, em 1886, homens posicionados nos regimentos, nas unidades de cavalaria e infantaria, entre as fileiras das Tropas Americanas de Negros. Esses homens já tinham servido ou estavam servindo como voluntários depois da Guerra Civil.

Outros locais comemorativos estão sendo desenvolvidos para contar a história, freqüentemente repulsiva, das relações raciais nos Estados Unidos. Em Savannah, na Geórgia, por exemplo, agora é possível realizar *tours* em centros importantes da história dos negros. Os museus e mercados dão detalhes da vida da abolicionista negra Harriet Tubman e da Estrada de Ferro Subterrânea, pela qual ela liberava clandestinamente os escravos para o Norte.

Que isso possa acontecer no sul dos Estados Unidos já reflete as mudanças reais ocorridas no poder negro, mesmo que alguns Capitólios do estado insistam em balançar a bandeira da Confederação! Serão seguras essas novas atrações? Quanto? Quem visita esses lugares? As raças diferem no que elas recebem desses marcos? Será que a maioria dos *tours* ou excursões de escolas visita esses locais? Devíamos encontrar essas respostas.

A luta crescente por autenticidade e interpretação

A política do desenvolvimento do turismo histórico parece razoavelmente direta quando os planejadores procuram restaurar um local histórico, erguer um monumento ou aliar entretenimento à celebração de riquezas culturais. Raramente o processo é tão simples. O clima político expandiu o número de grupos e de interesses que querem determinar como a história é contada. Isso causa problemas, pois a história revisada pode ou não ser mais precisa (Bruner, 1993). No mínimo, acrescenta novas incertezas intelectuais ao que era apresentado como verdades inquestionáveis.

O Memorial do Arizona em Pearl Harbour é um caso em questão. Tem sido interessante ver a transformação desse museu depois de 30 anos, em parte por causa da mudança da política e das realidades econômicas do turismo havaiano. Os fatos nos quais o Memorial se baseia não estão em disputa, mas sua interpretação se encheu de nuanças. O "sneak Jap attack" [ataque covarde dos japoneses] de 7 de dezembro de 1941, sobre o qual o presidente Franklin Roosevelt disse à nação que era "um dia que viveria na infâmia", é agora conhecido em Pearl Harbour como o local trágico em que os interesses nacionais de duas grandes potências mundiais colidiram. Os filmes que descrevem esse dia fatal se tornaram gradualmente menos indignados e hostis, à medida que os turistas japoneses aumentaram suas visitas ao Havaí. Seria fácil dizer que ali houve queima de arquivo. Mas pode ser, também, uma narrativa mais correta dos eventos do que a anteriormente apresentada. É importante considerar como a organização de raça e gênero de nossas memórias afeta tanto o turismo quanto nossas impressões políticas do que vemos.

Será que houve uma mudança semelhante no Museu de Hiroshima, no Japão? Há muito menos americanos que visitam Hiroshima do que japoneses que visitam o Havaí.

> Isso pode mudar, entretanto, se os planejadores de cidades fizerem seu trabalho. Existe um esforço para se replanejar o espaço da cidade, não simplesmente a fim de apagar sua memória lúgubre e escura no interesse da prosperidade, mas para protegê-la ou isolá-la. Porém, o efeito é o de "celebração da paz em toda a sua leveza", sem raiva ou dor mas, inevitavelmente, para transformar o significado histórico de Hiroshima.
> (Duara, 1997:142)

Nesse ínterim, o Congresso Americano recentemente demonstrou má vontade decisiva em reconsiderar a decisão de soltar a bomba atômica em Hiroshima.

A exposição do Enola Gay planejada pelo Smithsonian, o avião que jogou a bomba, provocou ataques ásperos, por causa da interpretação dada a esse evento. Eventualmente, o assunto tornou-se parte de uma grande batalha sobre arrecadação de fundos para o Smithsonian, que acabou com o pedido de demissão de um curador e com o Enola Gay sendo exposto sem a menor explicação (Holloway, 1995:32-3; Washburn, 1995:40-9). Mais uma vez a ironia mostra-se no fato de que os políticos conservadores estavam mais do que prontos para criticar o "realismo socialista" no controle que exercia sobre as artes na antiga União Soviética, mas aparentemente não viram nenhum paralelo nos próprios esforços de censura e controle.

O Museu Australiano da Guerra também fornece um exemplo da subjetividade política dos expositores. Nenhum curador em 1987 seria capaz de decidir sobre uma representação do envolvimento da Austrália no Vietnã que recebesse apoio público. Enganar o comunismo e assistir um aliado era um esforço nobre ou uma asneira nojenta? (entrevista pessoal, março de 1987).

Talvez seja como os Estados Unidos, que não fizeram nenhum esforço mas simplesmente reconheceram seu terrível custo construindo o Muro do Vietnã. Dada a imensa popularidade do Muro hoje em dia, é fácil esquecer que esse memorial foi objeto de rudes ataques daqueles que queriam um memorial de celebração (Wagner-Pacifici e Schwartz, 1991:376-420). O fato de o projeto ter sido feito por uma jovem asiática apenas contribuiu para o medo de que essa fosse uma propaganda subversiva ("Maya Lin: A Strong, Clear Vision" [Uma visão forte e clara], PBS, 1996). O que realmente aconteceu foi que os indivíduos se concentravam mais nas pessoas que sacrificavam do que nos assuntos que tinham de ser decididos.

Com a popularidade do Muro, foram acrescentadas novas esculturas, enquanto vários grupos lutavam pelo reconhecimento de seus papéis nessa luta divisória. O Memorial das Mulheres Vietnamitas foi acrescentado ao Muro no Memorial Day em 1993, mas, antes disso, ele saiu em exposição pelo mundo afora. Ninguém imaginaria que a exposição de um memorial de bronze sobre um caminhão em um estacionamento de *shopping* em Wichita, Kansas, provocaria emoções tão fortes. Entretanto, tendo-o visto, este autor pode testemunhar a profundidade das emoções que assaltaram aquela multidão de várias centenas de pessoas. Veteranos da Guerra do Vietnã abraçavam e beijavam umas dúzias de enfermeiras da mesma guerra, dando-lhes flores, gratos por elas terem cuidado deles por longas noites. Todos ali pareciam entender que, não importa de que lado estivessem durante a guerra, aquele era um reconhecimento lindo e merecido da coragem daquelas enfermeiras – 11 das quais morreram em serviço –, que, finalmente, era lembrada. Por quanto tempo esses sentimentos profundos duraram? O que eles significavam para os veteranos, homens e mulheres? O que foi aprendido? O que foi recordado?

Na verdade, o processo todo pelo qual o turismo histórico começou a incluir cada vez mais grupos é muito pouco examinado. Muitos museus importantes, por exemplo, estão atraindo mais atenção do público com a exposição de mulheres e minorias. Por que isso acontece? Diversas explicações são possíveis. Primeira, a de que uma quantidade crescente de negros, mulheres e até homossexuais ajudou esses grupos a negociar sua convenção e as decisões sobre turismo, com a atenção também crescente dos oficiais de turismo e dos planejadores de convenções. Para se ter uma idéia, o negócio de convenções afro-americanas cresce rapidamente. Da mesma forma planejadores de convenções negros disseram, em algumas cidades, que as decisões sobre seus destinos se basearíam em parte na forma pela qual sua herança negra se apresentava, no grau de representação política de negros na comunidade e na recepção política dos seus membros. Um terço de todos os planejadores de convenções corporativas, em geral, boicotariam certas cidades por causa de seus assuntos sociais (Eisenstodt, 1995:15).

Segunda, porque a noção de que a história central foi enfocada muito estreitamente parece ter mais aceitação. Uma terceira explicação possível se relaciona com a primeira, que é a de aumentar a clientela para as atrações. As minorias ficam mais poderosas e afluentes e se tornam não apenas sujeitos mas também consumidoras de turismo histórico.

A resposta pode variar de lugar para lugar, mas está claro que a fórmula de simplesmente acrescentar ou se envolver com novos grupos da história central não bastaria, se tais grupos tivessem muitos remendos. A cidade colonial de Williamsburg, por exemplo, acusada de ter uma "história sanitizadora" para encobrir a escravidão, não se beneficiou mesmo quando acrescentou a simulação de um leilão de escravos. O grupo dos direitos civis dos negros, chamado NAACP, ficou furioso, acusando o leilão de banalizar os sofrimentos reais pelos quais os escravos tinham passado. Nem os empregados negros da Biblioteca do Congresso se impressionaram com a exposição sobre a escravidão apresentada pela Biblioteca (Horn, 1997:56). Em alguns casos, a inclusão pode provocar ainda mais fúria, se a interpretação for considerada inaceitável.

Mesmo assim, não é todo mundo que se enamora das interpretações que as minorias introduziram nos lugares históricos sob seu controle. As reclamações evidenciaram que o Museu Nacional do Índio Americano dava muita atenção à brutalidade dos colonizadores e pouca à violência dos índios. O Museu de

História Afro-Americana em Detroit foi criticado por se referir às "rebeliões de 1968" que, para a mídia central, tinham sido sempre conhecidas como "motins raciais" (Horn, 1997:56-60). Uma "rebelião" implica muito mais legitimidade política do que um "motim", mas muitos dos que lutaram para restaurar a ordem pareciam ver os eventos como se fossem da mesma categoria da "Festa do Chá de Boston" (*Boston Tea Party*)!

O Serviço Nacional de Parques Americanos tentou equilibrar a interpretação nos seus lugares históricos. Isso é, na maioria das vezes, difícil de fazer. As histórias complexas e ambíguas são menos fáceis de serem contadas ou lembradas. Em alguns casos, existe até rivalidade em um mesmo grupo marginalizado pelo reconhecimento de sua história. O Serviço Nacional de Parques, por exemplo, foi encorajado a equilibrar sua explicação da vitória de Crow em Little Big Horn, conhecida como o Último Levante de Custer, enfatizando o envolvimento dos Sioux e Cheyenes (Horn, 1997:56).

Outra controvérsia que ilustra o fato de que nenhum ato pernicioso fica impune foi a decisão atrasada do Congresso, em 1997, de tirar uma grande escultura sufragista do subterrâneo do Capitólio, onde ela tinha permanecido por 75 anos. Os partidários do Congresso, que haviam lutado pela mudança da escultura para a Rotunda, ficaram pasmados quando os grupos de direitos civis dos negros acharam que a escultura não era aceitável porque apresentava três mulheres brancas – Susan B. Anthony, Elizabeth Cady Stanton e Lucretia Mort –, mas não mencionava a eloqüente lutadora pelos direitos civis dos negros daquele mesmo período, Sojourner Truth. Até foi sugerido que seu semblante fosse acrescentado à escultura, mas a escultura foi instalada, sem modificação, na Rotunda. No futuro, espera-se que haja maior cautela, se não sensibilidade, por parte do Congresso com respeito aos políticos da história. Dadas as possibilidades de conflito, alguns museus e parques nacionais optaram por apresentar nas exposições diversas interpretações anexas às peças.

A maioria dos países, entretanto, é rápida para comemorar o legado dos que mantêm o poder. Desde 1989, no leste da Europa e na antiga União Soviética, os lugares históricos se encontram numa transição fundamental, à medida que o legado do marxismo é apagado. Os bustos de Lenin e o próprio líder embalsamado parecem estar de partida. O Museu da Revolução em Cuba ainda existe (Seaton, 1996:242).

Provavelmente, os museus mais suscetíveis de serem politizados são os museus e as bibliotecas presidenciais. Primeiro, porque a pessoa que dá o nome ao museu geralmente ainda está viva quando ele é construído. Segundo, porque os que apóiam o museu são justamente que veêm com entusiasmo a imortalidade do presidente. Pode-se dar apenas uma volta pela Biblioteca Nixon para se ter a impressão de que a maior parte dos dois períodos de Nixon foi dedicada à política exterior, antes de ele ser forçado a renunciar por causa de um roubo de terceira categoria que sabotou sua presidência. Outros detalhes que tratam dos assuntos que possivelmente o levaram ao *impeachment* são menos enfatizados.

Apesar disso, são essas bibliotecas que normalmente oferecem uma avaliação mais precisa de uma administração presidencial, mais do que a avaliação disponível nos jornais da época. Como repositórios de informação classificada, elas fornecem detalhes adicionais que, uma vez desclassificados, alteram o peso histórico de presidentes como Truman e Eisenhower. Porém, os museus e as bibliotecas presidenciais talvez falem mais dos americanos do que dos próprios presidentes! Fiéis ao seu ridículo "culto de personalidades", os americanos talvez sejam os únicos a honrar chefes executivos modernos como atrações turísticas!

Temas de autenticidade

A autenticidade também é um assunto que cabe na política do turismo histórico. A autenticidade é essencial? Se for, de que forma, de que período e por meio de que padrões? Alguns lugares turísticos são mais interessantes como ruínas do que seriam se tudo fosse reconstruído. Consideremos Pompéia, Biblos, Mohenjodaro ou até mesmo algumas cidades contemporâneas abandonadas. Os residentes locais podem não gostar de ter sua comunidade chamada de "cidade fantasma", mas ela pode ser uma "cidade fantasma" muito mais interessante do que um aglomerado de casas reformadas, comuns e não incorporadas.

> A restauração também levanta a questão da autenticidade. Admiraríamos o Partenon se ele ainda tivesse um telhado e não atraísse mais o gosto moderno estereotipado [...] Se o repintássemos nas suas cores originais, vermelho, azul e dourado, e reinstalássemos a figura imensa de Atena cheia de braceletes, anéis e colares, não poderíamos deixar de lado a pergunta que ameaça todo o nosso conceito de clássico: será que os gregos tinham mau gosto?
>
> (Horne, 1984:29)

O Centro Cultural Polinésio, a atração turística mais popular do Havaí, constrói suas exposições em torno de vários grupos culturais do sul do Pacífico e suas moradias, artes e danças tradicionais. Alguma atenção é dada à acuidade das culturas apresentadas, mas os atores – estudantes do Colégio Mórmon em Laie – podem ou não pertencer ao grupo que apresentam. Assim, os de Fiji ou Tonga podem apresentar danças de Samoa, pois os indivíduos apenas atuam (Brameld, 1977). O que importa? Nesse ponto, o autor sugeriria que a "autenticidade no palco" (MacCannell, 1979) pode ser preferível a tornar a vida real das pessoas uma atração turística.

A questão mais interessante é: "quem ganha o que" desse Centro? Será que os atores são adequadamente pagos por seu trabalho? Quem controla o que é apresentado? As culturas apresentadas expressam apropriadamente a vida atual do sul do Pacífico ou contribuem para o que Dann denomina "museumização, o congelamento de uma herança e a venda do produto congelado" (Dann, 1994:59)? Será que os visitantes apreciam as culturas do sul do Pacífico ou se sentem superiores em relação a essas sociedades? Não sabemos.

Alguns grupos têm a habilidade de aproveitar a iniciativa do turismo criando uma herança mais barata e atraente aos olhos dos turistas. O grupo Ute, do sudoeste do Colorado, controla sua história e o futuro dos turistas de forma bem pouco tradicional. Até os tempos modernos, os Utes eram bem conhecidos por seus trabalhos com contas, mas os Utes contemporâneos acham que esse trabalho é enfadonho e pouco lucrativo. O que fazer? Eles decidiram aprender a trabalhar com cerâmica com um não-índio, determinaram alguns desenhos e cores que caracterizariam os potes Ute e puseram mãos à obra. Em 1986, quando este autor visitou a fábrica e a loja turística dos Utes, eles haviam apenas começado. Atualmente, pode-se encomendar por catálogo a "cerâmica tradicional Ute". É autêntica, mas a tradição existe há apenas 12 anos.

Os Torajas da Indonésia são outro grupo que absorveu os componentes úteis de sua imagem turística e os tornaram próprios. Isso provocou alguns conflitos com os grupos vizinhos que queriam dividir os ventos prósperos que sopravam do turismo (Adams, 1995:143-53).

O poder político de vários grupos poderia controlar bem não apenas a interpretação e a definição de autenticidade prevalente, mas também o que deverá ser salvo ou lembrado de uma tradição.

A miséria ama companhia

> "Um passado doloroso é bom para a bilheteria."
> (Horn, 1997:54)

Não há dúvida de que, atualmente em muitas sociedades, o turismo histórico tem muito mais disposição de confrontar os legados vergonhosos do passado e a falta de habilidade das políticas governamentais para viver conforme os ideais imortalizados em locais históricos mais tradicionais. O que é mais problemático é se as mensagens são primeiramente motivadas pela ambição, "ordenhando o macabro" como afirma Dann (1994), ou pela necessidade de reexaminar as tragédias para que os turistas aprendam com elas como não devem se comportar. Igualmente difícil de avaliar é a mensagem recebida pelos turistas. Os rótulos "turismo escuro" ou "tanaturismo" têm sido usados no turismo, mas poucos lugares foram influenciados por seu impacto (Seaton, 1996 e 1997).

Um dos afetados foi o Campo de Concentração de Dachau, com seu templo e museu. De 1965 até 1988, mais de 13 milhões de pessoas visitaram o cenário onde foram exterminados milhões de judeus, ciganos e outros que os nazistas julgavam indesejáveis. Sessenta por cento dos visitantes eram estrangeiros; muitos dos outros eram crianças de escolas alemãs. Nenhum deles expressou que motivação os fazia ir ou suas impressões sobre o campo, nem ninguém perguntou que impacto as visitas tinham provocado. Presume-se que seus motivos fossem (1) pessoais, talvez em busca de nomes de parentes; (2) políticos, pois os partidos políticos perseguidos pelos nazistas geralmente faziam reuniões lá; (3) históricos e educativos, como no caso das crianças de escolas que eram levadas lá; e (4) humanitários, pois é um lugar próprio de grupos sino-cristãos e de acampamento de jovens.

O que *se conhece* sobre o impacto provocado por Dachau é que os residentes da cidade estão se tornando cada dia mais infelizes ao serem associados ao genocídio. Ainda assim, 13 milhões de visitantes geram benefícios econômicos impressionantes. Num esforço de fazer com que os turistas continuassem vindo, mas sem receber a mensagem, colocou-se mais ênfase sobre a resistência local ao nazismo e às atividades dos antifascistas de 1918 a 1945 (Hartmann, 1989:41-7).

O Museu da Prisão da Gestapo, em Berlim, o Museu do Prisioneiro de Guerra Japonês, em Cingapura, Auschwitz, na Polônia, o Museu da Inquisição, em Lima, o Museu da KGB, em Moscou, e até mesmo a Torre de Londres são outros exemplos desse tipo de turismo histórico.

A esse respeito, outros dois museus abertos nos anos 1990 precisam ser mencionados: o Museu do Holocausto, em Washington DC, e o Museu da Tolerância Beit Hashoah, em Los Angeles. Ambos foram projetados com o intuito de fazer com que os visitantes se identifiquem com as vítimas da perseguição e sintam uma impressão duradoura do mal causado pelo fanatismo em suas várias formas. As reações variam conforme as prováveis lições transmitidas por esses museus (Rosenthal, 1993:4-5A). Horne, que estudou museus semelhantes na Europa, não é tão otimista acerca dos seus impactos:

> Nos monumentos às vítimas do fascismo, a novidade é a lembrança dos campos de concentração. Os museus apresentam [...] fotografias dos incineradores, de filas de pacientes obrigados a esperar para serem enforcados, fuzilados ou mortos nas câmaras de gás, e das pilhas de cadáveres [...]. Claramente pode-se ver os museus dos campos de concentração não como monumentos ao heroísmo, e sim aos sofrimentos da passividade: um registro do triunfo em poder de umas das formas possíveis de um estado industrial moderno. Porém, para os turistas que fazem essa peregrinação horripilante, isso pode parecer excepcional – algo que acabou com os nazistas.
> (Horne, 1984:244)

O Museu da Tolerância evita a crítica de Horne, apontando a afirmação que a filósofa Hannah Arendt fez sobre a "banalidade do mal", que também inclui o Holocausto da Alemanha e carnificinas semelhantes do Camboja, de Ruanda e de outros lugares. A qualidade pouco excepcional dos grupos de ódio pelo mundo todo tenta enviar a mensagem de que a intolerância é um vírus ao qual nenhuma sociedade está imune.

A reação da professora Mary Philips ilustra uma opinião bem diferente da de Horne sobre as mensagens recebidas desses museus, e ambas as impressões parecem pedir mais pesquisas empíricas. Philips (1994:43) escreve que, quando ela saía do Museu da Tolerância:

> [...] eu vi um cartaz cuja mensagem, espero, esteja gravada na minha memória. Dizia: "Enquanto nos lembrarmos, haverá esperança [...]". Não existe apenas o perigo de que alguns se esqueçam do que aconteceu. Existe outro perigo, o de que algumas pessoas, por quaisquer razões, nunca compreendam verdadeiramente o que estava ocorrendo bem à sua volta [...]. É essencial que experiências educativas como esta [...] sejam apresentadas às gerações futuras, àqueles que não estavam conectados aos tempos nos quais vivemos.

Obviamente, Philips apreendeu a mensagem enviada. As autoridades também estão usando o Museu da Tolerância como um local para onde são enviados adolescentes envolvidos em crimes hediondos. O diretor do museu achou que as visitas provocavam um impacto positivo, embora sóbrio, sobre os indivíduos enviados para lá (entrevista pessoal, março de 1994).

Em Kuala Lumpur, na Malásia, pelo menos um museu novo, a prisão Pudu, é utilizado para instruir as crianças sobre o mal das drogas e os desconfortos da vida na prisão. Execuções de mentirinha e vídeos reais de espancamentos gravam a mensagem (*tour* pessoal, 1997).

Os grupos precisam saber que tais lugares produzem o impacto desejado antes de proliferarem mais, algumas vezes com o dinheiro público. Num ambiente farto de violência, de filmes de horror e carnificina exposta na TV, pode-se argumentar que é a própria geração que os museus estão tentando alcançar que é menos suscetível a seus valores. A linha entre o que é real e o que não é fica cada vez mais borrada numa geração ligada em dietas de violência e realidade virtual.

Não precisamos presumir que apenas os jovens são atraídos pelas razões erradas a esse turismo triste. Embora o fenômeno do turismo-tragédia tenha se acelerado recentemente, nas suas formas mais alinhavadas, ele tem estado por aí há algum tempo: "Em Paris, na virada do século, os turistas eram levados em *tours* aos esgotos, ao necrotério, ao matadouro..." (MacCannell, 1979:57).

A vontade da política de tornar essas atrações históricas acessíveis ao público pode variar de sociedade para sociedade, e de acordo com quem é apresentado como o vilão da história. Dada a propensão para a privatização em todo o mundo, podemos esperar que um número cada vez maior de locais históricos seja criado, refletindo mais as aspirações privadas que outras considerações nacionais ou públicas. Isso é consistente com a diversidade ou a balcanização da identidade nacional? Pode-se ficar entusiasmado com o exemplo da tribo Pequot Mashantucket, de Connecticut, que aproveitou a oportunidade e levantou fundos para construir um museu de 135 milhões de dólares para comemorar o massacre dos membros da tribo em 1637 (Horn, 1997:56). Poderíamos nos sentir otimistas assim com as várias milícias antigoverno que percorrem os museus cantando loas às agendas da supremacia branca, do separatismo e da conspiração? Talvez eles já se sintam.

Embora seja politicamente mais digerível que os eventos horríveis lembrados sejam trabalhos de outros países ou grupos, as instituições públicas estão reconhecendo tardiamente os episódios dolorosos da sua própria história. O turismo de "*mea culpa*", como deveria ser chamado, talvez seja catártico para o grupo dominante e consolador para os outros. O Serviço do Parque Nacional Americano recentemente acrescentou o Local Histórico Nacional Manzanar ao sistema do parque. Este homenageia os milhares de nipo-americanos que, durante a Segunda Guerra Mundial, foram tirados dos seus lares, fazendas e negócios, apenas com base na sua ancestralidade japonesa, e internados por anos em campos de concentração. A batalha de Wounded Knee também é um local histórico americano que reconhece o massacre de trezentos índios Sioux pela Cavalaria Americana. Da mesma forma, o Trail of Tears, de Tennessee até Oklahoma, marca a expulsão de 15 mil índios Cherokees, muitos dos quais morreram a caminho.

Conclusões: o turismo histórico e as políticas de poder

Diversos assuntos abrangentes foram explorados neste capítulo. Primeiro, o equilíbrio do poder não apenas está mudando dos grupos dominantes para os anteriormente marginalizados, como outras mudanças formam um ambiente político cada vez mais descentralizado, privatizado e, muitas vezes, globalizado. Conforme os locais históricos mudaram, da mesma forma mudaram as oportunidades para as duas experiências turísticas opostas. Os visitantes agora têm uma oportunidade sem precedentes de interagir com e causar impacto nos lugares de muitos destinos históricos. Mas, ao mesmo tempo, o próprio local tem uma grande habilidade para controlar e manipular a visita do turista.

Segundo, houve uma explosão virtual do número de locais históricos que comemoram os sem poder e os desprezados. Alguns desses lugares lembram episódios trágicos, outros as conquistas notáveis por grupos ignorados por longo tempo. Terceiro, à medida que o número de grupos representados nos lugares históricos cresceu, houve uma luta intensa acerca do conteúdo dessa representação, que revolveu assuntos como acuidade, ênfase, autenticidade e mensagem política.

Quarto, a tendência final examinada é a crescente popularidade do turismo enfocado em experiências trágicas ou tristes. Interpretar tais locais como veículos para aumentar a compreensão e reduzir o racismo e o fanatismo é uma hipótese confortável mas negligenciada, que precisa ser mais aprofundada. Tais locais podem ser poderosos, da mesma forma que a TV e os filmes, quando produzem "crimes de imitação" e lendas que acenam para o lúgubre e o grotesco.

Cada tema levantado pode ser examinado conforme a ênfase disciplinar, mas várias questões políticas centrais nos remetem ao "quem recebe o que, quando e como?" (Lasswell, 1936).

> Embora o objetivo declarado de todos eles (todos os tipos de museus) fosse educativo, uma das funções não intencionais desses museus era colocar a maioria das pessoas nos seus lugares. Uma pesquisa muito citada efetuada na França em 1966 sugeriu que oito de dez trabalhadores que visitaram um museu de arte o associavam a uma igreja; dois terços não conseguiam se lembrar do nome de nenhuma das obras.
>
> (Horne, 1984:16)

No caso de algumas exposições, o esquecimento pode ser o máximo a que se pode almejar. O Museu Smithsoniano de História Americana apresentou uma exposição provocativa no final dos anos 1980 nas Feiras Mundiais. Em uma dessas feiras, logo depois que os americanos conquistaram as Filipinas em 1898, os membros da tribo eram trazidos aos Estados Unidos para serem expostos. Acostumados aos trópicos, muitos morriam de frio. Embora uma exposição dessa natureza pareça grotesca hoje em dia, a "zooficação" de indígenas continua a acontecer, no mundo todo. Tais exibições, muitos pensavam, justificavam o projeto imperial e as campanhas de pacificação, ou simplesmente faziam com que o turista se sentisse comparativamente próspero:

> As feiras mundiais desta época pregavam que a linhagem do homem branco impulsionava a missão civilizadora imperial e, por sua vez, que a busca da missão imperial revitalizava a masculinidade da nação. As mulheres brancas deviam sair das feiras sentindo-se agradecidas [...]; sem as mulheres samoanas, filipinas e de outras colônias, nem os homens nem as mulheres que visitavam a feira seriam capazes de se sentir tão confiantes acerca dos seus próprios lugares.
>
> (Enloe, 1989:27)

Os museus de hoje, pode-se perguntar, apresentam exposições mais temáticas, mas desde que os museus e as exposições parecem ser mais ideológicos no seu conteúdo, valeria a pena estudar o que o turista ganha com essa experiência. Quando a presidente filipina Corazon Aquino transformou o Palácio Malacanang em um museu, onde seu predecessor corrupto Ferdinando Marcos tinha vivido, a expectativa era de que o público empobrecido se revoltasse contra o excesso de luxo e tornasse legítima a tomada do poder por ela. Alguns entenderam a mensagem, mas muitas pessoas ficaram simplesmente hipnotizadas pela vida fantasiosa do ditador. As visitas ao palácio acabaram (Richter, 1989).

A época atual nem parece sensibilizada de consideração pelas mesmas memórias diferentes dos seus cidadãos. O 500º aniversário da Descoberta da América por Colombo foi visto pelo governo americano como uma grande oportunidade de promoção turística. O que foi ignorado foi o fato de que muitos afro-americanos, a maioria dos americanos nativos e muitos dos caribenhos se arrependem e pranteiam a chamada "descoberta". Os aborígenes da Austrália também não celebraram o bicentenário da chegada dos primeiros navios, carregados de prisioneiros ingleses brancos que colonizariam esse país (Altman, 1989:456-76).

São necessários estudos que provem quem ganha e quem perde com o turismo histórico. Existem muitas hipóteses sobre isso, mas com muito poucos dados empíricos. Sabemos que um padrão duplo ainda persiste no que vale a pena investigar e transformar em atração. As escavações e atrações turísticas baseadas em túmulos ou locais indígenas sagrados são comuns. A exumação de pioneiros e peregrinos para locais turísticos está fora de cogitação!

Por fim, a questão política mais importante acerca do turismo histórico é se uma intensa exposição torna um indivíduo mais bem informado ou talvez mais tolerante. Se tornasse, as escolas poderiam defender melhor as excursões, e os pais estariam dispostos a incluir alguns locais históricos nas suas viagens. As verbas públicas e privadas para tais lugares deveriam ter mais apoio. Mas os estudos sempre mostraram que a educação seguida pela renda são os melhores preditores de tolerância pelos outros. Nas nossas sociedades cada vez mais diversificadas, será que o turismo histórico desempenha algum papel no sentido dessa educação? Será que as exposições episódicas, fora de contexto e históricas ainda podem criar uma fundação que inspire o aprendizado futuro? Aqueles que podem afirmar qual o impacto que tal turismo provoca serão requisitados a informar as decisões acerca do desenvolvimento público e privado para o futuro do turismo histórico.

Referências

ADAMS, M. "Making up the Toraja? The appropriation of tourism, anthropology and museums for politics in Upland Sulawesi, Indonesia", *Ethnology* 34 (2) Spring: 143-53, 1995.

ALTMAN, J. "Tourism dilemmas for aboriginal Australians", *Annals of Tourism Research* 16(4): 456-76, 1989.

ASHWORTH, G.J. & TUNBRIDGE, J.E. *The Tourist-Historic City*, Belhaven, Londres, 1990.

BOYER, M. "Cities for Sale". *In*: Michael Sorking (ed.) *Variations on a Theme Park*, Nova York: Hill and Wang, 1992.

BRAMELD, T.B. *Tourism as Cultural Learning*. Washington DC: Gráfica da Universidade da América, 1977.

BRUNER, E. "Lincoln's New Salem as contested site", *Museum Anthropology* 17 (3): 14-25, 1993.

DANN, M.S. "Tourism: the nostalgia industry of the future". *In*: William F. Theobald (ed.) *Global Tourism: The Next Decade*, Londres: Butterworth-Heinemann Ltd, 1994.

DUARA, P. "A review of Jonathan Boyarin". (ed.) *Remapping Memory: The Politics of Timespace*: Minesota: Gráfica da Universidade de Minesota, em *Journal of Asian Studies*, fevereiro, 56: 141-2, 1997.

EDGELL, D.Sr. *World Tourism at the Millenium*. (abril), Washington DC: Departamento de Comércio dos Estados Unidos, 1995.

EISENSTOCK, J. "Should planners have a social conscience", *Meeting News* abril 24:15, 1995.

ENLOE, C. *Bananas, beaches and bases*. Berkeley: Gráfica da Universidade da Califórnia, 1989.

FREDERICKS, A. "Thinking about women in travel", *Travel Weekly* julho 2:12, 1992.

GARNET, S. "Buffalo soldiers: rugged men in the West", *Dollars and Sense*, janeiro: 56-63, 1994.

GRABURN, H.H. "Tourism, modernity and nostalgia". *In*: A Ahmed e C. Shire (eds.) *The Futures of Anthropology*. Londres: Athlone Press, 1995.

HARTMAN, R. "Dachau revisited: tourism to the memorial site and museum of the former concentration camp", *Tourism, Recreation, Research* 14 (1): 41-7, 1989.

HOIVIK, T & HEIBERG, T. "Centre-periphery tourism and self-reliance", *International Social Science Journal* 1: 69-98, 1980.

HOLLOWAY, N. "Museum peace" *Far Eastern Economic Review*, fevereiro 2: 32-3, 1995.

HORN, R. "Through a glass darkly", *US News and World Report*, 26 de maio, 122(20): 54-60, 1997.

HORNE, D. *The Great Museum: The Re-Presentation of History*. Londres: Pluto Press, 1984.

IRELAND, M. "Gender and class relations in tourism employment", 20 (4): 666-84, 1993.

LASSWLL, H. *Politics: Who Gets What, When and How*. Nova York: Whittlesby House, McGraw Hill, 1936.

"Left at the Wall". *The Economist*, 31 de outubro, 1992.

LEO, J. "The national museum of PC", *US News and World Report*, 10 de outubro: 21, 1994.

"Lifting the veil on Arab women artists", *Women in the Arts*, XI(4): 1-4, 1994.

MACCANNELL, D. "Staged authenticity: arrangements of social space in tourist settings", *American Journal of Sociology* 79: 589-603, 1979.

"Maya Lin: A strong clear vision", Public Broadcasting System, 26 de novembro, 1996.

MURPHY, P.E. "Urban tourism and visitor behaviour", *American Behavioral Scientist* 36(2): 200-11, 1992.

"Never again" (1993) *The Economist*, 1º de maio.

NIETZSCHE, F. *On the Advantage and Disadvantage of History for Life*. Hackett Publishing Co., 5ª ed., Indiana, 1988.

NORKUNAS, M.K. *The Politics of Public Memory– Tourism, History and Ethnicity in Monterey, CA*. Nova York: Universidade Estadual de Nova York, 1993.

PHILIPS, M. The Beit Hashoah museum of tolerance, *National Forum* LXXIV (1): 31-3, 1994.

RICHTER, L.K. *The Politics of Tourism in Asia*, Honolulu: Gráfica da Universidade do Havaí, 1989.

________. "Exploring the political roles of gender in tourism research". *In*: William Theobald (ed.) *Global Tourism: The Next Decade*, Nova York: Butterworth, 1994.

________ & RICHTER, L. "Reinventing government abroad", trabalho apresentado na reunião da Sociedade Americana de Administração Pública em San Antonio, Texas, 1995.

ROSENTHAL, F. "New holocaust museum offers tour through hell", *Wichita Eagle*, 19 de abril: 4-5A, 1993.

SEATON, A V. "Guided by the dark: from thanatopsis to thanatourism", *International Journal of Heritage Studies* 2(4): 234-44, 1996.

________. "War and tourism: the paradigm colossus of Waterloo 1815-1914", trabalho apresentado na conferência sobre turismo, terrorismo e guerra, em Dubrovnik, 27 de setembro, 1997.

WAGNER-PACIFICI, R. & B. SCHWARTZ. "The Vietnam veteran's war memorial: commemorating a difficult past", *American Journal of Sociology* 97 (2), setembro: 376-420), 1991.

WASHBURN, W. E. "The Smithsonian and the Enola Gay", *The National Interest*, verão: 40-9, 1995.

WILLS, G. "Carved in stone", *The Washington Post National Weekly Edition*, 5 de maio: 21, 1997.

WTO. "Tourism growth slows due to Asian financial crisis", *WTO News*, março/abril: 1-2, 1998.

URRY, J. "The tourist gaze revisited", *American Behavioral Science* 36 (2) novembro: 172-86, 1992.

A proliferação de cassinos e seu papel no desenvolvimento do turismo

William R. Eadington

Introdução

As indústrias de jogos de cassinos, em muitos países, cresceram e se expandiram substancialmente durante os anos 1990. Grande parte desse crescimento foi resultado direto das estratégias explícitas adotadas pelos governos estaduais, provinciais e nacionais, que acreditam que os cassinos podem atuar como catalisadores importantes na criação ou no crescimento estimulador de turismo dentro de suas fronteiras. Entretanto, o sucesso da utilização de cassinos como uma estratégia de crescimento e de turismo não está muito claro. Os impactos reais dos desenvolvimentos de cassinos e suas contribuições aos objetivos do turismo dependem de uma variedade de circunstâncias.

A forma legal de jogo mais associada ao turismo é o jogo de cassino. Outras formas populares de jogo – como loterias, apostas em corridas, jogos de caridade e aparelhamento de jogos fora de cassinos – oferecem diversão predominantemente em mercados locais e, portanto, têm pouco impacto direto sobre o turismo ou o desenvolvimento do turismo. Por outro lado, centros históricos famosos de cassinos, como Las Vegas, Monte Carlo, Sun City e Macau, atraíram visitantes de estados e países vizinhos e distantes, como sua fonte principal de negócios. Na realidade, Las Vegas, que em 1997 atraiu mais de 30 milhões de visitantes por ano aos seus 105 mil quartos de hotéis, miríades de cassinos e facilidades de entretenimento, tornou-se um destino turístico ideal, centrado ao redor de cassinos.

As ramificações econômicas da recente proliferação de cassinos e jogo legal foram discutidas por este autor em outros trabalhos (isto é, Eadington, 1995, 1998a; Eadington e Cornelius, 1997). Inspirado pelo crescimento fenomenal e pelo sucesso econômico de Las Vegas, muitas outras jurisdições autorizaram diversas formas de jogo legal – e cassinos – por várias razões, inclusive o desenvolvimento do turismo.

Essa análise examina as diferentes formas de posse dos cassinos e os regimes regulamentadores que foram introduzidos – especialmente desde meados dos anos 1980, em virtude de suas promessas e de sua habilidade de contribuir para os objetivos estratégicos do turismo. A primeira seção analisa as recentes experiências levadas a efeito nos Estados Unidos, Austrália e Canadá, quanto às abordagens usadas na legalização dos cassinos. A próxima seção discute temas de impacto social e econômico implicados nas formas pelas quais os cassinos foram implementados, especialmente em função das tensões política e econômica que os cassinos criam sob várias circunstâncias. Os impactos sociais e econômicos normalmente associados aos desenvolvimentos dos cassinos são examinados, e os fatores que levam ao aumento ou diminuição da controvérsia com respeito aos cassinos são escrutinados. Essa seção também trata dos relacionamentos competitivos que existem entre os vários tipos de jogos alternativos considerados "jogos duros". A distinção entre os "jogos duros" e os "jogos suaves" é feita pelo British Gaming Board [Conselho Britânico de Jogos] e o Home Office [Ministério de Interior] como justificativa para que se estabeleçam controles mais estritos sobre essas formas de jogos, nos quais um indivíduo pode arriscar e perder uma soma considerável de dinheiro em pouco tempo (isto é, cassinos, caça-níqueis), ao contrário dos que não são tão perigosos financeiramente (isto é, loterias, bingos, rifas, máquinas de "diversão com prêmios") (*Relatório do Conselho de Jogos para a Grã-Bretanha 1996/97*). A seção final lida com algumas possíveis alternativas como o jogo em cassinos poderá ser encontrado no futuro, nas suas várias manifestações pelo mundo todo.

A recente proliferação de jogos legais em cassinos

Quando o jogo ilegal é legalizado, ele supre a forte demanda latente em alguns segmentos da população que demonstra o desejo de gastar boa parte do seu tempo e dinheiro nessa atividade. Parece que o jogo legal e permitido exerce uma atração muito maior do que os jogos executados apenas em locais ilegais. Em conseqüência, as jurisdições que legalizaram o jogo de cassino viram o surgimento de novas indústrias de jogos, com impactos substanciais sobre o padrão de gastos do consumidor, assim como de indústrias competitivas e complementares. Esses impactos podem ser notados, em graus variados, nos exemplos descritos a seguir:

Estados Unidos

O jogo em cassinos era proibido em todos os Estados Unidos, menos em Nevada, de 1931 a 1978, e então foi autorizado apenas em Nevada e New Jersey, entre 1978 e 1989. No final dos anos 1990, entretanto, o número de estados que ofereciam cassinos cresceu para mais de 25. Vários tipos de cassinos foram legalizados, inclusive cassinos em barcos, em cidades históricas mineiras, em locais urbanos e suburbanos, dentro e fora de reservas indígenas.

O tamanho de todas as indústrias de jogos comerciais nos Estados Unidos, conforme avaliado pela receita bruta de jogos – o total da receita depois do pagamento dos prêmios, o mesmo que perdas ou gastos agregados do consumidor –, cresceu de 10 bilhões de dólares em 1982 para 47 bilhões em 1997 (Christiansen, 1997). A indústria de cassinos gerou receitas brutas de jogos de aproximadamente 25 bilhões de dólares em 1996, 6 bilhões a mais do que há dez anos.

Existem amplas variações nas formas pelas quais os jogos de cassino são oferecidos nos Estados Unidos. Os verdadeiros destinos de "serviço completo" nos complexos de entretenimento nos hotéis-cassinos só podem ser encontrados em Nevada ou em Atlantic City, New Jersey. Na verdade, no final dos anos 1990, os padrões de facilidades nesses locais em Las Vegas eram de 3 mil ou mais quartos de hotel; arquitetura singular, freqüentemente espetacular; extensa oferta de entretenimento; opções de recreação interna e externa; experiências extensas em culinária e compras e, é claro, oportunidades mais modernas e avançadas de jogos. O custo de construção de um novo complexo de cassino no mercado turístico da faixa de Las Vegas passou de 500 milhões de dólares na década de 90, e ocorreram desembolsos próximos dos 2 bilhões de dólares em algumas novas propriedades. Essa tendência para o grande, para o entretenimento e a diversidade está sendo imitada noutros centros de cassino, como Atlantic City, Reno e Biloxi e Condado de Tunica, no Mississippi, mas numa escala bem menor.

A indústria de cassinos do destino Las Vegas é a maior e mais dinâmica de todas as indústrias de cassino do mundo. Os megacomplexos de cassinos mudaram a imagem de Las Vegas, de *local de jogo* para *entretenimento em cassinos* nos anos 1990. Os novos cassinos da Faixa de Las Vegas abertos entre 1989 e 1997 – The Mirage, Excalibur, Treasure Island, MGM Grand, Luxor, Monte Carlo e o New York New York – aceleraram o crescimento de Las Vegas ao longo de uma transição sem precedentes. Em 1997, quase 50% da receita atribuída aos 19 maiores cassinos ao longo da Faixa de Las Vegas vieram de fontes não relacionadas ao jogo. A popularidade dessa abordagem se reflete no fato de que em

1997 mais de 80% de todos os lucros dos mais de 200 grandes cassinos de Nevada veio desse aglomerado de megacomplexos de cassinos (Conselho Estadual de Controle de Jogos – *State Game Control Board*, 1998).

Mas o modelo competitivo de "serviço completo" dos complexos de cassino-hotel se desenvolveu primeiro em Nevada e, depois de modificado por Atlantic City, não foi favorecido em outros distritos americanos. Em vez disso, vários tipos híbridos foram introduzidos em algumas partes do país e, então, copiados por outros estados. Cassinos de pequenas apostas de cidades mineiras foram autorizados a funcionar por *referendum* em Deadwood, Dakota do Sul, em 1988, o que foi seguido de uma iniciativa de sucesso em todo o estado de Colorado que beneficiava as antigas cidades mineiras de Central City, Cripple Creek e Blackhawk, em 1990 (*Economic Development Review*, 1995; *Journal of Travel Research*, 1996; Kent-Lemon 1996; Meyer-Arendt e Hartmann, 1998). Os cassinos das cidades mineiras caracterizam-se pelo tamanho limitado, pelas restrições no número de aparelhos de jogos ou mesas de jogos em cada local e pela exigência de que os cassinos fossem permitidos somente em prédios históricos localizados em áreas comerciais estabelecidas. Além disso, a aposta máxima permitida nas mesas é de cinco dólares, para impedir a exploração lucrativa de jogos de mesa, o que torna os cassinos dessas cidades bastante dependentes das receitas das máquinas caça-níqueis.

Como conseqüência dessas limitações estatutárias, as oportunidades de crescimento e evolução das indústrias de cassino nas cidades mineiras foram sufocadas. Em 1997, os oitenta e poucos cassinos de Deadwood, em Dakota do Sul, produziram uma receita de jogo de 43,5 milhões de dólares, e as dúzias de cassinos das cidades do Colorado geraram 430,6 milhões. Em contraste, dois cassinos indígenas na área rural de Connecticut – o Foxwood e o Mohegan Sun – ganharam com as máquinas caça-níqueis a quantia de 943,8 milhões de dólares, chegando a um ganho total em todos os jogos de quase 1,5 bilhão de dólares (Salomon Smith Barney, 1998).

Os barcos forneceram um ótimo ambiente aos cassinos autorizados pela lei nos estados de Iowa, Illinois, Louisiana, Missouri e Indiana entre 1989 e 1993. A razão fundamental era que, permitindo-se jogos de cassino apenas em barcos e – inicialmente – só quando estivessem navegando, os perigos sociais oriundos da presença dos jogos de cassino nas comunidades desses estados poderiam ser mitigados. Na verdade, o efeito da permissão de funcionamento de cassinos apenas em barcos tinha se tornado inconveniente para os freqüentadores e aumentado o custo das operações para os proprietários dos cassinos. De fato, não existia virtualmente nenhum desejo de navegar, tanto por parte dos freqüentadores quanto dos operadores dos barcos.

Uma variação dos cassinos em barcos foi introduzida no Mississippi em 1992. Entretanto, diferentemente dos outros estados que autorizaram cassinos nos barcos, os barcos do Mississippi ficavam encostados no cais. Pouco tempo depois, a lei começou a ser interpretada de forma mais liberal quanto ao termo "barco" para propósito de jogo, e logo qualquer estrutura construída sobre a água do rio permitia a navegação. Em outros aspectos, os estatutos e regulamentos do Mississippi eram semelhantes aos de Nevada. Como resultado, as regiões dos cassinos do Mississippi – especialmente o condado de Tunica, perto de Mênfis, e o Biloxi na Costa do Golfo – evoluíram consideravelmente como verdadeiros enclaves de destinos orientados para o turismo. A receita bruta de jogo do Mississippi cresceu rapidamente desde a abertura dos primeiros cassinos em 1992, chegando a quase 2 bilhões de dólares em 1997.

Os cassinos urbanos viveram tempos difíceis nos Estados Unidos na década de 1990. Em Nova Orleans, um monopólio exclusivo de franquia de cassinos aberto em maio de 1995 faliu em novembro do mesmo ano. Em 1998, os proprietários ainda estavam tentando firmar um acordo com a cidade e o estado que lhes permitisse se reorganizar e reabrir. As causas da falência em Nova Orleans foram muitas, mas talvez as mais importantes fossem os impostos pesados – com garantia anual de 100 milhões de dólares para o estado – colocados em operação pelo estatuto, junto com as proibições de que o cassino oferecesse acomodações de hotel, restaurantes ou lojas de varejo na propriedade. Embora se esperasse inicialmente que um cassino urbano em Nova Orleans aumentasse a atração turística da cidade e o apelo das convenções, as falhas políticas e o desempenho pobre dos cassinos da terra e do rio em Nova Orleans levantaram a questão da viabilidade econômica dos cassinos enquanto eles tivessem de competir com muitas outras atividades turísticas existentes. Os barcos em Nova Orleans também não tiveram muito sucesso. Em meados de 1998, nenhum barco operava perto do centro da cidade (embora alguns cassinos em barcos operassem com sucesso), e uma quantidade de cassinos em barcos fechou, cancelou a construção ou declarou falência.

A cidade de Detroit começou o processo de introdução de cassinos urbanos logo depois de um plebiscito estadual favorável em Michigan, 1996. O plebiscito permitia que três cassinos fossem desenvolvidos na cidade de Detroit. Os objetivos principais eram estimular o turismo e as convenções de negócios na cidade, criar empregos para os residentes e receitas de impostos para o governo local, e parar o fluxo de dólares que cruzavam a fronteira internacional até os cassinos provincianos das vizinhanças de Windsor, no estado de Ontário, no Canadá. A maioria dos visitantes dos cassinos de Windsor era residente da grande área metropolitana de Detroit e, como tal, não eram exatamente turistas. Para Detroit – que é uma espécie de cidade industrial estressada e com um legado alto de crimes e os arredores em declínio –, o desafio de poder desenvolver-se como uma atração turística com base nos cassinos seria formidável.

O jogo indígena é a outra maior forma de jogo no estilo dos cassinos nos Estados Unidos, contando com mais de 125 cassinos em operação em mais de 20 estados, em 1997 (Escritório de Contabilidade Geral dos EUA – *US General Accounting Office*, 1997). O jogo indígena começou como resultado de uma decisão da Suprema Corte em 1987 e da aprovação da Lei Regulatória do Jogo Indígena em 1988 (Eadington, 1990; Kelly, 1993-94). A forma generalizada dos cassinos índios – em termos de tamanho, local, jogos permitidos e outras circunstâncias significativas – depende muito do estado no qual se localizam as terras tribais. As negociações entre as tribos e os oficiais do estado levaram a acordos, e as várias interpretações e a proximidade dos centros populacionais exerceram uma influência considerável sobre a construção dos cassinos indígenas. Por exemplo, o cassino Foxwood em Connecticut é o maior e mais lucrativo cassino do mundo, com uma receita bruta de jogos de quase 1 bilhão de dólares. Ele mantém esse *status* por causa de um monopólio (que compartilha com outro cassino indígena, o Mohegan Sun) para jogos de cassinos na Nova Inglaterra, e é relativamente próximo das maiores concentrações metropolitanas ao redor das cidades de Boston e Nova York. Seu acordo com o estado permite todas as formas de jogos de cassino permitidos em Nevada ou Atlantic City, da mesma forma que um aparelhamento completo de jogos de apostas. Além disso, não existem outras formas legais de jogos de cassino – tais como terminais de videoloteria ou máquinas de videopôquer dentro ou fora dos cassinos – permitidas naquela região.

Na sua maior parte, os cassinos indígenas prestam serviços aos clientes dentro dos mercados regionais. Uma porção significativa dos consumidores – bem acima de 90% – dos cassinos indígenas moram dentro de cem milhas ao redor dos cassinos. Entretanto, à medida que as tribos indígenas são política e socialmente independentes dos estados nos quais elas residem, os consumidores dos cassinos indígenas são efetivamente considerados "turistas", e os cassinos são as maiores fontes de renda e riqueza de suas respectivas tribos.

As variações dos jogos de cassino evoluíram igualmente em diversos outros estados, e a tendência é que não tenham virtualmente nenhum componente turista entre suas bases de clientes. Máquinas caça-níqueis, de videopôquer e outros tipos de jogos eletrônicos são permitidos em alguns locais sem cassinos nos estados de Montana, Louisiana, Carolina do Sul, Dakota do Sul, Nevada e

Oregon. Estes são, algumas vezes, mencionados como "operações rota de caça-níqueis (*slot route*)" ou "terminais de videoloterias". Máquinas de jogos são normalmente permitidas somente em locais com restrição de idade, como bares e tavernas, muito embora Nevada permita o uso de máquinas caça-níqueis e de videopôquer numa grande variedade de negócios, inclusive restaurantes, supermercados, farmácias e postos de gasolina. Louisiana permite as máquinas de videopôquer nas paradas de caminhões, pistas de corrida e lojas de apostas de corrida. No que diz respeito ao turismo, a implicação mais importante desses jogos permitidos é que eles abriram caminho para aproveitar o potencial do mercado de destinos de cassinos orientados ao turismo.

Recentemente, as pistas de corridas nos estados de Iowa, Delaware e Novo México conseguiram persuadir a legislação a lhes permitir operar um grande número de máquinas caça-níqueis. Quando isso foi permitido, o resultado foi a transformação das pistas de estabelecimentos de corridas em cassinos que promoviam corridas. No Prairie Meadows, em Iowa, por exemplo, mais de 90% da receita de jogos em 1997 – 127 milhões de dólares – vieram das máquinas caça-níqueis. De forma semelhante, os estados de West Virgínia e Rhode Island permitem terminais de videoloteria nas pistas. Na pista de corridas do Parque Hollywood, na Califórnia, opera um clube de cassino com cartão. Em vista da popularidade inerente dos jogos de cassino, junto com o recente fracasso financeiro da indústria de corridas, espera-se que a política continue a pressionar por mais jogos de cassino em pistas de corrida. Como ocorre com os cassinos urbanos, os cassinos indígenas e os jogos eletrônicos localizados fora dos cassinos, as máquinas caça-níqueis nas pistas provêm mais o mercado de consumo regional e local do que um verdadeiro mercado "turístico".

Austrália

Outros países tiveram experiências similares às dos Estados Unidos com respeito à expansão do jogo legalizado. A Austrália autorizou o funcionamento do seu primeiro cassino legal no estado da Tasmânia, em 1972. Na década seguinte, mais três cassinos foram abertos na Tasmânia e no Território do Norte, em partes remotas e pouco populosas da Austrália. Mantendo as proibições contra os cassinos nas cidades principais, os estados asseguraram as viagens turísticas para esses cassinos. Entretanto, a Austrália tornou-se o primeiro país a permitir a abertura de cassinos do estilo americano em locais urbanos enquanto legalizava cassinos de monopólio em Perth, Adelaide e na Gold Coast perto de Brisbane, em meados dos anos 1980.

Por volta de 1997, foram abertos cassinos em todas as principais cidades do país, assim como em alguns centros turísticos bem estabelecidos, como a Gold Coast e ao longo da Great Barrier Reef. Os cassinos australianos são, na sua grande maioria, monopólios exclusivos de franquias operados por companhias privadas localizadas próximas aos centros das cidades. Não foi uma surpresa que o turismo dirigido aos cassinos dos "destinos remotos" tenha começado a declinar assim que novos cassinos urbanos abriram suas portas.

A maioria dos estados australianos também autorizou a abertura e operação de aparelhos de jogos eletrônicos em hotéis, bares e tavernas. No West South Wales, as máquinas caça-níqueis – conhecidas localmente como *pokies* – operavam legalmente em galerias e clubes não lucrativos desde 1950. Por volta dos anos 1990, a proliferação desses equipamentos, juntamente com as máquinas de videopôquer, ocorreu em todos os estados, com exceção da Austrália Ocidental.

Embora um dos maiores pontos de venda dos cassinos urbanos da Austrália fosse a atração potencial que tais facilidades exerciam sobre o turismo internacional, a maior base de consumo para os cassinos é o mercado metropolitano local. As exceções a essa regra são os cassinos das regiões turísticas, como a Gold Coast e a Great Barrier Reef. Alguns cassinos também ganharam muito prestígio e atraíram jogadores premiados das capitais do Sudeste Asiático, como Hong-Kong, Cingapura, Taiwan, Bangcoc e Kuala Lumpur. Embora de número reduzido, tais visitantes apostavam quantias extremamente altas, em especial no bacará. Portanto, eles tiveram um impacto significativo sobre a renda dos cassinos e no câmbio.

Canadá

Os jogos de cassino chegaram ao Canadá por caminhos ligeiramente diferentes dos que os levaram aos Estados Unidos ou à Austrália. As províncias do Canadá estabeleceram loterias por todo o país na década de 1970, como um mecanismo de elevação de receita, mas não entraram seriamente no negócio dos cassinos até os anos 1990. A partir dos anos 1970, existia nas províncias ocidentais a chamada "indústria de cassinos filantrópicos", em que cassinos temporários com pequenas mesas de jogos eram usados para levantar fundos para caridade e para organizações não lucrativas (Campbell e Lowman, 1990; Campbell, 1994). Os cassinos de monopólio de propriedade do governo foram introduzidos em várias áreas urbanas e destinos – inclusive Montreal, Halifax, Winnipeg, Hull, Niagara Falls, Regina e Windsor – entre 1990 e 1997. Na sua maioria, os cassinos canadenses seguem um modelo de cassino de monopólio urbano semelhante ao australiano, muito embora a propriedade seja do governo e não do setor privado.

O objetivo de alguns cassinos canadenses, como os de Windsor, Niagara Falls e Hull, era atrair os consumidores de fora da província ou estrangeiros, localizando o cassino nas adjacências dos centros mais populosos dos Estados Unidos, ou perto da fronteira. Em outros casos, como Montreal e Halifax, a intenção era fornecer um entretenimento adicional que estimulasse o turismo, mas o efeito foi o de criar cassinos basicamente freqüentados por cidadãos locais.

Sob um aspecto, os cassinos de Windsor e Niagara Falls podem ser classificados como cassinos "turísticos", pois a maioria dos freqüentadores é americana. Entretanto, esses são "cassinos de fronteira", que tiveram sucesso por causa das proibições contra os jogos de cassino do outro lado da fronteira, e virtualmente todos os "turistas" dos cassinos são visitantes de um dia atraídos pela oportunidade de jogar. Sem a menor surpresa, a cidade de Detroit – do outro lado de Windsor – legalizou três cassinos por meio de um plebiscito estadual em 1996, embora os cassinos permanentes não vão abrir suas portas provavelmente até depois do ano 2000.

Em 1997, várias províncias canadenses também introduziram terminais de videoloteria, que foram amplamente distribuídos pelas cidades e comunidades. Porém, os consumidores dessa forma de jogo são quase todos "locais" e, conseqüentemente, existe pouca conexão direta com o turismo.

Razões para a proliferação dos cassinos

A proliferação de cassinos nos Estados Unidos e em outros países ocorreu por diversas razões. Primeiro, porque as loterias geralmente antecederam os cassinos legalizados e aumentaram o apetite dos governos demonstrando a popularidade e a capacidade potencial de gerar receita que o jogo possui. As loterias também amenizaram a atitude pública com relação aos riscos associados ao jogo e às apostas.

Os argumentos principais contra a legalização dos "jogos duros" – como os cassinos – ficam em torno de três tipos: as ligações existentes entre os jogos e as influências criminais; as reclamações sobre a imoralidade do jogo; e as conseqüências sociais do problema de jogo e do jogo patológico. A percepção das ligações entre os cassinos e o crime diminuiu em muitos países nas duas últimas décadas, quando as empresas de cassinos se tornaram mais centralizadoras e respeitáveis. Além disso, os regulamentos tornaram-se mais efetivos no cumprimento dos mandatos políticos e públicos e na proteção de várias preocupações públicas.

Os argumentos moralistas contra o jogo diminuíram em muitos lugares, talvez refletindo a influência enfraquecida da religião organizada em muitas sociedades. Por outro lado, a questão do problema de jogo ou jogo patológico continua sendo o desafio mais significativo para o jogo legalizado enfrentar, especialmente o "jogo duro".

É a dimensão econômica que tem sido a força motriz que permite a maioria das formas de jogo, especialmente os de cassino. Entretanto, os resultados desejados do desenvolvimento econômico e estímulo ao turismo não são universais. A fim de que ocorra o estímulo econômico, uma grande parte do consumo deve vir de fora da região onde os cassinos se localizam. Alternativamente, as facilidades dos cassinos que suprem primeiramente os locais não terão um impacto substancial sobre o crescimento, a menos que retirem os negócios mais pesados das mãos dos residentes locais que poderiam, de outra forma, abandonar a região a fim de apostar.

Em geral, a maioria dos consumidores de cassinos urbanos não são turistas. Muitos novos distritos de cassinos nos Estados Unidos abrem "cassinos de conveniência" para a maioria dos residentes da área onde os cassinos estão localizados. Nesses casos, não ocorreu nenhum estímulo econômico na área, embora os cassinos tenham gerado uma receita substancial. O mesmo padrão se observa com os cassinos da maioria dos outros países que recentemente os legalizaram.

A longo prazo, o futuro dos cassinos e de outras formas de "jogo duro" depende em grande parte da aceitação do jogo pela sociedade, como um objeto legítimo de consumo. A última metade do século XX se caracterizou pelo aumento constante do grau de aceitação do jogo pelo público, embora outros vícios – o alcoolismo, o tabagismo e as drogas – tenham recebido críticas e sanções crescentes na maior parte do mundo.

O jogo legalizado foi adotado mais pelos benefícios econômicos auxiliares que cria do que pela demanda de consumo que preenche. Essa perspectiva pode vir a ser desafiada no futuro, porém, na medida em que o jogo se tornar mais localizado e menos orientado ao turismo. Além disso, as novas tecnologias trarão cada vez mais o jogo para dentro das casas – através da Internet e dos sistemas interativos de TV –, estejam ou não essas atividades legalmente sancionadas. Isso poderia prejudicar, mais tarde, o papel do jogo no turismo e aumentar a preocupação pública acerca da sabedoria do jogo legalizado (Eadington, 1998b).

Assim, se o jogo legalizado continuar se expandindo na sociedade, o papel do jogo no turismo provavelmente declinará, a menos que o jogo, especialmente os de cassino, se torne parte de uma grande faixa de entretenimentos complementares. Essa fórmula foi bem desenvolvida em Las Vegas, mas não em muitos outros locais. Normalmente, os cassinos se tornam geradores de turismo principalmente por causa das proibições ao jogo em lugares residenciais. À medida que essas proibições desaparecerem, a maior parte do jogo baseado no turismo também diminuirá.

A explosão legislativa que permitiu o jogo de cassino a partir de meados dos anos 1980 foi o resultado de uma variedade de fatores. Primeiro, muitas sociedades cultivavam atitudes mais positivas acerca da aceitação do jogo, em geral. Isso se reflete nos Estados Unidos na pesquisa feita sobre a atitude pública, a qual indica uma grande proporção de americanos que acredita que o jogo de cassino é uma forma apropriada de entretenimento para eles próprios ou, se não para si mesmos, apropriada para os outros. Segundo, os governos e as autoridades desejavam utilizar essa indústria controversa como meio de alcançar fins mais abrangentes. Terceiro, houve um grande aumento da base de consumidores para os quais o jogo de cassino se tornou uma opção de entretenimento. Nos Estados Unidos, foram registradas mais de 142 milhões de visitas a cassinos em 1996 (Harrah's Entertainment Inc., 1997). Quarto, houve um declínio na influência percebida e real do crime organizado e outros elementos notórios nas indústrias de cassino existentes, nos Estados Unidos e fora deles, e uma corporatização da indústria de cassinos (Johnston, 1992).

As estruturas legais e regulatórias e os impactos sociais

A proliferação de cassinos em vários países, estados e províncias ocorreu com uma mescla de diversas abordagens estratégicas. Com efeito, muitas autoridades chegaram a ponto de afirmar que o jogo legalizado era preferível ao jogo proibido mas, tendo afirmado tal, elas ainda mantêm reservas quanto aos impactos potenciais adversos que os cassinos podem criar para a sociedade. Dessa forma, os distritos seguiram abordagens fundamentalmente diferentes para a introdução de cassinos e jogos de cassino em questões como posse, estrutura de mercado, locais permitidos e restrições operacionais. Essas abordagens diferentes refletem a diversidade dos pontos de vista filosóficos, políticos e culturais sobre como explorar melhor os ganhos associados com os cassinos legalizados, amenizando, ao mesmo tempo, os efeitos colaterais negativos e as repercussões políticas relacionadas ao jogo legalizado.

Os tipos de impactos sociais negativos que originaram as maiores preocupações foram as ligações entre os cassinos, os jogos de cassino e o crime organizado; o crime de vizinhança e outros crimes contra a propriedade, como roubos, arrombamentos e peculatos; crimes contra a família, como rupturas, estupros (de crianças ou esposas), suicídios e divórcio. Uma das realidades fundamentais relacionadas aos impactos econômicos e sociais associados ao jogo é que seus impactos econômicos – que tendem a ser positivos – são tangíveis, quantificáveis e mensuráveis, enquanto os impactos sociais – que tendem a ser negativos – são qualitativos, enganosos e muito difíceis de serem medidos. Assim, pode-se pronta e facilmente contar com os impactos econômicos positivos dentro das novas indústrias de cassinos, como visitas, receita, coleta de impostos, criação de empregos e novos investimentos. Contudo, é muito difícil, senão impossível, que surjam medidas significativas quanto à incidência de muitos dos impactos sociais atribuíveis à expansão dos jogos legalizados.

Apesar do ponto acima, várias reclamações foram registradas nos últimos anos, basicamente de oponentes ao jogo legalizado, sobre a incidência de impactos sociais negativos ligados a cassinos e jogos de cassinos, e os custos globais que eles criam para a sociedade (Goodman, 1995; Grinols e Omorov, 1997; Thompson, Gazel e Rickman, 1997; Kindt, 1998). Tais reclamações baseavam-se em métodos de pesquisa questionáveis, em números incapazes de serem verificados ou acompanhados, em interpretação seletiva de dados, em conceitos errôneos ou simplesmente em análises malfeitas. Não obstante, as reclamações feitas por meio da mídia popular têm a tendência de tomar vida própria, especialmente no ambiente politicamente carregado que esteve presente no recente debate acerca dos efeitos gerais causados pelo jogo permitido sobre a sociedade (Kelly, 1997; Walker e Barnett, 1997).

Medir os impactos sociais associados ao jogo de cassino é inerentemente difícil. Conceitualmente, espera-se que os impactos sociais mais negativos – inclusive as questões de crimes e problemas relacionados com a família – resultem em problemas do jogo ou o seu exagero, de uma forma ou de outra. Sob muitos aspectos, os impactos negativos causados pelo consumo de jogo se equiparam àqueles resultantes do consumo de álcool. Para ambos os produtos,

- uma alta proporção da população participa como consumidores, em uma época ou em outra;
- um subgrupo de todos os consumidores são consumidores ávidos (pesados) do produto;
- dentro do total desse subgrupo existe uma proporção que consome excessivamente, chegando a um ponto em que seus padrões de consumo se tornam uma influência negativa significativa para suas vidas e para as vidas pelas quais eles são responsáveis.

Assim, os jogadores problemáticos e/ou patológicos assemelham-se aos viciados pesados em álcool ou alcoólatras e criam dificuldades não apenas para si próprios, mas também para outros membros da comunidade e da sociedade em geral. A compreensão conceitual do jogo problemático ou patológico ainda é incompleta (Shaffer, Hall e Vanderbilt, 1997). As dimensões empíricas, com qualquer grau de confiabilidade, do problema do jogo são ainda mais difíceis de serem alcançadas. Medir a prevalência do problema do jogo é mais difícil do que medir a prevalência do problema da bebida, porque existem menos – se é que existem – correlações físicas. O problema do jogo, no ponto em que este existe, é um fenômeno invisível. Os aparelhos de medição normalmente utilizados nos estudos de prevalência, como o SOGS (*South Oaks Gambling Screen* – Tela de Jogo de Oaks do Sul) foram inicialmente projetados mais como ferramentas de diagnóstico clínico do que instrumentos de pesquisa, e devem, portanto, ser usados com cautela.

O próximo estágio – a ligação da prevalência do problema do jogo com os custos sociais explícitos, como os associados à redução da produtividade, ausência, dívidas de jogo não pagas, honorários de advocacia criminal, bem-estar social etc. – é ainda mais difícil. Empreender tal exercício e chegar a estimativas de custos agregados aparentemente precisas que podem ser encaixadas num tipo de estrutura de custo-benefício é academicamente ingênuo, academicamente desonesto ou ambos. Assim, as afirmações de alguns autores de que cada jogador compulsivo custa à sociedade entre 15 e 35 mil dólares anuais simplesmente carecem de evidências conceituais ou empíricas que as apóiem.

Não obstante os problemas mensuráveis, existem preocupações legítimas com respeito aos custos e benefícios relativos aos jogos de cassino permitidos, como função dos tipos de proteção que as restrições regulatórias fornecem. Especialmente, se não forem dadas as devidas prioridades às dimensões do bem-estar do consumidor (superávit do consumidor), a mercantilização política fica entre os benefícios econômicos e os custos sociais. A maioria dos benefícios econômicos oriundos do jogo de cassino é atribuída ao turismo, de uma forma ou de outra.

Consideremos as seguintes estruturas alternativas para a legalização de cassinos ou jogos de cassino:

- destinos com cassinos localizados fora dos centros populacionais.
- cassinos em locais rurais (não urbanos) dentro do alcance dos centros populacionais.
- cassinos em locais urbanos ou suburbanos, em áreas metropolitanas.
- jogos de cassino permitidos numa ampla faixa de locais circunvizinhos.
- jogos em casa.

Enquanto aumentamos essa lista, o raio dos benefícios aos custos diminui constantemente. Para destinos e cassinos localizados em áreas rurais não muito distantes dos centros populacionais, o jogo de cassino é exportado para os residentes de outras áreas (isto é, turistas), juntamente com seus impactos sociais negativos. Tais distritos se beneficiam das injeções econômicas que resultam em efeitos multiplicadores, que criam empregos e induzem ao crescimento.

Com os cassinos urbanos/suburbanos, a razão dos benefícios aos custos diminui relativamente porque o componente de exportação desaparece em grande parte; e isso ocorre devido ao fato de que a maioria dos consumidores de cassinos são tirados da área metropolitana. Os impactos sociais também permanecem dentro da área. Os empregos criados na indústria de cassinos são, *ceteris paribus*, acompanhados de reduções de empregos em outro lugar na área metropolitana, refletindo uma alteração no padrão de gastos (Leven e Phares, 1998). Entretanto, dependendo dos lucros esperados, tais cassinos podem ser importantes ímãs para o capital financeiro, para construção e reinvestimento.

O jogo de cassino permitido e onipresente numa região – como em bares e tavernas – gera índices ainda mais baixos nas comparações entre benefícios e custos. Isso ocorre porque tal autorização impulsionaria pouco o capital de novos investimentos (especialmente em comparação aos cassinos legalizados) e poderia ter impactos sociais cada vez maiores por causa do aumento de acesso aos consumidores potenciais. É possível, todavia, que tais jogos de cassino possam ser coletores eficientes de impostos.

Os jogos em casa – via internet, televisão interativa ou apostas por telefone – mostram a razão mais baixa entre benefícios e custo. Seriam acrescentados poucos, ou nenhum, benefícios à comunidade local. Os impactos sociais poderiam ser significativos em face do alto grau de acessibilidade que essas oportunidades de apostas criariam.

Embora se possa esperar que haja um aumento do crime nas áreas nas quais os cassinos são abertos, a evidência que apóia tal hipótese não é muito forte nem conclusiva nas suas direções (Margolis, 1997). E mesmo que, *ceteris paribus*, se espere que os índices de crimes aumentem em conseqüência do problema do jogo, isso pode ser equilibrado por melhores oportunidades de emprego para trabalhadores anteriormente desempregados. Além disso, a receita de impostos locais pode levar a aumentos de verbas para reforço da lei local. Isso, junto com o aumento de segurança promovido pelos próprios cassinos, pode empurrar o crime para fora das vizinhanças dos cassinos ou dos distritos políticos nos quais os cassinos estão localizados.

A questão do crime organizado e da corrupção sistemática com respeito aos cassinos diminuiu progressivamente ao longo das últimas três décadas. Com poucas exceções (como em Macau), os jogos modernos de cassino permitidos na maioria dos países limitaram significativamente qualquer papel do crime organizado. Isso é fundamentalmente o resultado de regimes regulatórios efetivos e diligentes, juntamente com o emprego de novas tecnologias, que facilitaram a monitorização do dinheiro dentro dos cassinos.

Deve-se ter em mente, entretanto, que as indústrias de jogos comerciais estão entre as maiores indústrias criadas primeiramente pelo processo de legalização e, como tal, são objetos de esforços consideráveis de *lobbies,** ou *procura de aluguel* (Walker e Barnett, 1997). Os corpos legislativos podem ser mais facilmente persuadidos por argumentos que se baseiem em quem será beneficiado pelos procedimentos econômicos que podem surgir da legalização dos jogos de cassino do que pelo equilíbrio comercial entre os ganhos econômicos e os custos sociais. Uma vez que as apostas podem ser bem altas, o potencial de corrupção política, ou o desenvolvimento político mal executado, não pode ser ignorado.

O futuro dos jogos de cassino

Em termos de percepção pública, os cassinos foram rapidamente transformados, de antros perniciosos de iniqüidade a catalisadores importantes de soluções para uma grande variedade de problemas econômicos.

Com exceção da Ásia, a maioria das regiões do mundo suavizou suas instâncias ou proibições contra o jogo em cassinos, tentando usar os cassinos para direcionar vários objetivos econômicos, inclusive desenvolvimento do turismo, desenvolvimento econômico, geração de impostos, criação de empregos, fomento de entrada de moeda estrangeira e combate às operações ilegais de jogo.

O objetivo mais claro, regional ou nacional, quando se consideram os cassinos, foi o desenvolvimento do turismo, primeiramente por causa do crescimento fenomenal de Las Vegas nas décadas de 1980 e 1990. Entretanto, Las Vegas estabeleceu um ideal quase inatingível, por causa da massa crítica dos seus complexos de cassinos no destino, justificado pelo fato de que a cidade teve um monopólio legal sobre o jogo de cassino na América por muito tempo; por sua infra-estrutura,

* Embora seja um termo atualmente muito usado principalmente em negócios, *lobby* significa, entre outras coisas, "*tentar obter a aprovação de um projeto ou de uma lei na Câmara por meio de pedidos de votos*". (N.T.)

especialmente o aeroporto e as conexões pelas vias expressas; e por sua posição geográfica a oeste dos Estados Unidos – próxima, mas não muito, de Los Angeles e da grande população base do sul da Califórnia. Outras áreas podem desejar obter sucesso do turismo como Las Vegas obteve, mas é difícil que qualquer uma delas se aproxime de Las Vegas, tanto em tamanho como em diversidade, ou em proporção de consumidores que são realmente turistas.

Além disso, se os distritos escolhessem legalizar os cassinos urbanos assim como os cassinos de destinos turísticos, então grande parte da demanda potencial por jogos de cassino seria desviada dos complexos de cassinos mais orientados ao turismo para os cassinos urbanos mais convenientes. A fim de que os cassinos de destinos turísticos prosperassem, tinham que ser implantadas limitações consideráveis tanto aos cassinos quanto às oportunidades de jogos de cassino, nos centros populacionais. A tendência é que os cassinos urbanos e as máquinas caça-níqueis em bares e tavernas (operações rota caça-níquel) mobilizem uma grande parte dos seus freqüentadores da área local e, assim, por definição, deixem de ser grandes atrações turísticas.

Por outro lado, existem tendências claras econômicas e demográficas, no mundo industrializado, que sugerem fortemente a criação de um futuro brilhante para as indústrias de jogos de cassino, desde que a legitimidade e a aceitação política estejam presentes (Simonson, 1998). A opção de gastos em atividades de entretenimento cresceu consideravelmente nos anos 1980 e 1990, e os jogos de cassino provaram ser uma atividade popular para aqueles que buscam emoções fortes, mas que estão muito velhos para os desafios de lazeres físicos mais extenuantes, como o esqui ou a bicicleta.

Porém, a proliferação de cassinos não aconteceu sem infâmias. Nos Estados Unidos, uma controvérsia política ocorreu logo depois da tentativa de quase todos os estados para introduzir os jogos de cassino, nos anos 1990. Diversos estados, inclusive Flórida, Ohio, Pensilvânia e Texas, rejeitaram esforços substanciais para a legalização dos jogos de cassino. Uma coligação do povo conhecida como Coligação Nacional contra os Jogos de Cassino resultou num forte movimento de oposição que conseguiu persuadir o Congresso a estabelecer uma Comissão Nacional de Estudos sobre o Impacto Causado pelo Jogo. A preocupação com a imoralidade das apostas, seus efeitos sobre a corrupção política e a atividade criminosa e o espectro do jogo patológico e o perigo que ele cria, todos foram produtos gerados nas discussões públicas que cercaram a questão da abertura dos cassinos.

Houve uma clara dinâmica de trabalho com a proliferação do jogo. Este foi primeiramente legalizado como meio de se alcançarem outros "propósitos elevados", como o desenvolvimento do turismo, em parte porque a própria atividade é considerada – especialmente pelas autoridades – de mérito questionável. Não se encontram justificativas na demanda do público em geral pelo jogo, mas sim nos benefícios econômicos que se pensa que ocorrerão quando o jogo for autorizado, especialmente nos mercados onde ele é proibido.

Quando os jogos de cassino só existiam nos destinos turísticos – Las Vegas, Monte Carlo, Caribe, Atlantic City –, problemas associados foram amortizados pela distância do local onde a maioria dos freqüentadores residia. Entretanto, as tendências dos últimos dez anos resultaram em muitos distritos nos locais de reuniões sociais da vizinhança, em que cassinos urbanos e suburbanos, assim como máquinas caça-níqueis, se localizavam. Feliz ou infelizmente, isso fez surgir jogos muito atraentes – e sedutores – muito próximos de onde as pessoas moram.

Ainda resta ser observado se tais formas de jogos de cassino são uma boa idéia apesar de tudo e para todas as partes, pois os impactos econômicos e sociais são bastante diferentes entre as diversas abordagens. Não obstante, as pressões econômicas para que a expansão das franquias ofereça jogos continuarão. Os possíveis beneficiários dos jogos recém-legalizados – tribos de índios, pistas de corrida, donos de bares, cidades desesperadas, governos, áreas turísticas em declínio –, todos farão força para que os prêmios econômicos oriundos do jogo permitido possam prevalecer. Contudo, o que deve funcionar para cada um deles pode não funcionar para todos, e muitos poderão se desapontar, mesmo que consigam o que pleitearam, especialmente se *todos* eles receberem o que pleitearam. No jargão da economia, os aluguéis econômicos só podem existir enquanto o fornecimento de um bem estiver limitado. Se tal bem for oferecido num ambiente altamente competitivo, os lucros ou aluguéis excessivos se afastarão.

Isso implica a possibilidade de que os vencedores com a proliferação do jogo possam ser os freqüentadores, mas apenas se os aspectos externos negativos associados ao jogo permanecerem um tanto insignificantes no conjunto. Se o problema do jogo for realmente substancial como os oponentes à sua legalização sugerem, então o curso atual de expansão levará a futuros arrependimentos e, talvez, futuras proibições. Mas se o problema do jogo for apenas uma pequena parte da cena, ou se ele puder ser minimizado a ponto de a sociedade tolerar suas dimensões, então as direções atuais serão problemáticas apenas para os vencedores e perdedores econômicos, como ocorre com qualquer outro bem.

Referências

CAMPBELL, C. (ed.) *Gambling in Canada: The Bottom Line*. Vancouver: The Criminology Research Centre, Universidade Simon Fraser, 1994.

________. & LOWMAN, J. (eds.) *Gambling in Canada: Golden Goose or Trojan Horse?*, Vancouver: Universidade Simon Fraser, 1990.

CHRISTIANSEN, E. "The United States 1996 Gross Annual Wager", suplemento ao *International Gaming and Wagering Business Magazine*, 1997.

EADINGTON, W.R. "The emergence of casino gaming as a major factor in tourism markets: policy issues and considerations". *In*: Richard Butler e Douglas Pearce (eds.) *Change in Tourism: People, Places, Processes*. Londres: Routledge Kegan Paul, 1995.

_______. "Casino gaming-origins, trends and impact". *In*: Klaus Meyer-Arendt e Rudi Hartmann (eds.) *Casino Gambling in America: Origins, Trends and Impacts*. Nova York: Cognizant Communications, 1998a.

_______. "Contributions of casino-style gambling to local economies", *Annals of the American Academy of Political and Social Sciences* 556 (março): 53-65, 1998b.

_______. (ed.) *Indian Gaming and the Law*. Reno: Universidade de Nevada, 1990.

______. & CORNELIUS, J.A. (eds.) *Gambling: Public Policies and the Social Sciences*. Reno: Instituto de Estudos sobre Jogos e Apostas Comerciais, Universidade de Nevada, 1997.

Economic Development Review. Edição especial sobre o jogo, outono, 1995.

GAMING Board of Great Britain. *Report of the Gaming Board of Great Britain 1996/97*. Londres: The Stationary Office, 1997.

GOODMAN, R. *The Luck Business*. Nova York: Free Press, 1995.

GRINOLS, E. & OMOROV, J.D. "Development or dreamfield delusions: assessing casino gambling's costs and benefits", *Journal of Law and Commerce* 16(1): 49-87, 1997.

HARRAH'S ENTERTAINEMENT, Inc. "Harrah's survey of casino entertainement", Memphis Harrah"s Entertainement, Inc, 1997.

JOHNSTON, D. *Temples of Chance: How America Inc. bought out Murder Inc. to Win Control of the Casino Business*. Nova York: Doubleday, 1992.

Journal of Travel Research. Volume XXXIV, edição especial sobre o jogo, nº 3, inverno, 1996.

KELLY, J. "Indian Gaming Law", *Drake Law Review* 43: 501-45, 1993-94.

_______. "The American Insurance Institute, like that bunny that keeps on going and going...", *Gaming Law Review* 1 (2): 209-12, 1997.

KENT-LEMON, N. (ed.) *World Casino Industry Review 1996*. Londres: Shiny Internacional, 1996.

KINDT, J.W. "Follow the money: gambling, ethics and subpoenas", *Annals of American Academy of Political and Social Sciences*, 556: 85-97, 1998.

LEVEN, C. & PHARES, D. "The economic impact of gaming in Missouri", estudo apresentado ao Civic Progress, St. Louis, Missouri, 1998.

MARGOLIS, J. "Casinos and crime: an analysis of the evidence". Washington DC: Associação Americana de Jogo, 1997.

MEYER-ARENDT, K. & HARTMANN, R. (eds.) *Casino Gambling in America: Origins, Trends and Impacts*. Nova York: Cognizant Communications, 1998.

Report of the Gaming Board for Great Britain. Londres: The Stationary Office, 1996/97

SALOMON SMITH BARNEY. *Quarterly Gaming Statistical Abstract*, edição de 1997, Quarto Trimestre, 1998.

SHAFFER, H.J.; HALL, M.N.; VANDERBILT, J. "Estimating the prevalence of disordered gambling behaviour in the United States and Canada: A meta-analysis", Boston: Escola Médica de Harvard, 1997.

SIMONSON, R.J. "Recreation, leisure and gaming expenditures: exceptional long-term growth prospects". *In*: William R. Eadington e Judy A. Cornelius (eds.) *The Business of Gaming: Economic and Management Issues*. Reno: Instituto de Estudos sobre Jogos e Apostas Comerciais, Universidade de Nevada, 1998.

THOMPSON, W.N.; GAZEL, R.; RICKMAN, D. "Social and legal costs of compulsive gambling", *Gaming Law Review* 1 (1): 81-9, 1997.

US GENERAL ACCOUNTING OFFICE (maio de 1997) *A Profile of the Indian Gaming Industry*, GAO/GGD-97-91, Washington DC, 1997.

WALKER, D.M. e BARNETT, A.H. "The social costs of legalized casino gambling reconsidered", trabalho apresentado na 10ª Conferência Internacional sobre o Jogo e seus Riscos, Montreal, 1997.

O desenvolvimento do turismo e das organizações nacionais de turismo em pequenos países em desenvolvimento:

O caso de Samoa

Douglas G. Pearce

Introdução

Ao longo das duas últimas décadas, a expansão do turismo nos países em desenvolvimento atraiu atenção e interesse consideráveis, e gerou muitos debates. Uma grande parte das pesquisas se concentrou nos diversos impactos que o crescimento do turismo internacional provocou nos países em desenvolvimento e na forma pela qual esse desenvolvimento ocorreu. Foi dada atenção especial a dois conjuntos de atores conflitantes, normalmente divergentes e às vezes convergentes: as corporações multinacionais e os participantes locais indígenas (isto é, Smith e Eadington, 1992; Pearce, 1995). A ênfase foi dada mais ao setor privado que ao público. A pesquisa sobre o envolvimento do governo foi muito mais enfocada sobre o turismo e a política pública do que sobre as agências pelas quais essas políticas eram formuladas e implementadas (Jenkins e Henry, 1982; Pearce, 1989; Holder, 1992). Isso reflete um amplo padrão de negligências, pois somente em 1990 as organizações turísticas, cada uma *per se*, foram sistemática e cuidadosamente analisadas pelos pesquisadores (Pearce, 1992; Choy, 1993). Choy considerou os cinco maiores destinos da Ásia/Pacífico, mas até agora a maioria das pesquisas nesse campo se preocupou com o papel e a estrutura das organizações turísticas das economias ocidentais desenvolvidas, deixando as dos países em desenvolvimento essencialmente inexploradas. Uma avaliação feita recentemente no sul do Pacífico mostrou que, por exemplo, enquanto as organizações turísticas nacionais ou outras da Austrália e da Nova Zelândia atraíam cada vez mais atenção, com exceção do exame de Sofield (1991) dos aspectos organizacionais dos *naghol* em Vanuatu, parece que pouca pesquisa comparativa institucional foi feita até agora nas ilhas do Pacífico (Pearce, 1995).

As pesquisas comparativas e os estudos individuais de países mostram que as organizações turísticas surgem de várias formas e maneiras; podem ter vários objetivos sociais, econômicos e outros; podem ser mono ou multifuncionais, quer dizer, exercem uma ou mais funções, como marketing, desenvolvimento, planejamento, pesquisa, atendimento ao visitante, *lobby* ou regulamentação (Pearce, 1992, 1996a e b, 1997a; Choy, 1993). Seu propósito geral é fomentar o crescimento do turismo por meio da liderança que exercem e da coordenação que fornecem de um setor multifacetado da economia. Enquanto os padrões e tendências comuns são identificados, esse autor concluiu (Pearce, 1992:200) que: "Não existe nenhum tipo melhor de organização [turística] nem de rede interorganizacional, o que ocorre é que cada país deve construir um sistema que melhor reflita suas condições locais, regionais e nacionais".

Este capítulo procura estender esse campo de pesquisa por meio de um estudo de caso detalhado de uma das organizações turísticas nacionais do sul do Pacífico, o Birô de Visitantes de Samoa (SVB). O propósito é examinar a estrutura e as funções de uma organização turística nacional (NTO) num pequeno país em desenvolvimento e acompanhar seu papel à luz das políticas de desenvolvimento do turismo que são seguidas lá e em termos de fatores contextuais mais amplos. A esse respeito, ele segue a abordagem desenvolvida para o estudo de organizações turísticas de outros lugares, nas quais a análise interorganizacional é usada para identificar e avaliar objetivos e funções diferentes numa rede de organização turística e avaliá-los com relação ao ambiente mais amplo ou aos fatores contextuais gerais, um subambiente do qual é o ambiente de turismo (Pearce, 1992). Embora os relacionamentos com outros associados formem uma parte-chave da pesquisa, a análise não é inter-organizacional no sentido que os estudos anteriores eram, pois nenhuma rede oficial de organizações turísticas existe em Samoa em virtude do seu pequeno tamanho e da relativa juventude de sua indústria turística. Entretanto, a interação entre a NTO e estes e outros fatores ambientais forma uma dimensão central da análise de sistemas aberta e pode servir para ilustrar ambos, sobre como tais pesquisas devem ser empreendidas em outros pequenos países em desenvolvimento e quais as questões que podem surgir daí.

O capítulo baseia-se numa avaliação ampla do SVB conduzida pelo autor em dezembro de 1996, como parte do programa de turismo da Assistência Oficial ao Desenvolvimento da Nova Zelândia (NZODA) em Samoa (Pearce, 1997b). A avaliação foi realizada a partir de duas perspectivas: interna e externa. Internamente, levou-se em consideração a avaliação de como o SVB se estruturava e funcionava e como seu papel e atividades eram percebidas pelo gerente-geral, por cada um dos gerentes divisionais do SVB e pelos representantes de fora. Entrevistas francas e profundas com a gerência e os representantes estrangeiros se complementaram com a análise de documentos importantes (isto é, planos e relatórios anuais, material estatutário e literatura promocional) e observação participativa. Neste último caso, o autor foi convidado a participar de uma reunião do Comitê Nacional de Embelezamento, a assistir a um seminário sobre turismo, a acompanhar a equipe do SVB nas suas reuniões com dois conselhos do povoado (em Salamumu e Lefaga) e a fazer visitas locais em Upolu e Savaii. A perspectiva externa do SVB e suas atividades foram obtidas de discussões com representantes selecionados da indústria turística em um dos maiores mercados (Nova Zelândia) e também em Upolu e Savaii. A sinceridade e a abertura dessas discussões possibilitou uma avaliação realista das ligações existentes entre o SVB e os associados da indústria, e forneceu informações sobre como a organização é percebida no exterior. Finalmente, as informações obtidas nessas diversas fontes foram sintetizadas e avaliadas.

Fatores contextuais

Samoa é um pequeno estado composto de várias ilhas no sul do Pacífico, que se tornou independente da Nova Zelândia em 1962 (Figura 1). Anteriormente conhecida como Samoa Ocidental, o país recebeu o nome de Samoa em 1997. Esse termo é usado em todo este capítulo e aplicado ao NTO do país, muito embora na época em que a pesquisa foi feita ainda era Western Samoa Visitors Bureau (Birô de Visitantes à Samoa Ocidental). Samoa consiste de duas ilhas principais – Upolu e Savaii – e cinco menores. Cobre uma área de 2.953 km^2 e sua população é de 163 mil habitantes, dos quais quase três quartos vivem em Upolu e um quinto vive na capital, Apia. Aproximadamente 80% de toda a terra são mantidos em direito de posse; o direito comunitário e uso da terra pelos membros da família sustenta a sociedade e a cultura samoana (Governo de Samoa Ocidental/TCSP, 1992). A economia do país tem se baseado na agricultura de semi-subsistência, com alguns produtos de plantações, florestamento em escala limitada e fabricação leve. Fairbairn-Dunlop (1994:127) declara:

> Da mesma forma que outros estados de nações do Pacífico, o desenvolvimento econômico de Samoa é limitado por fatores tais como sua pequena população e força de trabalho, área terrestre e recursos limitados, isolamento das maiores rotas de comércio, faixa limitada de produtos comercializáveis e número limitado de mercados e fornecedores. Neste contexto, o turismo, embora pequeno em relação a outros desti-

> nos, agora faz uma importante contribuição à economia de Samoa. As estimativas do SVB e do Banco Central de Samoa para 1995 indicam que o turismo gerou 86.2 milhões de tala (confrontar com 46.6 milhões em 1990), contabilizados como 25% de PNB e 32% em moeda estrangeira.
>
> (WSVB, 1996)

O turismo em Samoa ainda está num estágio de desenvolvimento muito jovem e, apesar dos recentes aumentos significativos, permanece em pequena escala, tanto em termos absolutos quanto em termos relativos. A acomodação total para visitantes em 1996 (sem incluir as praias abertas) chegou a 740 quartos em 36 estabelecimentos. A grande maioria (86,8%) dos quartos está localizada em Upolu (dos quais 70,5% estão em Apia), e apenas 13,2%, em Savaii. Somente quatro dos estabelecimentos têm mais de 50 quartos; 22 deles têm menos de 15 A maioria foi construída a partir de 1990. Poucos proprietários e gerentes do setor de acomodações já tiveram experiência anterior na ou conhecimento da indústria hoteleira. Portanto, pelo exposto, o setor de acomodações deve ser caracterizado como pequeno, recente, pouco sofisticado em geral e sem nenhum profissionalismo. Outros setores, com exceção das maiores transportadoras, também parecem apresentar essas características, embora estejam sendo feitos importantes avanços no campo de operações de turismo doméstico.

Foram registrados aumentos significativos de chegadas de visitantes a Samoa nos últimos anos: em 1993: 47.071; em 1994: 50.144; em 1995: 68.392; e em 1996: 73.155. Deve-se notar, entretanto, que as chegadas já tinham atingido seu pico em 1989, com 53.994 entradas, e que o declínio ocorrido nos anos seguintes se deve, em grande parte, aos efeitos dos ciclones em 1990 e 1991. As quatro principais origens de chegadas em 1996 foram: Samoa Americana (33%), Nova Zelândia (28%), EUA (11%) e Austrália (10,6 %). Visitantes em férias contavam 30% do total das chegadas, amigos e parentes de residentes, 36%, viajantes em negócios, 12% e outros, 22%. Em termos absolutos, um total de 22.289 chegadas de visitantes em férias foram registradas em 1996. Assim, embora o número de visitantes a Samoa tenha aumentado nos últimos anos, sua escala de visitação atual é pequena. O país ocupa um índice médio dentro dos destinos do sul do Pacífico, bem atrás dos líderes regionais, que são Fiji e a Polinésia Francesa (Pearce, 1995).

A importância econômica do turismo tem sido cada vez mais reconhecida, nos últimos anos, pelo governo de Samoa. Embora este reconheça a contribuição econômica dada pelo turismo, também se preocupa com o fato de que uma abordagem equilibrada deve ser adotada para o crescimento do turismo. Para alcançar esse objetivo, foi preparado em 1992 um plano de dez anos, o Plano de

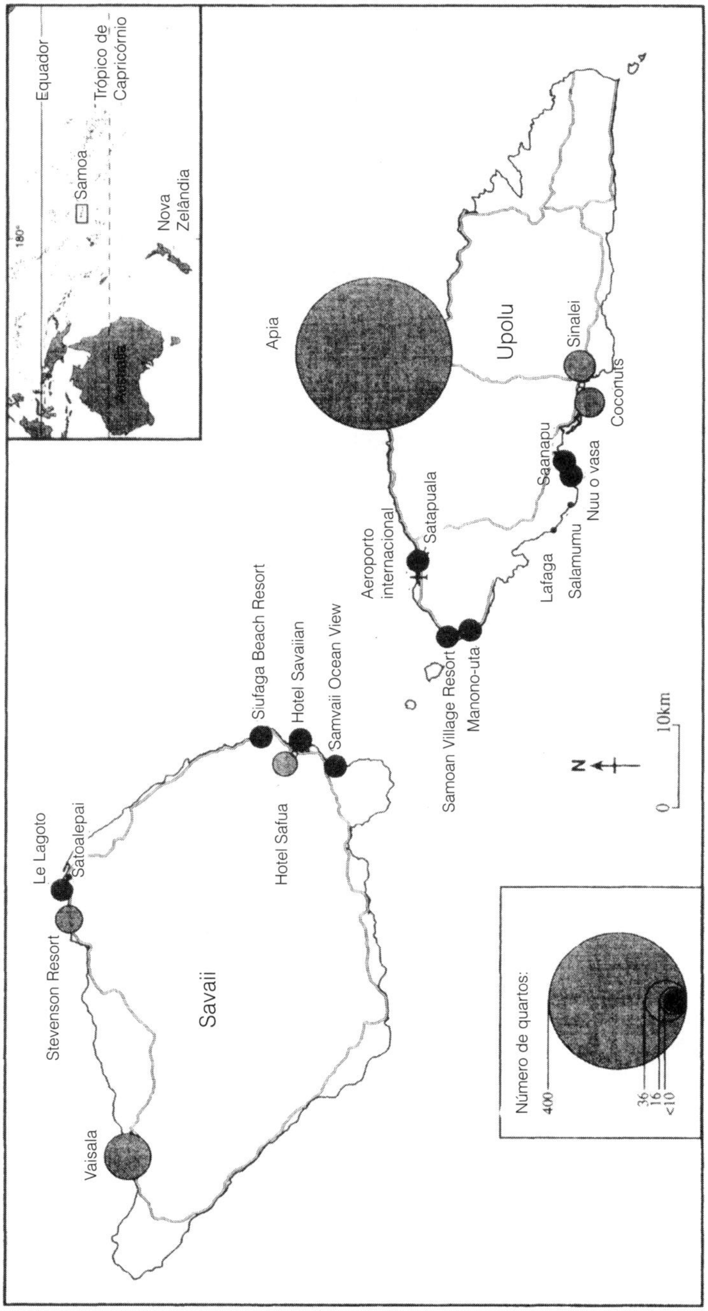

Figura 1. Samoa: distribuição de acomodações (1995) e nomes de lugares.
Fonte: Birô de Visitantes a Samoa (SBV).

Desenvolvimento Turístico 1992-2001 (Government of Western Samoa/ TCSP, 1992), que subseqüentemente guiou o crescimento do setor em Samoa. A política de desenvolvimento do turismo oficial do país, conforme apresentada no Sexto Plano de Desenvolvimento 1988-1990 de Samoa, pode ser sumarizada como:

> O objetivo básico do desenvolvimento do turismo será o de assegurar que o desenvolvimento seja feito sem causar nenhum dano indevido à economia, e também assegurar que o bem-estar da sociedade não seja prejudicado, pelas mudanças sociais que o desenvolvimento do turismo algumas vezes provoca.
> (Citado pelo governo de Samoa Ocidental/TCSP, 1992:50-1)

Os objetivos específicos do desenvolvimento do turismo apresentados de acordo com essa política e que ainda estão vigentes (WSVB, 1996) são os seguintes:

- gerar empregos e aumentar a receita local, por meio da oferta de maiores oportunidades para a participação local ativa no desenvolvimento do turismo;
- estimular e preservar a rica herança cultural de Samoa, assim como seu lindo ambiente natural, pois ambos são atrações turísticas importantes;
- promover a expansão de outros setores econômicos por meio do desenvolvimento e da melhoria das ligações com esses setores;
- reter uma proporção mais alta das despesas dos turistas para a economia local;
- aumentar o nível de consciência turística entre o povo local;
- promover e aumentar o interesse dos visitantes pelas fontes de mercado potencial e tradicional.

As restrições ao futuro desenvolvimento do turismo em Samoa, identificadas no plano de desenvolvimento, assim como nos documentos e discussões subseqüentes, durante a avaliação, incluem:

- temas sobre costume de posse de terras;
- questões sobre acesso por aviões;
- acomodações insuficientes fora de Apia;
- falta de capital de investimento dentro de Samoa;
- competição dos outros destinos do sul do Pacífico.

Essas restrições são inter-relacionadas, geralmente bem reconhecidas, e aparentemente não serão resolvidas a curto prazo.

O *faaSamoa*, ou o estilo de vida tradicional de Samoa, também é um fator importante que influencia a natureza e a extensão do desenvolvimento do turismo em Samoa. As aldeias samoanas são entidades bem estruturadas, constituídas de um número de *aiga* (unidades familiares), cada uma delas tendo um chefe indicado, ou *matai*. Os *matai* reúnem-se num conselho de chefes para fazer as leis e tomar as decisões da aldeia. O comitê de mulheres da aldeia também desempenha um papel importante nos assuntos da aldeia. Fairbairn-Dunlop (1994:124) descreve o *faaSamoa* assim:

> [...] um sistema de regras de comando de acordo com as quais cada pessoa tem de conhecer seu lugar e os padrões de comportamento corretos do seu lugar. "Comportamento correto" é a dinâmica que assegura que o sistema de comando flua da forma desejada, sendo uma norma que a pessoa preste serviço e respeito àqueles que têm um *status* superior e possa esperar receber o mesmo daqueles que têm um *status* inferior.

E ela continua (p. 125): "No *faaSamoa*, o prestígio é conquistado pela doação – por compartilhar, em vez de acumular recursos. Daí, o sistema é marcado por uma troca contínua de bens e serviços".

Fairbairn-Dunlop observou que o *faaSamoa* dá às mulheres samoanas a oportunidade de se envolverem ativamente com o desenvolvimento do turismo e fornece exemplos individuais de empresários de sucesso e do papel desempenhado pelos comitês de mulheres. Mais genericamente, o plano de desenvolvimento turístico de 1992 reconhece a importância dos vários aspectos do *faaSamoa*, como o fórum onde o Conselho de Chefes discute sobre o turismo com base na aldeia e as oportunidades de uso e abuso, que a "expressiva hospitalidade" samoana pode oferecer tanto aos habitantes quanto aos visitantes da aldeia.

Estabelecimento, evolução e funções do birô de visitantes a Samoa (SVB)

O SVB é um corpo estatutário estabelecido em 1986, em seguida à aprovação da Lei do Birô de Visitantes à Samoa Ocidental em 1984. A nova organização autônoma sucedeu à pequena (em 1980 tinha uma equipe de quatro pessoas) Seção do Birô de Visitantes sob a jurisdição do departamento de Desenvolvimento Econômico (Margraff, 1980). Conforme se lê na lei, as funções do SVB são:

(a) Encorajar visitas de pessoas de outros países a Samoa, assim como viagens nos feriados ou férias de pessoas de Samoa ou de outros países.
(b) Encorajar o desenvolvimento e as melhorias de facilidades para os turistas.
(c) Coordenar as atividades das pessoas que prestam serviços aos turistas.

(d) Manter o Governo informado de todos os assuntos relacionados ao turismo.
(e) Preparar, implementar e manter um plano de desenvolvimento de turismo coeso para Samoa.

Como geralmente se espera durante a evolução de qualquer organização nova, o SVB cresceu e se submeteu a mudanças estruturais na sua primeira década. Em abril de 1992, na época da preparação do plano de desenvolvimento, o SVB tinha uma equipe de 13 pessoas, inclusive cinco posições gerais e administrativas. Em dezembro de 1966, a equipe tinha crescido para 28 pessoas, enquanto sua concessão anual do governo triplicava para 3 milhões de *tala* em 1996/97. Conforme demonstrado pela Figura 2, o SVB atualmente está estruturado em cinco divisões, cada uma respondendo diretamente a um gerente-geral: *marketing* e promoções, planejamento e desenvolvimento, educação e treinamento, pesquisa e estatísticas e finanças e administração. Essa estrutura reflete certas recomendações do plano de 1992 e outras mudanças implementadas pelo atual gerente-geral. Desenvolvimentos significativos e recentes incluem o estabelecimento de escritórios no exterior, em Sidney (maio de 1993) e Auckland (fevereiro de 1996). Em suma, como uma organização turística nacional, o SVB hoje em dia pode ser caracterizado como pequeno (especialmente em termos do seu orçamento), jovem e multifuncional.

Em termos de alocação de recursos, a divisão de *marketing* e promoções é claramente a mais bem aquinhoada, recebendo quase 50% do orçamento total e quase 80% das despesas do desenvolvimento no ano vigente. No entanto, as somas envolvidas são pequenas em comparação aos mercados em que são aplicadas e a competição nestes. Enquanto a divisão de *marketing* do SVB empreende suas próprias atividades, como a organização de viagens de familiarização e contatos entre atacado e varejo, apoio dos mercados da Nova Zelândia e da Austrália, ela também aumenta seus recursos por meio da participação conjunta em exposições de comércio e consumidores com outros NTOs do sul do Pacífico. Para se ter idéia, o SVB participa das maiores feiras comerciais européias em associação e com o apoio do Conselho Turístico do Pacífico Sul, e seu representante de Auckland é um membro ativo da Associação do Pacífico Sul de Organizações Nacionais de Turismo (SPANTO).

Essa iniciativa de *marketing* é uma característica comum dos NTOs e em muitos países desenvolvidos o *marketing* internacional tornou-se a função dominante ou até mesmo única desses corpos (Pearce, 1992; Choy, 1993). O SVB distingue-se pela ampla faixa de funções que empreende atualmente, especialmente a relativa ênfase dada ao planejamento/desenvolvimento e educação/treinamento, cada um dos quais é uma divisão separada. Essa ênfase reflete o estágio de desenvolvimento incipiente do setor em Samoa e das políticas do governo para um desenvolvimento do turismo equilibrado e ordenado.

Figura 2. Birô de Visitantes a Samoa (SVB): organograma.

Recentemente e com o apoio de programas de auxílios e doações que estimularam pequenos projetos, em especial os do NZODA e AUSAID, o SVB, por meio dos gerentes das divisões de educação & treinamento e planejamento & desenvolvimento, está implementando uma estratégia para atrair a participação local ao processo de desenvolvimento e manutenção do *faaSamoa*. Essa estratégia segue várias linhas. A primeira, a consciência dos habitantes da aldeia sobre a natureza e o potencial de turismo aumentou mediante uma série de *workshops* sobre turismo apresentados na aldeia, nos quais foram oferecidas ao Conselho de Chefes as formas de envolvimento com o turismo e serviços de assessoramento. Isso pode ser acompanhado por provisão de doações (por exemplo, fornecimento de água ou toaletes), pessoal do hotel ou treinamento de guias turísticos e apoio de *marketing*. No caso de alguns desenvolvimentos pequenos, a equipe do SVB "amaciou o terreno" para o projeto, facilitando discussões de temas relacionados às terras, a necessidade de ser assegurada a segurança dos hóspedes, dando prioridade ao emprego e treinamento de equipe residente na aldeia local. Uma consciência mais geral do turismo também foi criada por meio de programas regulares de rádio e apresentações na televisão. Um programa de inscrições da aldeia está dando assistência de infra-estrutura, movimentando-se para estabelecer pontos de vista cênicos e apresentar atrações adicionais, por exemplo por meio de programas de restauração arqueológica. Além disso, o SVB coordena as atividades do Comitê Nacional de Embelezamento, que foi estabelecido depois da passagem devastadora de furacões no início de 1990 e que desempenha um papel importante plantando, cuidando e fazendo brilhar as paisagens de Apia, causando orgulho na aldeia por seu programa de embelezamento. Freqüentemente por omissão, o Comitê de Embelezamento e também o SVB tornam-se envolvidos em outras atividades menos diretamente relacionadas ao desenvolvimento do turismo.

Ainda é muito cedo para se avaliar completamente os impactos e os frutos dessas atividades. As primeiras doações que deram assistência de infra-estrutura nem sempre levaram ao desenvolvimento sustentável de curto a médio prazo. Tem-se prestado atenção ocasional e insuficiente ao acompanhamento da manutenção, causando declínio das instalações e, ao mesmo tempo, em certas partes de Upolu, parece haver um excesso de desenvolvimento de fales de praias. A abordagem mais ampla que se busca agora para o início do desenvolvimento por meio dos *workshops* apresentados na aldeia, parece oferecer um potencial muito maior do que apenas as doações. O projeto de ecoturismo dos pântanos em Satoalepai, apoiado pela assistência financeira da AusAID e do SVB, tem o potencial para se tornar uma empreendimento turístico com base na comunidade de muito sucesso, desde que uma parte das atividades complementares que oferecem atrações adicionais aos visitantes, assim como fontes de renda aos habitantes, seja incorporada à regata de canoas e que um sistema de gerenciamento adequado possa ser estabelecido. O programa de embelezamento também parece contribuir para a atração de aldeias das ilhas de Upolu e Savaii, assim como promover o orgulho da comunidade local. Certamente até hoje o sucesso do SVB em todas essas áreas não deve ser subestimado, mas as ações do SVB, porém, poderiam parecer meio úteis para se tentar ir além da mera retórica de advogar a participação local no turismo.

Em outras áreas, o papel do SVB com respeito à manutenção da cultura local e do desenvolvimento do turismo pode ser questionado. Nos últimos anos, o SVB tornou-se cada vez mais envolvido com a organização e o acompanhamento diário dos principais eventos, tais como o Musika Extravaganza, o Festival de Turismo Teuila e o suntuoso Desfile de Miss Samoa. Esses eventos implicam fortes demandas sobre o SVB, que se afasta de suas atividades centrais. Embora os eventos beneficiem as comunidades locais, as discussões mantidas com os representantes da indústria turística sugerem que, até agora, apenas uma nova demanda mínima está sendo criada. Como ocorre com alguns aspectos do Comitê Nacional de Embelezamento, o SVB parece que assumiu a responsabilidade pela organização de eventos, freqüentemente sem querer, e deveria agora delegar seu acompanhamento a outros grupos e agências importantes, e restringir seu próprio papel à coordenação e aumento dos benefícios oriundos do turismo por meio do marketing apropriado.

Uma área-chave em que o SVB exerce uma importante liderança, e na qual poderia desempenhar um papel de coordenação, é o desenvolvimento de sociedades com os indivíduos, negócios e agências, tanto dos setores públicos quanto dos privados, que prestam muitos e diversos serviços e oferecem facilidades utilizadas pelos turistas. Os NTOS geralmente têm uma função de coordenação e prestam bons serviços comuns, como marketing e pesquisa de destinos, mas a construção da liderança e da sociedade é particularmente importante para o desenvolvimento de destinos como Samoa, dadas as características da sua indústria turística emergente, delineada na avaliação dos fatores ambientais. Nesse ponto, o SVB pode ser interpretado como uma organização "pivô" com numerosos sócios (Figura 3).

Figura 3. Sociedades do Birô de Visitantes a Samoa.

As questões levantadas durante o seminário turístico apresentado pelo SVB em dezembro de 1996, ao qual compareceram sessenta participantes, indicam a necessidade de liderança, coordenação e uma reflexão a ser feita sobre o estágio de desenvolvimento no qual o turismo de Samoa está agora. Um grupo enfocou assuntos que afetavam o setor hoteleiro e apresentou os seguintes temas:

- a necessidade de se projetar e implementar um sistema de classificação adequado.

- a utilização da moeda local, a *tala* samoana, em vez do dólar americano.
- a melhoria das comunicações entre o SVB e a indústria, especialmente com respeito às estatísticas de acomodações.
- acomodação, planta e infra-estrutura, isto é, problemas relacionados a eletricidade, fornecimento de água e coleta de lixo.
- o ambiente e o turismo sustentável.

O segundo grupo considerou os temas relacionados às formalidades de entrada e as estatísticas de chegadas de visitantes, enquanto o terceiro grupo discutiu uma faixa de transportes e assuntos sobre *tours*, como a abolição da prática de selagem das cartas de motoristas internacionais, regulamentos para aluguel de carros e taxas de entrada no país.

Embora muito trabalho esteja sendo feito nessas e em outras áreas, as várias conexões não parecem atualmente fazer parte da cena maior, e sim consistir de uma série de atividades separadas. Existe um escopo para que o SVB desenvolva seu papel de liderança, construindo sobre a atual rede indefinida e *ad hoc* para fortalecer essas sociedades e tornar as ligações mais visíveis e efetivas. Primeiramente, o NTO precisa reconhecer explicitamente seus sócios e a falta de sinergia, e lutar conscientemente para fomentar uma abordagem coletiva para o desenvolvimento do turismo em Samoa. Em segundo lugar, o SVB precisa avaliar mais detalhadamente a natureza de seus relacionamentos com cada um dos sócios mostrados na Figura 3 e examinar as formas de torná-los mais efetivos.

As discussões mantidas durante a avaliação indicam que, em geral, o SVB é visto positivamente por seus sócios. Entretanto, algumas críticas foram apresentadas pelos representantes da indústria a respeito da falta de acompanhamento e realimentação. Uma reclamação constante, por exemplo, era a de que os que recebiam visitantes da mídia muitas vezes não viam nenhum resultado (isto é, artigos em revistas ou publicação de fotos) que coroassem seus esforços, e alguns deles relutavam em oferecer seus serviços no futuro. Outros lamentavam a falta de estatísticas sobre a duração das visitas e a notificação tardia dos shows e de outras atividades. Alguns comerciantes de Auckland pensavam que o SVB fosse mais pró-ativo e que fornecesse mais apoio por meio de folhetos ou panfletos. Os hoteleiros de Savaii perceberam que sua ilha recebia muito menos atenção do que Upolu (isso não é mencionado nos materiais promocionais atuais). Para encontrarem os conselhos das aldeias em Salamumu e Lefaga, as visitas também revelaram uma falha nas comunicações.

Muitos desses obstáculos, reais ou percebidos, poderiam ser ultrapassados pela melhoria de comunicações entre o SVB e seus muitos sócios. Em alguns casos, reuniões regulares seriam adequadas, especialmente com as associações dos visitantes e de transportes. Em outros, a informação deveria ser disseminada, por exemplo, por meio de publicações mensais das estatísticas dos visitantes e trimestrais com o anúncio dos próximos eventos, relatando os desenvolvimentos do turismo em Samoa e delineando as atividades do SVB, particularmente os resultados dos programas conjuntos de treinamento e *marketing*.

Discussão e conclusões

A natureza multifuncional atual do Birô de Visitantes a Samoa tem seus paralelos em outros NTOS, quando o turismo se encontra numa fase relativamente inicial do seu desenvolvimento e quando o *marketing* foi complementado por um período ativo de assistência ao desenvolvimento por meios como subvenções, incentivos e serviços de assessoramento (Pearce, 1992). Antes que um destino possa se promover, deve haver um produto já desenvolvido para o mercado. Choy (1993:364) argumentou:

> É pouco provável que o governo possa compensar a falta de um forte setor privado; e os esforços iniciais do governo deveriam ser direcionados para o fomento da expansão do setor privado no fornecimento de serviços turísticos.

O que é diferente no caso de Samoa é a forma pela qual as fortes tradições culturais e sociais do país – o *faaSamoa* – foram incorporadas às políticas de turismo do governo e as formas pelas quais essas políticas estão sendo implementadas pelo NTO, nas suas tentativas de promover a participação local no processo de desenvolvimento. É notório, também, o fato de essas tentativas terem o apoio de programas assistenciais do exterior, que se concentraram em projetos de pequena escala, com o NTO atuando como um intermediário específico de setor por meio do qual a ajuda externa se canaliza. Isso não quer dizer que a construção de complexos costeiros maiores em Samoa não foi considerada, debatida ou rejeitada (Governo da Samoa Ocidental/TCSP, 1992; Pacific International Consulting Network, 1995). Em vez disso, a questão de costume da posse das terras até agora atuou como uma grande restrição a essa forma de desenvolvimento.

Dadas as atuais políticas do governo e o fato de que o crescimento do turismo requereria que ainda mais esforços fossem direcionados aos assuntos culturais e sociais, a avaliação de 1996 recomendou que fosse estabelecida uma nova divisão de assuntos culturais samoanos dentro do SVB e com responsabilidades específicas nesse campo, incluindo:

- ligação com as aldeias a respeito de todos os assuntos relativos ao desenvolvimento do turismo, como posse de terras, aumento da consciência sobre o turismo e aumento da participação local;
- coordenação de facetas culturais da organização dos eventos e do desempenho de artes expressivas, onde tenham algum componente turístico importante;
- monitoração dos impactos culturais e sociais causados pelo turismo, a fim de intensificar a herança cultural de Samoa e minimizar quaisquer impactos adversos.

Com este fim, uma divisão foi estabelecida no ano seguinte.

A diversidade de funções que o SVB assumiu ou adquiriu também reflete a existência do que pode ser considerado um vácuo institucional. O acompanhamento dos eventos culturais e alguns aspectos do trabalho do Comitê Nacional de Embelezamento não são incluídos entre o que se considera como negócios centrais de um NTO, mas o SVB assumiu essas funções porque outras entidades não existiam – Apia não tem, por exemplo, uma autoridade local municipal. Embora as atividades dessas entidades, ou corpos, sejam importantes em si, elas só podem se relacionar indiretamente com o crescimento do turismo, e o papel do SVB nessas áreas precisa de reavaliação.

Dessa forma, atualmente o SVB atua dentro de um amplo espectro de atividades, desde a participação ativa no turismo baseado na comunidade até a representação direta nos mercados internacionais, o que é uma situação bastante desafiadora em termos tanto de pessoal quanto de verba. Em geral, o que se requer agora é a consolidação da fase recente do crescimento do NTO, pelo enfoque específico dos papéis e funções desempenhados pelo SVB, tornando-os mais explícitos e mantendo uma perspectiva a longo prazo sobre o desenvolvimento da organização. A esse respeito, a avaliação organizacional recomendou que uma série de ações-chave fossem efetuadas. Elas incluem:

- desenvolvimento de uma clara declaração de missão;
- redesignação como uma entidade responsável pelo turismo, dando uma visibilidade maior para suas diversas funções;
- desenvolvimento do papel de liderança do NTO por meio do estreitamento de sociedades nos setores público e privado.

Para concluir, embora o SVB exiba figuras semelhantes às outras organizações turísticas nacionais, ele também possui uma identidade individual influenciada pelas fortes características sociais e culturais do país e pelo estágio jovem do desenvolvimento, tanto da organização quanto do turismo em Samoa. Tal descoberta não é uma surpresa, tendo em vista as abordagens de sistemas abertos adotadas, que enfatizaram o impacto dos fatores contextuais e ambientais. Um trabalho comparativo posterior agora se faz necessário, a fim de que se assegure até que grau as figuras descritas são específicas de Samoa ou comuns a outros pequenos países em desenvolvimento. Como, por exemplo, são expressas as considerações culturais nas ações de outros NTOS? Existem outros meios pelos quais os NTOS possam promover a participação local no desenvolvimento do turismo? Até que ponto as formas de ajuda externa determinam a maneira pela qual os NTOS dos pequenos países em desenvolvimento são estruturados e funcionam, ou de que forma a assistência externa é condicionada pelas políticas e atividades do NTO? Os vácuos institucionais são comuns? Como eles são preenchidos em outros lugares? Pela exploração dessas e de outras questões, uma parte de pesquisadores dos países em desenvolvimento será capaz de avaliar mais rapidamente o papel das organizações turísticas nacionais no processo de desenvolvimento.

Agradecimentos

Este trabalho ocasionou uma avaliação organizacional do Birô de Visitantes a Samoa, feita pelo autor para o Birô de Visitantes a Samoa, Consultoria de Recursos Turísticos e Ministério de Relações Exteriores e Comércio, como parte do programa NZODA para Samoa. Agradecimentos são enviados a todos os que ajudaram na avaliação, especialmente Sonja Hunter, gerente-geral do birô de Visitantes a Samoa, e Dave Bamford, da Consultoria de Recursos Turísticos. O autor assume sozinho a inteira responsabilidade pelos pontos de vista aqui expostos.

Referências

CHOY, D. "Alternative roles of national tourism organizations", *Tourism Management* 14 (5): 357-65, 1993.

FAIRBAIRN-DUNLOP, P. "Gender, culture and tourism development in Western Samoa". *In*: V. Kinnaird e D. Hall (eds.) *Tourism: a Gender Analysis*. Chichester: Wiley, 1994.

GOVERNMENT OF WESTERN SAMOA/TOURISM CCOUNCIL OF THE SOUTH PACIFIC. *Western Samoa Tourism Development Plan 1992-2001*. Apia: Government of Western Samoa/Tourism Council of the South Pacific, 1992.

HOLDER, J.S. "The need for public-sector cooperation in tourism", *Tourism Management* 13 (2): 157-62, 1992.

JENKINS, C.L. & HENRY, B.M. "Government involvement in tourism in developing countries", *Annals of Tourism Research* 9 (4): 499-521, 1982.

MARGRAFF, V. "Research requirements of tourism in Western Samoa". *In*: D.G.Pearce (ed.) *Tourism in the South Pacific: The Contribution of Research to development and Planning*, Relatório nº 6 de

New Zealand Man e Biosphere, Comissão Nacional de Nova Zelândia para a UNESCO/Departamento de Geografia, Universidade de Canterbury, Christchurch, 1980.

PACIFIC INTERNATIONAL CONSULTING NETWORK. *Tourism Investment Study*. Apia: Birô de Visitantes a Samoa Ocidental, 1995.

PEARCE, D.G. *Tourism Development*. 2ª edição, Harlow: Longman, 1989.

________. *Tourist organizations*. Harlow: Longman, 1992.

________. "Tourism in the South Pacific: patterns, trends and recent research", *Progress in Tourism and Hospitality Research* 1(1): 3-16, 1995.

________. "Federalism and the organization of tourism in Belgium", *European Urban and Regional Studies* 3 (1): 189-204, 1996a.

________. "Tourist organizations in Sweden", *Tourism Management* 17 (7): 413-24, 1996b.

________. "Tourism and the autonomous communities in Spain", *Annals of Tourism Research* 21 (1): 156-67, 1997a.

________. *Western Samoa Visitors Bureau Organizational Review*, relatório preparado, mas não publicado, para o Birô de Visitantes a Samoa Ocidental, a Consultoria de Recursos Turísticos e o Ministério de Relações Exteriores e Comércio, 1997b.

SMITH, V. & EADINGTON, W. (eds.) *Tourism Alternatives: Potentials and Problems in the Development of Tourism*. Pittsburg: Gráfica da Universidade da Pensilvânia, 1992.

SOFIELD, T.H.B. "Sustainable ethnic tourism in the South Pacific: some principles", *Journal of Tourism Studies* 2 (1): 56-72.

WSVB. *Annual Work Plan 1 July 1996 – 30 June 1997*. Apia: Birô de Visitantes a Samoa Ocidental, 1996.

Pequenas empresas na indústria do turismo na Região Central de Gana

William C. Gartner

Introdução

Muito já foi escrito a respeito do desenvolvimento do continente africano. Muitas teorias já foram propostas para explicar por que os modelos de desenvolvimento com base no Ocidente freqüentemente falham. Existem duas teorias principais, e a uma dessas é à qual os maiores especialistas em desenvolvimento atribuem as outras teorias menos aceitas. Elas são o modelo neoclássico, apoiado pela escola de desenvolvimento ou modernização, e a teoria da dependência, apoiada pela escola da dependência (Anunobi, 1994).

A escola neoclássica argumenta que o desenvolvimento é bloqueado por infra-estruturas pobres ou inadequadas, força de trabalho sem educação ou especialização, habilidades de gerenciamento fracas, níveis baixos ou inexistentes de economias e formação de capital, e relações internacionais tensas. A escola da dependência argumenta que os países em desenvolvimento são, na verdade, colônias econômicas de nações desenvolvidas, e que sofrem com a pobreza dos termos comerciais, tanto na exportação quanto na importação. A escola da dependência afirma ainda que as pequenas empresas são as mais afetadas pelos programas de libertação de importação que, efetivamente, as empurra para fora do mercado. Isso é especialmente importante na África, onde a maioria dos negócios é classificada como Empresas de Pequena Escala (*Small Scale Enterprises* – SSES) e a maioria dos PNB é gerado por SSES.

As Empresas de Pequena Escala não foram exaustivamente estudadas na África antes da sua "descoberta" pelo Birô Internacional do Trabalho, no início dos anos 1970 (Ongile e McCormick 1996). Os que examinaram o registro antes, e por um período de anos que se seguiu a essa "descoberta", concluíram que muito pouco se sabe acerca da composição e das características desse setor (Liedholm e Mead, 1987). Os primeiros estudos tratavam as SSEs como qualitativamente semelhantes às Empresas de Grande Escala. Só recentemente foram feitos estudos mais extensos e profundos, que levaram a uma maior compreensão da importância das SSEs para o futuro econômico da África (McCormick, 1992).

Como se pode imaginar, os estudos levados a efeito enfocam as ocupações tradicionais, como a agricultura, o comércio e a indústria têxtil. Descobriu-se que nenhum estudo se concentrou nas empresas dependentes do turismo (isto é, hotéis, lojas de presentes e operadores de turismo). Isso não é uma surpresa, pois o turismo é considerado mais como uma nova atividade econômica para muitos países da África. Além disso, o dinheiro da agência doadora, na sua maior parte, não foi direcionado ao desenvolvimento do turismo, mas sim apoiou os esforços concentrados na indústria tradicional.

As SSEs são definidas oficialmente como tendo menos de 50 empregados (Hansom, 1992). Certas características qualitativas também foram propostas para definir esse setor. Algumas das mais comuns incluem produção "por encomenda" para venda direta do produto ao consumidor, falta de especialização na força de trabalho, contabilidade pobre ou inexistente e emprego massivo de trabalhadores familiares (Scheider e Barthold s.d. em Hansom, 1992). Estima-se que o número de SSEs em muitos países em desenvolvimento seja muito mais elevado do que o número de empresas médias e grandes, e que representam entre 40 e 90% dos empregos não governamentais.

A intenção deste capítulo é examinar o papel do desenvolvimento das SSEs dependentes do turismo, especificamente o setor hoteleiro, na Região Central de Gana. Assim, a discussão focalizaria o papel do financiamento dessas empresas, o exame dos indicadores-chave e, finalmente, o exame das obrigações sociais das pessoas, conforme determinado pela afiliação cultural e que afeta o gerenciamento hoteleiro.

Um tema relacionado envolve a sustentabilidade das empresas já existentes. Grande parte da literatura sobre o desenvolvimento do turismo é a favor do desenvolvimento local com utilização de recursos locais, inclusive capital. Este é, certamente, o caso da Região Central de Gana, onde nenhuma corporação multinacional hoteleira ainda começou a operar. Uma das razões para a ausência de grandes hotéis é a novidade do destino. Historicamente, as empresas grandes não operam em áreas onde o lucro é questionável e o mercado é instável (Pedersen, 1997). Claramente, dada a história do desenvolvimento do turismo em Gana, essa é a situação que todos os investidores enfrentam nos negócios dependentes do turismo na Região Central. A pergunta que deve ser feita é: se os turistas dessa área aumentarem em virtude do desenvolvimento do produto e de uma política ambiental estável, qual será o futuro das pequenas operadoras de propriedade e operação locais que existem agora?

Contexto

A República de Gana situa-se na costa oeste da África, a aproximadamente 1.200 quilômetros ao norte do Equador. É um país tropical com temperaturas que variam entre 21 ° e 32 °C, relativamente úmido ao sul, ao longo da zona costeira, e com índice pluviométrico anual médio de 2.030 mm. As florestas tropicais abarcam totalmente as seções central e sul do país. Poucas áreas extensivas permanecem ainda hoje. Gana tem bastante ouro e também reservas florestais (madeira), além de ser um dos maiores exportadores de cacau. Apesar da riqueza dos seus recursos, o desenvolvimento foi obstruído por uma população crescente (estimada em 15 milhões) e uma série de golpes desde sua independência até 1981. Foram as tentativas de golpes e os golpes concluídos que retardaram, mais do que qualquer outra coisa, o desenvolvimento do turismo (Teye, 1988).

A estabilidade política desde 1981 e a orientação do Fundo Monetário Internacional (FMI) provocaram um impacto positivo sobre muitos setores da economia, inclusive o turismo. O desenvolvimento do turismo ainda é novo em Gana, mas em meados dos anos 1970 já existia um desenvolvimento considerável de produtos turísticos facilitados pela construção de alguns grandes hotéis pelo país todo. O que é novo acerca do nível recente de desenvolvimento do turismo é o enfoque dado à posse da indústria pelo setor privado. Enquanto na década de 1970 quase todo o desenvolvimento do turismo era dirigido pelo governo e apoiado por altos lucros do cacau, até que tudo ruiu com o colapso do preço mundial do cacau, hoje em dia o crescimento recente é alimentado pela iniciativa privada. A tendência do crescimento do turismo é evidente, com o desenvolvimento da construção de novos hotéis, de quatro e cinco estrelas, por toda a capital, a cidade de Acra. A situação rural é igualmente promissora, pois um grande projeto de desenvolvimento do turismo na Região Central de Gana lidera a onda de desenvolvimento turístico na área rural.

Atualmente, Gana é governada por um presidente eleito e pelo Parlamento. Quase todos os membros do Parlamento são do mesmo partido que o presidente, que freqüentemente sugere que a democracia não funciona em Gana. No entanto, o país teve períodos de crescimento econômico, especialmente desde o começo da década de 1990, e o número de turistas se elevou. Dados recentes indicam que o total de entradas de turistas agora excede 250 mil por ano, ou seja, 100 mil a mais do que em 1990. As chegadas são quase totalmente de viajantes de negócios. Embora seja difícil chegar a dados mais precisos, estima-se que apenas 30% de todas as chegadas possam ser classificadas como de turistas em lazer, e as restantes como negócios ou viagens de estudo. A atividade da agência doadora foi grande nos anos 1990, se comparada com a existente na década anterior, e argumenta-se que o grande aumento de chegadas se deve primeiramente aos gastos das várias agências doadoras que operam em Gana. Esse argumento também é apoiado por dados que revelam que quase dois terços dos visitantes (64,3%) ao país viajam sozinhos, que as repetições de visita chegam a 54,5% e a utilização muito baixa dos serviços de guias de turismo locais, a 2,5% (Ministério do Turismo, 1996).

Com a assistência do Programa de Desenvolvimento das Nações Unidas e da Organização Mundial de Turismo, Gana concluiu um plano mestre de turismo (Ministério do Turismo, Gana, 1996a). Todas as regiões do país foram avaliadas em termos de seu potencial para geração de turismo. Espera-se que a região de Acra e arredores, onde se situam a capital e o maior centro urbano, receba a maioria das chegadas. Porém, a Região Central, assistida pelo projeto de desenvolvimento brevemente delineado neste capítulo, é uma das poucas regiões onde os recursos que atraem os turistas podem ser encontrados num estado desenvolvido. É por isso que esta é uma parte importante do plano mestre de turismo, que estima que as entradas de turistas no país cresçam para mais de um milhão de visitantes até o ano 2010.

A Região Central de Gana, a aproximadamente duas horas de carro de Acra, com a capital histórica de Cape Coast como ponto central, é o local do primeiro contato feito pelos europeus com a África Ocidental (Figura 1). O epicentro desse contato é o Castelo Elmina (Castelo do Forte George, sob domínio britânico), que originalmente era um pequeno forte erigido pelos portugueses, em 1482, para facilitar o contato e o comércio com os povos indígenas da África Ocidental. Mais tarde, esse forte cresceu e tornou-se um grande centro comercial, além de fortificação que protegia os interesses dos europeus nesse continente. O Castelo Elmina é uma das 26 fortificações européias que ainda existem ao longo da costa de Gana. Tanto o Elmina quanto o castelo do cabo Coast, que lhe é próximo, estão na lista de edifícios históricos importantes das Heranças Mundiais. Além de ser um dos mais valiosos em termos econômicos e socioculturais, as mercadorias de passagem desses castelos eram os escravos. Estima-se que milhões de escravos tenham sido processados por esses castelos e, hoje, a viagem dos escravos de suas casas até os castelos é a base do projeto da Rota de Escravos da Organização de Turismo Mundial.

Existem na Região Central outros recursos significativos, inclusive pequenas reservas florestais tropicais que guardam uma biodiversidade grande e importante, já que noutra época faziam parte do imenso cinturão isolado de florestas tropicais da África Ocidental. Os recursos culturais da região são outras das grandes atrações turísticas, pois as partes da cultura são prontamente partilhadas com os visitantes.

Desde o colapso dos preços do cacau nos anos 1970, e dos impactos dos subseqüentes golpes de Estado, que a indústria da Região Central em geral e o setor turístico em particular quase deixaram de existir. A única razão pela qual alguns hotéis ainda operavam era para servir a um número de visitantes de fora da região que compareciam aos funerais nos finais de semana (veja a seguir). Em 1988 um grupo de representantes do governo associado à Comissão de Desenvolvimento da Região Central (CEDECOM) elaborou um plano para restaurar os castelos de Elmina e cabo Coast e desenvolver uma reserva florestal como parque nacional. Esse plano foi, então, apresentado às agências doadoras e resultou em um projeto de desenvolvimento de 5,6 milhões de dólares para a região, custeados pela Agência de Desenvolvimento Internacional dos Estados Unidos. O consórcio de desenvolvimento que foi firmado consistia da participação do Conservation International, responsável pelo desenvolvimento do parque nacional; do Instituto Smithsonian, responsável pelo desenvolvimento do museu e de serviços de interpretação; de uma firma de arquitetura do Reino Unido, responsável pela restauração dos castelos; e do Centro Turístico da Universidade de Minnesota, responsável pela promoção, marketing e treinamento dos setores público e privado. O projeto teve sucesso na restauração e estabilização dos dois castelos; na criação do Parque Nacional de Kakum, que possui a única "trilha coberta" do continente africano; no desenvolvimento de museus em ambos os castelos, de um centro de interpretação na sede do parque e na organização e treinamento de grandes segmentos da crescente indústria de turismo. Foram a organização e o treinamento dos interesses do setor privado do turismo que levaram à pesquisa, objeto deste capítulo.

Metodologia da pesquisa

A pesquisa conduzida para este capítulo era parte de um grande estudo de avaliação microeconômica da indústria do turismo na Região Central ao redor

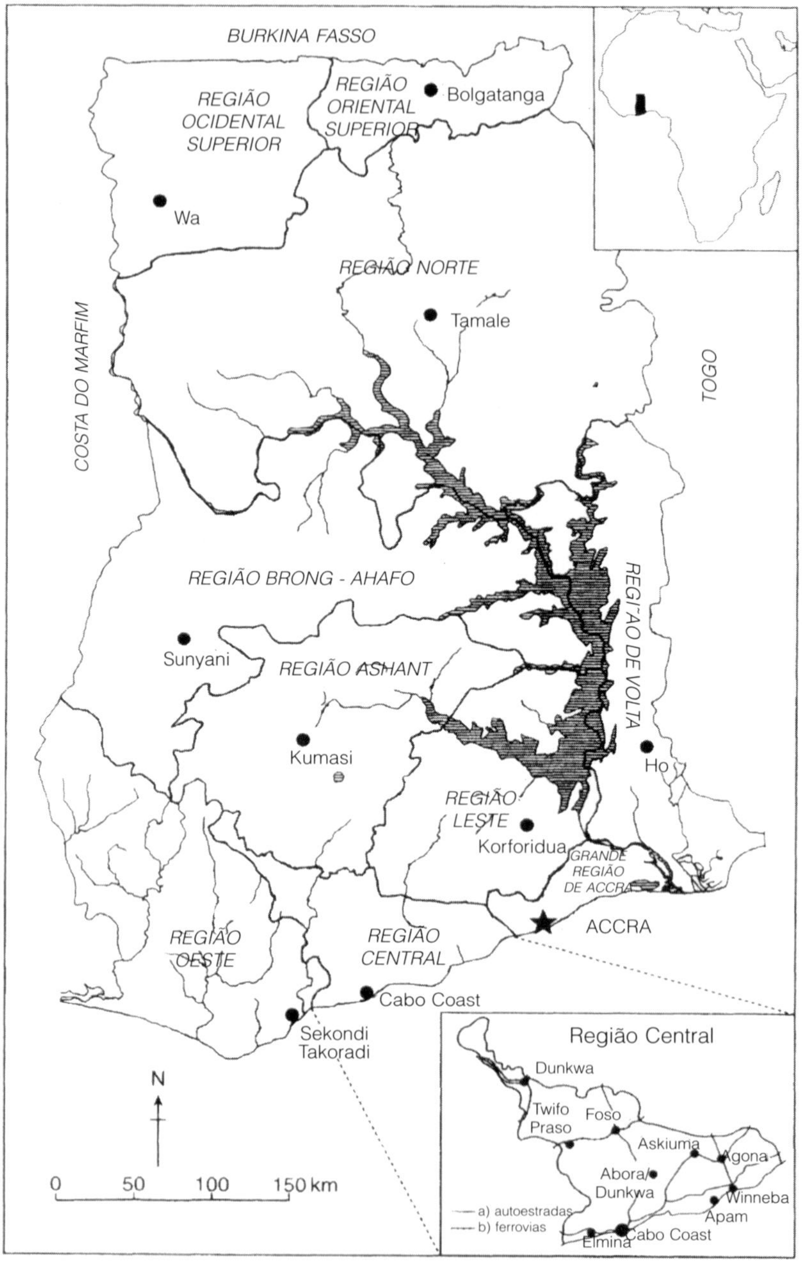

Figura 1. Gana: localização e nome dos países.
Fonte: After National Tourism Development Plan for Ghana.

da área de cabo Coast e Elmina. O ambiente do cabo Coast foi escolhido como a área principal porque todo o desenvolvimento até hoje para o projeto descrito anteriormente está muito próximo das cidades irmãs do cabo Coast e Elmina. Elas formam o maior complexo urbano da região.

A avaliação microeconômica possuía aspectos qualitativos e quantitativos. O elemento qualitativo, fase um, consistia de entrevistas pessoais com os proprietários e/ou gerentes de todos os hotéis da área (17), de lojas de suvenires (quatro) e operadores de turismo (três). O propósito da avaliação qualitativa era compreender as práticas básicas de gerenciamento e negócios. Subseqüentemente, o trabalho quantitativo foi concluído, e consistia na avaliação de todos os registros arquivados dos negócios entrevistados na fase um. Os dados coletados nessa fase foram analisados por meio do cálculo entre as razões padrão de gerência e de operação. O objetivo desse trabalho era determinar se havia medidas quantitativas de desempenho que poderiam ser utilizadas para a compreensão das decisões tomadas sobre os negócios e auxiliar na organização dos programas de treinamento. A informação descrita a seguir trata apenas do setor hoteleiro.

Características do setor hoteleiro

O projeto de desenvolvimento descrito acima realmente começou a ser implementado em 1991. Um inventário de serviços turísticos precedeu a implementação e revelou que o número total de quartos de padrão internacional na área era de menos de dez. Também existiam alguns pequenos hotéis de preços modestos, mas eles supriam primeiramente os participantes dos funerais. É comum, em Gana, que as pessoas sejam honradas com um funeral algum tempo depois de sua morte. O corpo pode ser enterrado imediatamente após a morte ou, se a família tiver recursos, colocado em um frigorífico, mas o funeral será celebrado mais tarde, não importa em que condições esteja o corpo. Quando a data de um funeral é fixada, ela só será anunciada algum tempo antes do evento. São impressos e distribuídos pela cidade cartazes com a data do funeral e uma curta biografia do morto. Os funerais em geral começam aos sábados e, dependendo do *status* do falecido ou falecida, pode continuar durante todo o fim de semana. Espera-se que uma pessoa que conhecia o morto ou era amigo(a) da família (da mesma aldeia) compareça ao funeral ou envie um representante. Por causa dessas viagens, às vezes de longa distância e para um evento prolongado, desenvolveu-se uma indústria de hotéis de preços módicos para alojar as pessoas de luto. Essa era a extensão do turismo da Região Central ao redor do cabo Coast e Elmina em 1991, quando o projeto começou.

A Tabela 1 apresenta uma boa imagem do desenvolvimento do setor hoteleiro. Observe que, em 1995, um número recorde de hotéis foi aberto. Para um observador superficial, pode parecer que isso coincide com o desenvolvimento do Parque Kakum, em particular a abertura da trilha coberta, e com a inauguração de um novo museu no Castelo de cabo Coast. Entretanto, outras informações revelam uma história diferente. Em 1994, o governo de Gana introduziu uma nova lei de investimento, que continha provisões especiais que afetavam o setor hoteleiro. As duas provisões mais importantes eram uma redução de imposto de 35 para 25% dos lucros líquidos das operações dos hotéis e importações livres de encargos de equipamentos ou mobiliário de hotel, como aparelhos de ar-condicionado, cadeiras e mesas (Ato Central de Promoção de Investimento de Gana 1994). Um incentivo maior para o desenvolvimento do turismo surgiu com a provisão de empréstimos a juros baixos (apresentado na Tabela 2 como empréstimos SSNIT e CEDECOM), apoiada pelo Conselho de Turismo de Gana. Esses empréstimos são de fontes bancárias e, como tal, podem ser considerados parte do setor de empréstimos formais, que se espera que sirva a uma função muito diferente de setor de empréstimos informais (Alila, 1996). Essa linha de pensamento será explorada mais detalhadamente na próxima seção de discussões.

O que é feito com os lucros operacionais de fim de ano? Para a maioria dos negócios, não existem lucros operacionais de fim de ano, que eles devem alocar. A maioria dos negócios revelam implicitamente que eles tiveram um lucro. Entretanto, eles preferem reinvestir ou, conforme demonstrado na Tabela 3, "trazê-lo de volta ao negócio". Isso não deveria ser uma descoberta irreal para os negócios relativamente novos, que estão em estágio de desenvolvimento, mas os dados observacionais indicam que apenas cinco daqueles que indicam que reinvestem os lucros nos negócios realmente mostram, pelo menos ao observador superficial, alguma mudança no sentido de desenvolvimento.

Parte da resposta ao que ocorre com os lucros é revelada na Tabela 4, que mostra que dez dos catorze hotéis que responderam contratam amigos ou parentes do proprietário. Isso combina com a cultura de Gana, de prestar assistência a um membro da família, e também pode ser uma das razões pelas quais os lucros são reinvestidos, pois tal frase também pode significar "dar por perdidos os custos decorrentes do negócio"?

Tabela 1. Em que ano esse negócio começou?

Ano em que o negócio começou	*Número de hotéis/restaurantes*
Antes de 1970	1
De 1970 a 1979	3
De 1980 a 1989	1
1990	1
1991	1
1992	1
1993	0
1994	1
1995	6

Fonte: Bowditch, 1996.

Tabela 2. Qual é sua atitude a respeito de empréstimos?

Atitude a respeito de empréstimos	*Número de hotéis/restaurantes*
Não tem nenhum empréstimo	3
Não quer nenhum agora – juros são muito altos	2
Tem empréstimo SSNIT[1]	7
Tem empréstimo CEDECOM[2]	2
Pedirá se os juros forem razoáveis e puder pagá-los	3
Não pode pedir nenhum empréstimo/ sem colaterais	1

Fonte: Bowditch, 1996.
1 SSNIT – Serviço de Segurança Social.
2 CEDECOM – Comissão de Desenvolvimento da Região Central.

Tabela 3. O que você faz com os lucros de fim de ano?

Uso do lucro de fim de ano	*Número de hotéis/restaurantes*
Ainda não teve nenhum	3
Traz o lucro de volta ao negócio	11
Tira um pouco a cada mês	3

Fonte: Bowditch, 1996.

A Tabela 5 mostra a importância das influências externas nas tomadas de decisões nos negócios. Quando solicitados a responder se sentiam que os donos de negócios buscavam orientação de um sacerdote ou sacerdotisa antes de tomar uma decisão sobre negócios, a grande maioria respondeu afirmativamente. Apenas um indicou que isso não acontecia. Deve ser mencionado aqui que um sacerdote ou sacerdotisa, nesse contexto, não é um ministro ordenado, mas apenas alguém que mantém contato com o mundo espiritual. Isso não significa que as pessoas que procuram informações do mundo espiritual neguem a existência de Deus. A maioria do povo de Gana acredita fortemente em Deus, mas também nos espíritos que fazem muito mais para controlar a vida diária deles do que o Todo-Poderoso Deus. Sarpong (1974) explica o papel dos espíritos na vida diária e a influência que eles exercem no comportamento das pessoas. Quando os mesmos hoteleiros foram indagados se consultavam um sacerdote ou sacerdotisa antes de tomar uma decisão, todos eles responderam negativamente. O papel do mundo espiritual está, portanto, ligado ao da cultura que, parece, pode não ser facilmente revelado aos estranhos, mas ainda tem uma influência poderosa sobre as tomadas de decisão.

Tabela 4. Estão empregados aqui amigos, conhecidos ou familiares do(s) proprietário(s)?

Amigos, conhecidos ou familiares do(s) proprietário(s) estão empregados aqui?	*Número de hotéis/restaurantes*
Sim	10
Não	4

Fonte: Bowditch, 1996.

Tabela 5. É verdade que alguns proprietários de negócios consultam sacerdotes ou sacerdotisas antes de tomar decisões?

Consultam sacerdotes/sacerdotisas antes de tomar decisões?	*Número de hotéis/restaurantes*
Sim	12
Talvez	2
Não	1

Fonte: Bowditch, 1996.

Todos os resultados acima surgiram da parte qualitativa do estudo da pesquisa. Conforme mencionado, a pesquisa foi acompanhada de uma avaliação exaustiva do registro financeiro de cada negócio, que eram usados para construir as proporções gerenciais e operacionais. A visão que prevalece do empresário africano é a daquele que trabalha duro e perde dinheiro, por causa de mau gerenciamento e falta de registros financeiros (Kinyanjui, 1996). A falta de registros financeiros não era um problema para os hotéis estudados. Entretanto, havia uma grande variação nas razões, levando ao questionamento da credibilidade dos registros financeiros fornecidos. Apesar disso, existiam algumas consistências com a informação previamente apresentada. Por exemplo, as razões relacionadas ao lucro, como o retorno sobre os bens, a margem bruta e a renda líquida revelaram que os lucros eram quase inexistentes para as propriedades pesquisadas. Isso é consistente com a informação de que apenas três hotéis indicaram que geravam um pouco de lucro a cada mês para ser retirado da operação.

As razões da dívida também foram calculadas. Até 1994, quando a Lei de Investimento do país foi modificada, favorecendo o desenvolvimento dos hotéis e a subseqüente provisão de empréstimos a juros baixos, foram registradas razões de dívida a investimentos muito baixos. Isso foi alterado significativamente no final de 1994, quando os empréstimos apoiados pelo governo e a juros baixos foram oferecidos. As razões de dívida a investimento de alguns hotéis aumentaram entre 60 e 350%. Infelizmente, dada a necessidade de manter confidenciais as informações recentes, nenhum dado foi disponibilizado de 1995 em diante. E como 1995 foi um período de desenvolvimento ativo de hotéis, parece que algumas das razões, particularmente aquelas que tratavam de dívidas, podem ter mudado consideravelmente.

Discussão

O que toda essa informação nos diz sobre os hotéis que operam na Região Central do setor de desenvolvimento do turismo? Eles estão mais prósperos agora do que antes do projeto de desenvolvimento? São capazes de se ajustar à competição crescente? São sustentáveis? Algumas informações adicionais podem nos ajudar a responder a essas perguntas.

A maioria dos hotéis (69%), nos últimos anos, assumiu uma dívida maior. A maior parte dessa dívida (90%) foi contratada por meio de fontes formais de crédito (isto é, instituições financeiras). Esse tipo de empréstimo não é comum para muitas SSEs, pois as instituições financeiras formais têm o costume de evitar conceder empréstimos a elas por causa da falta de colaterais, do alto custo de gerenciamento de numerosos empréstimos pequenos e falta de informação sobre como o setor opera (Aboudha, 1996). Esse medo de emprestar às SSEs se justifica, com base em numerosos incidentes registrados de altos índices de inadimplência. Na pesquisa da Região Central os resultados mostram que 78% dos negócios se tornaram inadimplentes no pagamento do empréstimo pelo período de um pagamento, pelo menos. Atualmente, as instituições de empréstimos estão no processo de renegociação dos cronogramas de pagamento com a maioria dos hotéis. Três deles estão seriamente inadimplentes e tiveram seus empréstimos mencionados em causas públicas do Conselho de Turismo, que representa a autoridade que garante os empréstimos.

Também deve ser mencionado que durante todo o período de 1991 até agora, as chegadas de turistas na região mostraram um crescimento considerável. Será que os hotéis não estão lucrando conforme suas declarações de lucros e as razões de dívida indicam, ou existem outras razões para essa descoberta? A avaliação de alguma literatura sobre financiamento das SSEs pode nos ajudar a encontrar a resposta para essa pergunta.

Existem duas formas de crédito operando em toda a África. Elas são simplesmente chamadas de formal e informal. O crédito informal consiste de empréstimos obtidos de amigos ou parentes e algumas associações de crédito. O tipo mais comum de associação de crédito se chama Rotating Savings and Credit Association (Economias Rotativas e Associação de Crédito – ROSCA). As ROSCAS têm nomes diferentes em toda a África, e são conhecidas como *njangi,* em Camarões, *chilimba* em Zâmbia, ou *susu,* em Gana. As ROSCAS têm raízes históricas na África Ocidental (Delaney, 1978, em Alila, 1996), e se desenvolveram mais tarde no Quênia quando este ainda era uma colônia inglesa, já que os empréstimos formais aos africanos eram considerados ilegais, perante o reino britânico.

As ROSCAS tomam diferentes formas, mas elas têm alguns traços em comum. Basicamente, o que acontece é que um grupo de pessoas forma uma associação e concorda em contribuir regularmente com uma certa quantia. Em períodos previamente especificados, um membro do grupo poderá tirar sua contribuição inteira mais as dos outros. Cada associado tira a mesma quantia, na sua vez. A quantia que eles recebem pode ser reduzida, entretanto, pelos salários pagos aos não associados do grupo, que trabalham coletando as contribuições, protegendo o dinheiro e fazendo os pagamentos. Se todos os custos de participação na ROSCA fossem calculados, ficaria claro que este é um programa de economia que oferece um índice de juros negativo! O valor do seu pagamento é reduzido pela inflação, que pode ser alta, dependendo da época na qual se recebe o dinheiro, e quaisquer taxas de serviços devem ser pagas ao coletor. Superficialmente, parece que participar de uma ROSCA é um comportamento econômico irracional, mas isso se torna ainda mais evidente quando se considera que existem bancos oficiais que oferecem contas com juros. Entretanto, as ROSCAS oferecem muitos benefícios, dos quais o mais importante é assegurar uma grande quantia, a ser recebida de uma vez, que pode ser utilizada para a compra de bens de consumo caros ou pagamento de outras dívidas, como mensalidades escolares. Uma vez que são institucionalizadas e socialmente aceitas, elas se tornaram culturalmente importantes.

Em grandes áreas de toda a África existem requisitos morais não escritos sobre a forma pela qual o dinheiro deve ser gasto. Em Gana, certas frases são muito comuns e pode-se vê-las escritas em cores nos barcos, ônibus e letreiros de rua. Em Twi, as mais importantes para essa discussão são: *Onipa baako ndidi* (Um homem não *chop*), *Woni sika a woni adamfo* (Sem dinheiro, sem amigos) e *Sika ye mogya* (Dinheiro é sangue). O significado de *Um homem não chop* é essencialmente que, se você possui dinheiro, seu dever é gastá-lo (*chop*). Se um homem retém o dinheiro, todos sofrerão, pois todos precisam de um pequeno *chop* para sobreviver (*chop* tem diversos significados em Gana, inclusive "comida"). A segunda frase *Sem dinheiro, sem amigos* é um tanto auto-explicativa, mas num nível mais profundo quer dizer que um homem rico possui muitos amigos, pois sentimos a responsabilidade de tomar conta das pessoas. Finalmente, a última frase, *Dinheiro é sangue,* tem um pequeno apêndice que diz *e deve fluir para sobreviver*. Simplesmente significa que as pessoas devem comer, e a movimentação do dinheiro (isto é, *chop*) permitirá que os outros recebam algo dele para comprar um pouco de comida e sobreviver. A expressão *Economia Chop* tornou-se muito bem aceita pelos especialistas do desenvolvimento do projeto para explicar que, às vezes, parece ser irracional o comportamento econômico. Esse comportamento é parte do sistema social tradicional em algumas partes da África. Hyden (1983) refere-se à partilha comunitária e familiar de recursos na África como a economia do afeto.

A conotação cultural das frases acima é bastante simples. Se se recebe dinheiro, deve-se fazê-lo circular rapidamente. Comprar um saco de cimento é suficiente. Segurar o dinheiro é que não é aceitável. Por causa desses requisitos culturais, não se aceita que o dinheiro seja guardado numa conta em banco com a idéia de se fazer uma grande compra (por exemplo, um carro), mesmo que o sistema formal de bancos estivesse prontamente disponível. Daí a importância das ROSCAS, que permitem o recebimento de uma grande quantia para grandes compras, sem violar qualquer preceito cultural. O preço pago por essa subversão cultural é um índice de juros negativo.

O que tem a *Economia Chop* a ver com a pesquisa aqui relatada? Alila (1996) declara que o dinheiro emprestado no setor informal freqüentemente paga os bens de consumo e não é usado em investimentos. No seu estudo sobre os participantes da ROSCA, em duas aldeias do Quênia, ele observou que quase um terço do dinheiro recebido foi para pagamentos de comida, seguidos de compra de utensílios domésticos e mobília. As mensalidades escolares, que podem ser bem altas, eram os únicos tipos de investimento de longo prazo comumente pagos pelos procedimentos da ROSCA. Descobertas semelhantes foram relatadas em um estudo em Camarões (Delancey, 1978 em Alila, 1996). O dinheiro recebido de outras fontes de empréstimos informais (por exemplo, parentes) também era usado na compra de bens de consumo. Por meio de observação e entrevistas não planejadas com os hoteleiros locais, parece que o dinheiro recebido de empréstimos do SSNIT e do CEDECOM pode ser visto pela perspectiva de empréstimo informal, em vez de formal. Se é este o caso, então o dinheiro recebido iria para a compra de bens de consumo, em vez de ser aplicado em investimentos de negócios, o que era a intenção do programa principal.

Existe uma tendência, na África, de considerar informais todos os empréstimos, a menos que alguns controles não tradicionais sejam introduzidos. Mesmo com as instituições formais de empréstimo, quando os controles tradicionais são mantidos, tais como os de Gana, onde os chefes de área controlam a cooperativa de empréstimo, encontram-se freqüentes abusos e altos índices de inadimplência (Songsore, 1992). Aboudha (1996) relata os tipos de programas de crédito introduzidos no Quênia, com graus de sucesso variados. Os tipos que pareciam funcionar mais eram os de empréstimos acompanhados de treinamento em negócios ou cooperativas, em que os altos índices de inadimplência impediam que todos os membros do grupo de crédito recebessem empréstimos no futuro. Nenhum desses controles era imposto para empréstimos do SSNIT ou CEDECOM, na Região Central. Com base nos resultados da parte qualitativa da pesquisa feita, determinou-se que muito poucos proprietários/operadores/gerentes possuíam qualquer treinamento formal em negócios e hotelaria. Eles simplesmente iniciavam o negócio porque tinham acesso a um edifício ou percebiam que seriam abertas oportunidades, como resultado do projeto de desenvolvimento. E depois não foram feitas tentativas para incluir a Associação de Hoteleiros (regional) no processo de aprovação de empréstimos. Conforme já mencionado, o Conselho Turístico de Gana garantia o empréstimo, que era feito sem consulta à Associação de Hoteleiros. Cada pessoa que recebia seu empréstimo era livre para gastar o dinheiro recebido da forma que melhor lhe aprouvesse, e esta é exatamente a forma pela qual um esquema de crédito informal opera. Deve-se mencionar que o Conselho de Turismo de Gana assistiu cada solicitante de empréstimo preparar um plano de negócio e um estudo de viabilidade, que eram pré-requisitos para o recebimento do empréstimo. Entretanto, não se fez nenhuma tentativa de assegurar que o plano de negócio estivesse sendo seguido. A preparação de um plano de negócio era mais vista como um ritual para a obtenção de dinheiro do que um plano de como o dinheiro deveria ser gasto. Qualquer quantia recebida como empréstimo seria considerada pelo solicitante como oriunda do setor informal, a menos que fossem instituídos certos controles para assegurar que as obrigações de pagamento fossem cumpridas num contexto diferente. Dessa forma, visto de uma perspectiva cultural, o solicitante ao empréstimo poderia gastar o dinheiro como quisesse.

Outra indicação do papel da cultura em operações de negócios pode ser explicada pelas práticas de empregos. Um grupo familiar é parte do sistema social ganense. Isso se evidencia pelo número de operadores e proprietários de hotéis que afirmam que contratam parentes para trabalhar para eles. De certa forma, o negócio funciona mais como um comissariado para a família do que como um negócio legítimo. Por um lado, isso se deve à necessidade de desenvolvimento de redes sociais, econômicas e políticas, que uma família pode perfeitamente satisfazer (Pedersen, 1997). E, por outro, à necessidade de cumprir as obrigações sob a economia *chop,* ou economia do sistema de afeto.

Os ganenses são bem conhecidos pela sua hospitalidade. Quando chegam, os visitantes são sempre homenageados com *Akwaaba* (Sejam bem-vindos). É comum que se ofereça a um membro da família um quarto e refeições, quando este visita a cidade. Não se espera que seja enviada nenhuma notificação anterior à visita. Se um estranho acompanhar o membro da família, a mesma hospitalidade gratuita lhe será oferecida (Sarpong, 1974). Não é nenhuma surpresa, portanto, ver quantos negócios empregam membros da família, tenham ou não qualquer habilidade. Seria considerada uma afronta cultural agir de outra forma, não importa que impacto isso tenha sobre os negócios. Alguns dos problemas que essa prática encobre surgiram durante uma entrevista com um dos gerentes do hotel Premier, cujo padrão é internacional na região. Antes de contratar um gerente que não pertencia à família, o hotel funcionava precariamente. Os membros das famílias do marido e da esposa (proprietários conjuntos) trabalhavam no hotel. O membro líder de cada grupo familiar reclamava a posição do gerente, pois o casal era ausente. Assim, diferentes membros das duas famílias levavam a comida do hotel e a vendiam em uma aldeia próxima. O dinheiro da venda da comida nunca voltava para o hotel. Obviamente o hotel era um bem importante para cada um dos lados das famílias, de forma que batalhas internas (do estilo baixo perfil de Gana) estavam começando a sair do controle. Ambos os proprietários entenderam que a situação estava ruim, e piorando. O hotel constantemente perdia dinheiro e oferecia serviços de baixo nível aos hóspedes (existe uma diferença entre serviço de baixo nível, que é esperar longo tempo por uma refeição, por exemplo, e hospitalidade gratuita). Para remediar a situação, um gerente de fora foi contratado. Esse gerente tinha controle sobre todos os aspectos da operação, inclusive sobre o pessoal. Ao contratar um gerente de fora, os proprietários automática e essencialmente se eximiam da responsabilidade cultural de tomar conta dos familiares, permitindo que o negócio fosse administrado profissionalmente.

Outra indicação interessante das influências culturais na tomada de decisões é a confiança depositada nos sacerdotes ou sacerdotisas (embora o sexo é irrelevante) para orientação quando decisões de negócios têm que ser tomadas. Sarpong (1974) relata a importância dos sacerdotes para a cultura de Gana. Eles são altamente respeitados por toda a comunidade. Essa não é uma posição a ser reivindicada, mesmo que possa ser ganha por sucessão hereditária ou conferida pela divindade que o sacerdote representa. Todos os sacerdotes passam pelo mesmo aprendizado e devem ser capazes de ganhar a confiança das pessoas às quais eles servem. Existe pelo menos um sacerdote para cada divindade reconhecida. Embora exista uma crença em um Deus Todo-Poderoso, também existem numerosas divindades que controlam a vida diária. Os indivíduos podem ter um deus favorito, ao qual eles constantemente pedem conselhos por meio do seu intermediário, que é o sacerdote. Ainda que no estudo nenhum dos entrevistados admitisse que pedia orientação ao sacerdote, a grande maioria tinha certeza de que os outros o faziam. Isso indica que tal prática permanece como uma parte importante da vida diária, apesar de não prontamente compartilhada com as pessoas de fora da sua cultura. Se esse for o caso, então é bem possível que a razão econômica seja uma consideração secundária quando se pede orientação para uma decisão em negócios. A economia e a cultura não são mutuamente exclusivas. É inteiramente possível que a divindade favorita de uma pessoa também seja aquela que fornece o melhor conselho sobre negócios. Contudo, a importância das influências culturais na vida de negócios do empresário de Gana parece ser bem forte.

Conclusões

A pesquisa relatada neste capítulo é parte de um projeto de desenvolvimento de turismo muito maior da Região Central de Gana. As preocupações sobre os resultados sustentáveis do projeto foram levantadas desde o começo do trabalho. Sentia-se que muito do que tornaria o trabalho sustentável era a forma como o setor privado desenvolvia e, conseqüentemente, beneficiava a população local. Portanto, tornou-se necessário organizar, treinar e assistir o desenvolvimento do setor privado dependente do turismo. Para tal, era preciso compreender como as SSEs, das quais a indústria hoteleira na Região Central certamente faz parte, operam em Gana. Obteve-se muito pouca informação sobre as SSEs, em particular as da África, e nada se encontrou enfocado na indústria do turismo. Portanto, era necessário pegar e juntar o que se pudesse encontrar e tentar relacionar, aquela informação e as respectivas teorias, com o que fora encontrado nas avaliações qualitativa e quantitativa do setor hoteleiro na Região Central. Duas teorias prevalentes, a neoclássica e a da dependência, dominam a literatura sobre o desenvolvimento na África. Ambas são teorias de macronível e, embora forneçam alguns conhecimentos sobre a causa do desenvolvimento tardio na África, não dão informação suficiente para facilitar a compreensão dos problemas locais de desenvolvimento. Esse estudo tentava compreender as questões de desenvolvimento local inserindo condições culturais na equação.

A primeira questão apresentada foi a da obtenção de assistência financeira para o desenvolvimento de negócios. O papel dos programas de crédito informais e formais foi examinado, com especial atenção dada ao funcionamento das ROSCAS. Esses esquemas de crédito eram unicamente africanos, com suas raízes na África Ocidental. Apesar de seu índice negativo de lucros, eles continuam populares como, hipoteticamente, meios legítimos de se evitar o sistema da "Economia *Chop*". Quando outros esquemas de crédito formais forem oferecidos sem nenhuma tentativa de diferenciação, por meio de treinamento e outros controles, dos esquemas informais aceitos, pode-se esperar investimentos limitados de fundos de empréstimo e, conseqüentemente, altos índices de inadimplência por empréstimos. Isso parece ser o que ocorre na Região Central, quando os empréstimos para o desenvolvimento do SSNIT e do CEDECOM tornaram-se disponíveis aos interesses do turismo. Esta descoberta não deve ser interpretada como uma sugestão de que os esquemas de crédito formais não sejam necessários ou não possam resultar em altos índices de pagamento. Uma vez que as SSES compõem a maioria dos negócios na África, e Gana não é uma exceção, surge a premência de se injetarem fundos muito necessários nesses negócios. Entretanto, para ser efetiva, a influência cultural deve ser levada em consideração. O uso de cooperativas, que é essencialmente o que as ROSCAS são, e com requisitos formais, que as ROSCAS não têm nem precisam ter, é uma condição *sine qua non* para superar a necessidade de fazer o dinheiro circular, como personificado no sistema da "Economia *Chop*" prevalente no país.

Uma segunda questão, relacionada à primeira, trata da necessidade de sustentar a família e os amigos por meio das oportunidades de emprego. De novo, a "Economia *Chop*" pode ser vista como obstáculo ao funcionamento eficiente de negócios, que geralmente resulta na criação de uma rede de bem-estar da família, em vez de ajudar o estabelecimento de uma unidade funcional de produção. Muitos hotéis, antes do desenvolvimento de um produto turístico regional, pertenciam ao tipo modesto, fornecendo ao turista doméstico que, na maioria das vezes, comparecia a um funeral. O gerente do hotel, então, fazia pouco para melhorar a qualidade do serviço, pois esses negócios eram quase sempre estabelecidos para tirar vantagem de um mercado pequeno mas estável. Embora a ineficiência e os níveis de serviço pobres tivessem sido a regra por anos a fio e se tornado aceitáveis para o turista doméstico, os visitantes internacionais que começaram a chegar estavam acostumados a uma classe de serviços diferente. Para tirar vantagem dessa oportunidade, os novos sistemas de gerenciamento parecem funcionar bem. O sucesso será medido pelo grau de capacidade de incorporar padrões de eficiência e hospitalidade que os novos sistemas de gerenciamento possuam, sem violar quaisquer normas culturais relacionadas ao sustento da família. Como descrito anteriormente, um hotel conseguiu superar esse problema contratando um gerente não aparentado com os proprietários e, portanto, sem obrigações culturais para com os membros da família dos proprietários. Essa foi uma solução legítima totalmente dentro das normas culturais aceitáveis. O outro método que pode ser aceitável, embora haja pouca evidência de que tenha sido utilizado, é a Associação de Hoteleiros local desenvolver um código de práticas de negócios que desencoraje a contratação de qualquer pessoa que não possua os níveis de habilidade adequados para a posição que deseja ocupar. Isso asseguraria que qualquer pessoa contratada para uma posição está, pelo menos, qualificada para cumprir as responsabilidades dessa posição. Não se trata do caso das pessoas serem preguiçosas e quererem se aproveitar de uma situação familiar. Em vez disso, deve-se lembrar que a preocupação mais importante é primeiramente tomar conta da família e, então, tomar conta do negócio. Por sua vez, o membro da família que recebe uma posição tem uma obrigação moral para com a família: a de dar o melhor de si e de sua habilidade. Muitas vezes os problemas surgem porque o desempenho dos empregados no trabalho é fraco, simplesmente porque eles não sabem como fazer melhor seus trabalhos. Se forem treinados podem se tornar um benefício para o proprietário, em vez de bagagem cultural. É claro que o treino oferecido deve ser apropriado e sob os auspícios da Associação, para que isso se torne uma solução.

Finalmente, deve-se reconhecer que existem provavelmente mais aspectos da cultura que causam impactos na operação de negócios do que os descobertos pela pesquisa realizada para este capítulo. A descoberta de que muitas pessoas acreditam que as outras consultam um sacerdote para ajudá-las a tomar decisões, mas negam que façam a mesma coisa, indica que existem muitos elementos culturais que ou não são partilhados com os de fora de sua cultura, ou não são abertamente discutidos dentro de sua cultura. Qualquer que seja o caso, haverá um impacto causado pela forma com que o negócio opera.

Quão sustentáveis são esses negócios? Ao longo da literatura sobre o desenvolvimento do turismo constantemente se encontram referências à necessidade de apoio ou manutenção de negócios de proprietários locais. Jafari (1988) liga esse pensamento às reações da descoberta e compreensão dos impactos negativos do turismo, tanto do ponto de vista econômico quanto sociocultural. Ele cita esse corpo de literatura, que primeiro aparece em números significativos no final dos anos 1970 e princípio dos 1980, como a plataforma de Adaptância. A Adaptância refere-se às estratégias para ultrapassar as influências e os impactos do turismo de massa. O ecoturismo é um exemplo dessas formas alternativas de turismo recomendadas para vencer alguns dos impactos negativos associados ao desenvolvimento do turismo. Implicitamente reconhecida nesse corpo de literatura está a idéia de que uma propriedade pequena e local é boa. Mas deve-se questionar se o pequeno pode sobreviver em um ambiente crescentemente competitivo e ainda oferecer um nível de serviço razoável às demandas dos visitantes.

Superficialmente, pode parecer que os hotéis, apesar dos problemas óbvios discutidos anteriormente, estão sobrevivendo e oferecendo aos turistas sua experiência local. Entretanto, se as projeções feitas no plano mestre do turismo se tornarem realidade, o país como um todo terá um aumento de 400% nas chegadas, em menos de 12 anos, e a Região Central, por causa de sua proximidade com Acra e seu centro de atrações internacionais, receberá uma parte significativa desses visitantes. Quando isso acontece, o potencial de lucro aumenta e a instabilidade do mercado diminui. Em outras palavras, a situação torna-se ideal para empreendimentos a longo prazo. Algumas discussões já foram feitas com fornecedores multinacionais para que assumissem parte da propriedade e da gerência de um hotel que está para ser construído na região. A menos que possam resolver seus problemas atuais de gerenciamento e superar algumas normas culturais sérias de condução de negócios, as propriedades existentes talvez não sejam capazes de sobreviver em face da nova competição, mesmo numa economia de crescimento.

O que essa pesquisa parece indicar, apesar das suas limitações óbvias (por exemplo, o tamanho pequeno da amostra), é que as teorias predominantes oferecidas para compreender a falta de sucesso no desenvolvimento na África podem não cobrir adequada e totalmente a faixa dos obstáculos para o desenvolvimento. "As teorias clássicas de desenvolvimento não oferecem explicações satisfatórias sobre a importância da continuação dos empreendimentos de pequeno e médio porte, tanto nos países em desenvolvimento quanto nos desenvolvidos" (McCormick e Pedersen, 1996). De fato, a hipótese básica subjacente às duas principais teorias é de que os fatores econômicos controlam o desenvolvimento. É possível que os fatores econômicos sejam uma preocupação secundária e que as obrigações socioculturais sejam as que influenciam as decisões. Se é assim, então devem-se ajustar os modelos ocidentais, tais como os descritos neste capítulo para os esquemas de crédito formais (isto é, cooperativas e treinamento), a fim de que sejam superadas as barreiras culturais que impedem o desenvolvimento em larga escala das SSES. Essa é, sem dúvida, uma declaração ousada, dado o âmbito limitado da pesquisa efetuada para esse trabalho e a riqueza de informações que apóiam as teorias neoclássica e da dependência. Entretanto, como Hoddinott (1996) pergunta: "Será que uma regra empírica desenvolvida no contexto das economias ocidentais falhará quando aplicada à África?".

Não se pode negar a influência da cultura nas práticas de gerenciamento de negócios dos hotéis que operam nas cidades irmãs do cabo Coast e Elmina, na área da Região Central de Gana. Tanto o exame qualitativo quanto o quantitativo dos hotéis da área apóiam essa afirmação. Se esses resultados e a hipótese derivada desse trabalho têm validade, terá que ser realizado um trabalho posterior em escala muito maior. Por agora, o acréscimo de um elemento cultural a uma ou a ambas as teorias de desenvolvimento seria prematuro. Porém, se o reconhecimento do papel da cultura e de suas obrigações sociais relacionadas puder ajudar no setor de desenvolvimento das SSES da África, vale a pena dar continuidade a essa pesquisa.

Referências

ABOUDHA, C. "Small scale industrial financing in Kenya: case for venture capital". *In*: D. McCormick e P.Pedersen (eds.) *Small Enterprises: Flexibility and Networking in an African Context*, Nairobi: Longhorn, Quênia, 1996.

ALILA, P. "Informal credit and rural sector enterprise development". *In*: D. McCormick e P.Pedersen (eds.) *Small Enterprises: Flexibility and Networking in an African Context*, Nairobi: Longhorn, Quênia, 1996.

ANUNOBI, F. *International Dimensions of African Political Economy: Trends, Challenges and Realities*. Lanham, M.D.: University Press of America, 1994.

BOWDITCH, N. *Micro-Economic Assessment of the Tourism Related Businesses in the Central Region*, preparado sob contrato para o Centro de Turismo da Universidade de Minesota, 1996.

DELANCEY, M. *Savings and Credit Institutions in Rural West Africa*. East Lansing: Centro de Estudos Africanos, Universidade do Estado de Michigan, 1978.

GHANA INVESTMENT PROMOTION CENTER ACT, 1994, Act 478, Ghana Investment Promotion Center, Acra: Gana, 1994.

HANSOM, D. *Small Industry Development in África – Lessons from Sudam*. Lit Verlag: Münster, 1992.

HODDINOTT, J. "Wages and unemployment in an urban African labour market", *The Economic Journal* 106 (novembro): 1610-26, 1996.

HYDEN, G. *No Shortcuts to Progress: African Development Management in Perspective*. Heineman: Londres, 1983.

JAFARI, J. *Retrospective and Prospective Views on Tourism as a Field of Study*. Trabalho apresentado na Reunião de 1988 da Academia das Ciências do Lazer, Indianapolis, Indiana, 1988.

KINYANJUI, M. "Small and medium manufacturing enterprise formation and development in central Kenya". *In*: D. McCormick e P.Pedersen (eds.) *Small Enterprises: Flexibility and Networking in an African Context*, Nairobi: Longhorn, Quênia, 1996.

LIEDHOLM, C. e MEAD, D. *Small Scale Industries in Developing Countries: Empirical Evidence and Policy Implications*. East Lansing: Departamento de Economia e Agricultura da Universidade do estado de Michigan, 1987.

MCCORMICK, D. Why *Small Firms Stay Small: Risk and Growth in Nairobi"s Small-Scale Manufacturing*. Nairobi: Instituto de Estudos sobre Desenvolvimento, Universidade de Nairobi, 1992.

MCCORMICK, D. e P. PEDERSEN. *Small Enterprises: Flexibility and Networking in an African Context*. III, Nairobi: Longhorn, Quênia, 1996.

MINISTRY OF TOURISM, Ghana. *National Tourism Development Plan for Ghana 1996-2010*, preparado pelo Ministro do Turismo, Gana: Programa de Desenvolvimento das Nações Unidas; Organização Mundial de Turismo1996a.

_______. *Diary Survey of International Visitors to Ghana*, preparado para o Consórcio de Universidades do Meio-Ocidente para Atividades Internacionais (MUCIA), 1996b.

ONGILE, G. e MCCORMICK, D. "Barriers to small firm growth: evidence from Nairobi's garment industry". *In*: D. McCormick e P.Pedersen (eds.) *Small Enterprises: Flexibility and Networking in an African Context*, Nairobi: Longhorn, Quênia, 1996.

PEDERSEN, P. *Small African Towns – Between Rural Networks and Urban Hierarchies*. Aldershot: Avebury, 1997.

SARPONG, P. *Ghana in Retrospect: Some Aspects of Ghanaian Culture*. Acra: Ghana Publishing Corporation, 1974.

SONGSORE, J. "The co-operative credit union movement in north-western Ghana: development agent or agent of incorporation?". *In*: Fraser e Mackenzie (eds) *Development from Within: Survival in Rural Africa*, Londres: Routledge, 1992.

TEYE, V. "Coups d'état and African tourism: a study of Ghana", *Annals of Tourism Research* 15: 329-56, 1988.

O desenvolvimento do turismo sustentável na América do Sul:
O caso da Patagônia, na Argentina

Regina Schlüter

Introdução

Os países da América do Sul, na implementação de planos e programas de desenvolvimento desde os anos 1950, procuraram não apenas assegurar o crescimento econômico, mas também melhorar os padrões de vida social de seus habitantes com respeito à saúde, educação e altos níveis de renda pessoal. Tais objetivos ainda não foram totalmente alcançados. Mais recentemente, o turismo tem sido visto como meio de contribuir para a conquista deles. Nesse contexto, a introdução do conceito de turismo sustentável foi imediatamente aceita, ainda que o significado dessa expressão não seja completamente compreendido. A Comissão Mundial para o Ambiente e Desenvolvimento (WCED, 1987) interpreta o desenvolvimento sustentável como um processo que habilita o desenvolvimento sem destruir os recursos que viabilizam tal desenvolvimento. Quando aplicado ao turismo, como Godfrey (1996) demonstra, o conceito de desenvolvimento sustentável se assemelha a uma forma de turismo amigável para o ambiente. Na América do Sul, o ecoturismo e o turismo de aventura são geralmente considerados sustentáveis.

Este capítulo começa com uma curta referência a algumas questões atuais relacionadas ao turismo sustentável. Assim, será apresentada uma descrição breve acerca dos padrões de desenvolvimento turístico encontrados na América do Sul durante a última metade do século XX. Eles serão comparados ao modelo implementado na Patagônia, Argentina, durante os anos 1930, que se assemelha bastante ao modelo de desenvolvimento turístico sustentável atualmente existente. Será feita, então, uma referência aos projetos de turismo que estão sendo executados nas áreas desertas da Patagônia, especialmente nas reservas animais ao longo da costa do Atlântico, onde os pingüins e uma variedade de mamíferos marinhos estão sob proteção, e no turismo histórico relacionado ao povoado gaulês na região. Esses projetos serão examinados nos termos do conceito atual de desenvolvimento sustentável.

Desenvolvimento sustentável: algumas questões atuais

A consciência ambiental não é uma preocupação apenas dos países industrializados (Ayala, 1995). Os países em desenvolvimento também se interessam em alcançar o crescimento econômico, a fim de aumentar o bem-estar da população e provocar o menor dano possível ao ambiente. Entretanto, como Fyall e Garrod (1997) observam, mesmo que o conceito subjacente de "sustentação" tenha sido estabelecido pelos acadêmicos e a indústria tenha demonstrado grande interesse na sua implementação, esse conceito está sendo continuamente redefinido com poucas diretrizes para sua implementação prática. Nos países desenvolvidos, a discussão sobre a sustentação geralmente se concentra nos problemas ambientais. Nos países que usam o turismo como estratégia de crescimento econômico e bem-estar social, entretanto, a ênfase é colocada no desenvolvimento (César-Dachary, 1996). Tanto Hunter (1995) quanto McKercher (1993) notaram que o conceito de desenvolvimento sustentável compreende dois aspectos diferentes: os conservadores defendem e enfatizam a não-modificação do ambiente, enquanto a indústria turística toma uma posição mais próxima do desenvolvimento.

Como no caso da indústria turística, os países em desenvolvimento procuram acelerar seu crescimento enquanto preservam o ambiente e produzem bens para um mercado não tradicional. De acordo com Hughes (1995), surgiu um novo tipo de consumidor, que complementa o segmento tradicional do consumidor hedonista. Esses novos consumidores têm interesse em aprender e se comunicar com a população local. Hawkins (1994) acrescenta que o ecoturismo, que além de facilitar o contato mais próximo com a natureza também favorece uma interação fluida entre hospedeiros e visitantes, está atraindo um número cada vez maior de entusiastas pelo mundo todo.

Owen, Witt e Gammon (1993) afirmam que o desenvolvimento do turismo não entra em conflito necessariamente com o crescimento econômico, e que a vitalidade econômica é fundamental para o combate à pobreza, para melhorar os padrões de vida e promover a proteção ambiental. Esse ponto de vista também é partilhado pelos governos da América do Sul que, como Butcher (1997), também entendem que o desenvolvimento sustentável não é uma panacéia para vencer a pobreza. Na América do Sul, também se reconhece que alcançar os objetivos do desenvolvimento sustentável requer participação da comunidade. Isso se tornou mais evidente a partir do início dos anos 1980, quando os governos democráticos voltaram ao poder e as municipalidades começaram a desempenhar um papel importante.

Conforme apontado por Murphy (1985), embora a participação da comunidade dê a cada destino turístico seu aspecto diferenciado, tal participação em geral é difícil de ser alcançada. Uma das razões para isso é que, de acordo com o que Joppe (1996) indicou, municipalidades e comunidades nem sempre são a mesma coisa. Normalmente existem agrupamentos comunitários além das fronteiras municipais, ou o município compreende mais de uma comunidade. Deve-se acrescentar a isso o influxo de imigrantes em busca de um espectro maior de oportunidades derivadas da implementação de novas atividades econômicas numa área específica. As situações conflitantes que surgem entre os "nativos" e os "que chegam" podem ser muitas (Taylor, 1995:488). É exatamente o que ocorre em alguns lugares do sul da Argentina, onde se registraram rejeições dos NYC (sigla para "Nacidos Y Crecidos", na língua espanhola) às famílias que chegaram para tirar vantagem das oportunidades econômicas oferecidas pelos planos de expansão industrial e, mais recentemente, do turismo.

Entretanto, quando se trata de questões de maior importância, o alto índice de oportunidades criado pelo turismo faz com que essas diferenças diminuam, especialmente quando as autoridades nacionais ou provinciais induzem os diferentes distritos a desenvolver produtos naturais ou novas tecnologias que produzam baixos impactos ambientais, como as energias alternativas.

Essa influência exercida pelo Estado sempre foi forte nos países da América do Sul e tem sido especialmente sentida no campo do turismo. Atualmente, também se pode senti-la na adoção de "sustentação" como modelo de desenvolvimento. Esse modelo é uma resposta a vários fatores: à crescente conscientização relativa ao meio ambiente por pessoas de diversas partes do mundo; ao que se descreve como "pressões exógenas de mercado" para desenvolver o ecoturismo (Boyd e Butler, 1996:557); e aos fundos fornecidos – entre outras instituições – por entidades intergovernamentais, como o Fundo Ambiental Global (GEF) e o Banco Mundial, para o desenvolvimento do avanço das chamadas "tecnologias *soft*".

O desenvolvimento do turismo na América Latina: uma visão geral

Normalmente, o desenvolvimento do turismo está relacionado aos modelos econômicos prevalentes nos países da América Latina que promoveram, de tempos em tempos, o aumento das atividades prescritas e geralmente tidas como exemplos a serem seguidos (Lizama, 1991). Durante as primeiras décadas do século XX o desenvolvimento do turismo na Europa era visto pela América Latina como um modelo a ser copiado. Depois de 1958, o modelo econômico vigente era o desenvolvido pela Comissão Econômica para a América Latina (CEPAL). De acordo com esse modelo, os países latino-americanos deveriam empreender todos os esforços possíveis a fim de sair da produção de bens primários para entrar no estágio de industrialização. A fim de que tal modelo fosse alcançado, tornou-se necessário desenvolver a indústria e os setores assistenciais, uma questão que demandou investimentos consideráveis e preparou o Estado para desempenhar seu papel predominante (Schlüter, 1991).

Com exceção do México e da República Dominicana, onde o governo desempenhou um papel ativo, investindo no desenvolvimento de centros integrados de turismo, os outros países da América Latina não fizeram muito esforço. Isso não ocorreu por falta de interesse, e sim por falta de segurança no que diz respeito à lucratividade do investimento: a América Latina, como um todo, não poderia oferecer seu produto (sol, areia, mar e temperaturas altas), consumido em massa pelos turistas dos Estados Unidos, o maior e mais próximo país gerador de turismo (Schlüter, 1994a).

Os países da América do Sul que puderam competir no mercado internacional oferecendo sol, areia e mar foram o Brasil, a Venezuela e a Colômbia. Entretanto, o tráfego para o Brasil sofreu os efeitos de uma mídia internacional maciça que promoveu os aspectos socioeconômicos e políticos negativos, prejudicando a imagem do país (Schlüter, 1993). A Colômbia e a Venezuela, os dois únicos países que podiam tirar vantagem dos fluxos turísticos rumo ao Caribe, em razão de problemas domésticos, começaram a competir nesse mercado um pouco tarde, quando outros destinos na área já estavam bem estabelecidos.

O modelo econômico proposto pela Comissão Econômica para a América Latina não rendeu os resultados desejados. Ao contrário, a intervenção do Estado na economia provocou débitos imensos com o Fundo Monetário Internacional (FMI) e com o setor de bancos privados. Conseqüentemente, surgiu uma crise séria no final dos anos 1980, que exigia uma reestruturação econômica em grande escala. As medidas tomadas incluíam a privatização das companhias estatais, até mesmo daquelas fundamentais para a segurança nacional, como transportes, energia e telecomunicações.

Ao mesmo tempo, mudanças significativas ocorriam nos países desenvolvidos relativas à divisão do mercado que buscava a não perturbação da natureza à medida que seus destinos de férias cresciam na maioria dos países geradores de turismo (Schlüter, 1994b). Os países em desenvolvimento começaram a expressar sua preocupação acerca da deterioração do ambiente, embora o sol, a areia e o mar continuassem se mantendo importantes. Os países da América do Sul tentaram obter benefícios dessa nova tendência turística ecologicamente orientada e fizeram muitos esforços para se adaptar a essa demanda, criando produtos ligados ao ecoturismo. Embora as Ilhas Galápagos (no Equador) já fossem um destino significativo para os turistas que buscavam a natureza, foram os países dentro da Bacia Amazônica, assim como as áreas da Patagônia (o Chile e a Argentina), que mais se beneficiaram com essa nova tendência.

Apesar da criação de produtos para o mercado de longa distância, o turismo inter-regional continuou a liderar como o mais importante (64,4% em 1995). Porém, as estatísticas apresentadas pela Organização Mundial do Turismo (WTO) indicam um índice de crescimento anual médio de 7,1% durante o período de 1986 a 1996, para o turismo originado na Europa; de 6,75% para os originados no Extremo Oriente e no Pacífico; e de 6,1% para as chegadas da América do Norte (WTO, 1997). Não obstante, a América do Sul como um todo apenas contribuiu com 12,3% do número total de chegadas ao continente americano e com 10,7% de receita de turismo. Como pode ser visto na Figura 1, a Argentina, o Brasil e o Uruguai são os destinos principais da região. Com respeito às receitas do turismo (Figura 2), a Argentina, o Brasil e o Chile foram os países com os melhores desempenhos.

Os destinos com os maiores índices de crescimento de chegada de turistas durante o período de 1986 e 1996 foram a Bolívia (10,9%), o Chile (9,6%) e a Argentina (9,2%). O índice anual médio de aumento de receita de turismo internacional durante o mesmo período foi 17,1% para o Chile, 16,4% para a Bolívia e 15% para a Argentina (WTO, 1997). O crescimento do turismo internacional na Bolívia suplantou os números regionais médios. Isso ocorreu graças aos novos produtos do turismo que se adaptaram ao que se supõe que seja o ecoturismo.

No que diz respeito à Argentina, a preferência pelo turismo com base na natureza contribuiu para uma consolidação do turismo na Patagônia, uma região que atrai cerca de um terço do turismo internacional do país, de acordo com as estatísticas fornecidas pela organização nacional de turismo. O destino mais visitado dessa região é a cidade de São Carlos de Bariloche, que é cercada pelo Parque

Nacional Nahuel Huapi. Seu crescimento está intimamente ligado à criação do Serviço de Parques Nacionais da Argentina, em 1994.

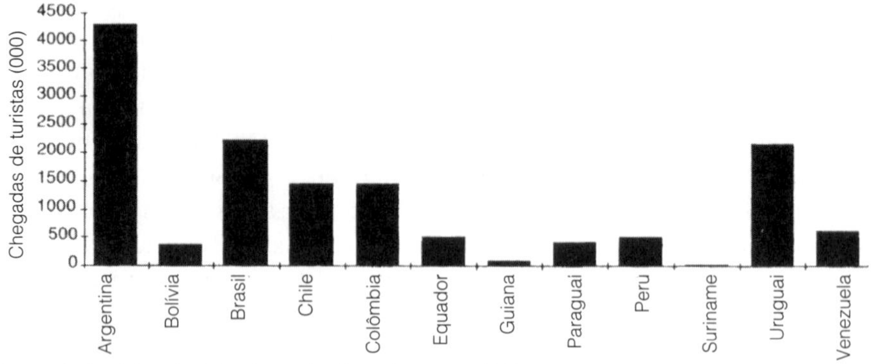

Figura 1. América do Sul: chegada de turistas em 1996.
Fonte: WTO.

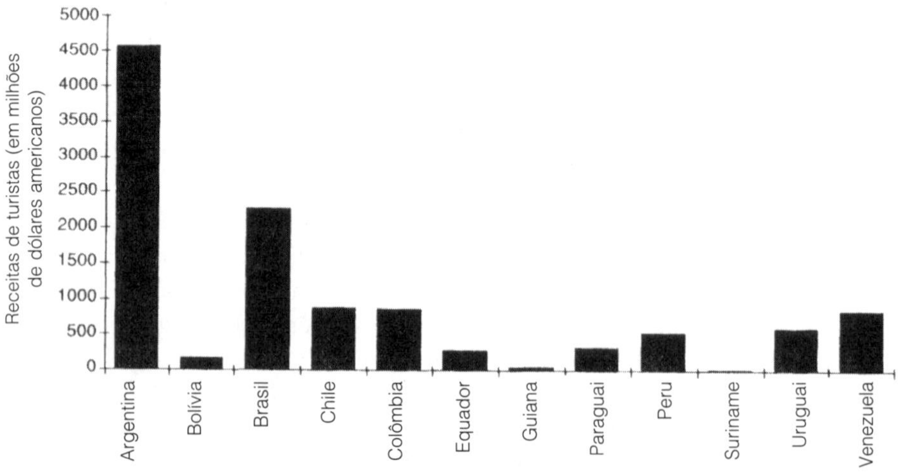

Figura 2. América do Sul: receitas de turistas em 1996.
Fonte: WTO.

O papel do Estado no desenvolvimento do turismo na Argentina

Embora os escritórios de turismo tenham se tornado parte das administrações provinciais, o governo federal também assumiu o seu papel no gerenciamento das atividades turísticas em escala nacional, criando o Serviço de Parques Nacionais. Quando esse departamento foi criado, em 1974, duas áreas protegidas já tinham sido delineadas:

- o Parque Nacional das Cataratas do Iguaçu, na fronteira noroeste com o Brasil;
- o Parque Nacional Nahuel Huapi, na Patagônia, próximo ao lago do mesmo nome.

A maioria das ações tomadas pelo Serviço de Parques Nacionais parecia se concentrar ao redor do Parque Nahuel Huapi, porque este era mais acessível que o das Cataratas do Iguaçu, naquela época, e havia menos interesse público então nas trilhas das áreas florestais.

O Parque Nacional Nahuel Huapi fica ao pé das montanhas andinas (Figura 3). No início do século XX ele foi visitado por altas personalidades, como o presidente Theodore Roosevelt, dos Estados Unidos, por Edward, príncipe de Gales, e por membros da elite argentina. As pessoas que visitavam São Carlos de Bariloche, então uma pequena cidade, ficavam maravilhadas com a paisagem, composta de lagos, bosques e montanhas cobertas de neve.

O interior que circunda o parque era pouco habitado e as comunicações com o restante da Argentina eram muito pobres. Estas figuras fragilizavam a soberania argentina numa área de fronteira e os oficiais do Serviço de Parques Nacionais entenderam que, embora:

> [...] claramente, nossa função legal seja preservar a natureza no seu estado selvagem, a beleza do cenário e tornar possível que as pessoas cheguem a essa região; também é necessário reforçar a soberania teórica que foi praticada relutantemente e constantemente desafiada, e para isso precisa-se de apoio urgente e bases mais sólidas, a fim de que eventualmente aquela venha a se tornar definitiva e intocável [...].
>
> Se a Argentina for, algum dia, de uma vez e para sempre, a proprietária real do território inteiro que, com seus lagos, rios, florestas, montanhas e geleiras, atrai a atenção de todos os destinos do mundo, terá que utilizar o turismo como um posto avançado dentro da estrutura da preservação racional da natureza e um programa de assentamento cuidadosamente planejado.
>
> (Bustillo, 1971:14)

A fim de transformar São Carlos de Bariloche num destino de turismo internacional, completou-se a construção da estrada de ferro que a liga a Buenos Aires. Os hotéis foram reformados, os serviços sanitários (esgotos e água potável) melhorados, as figuras arquitetônicas renovadas e as facilidades recreativas, inclusive as pistas de esqui, construídas. O Hotel Llao Llao foi construído para

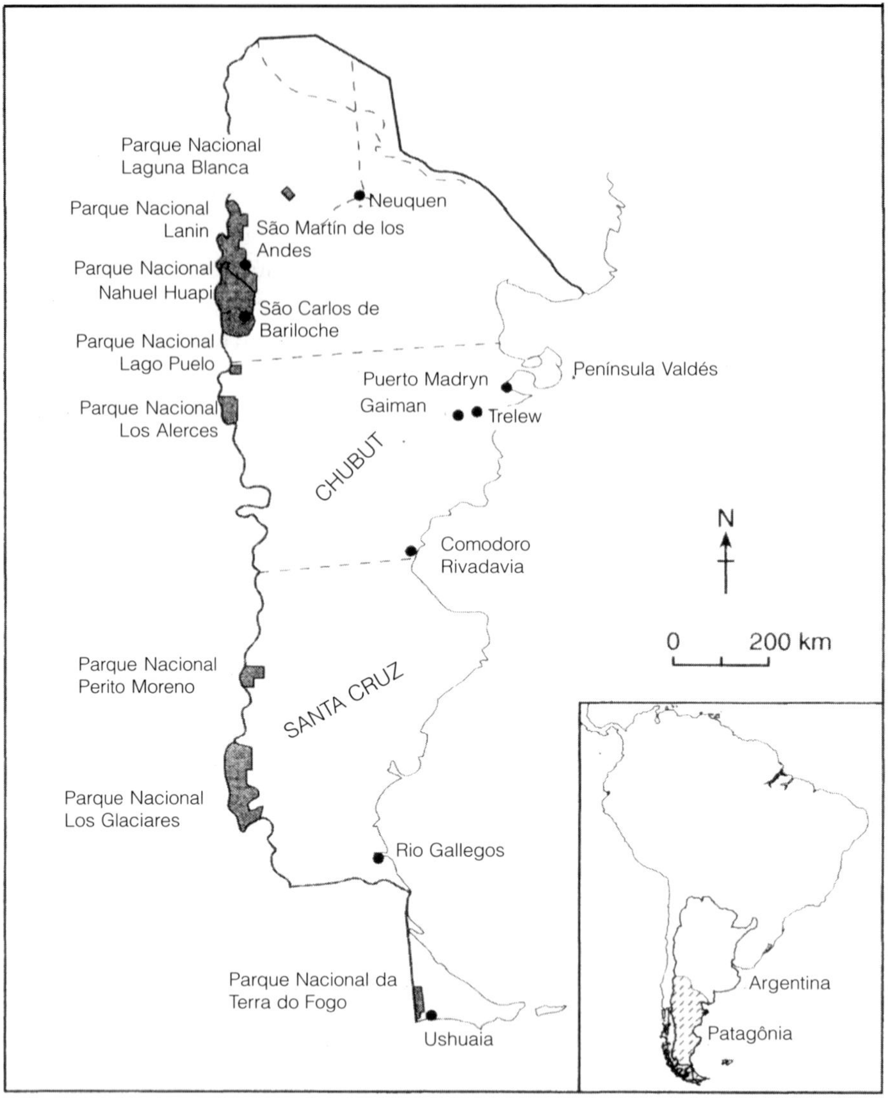

Figura 3. Patagônia: localização, nomes de lugares e parques nacionais.

acomodar turistas sofisticados, de alta renda. A construção e outros trabalhos realizados por meio da política do Serviço de Parques Nacionais, dirigidos ao cumprimento das exigências turísticas, criaram uma forte demanda de trabalhos de fora. Aproximadamente duzentos trabalhadores foram contratados antes da inauguração do Hotel Llao Llao e, depois que sua construção foi concluída, os trabalhadores permaneceram e se ligaram às atividades relacionadas ao turismo; a lenta transformação de uma economia agrícola de criação de gado em outra, orientada para o setor assistencial, já tinha começado.

Todas essas melhorias influenciaram o número de chegadas, que cresceu consideravelmente. Na estação de 1937-1938, chegaram 2.560 turistas. Em 1942-43, esse número já tinha subido para 10.900 (Eriksen, 1970). O número de visitantes estrangeiros, que na sua maioria vinham dos países vizinhos e dos Estados Unidos, começou a crescer na década de 1960, e o número total de chegadas aumentou de 45.400 em 1960 para 151 mil em 1967. No final dos anos 1990, São Carlos de Bariloche era visitada por 680 mil turistas por ano.

A população também cresceu rapidamente. Em 1915, existiam apenas mil habitantes; por volta de 1930 esse número já tinha duplicado. Durante a segunda metade do século XX, São Carlos de Bariloche era a cidade cuja população mais tinha crescido entre dois censos tomados na região da Patagônia. Em 1960, a cidade tinha 21.960 habitantes; em 1970, esse número se elevara para 26.799; em 1980, para 48.224, e, em 1998, a população da cidade era de 81.130 habitantes.

No que diz respeito à estrutura demográfica, no final dos anos 1960 havia um alto índice de participação feminina na população economicamente ativa, assim como um maior equilíbrio entre os sexos. Havia uma constante migração de mulheres de fazendas localizadas no platô próximo a São Carlos de Bariloche. O processo começou nas casas imponentes de ranchos imensos, onde as jovens trabalhavam como domésticas e aprendiam as habilidades do lar que as capacitavam para trabalhar, mais tarde, na indústria de hotéis e restaurantes (Landoni, 1988).

Toda a atividade econômica da cidade centrava-se no fornecimento aos visitantes. A predominância do setor terciário da economia sobre o primário formou uma clara distinção entre essa cidade e o restante dos centros urbanos da Patagônia. As fazendas ao redor da cidade começaram a produzir artigos alimentícios, como leite, queijo, manteiga, ovos e frutas. Esses artigos eram, então, vendidos diretamente aos turistas, especialmente àqueles que acampavam fora da cidade. Pequenos proprietários com freqüência transformavam seus estabelecimentos em restaurantes e alojamentos. Na maioria dos casos, entretanto, eles subdividiam e vendiam parte de suas terras a fim de construir acomodações e acampamentos para os turistas. Aliado ao desenvolvimento do setor terciário da economia foi lançada uma indústria de produção de suvenires. Essa indústria produzia artigos como chocolate caseiro, geléias, cerâmica, tapeçarias (de parede), agasalhos tricotados, esculturas de madeira entalhada e cosméticos.

No início dos anos 1970 a área montanhosa próxima a São Carlos de Bariloche tornou-se uma atração para os jovens residentes nos principais centros urbanos da Argentina, principalmente Buenos Aires, que já tinham visitado a área e agora desejavam viver mais próximos da natureza. Assim, eles se esforçavam servindo aos turistas, plantando cerejas e outras plantas aromáticas que, na época, eram pouco conhecidas e apreciadas no mercado argentino.

Depois de um período de dez anos, e por causa de sua aceitação entre os turistas, produtos como geléias, marmeladas e compotas asseguraram uma posição privilegiada no mercado das principais áreas de consumo e eram vendidos como lembranças, ou "produtos regionais" da Patagônia. Eles tinham conquistado *status* de exportação, fortalecendo assim a economia regional. A área coberta pela faixa montanhosa entre os paralelos 39 e 43 graus ao sul tinha se tornado a maior produtora de cerejas e ervas aromáticas da Argentina. Em contraste ao que Jurdao Arrones (1992) observou na Espanha, o turismo forneceu as bases para a produção agrícola, em vez de destruí-la.

Embora existissem alguns efeitos negativos do desenvolvimento do turismo em São Carlos de Bariloche, o resultado foi positivo. Como conseqüência, outras províncias da Patagônia fortaleceram suas economias estabelecendo suas próprias áreas protegidas. Um exemplo disso é a província de Chubut, que desenvolveu um sistema de reserva de fauna marinha nos seus litorais desertos.

Redescobrindo a Patagônia: reservas para a fauna da Costa Atlântica

A província de Chubut estabeleceu reservas de fauna na sua costa do Atlântico para promover o desenvolvimento econômico por meio do turismo baseado nos visitantes às áreas protegidas. Diferentemente do caso de São Carlos de Bariloche, onde o turismo foi o fator gerador de infra-estrutura e serviços básicos, as reservas de fauna em Chubut se beneficiaram da existência de uma usina de processamento de alumínio em Puerto Madryn (Figura 3). Baleias, pingüins, elefantes-marinhos e leões-marinhos formavam a fauna principal, a que mais atraía as pessoas. Essas espécies sofreram com a vigorosa exploração comercial do início do século XX. No início da década de 1960, elas já estavam sob a proteção das leis federais e provinciais, mas a falta de implementação adequada as tornava presas fáceis de caçadores ilegais. Em 1964, uma agência governamental – Dirección Provincial de Turismo del Chubut – foi estabelecida para tomar conta de duas questões diferentes: a proteção de um recurso extremamente fragilizado e o gerenciamento do influxo de turistas, que se esperava que fosse grande. O primeiro passo dado foi a criação de reservas de fauna, e o sistema escolhido foi um que o tornaria defendido por uma rede de proteção claramente definida. Esse conceito foi adotado em 1947 na Conferência de Brunnen, na Suíça, patrocinado pela União Internacional de Conservação da Natureza e Recursos Naturais (IUCN). O programa de conservação projetado para cumprir os objetivos do turismo foi adotado oficialmente em 1967 e seguido por várias leis provinciais que fizeram surgir uma variedade de programas de conservação e gerenciamento, que administravam o uso das áreas protegidas e diferenciadas entre Reservas Naturais Turísticas e Áreas Naturais Turísticas, com base nas suas diferentes expressões administrativas. O estabelecimento dessas reservas foi muito elogiado nas reuniões internacionais relacionadas ao turismo e às áreas protegidas, assim como por entidades intergovernamentais, como o IUCN e a WTO. A Península Valdés, com suas reservas de fauna, foi promovida pela maioria das publicações, como a *National Geographic* e os documentários filmados por Andy Pruna e Jacques Cousteau.

Inicialmente, o número de chegadas de turistas excedeu a pequena capacidade dos hotéis de Puerto Madryn e da cidade próxima, Trelew. O desenvolvimento dessas cidades e de suas áreas circunvizinhas tinha começado, primeiro como conseqüência do estabelecimento dos pólos para a promoção de pescarias e atividades industriais. Esses pólos de desenvolvimento foram estabelecidos obedecendo à estrutura do modelo CEPAL, que consistia de um sistema de incentivos baseado na isenção de impostos e em preços promocionais projetados para favorecer a infra-estrutura e as facilidades públicas. As economias regionais começaram a florescer em razão dos efeitos multiplicadores da centralização e da especialização, atraindo dessa forma um grande número de trabalhadores, tanto das áreas rurais vizinhas quanto das regiões mais distantes da Argentina.

No início dos anos 1990 ocorreram mudanças significativas na Argentina, que afetaram as condições políticas, econômicas e sociais do país. O turismo foi, então, visto como uma opção válida que poderia equilibrar, pelo menos em parte, tais condições. E disso resultou um benefício a mais: o de dirigir o turismo para as reservas de fauna. As principais medidas adotadas foram:

- o sistema de incentivos foi suspenso. Todas as utilidades públicas foram submetidas a um processo de privatização; os subsídios às empresas privadas foram cortados. Isso provocou o fechamento da maioria das indústrias localizadas na área costeira da Patagônia e, conseqüentemente, afetou o emprego. Os trabalhadores, então desempregados, tentaram entrar para o setor turístico.

- foi observado um aumento de respeito pelo ambiente e uma melhora geral no comportamento das pessoas. Estava emergindo um novo tipo de viajante doméstico, que gostava de ficar em contato mais próximo com a natureza e alterá-la o mínimo possível. A indústria do turismo adaptou-se a essas novas exigências e levou em consideração vários fatores importantes para a preservação do ambiente.
- a criação de uma imagem do produto "macro", que consistia de baleias, elefantes-marinhos, pingüins e leões-marinhos, foi elaborada pela Organização Nacional de Turismo para cobrir toda a extensão da costa Atlântica da Patagônia.
- as autoridades municipais não apenas reconheceram a importância da renda gerada pelo turismo como também se conscientizaram dos impactos potenciais negativos decorrentes da ausência de pesquisa sobre os impactos causados pela presença humana próxima à fauna marinha e pelo crescimento desordenado das cidades litorâneas resultantes do desenvolvimento e das pescas industriais. As Nações Unidas, a Sociedade Zoológica de Nova York e o GEF, em conjunto com um dos escritórios do NGO estabelecido em Puerto Madryn, analisaram as condições prevalentes do ecossistema da costa e o impacto sobre ele, provocado por diversas atividades econômicas. No momento, as organizações estaduais e federais, atuando juntamente com as entidades relacionadas, estão no processo de planejar em conjunto o gerenciamento da linha costeira da Patagônia.

O povoado gaulês e o turismo

Os primeiros colonos gauleses na Patagônia desembarcaram nas praias da atual cidade de Puerto Madryn em julho de 1865. Baleias e leões-marinhos observaram sua chegada. Dada a escassez de água naquele local, eles seguiram 60 quilômetros para o sul e se estabeleceram definitivamente no vale do rio Chubut. A agricultura era sua atividade principal. Um sistema de irrigação artificial foi construído e o aterramento fez surgir o que se tornaria mais tarde duas cidades importantes da Argentina: Puerto Madryn e Trelew. Embora fortemente apegados à sua vida cultural nativa, particularmente à religião e língua, também se integraram à vida social e política da Argentina.

A cidade de Gaiman – com aproximadamente 2.300 habitantes – tornou-se o centro cultural gaulês no vale do rio Chubut. Quando os turistas lá chegaram, atraídos pela fauna litorânea, também se interessaram pelos diversos aspectos da vida gaulesa. Algumas das famílias residentes aproveitaram a oportunidade e abriram suas casas, servindo chá com tortas caseiras, doces, pães, manteiga, geléias e queijo. Pelo menos para os argentinos, desacostumados com o "chá das cinco", o "chá gaulês" era uma novidade perfeita. Assim, o "chá gaulês" foi rapidamente incluído como produto turístico dessa área. Além disso, o Eisteddfod – um concurso poético e literário realizado todos os anos – trouxe grupos de visitantes gauleses de vários países.

Surpresa com o crescente fluxo de visitantes, a comunidade gaulesa juntou suas forças com as dos oficiais municipais e assegurou um *status* mais elevado do mercado turístico para sua herança cultural. Um sistema de incentivos foi estabelecido, compreendendo isenção de impostos municipais para todos os novos edifícios que seguissem o estilo arquitetônico dos gauleses. Alguns prédios históricos foram reformados ou reciclados. Vários *tours* foram programados para permitir a apreciação de tudo o que era gaulês em Gaiman, desde as capelas construídas pelos primeiros colonizadores à paisagem que resultou da irrigação artificial, num ambiente totalmente deserto, aos antigos moinhos de trigo que continuam como testemunhas de uma época na qual essa área era principalmente produtora de trigo. Caberia especialmente aos membros da comunidade gaulesa a responsabilidade de interpretar adequadamente sua herança aos visitantes, mas foram as autoridades municipais (na sua maioria descendentes dos gauleses) que redigiram os estatutos apresentando a preservação histórica e sua exposição aos visitantes.

Se essa herança gaulesa for vista em um contexto argentino mais amplo, surge um ponto interessante: ela pertence a quem? Se, como apontado por Ashworth e Larkham (1994), a herança implica seleção e interpretação do passado, que peso carrega a herança gaulesa dentro da estrutura da história da Argentina? Tal questão também se aplica aos visitantes gauleses estrangeiros, cuja proveniência está longe do que Carr (1994:64) descreveu como uma "terra de castelos". Talvez tenha sido por isso que, apesar de ser apenas um local histórico, o povoado gaulês no vale Chubut sirva como exemplo singular para ambos os tipos de visitantes, argentinos e gauleses, sobre a habilidade que duas culturas diferentes tiveram em desafiar a natureza apenas com ferramentas rudimentares e ainda construir uma aldeia pequena e pitoresca numa faixa de terra deserta e estéril, tirando dela todos os elementos necessários para estabelecer e alimentar uma rica vida cultural.

O turismo na Patagônia enfrenta o Terceiro Milênio

Cinqüenta anos após o turismo ser lançado em São Carlos de Bariloche, essa cidade continua sendo o destino turístico mais famoso da Patagônia (Figura 4). Além disso, ela se tornou a imagem internacional do turismo, não apenas na região circunvizinha, mas na própria Argentina. Isso é bem demonstrado por ser o local escolhido para as recentes reuniões das maiores associações turísticas, como a AIEST (Association Internationale des Experts Scientifiques du Tourisme), e para as reuniões regionais do WTO. Além disso, muitas outras organizações importantes programam suas reuniões lá. Também é um dos locais mais visitados pela sua paisagem ou para descanso, incluído na agenda de visitantes oficiais estrangeiros, como o presidente Bill Clinton, durante sua visita à América do Sul em 1997.

Os lugares mais atraentes nos Andes da Patagônia estão sob a jurisdição do sistema de parques nacionais. Os destinos turísticos, com exceção de São Carlos de Bariloche, ganharam ímpeto a partir do início da década de 1990, quando se deram passos nessa área para assegurar que tal crescimento fosse controlado de perto, a fim de que a diversidade do ecossistema não sofresse. E, depois, a cordilheira ou as montanhas dessa região são atravessadas por passagens que ligam os destinos turísticos do lado da Patagônia argentina a locais de valor semelhante, no Chile. As autoridades dos dois lados trabalham juntas no desenvolvimento de rotas que unam o Pacífico à área dos Andes argentinos, pelo platô deserto até as praias do oceano Atlântico, cuja fauna marinha é abundante. A promoção desse triplo caráter resultou no aumento do fluxo de visitantes estrangeiros.

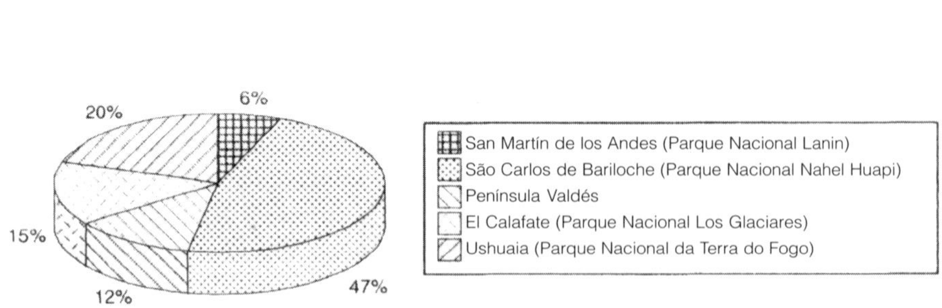

Figura 4. Patagônia: principais destinos turísticos internacionais (porcentagem de chegadas).
Fonte: SECTUR, 1998.

No início, o turismo era fomentado como meio de fortalecer e apoiar a soberania argentina na região; paradoxalmente, também serviu para romper as restrições da fronteira. Ao mesmo tempo, contribuiu para o crescimento econômico e para a conservação dos ecossistemas frágeis.

Esse constante movimento de pessoas, do norte ao sul e do leste ao oeste, fez os residentes do platô da Patagônia entenderem as oportunidades econômicas que essa atividade lhes oferecia. A partir daí, duas novas formas de turismo começaram a crescer em importância: o turismo rural e o étnico.

A criação de ovelhas era a principal atividade econômica da Patagônia. Os problemas e os danos causados ao solo pelo mercado de lã estão levando os ranchos à ruína e causando sérios problemas socioeconômicos entre a população local. Como fonte complementar, o turismo está equilibrando, até certo ponto, essa falta de renda, mas também provoca alguns problemas. São necessários programas de treinamento adequados e conhecimento de técnicas de mercado, a fim de que se alcancem mercados distantes. Além disso, uma tremenda falta de infra-estrutura, especialmente de água, dificulta o atendimento para um número maior de turistas.

Com a assistência dos NGOS, vários projetos que dedicam atenção ao ambiente cultural e natural, sua viabilidade econômica e a necessidade de oferecer aos visitantes uma experiência plena, estão sendo atualmente desenvolvidos na região. Vários passos de ação, alguns dos quais já foram executados e alguns ainda na fase de desenvolvimento, podem ser mencionados: a produção não convencional de energia e água (energia do sol e do vento); a diversificação da produção de alimentos para consumo local; e o desenvolvimento de programas de treinamento dirigidos à população local para que esta aprenda a utilizar racionalmente os recursos naturais e cultivar as habilidades necessárias para suprir as necessidades dos turistas. Entretanto, nesse estágio não é possível ainda predizer os resultados.

Conclusões

Os modelos de desenvolvimento aplicados na América do Sul no passado não satisfizeram as necessidades variadas de cada um dos países envolvidos. Em vez disso, eles foram padronizados pelas organizações intergovernamentais com base nos modelos então prevalentes nos países industrializados. Inicialmente, nos anos 1950, o primeiro modelo de desenvolvimento reforçado não respeitava o ambiente; ao contrário, explorava os recursos disponíveis a fim de alcançar a industrialização. O ambiente era visto apenas como uma coleção de bens de valor instrumental para as pessoas. Mais tarde, mas novamente graças a forças externas, as políticas se submeteram a uma mudança e tomaram a direção oposta, produzindo um modelo de desenvolvimento primeiramente interessado na conservação do meio ambiente.

Na Patagônia, já nos anos 1930, uma estratégia de desenvolvimento guiada pela intuição foi implementada, que lembrava muito o que hoje é conhecido como "desenvolvimento sustentável". O sistema de parques nacionais servia como um pretexto para estabelecer a população numa área isolada, usando o turismo como a principal atividade econômica da região. E mais, foram elaboradas diretrizes para preservar a área sem modificá-la.

Apresentado para dar uma maior proteção aos recursos sem prejudicar o fluxo de turistas, um novo tipo de área protegida foi introduzido ao longo da costa atlântica. Foi feita uma tentativa de seduzir um setor do mercado que, vinte anos depois, seria conhecido como "ecoturismo". Naquela época os recursos de energia renováveis, o manuseio de lixo sólido, as técnicas e os estudos modernos de gerenciamento para determinar o impacto ambiental ainda não existiam. Conseqüentemente, com o aumento do número de chegadas de turistas, o ambiente pagou o preço do "pioneirismo", mas as perdas não foram grandes.

Com base no desenvolvimento do turismo na Patagônia pode-se aprender algumas lições a fim de tornar o turismo "sustentável". Talvez a mais importante de todas é não se deixar ofuscar pelo que hoje é chamado "ecoturismo".

Os turistas que visitam uma área para ficar em contato com a natureza e aprender sobre o ambiente da região também demandam serviços, a fim de apreciar sua estada. Ciente dessa situação, a população local ganha uma renda oferecendo esses serviços. Uma vez que o turismo se torna uma atividade importante, inicia-se um novo processo: as pessoas das áreas menos desenvolvidas começam a migrar para a região, colocando uma nova carga sobre seus recursos, semelhante à carga dos turistas. No caso de ecossistemas frágeis, as conseqüências são ainda piores, porque o desaparecimento de quaisquer ícones de qualidade ambiental pode reduzir ou até mesmo interromper o fluxo de turistas.

Outra questão importante é a necessidade de criar um sistema legal, em nível nacional e provincial, que habilite as agências governamentais a elaborar regulamentos, ter controle estrito sobre a utilização dos recursos naturais e sobre o gerenciamento dos ecossistemas frágeis, também de interesse do turismo.

O papel da comunidade no processo de desenvolvimento é muito importante. Os programas deveriam enfocar não apenas o turista, mas também fomentar o aumento da qualidade de vida da população local. Se os residentes dividirem os lucros oriundos do turismo em um ambiente frágil, eles logo se tornarão os melhores defensores da proteção da natureza.

Por fim, a transferência da tecnologia das sociedades mais desenvolvidas para as comunidades locais também é de grande importância. É necessário um conhecimento adequado para evitar sobrecarga de recursos, oferecer uma administração eficiente de assistência financeira estrangeira e envolver a população local na conservação do meio ambiente, a fim de assegurar o crescimento econômico e a utilização sustentável dos recursos.

Referências

ASHWORTH, G.H. & LARKMAN, P.J. "A heritage in Europe. The need, the task, the contribution". *In*: Ashworth e Larkman (eds.) *Building a New Heritage. Tourism, Culture and Identity in the New Europe*, Londres: Routledge, 1994.

AYALA, H. "From quality product to eco-product: will Fiji set a precedent?", *Tourism Management* 16 (1): 39-47, 1995.

BOYD, S.W. & BUTLER, R.W. "Managing ecotourism: an opportunity spectrum approach", *Tourism Management* 17(8): 557-66, 1996.

BUSTILLO, E. *El Despertar de Bariloche*. Buenos Aires: Casa Pardo, 1971.

BUTCHER, J. "Sustainable development or development?". *In*: M.J. Stabler (ed.) *Tourism & Sustainability. Principles to Practice*, Nova Iorque: CAB Internacional, 1997.

CARR, E.A J. "Tourism and heritage: the pressures and challenges of the 1990s". *In*: Ashworth e Larkman (eds.) *Building a New Heritage. Tourism, Culture and Identity in the New Europe*, Londres: Routledge, 1994.

CÉSAR-DACHARY, A. "Desarrollo sustentable, turismo y medio ambiente en el Caribe. Una opción válida?, *Estudios y Perspectivas en Turismo* 5(1): 18-51, 1996.

ERIKSEN, W. *Kolonisation und Tourismus in Ostpatagonien*. Bonn: Ferdinand Dümler Verlag, 1970.

FYALL, A & GARROD, B. "Sustainable tourism: towards a methodology for implementing the concept". *In*: M.J. Stabler (ed.) *Tourism & Sustainability. Principles to Practice*. Nova York: CAB Internacional, 1997.

GODFREY, K.B. "Towards sustainability? Tourism in the Republic of Cyprus". *In*: L.C. Harrison e W. Husbands (eds.) *Practising Responsible Tourism*, Nova York: John Wiley & Sons, 1996.

HAWKINS, D.E. "Ecotourism: opportunities for developing countries". *In*: W. Theobald (ed.) *Global Tourism. The Next Decade*. Oxford: Butterworth-Heinemann, 1994.

HUGHES, G. "The cultural construction of sustainable tourism", *Tourism Management* 16(1): 49-59, 1995.

HUNTER, C. "Key concepts for tourism and the environment". *In*: C. Hunter e H. Green (eds.) *Tourism and the Environment. A sustainable relationship?* Londres: Routledge, 1995.

JOPPE, M. "Sustainable community tourism development revisited", *Tourism Management* 17(7): 475-9, 1996.

JURDAO ARRONES, F. *Del Eurofelipismo al Desierto*., Madri, Endymion.

LANDONI, M. *Patagonia y... una Forma Especial de Turismo*. Buenos Aires, CIET, 1992.

LIZAMA, C. Desarrollo turístico de Costa Rica [Desenvolvimento turístico de Costa Rica], em CESTUR (ed.) *Desarrollo Turístico de América Latina*, México, 1991.

MCKERCHER, B. "The unrecognized threat to tourism. Can tourism survive "sustainability"?", *Tourism Management* 15(2): 131-6, 1993.

MURPHY, F.E. *Tourism: a Community Approach*. Londres: Methuen, 1985.

OWEN, R.E.; WITT, S.F; GAMMON, S. "Sustainable tourism development in Wales. From theory to practice", *Tourism Management* 14(6): 463-74, 1993.

SCHLÜTER, R. *Social and Cultural Impacts of Tourism Plans and Programs in Latin America*. Aix-en-Provence, CHET, 1991.

________. "Tourism and development in Latin America", *Annals of Tourism Research* 20(2): 364-7, 1993.

________. "The role of the State in the development of tourism in South America", *Téoros* 13 (2): 25-28, 1994a.

________. "Tourism development: a Latin American perspective". *In*: W. Theobald (ed.) *Global Tourism. The Next Decade*, Oxford: Butterworth-Heinemann, 1994b.

SECTUR. *Estadísticas de Turismo Internacional*. Buenos Aires: Dirección de Estudios de Mercado y Estadísticas, 1998.

TAYLOR, G. "The community approach: does it really work?", *Tourism Management* 16(7): 487-9, 1995.

WORLD COMMISSION ON ENVIRONMENT AND DEVELOPMENT (WCED). *Our Common Future*. Oxford: Gráfica da Universidade de Oxford, 1987.

WORLD TOURISM ORGANIZATION (WTO). *Tendencias del mercado turístico, Américas 1986-1996*. Américas de 1986 a 1996], Madri, 1997.

O turismo e as tribos do Himalaia:
Em busca de opções ao desenvolvimento sustentável para os Botias do Vale Bhyundar

Tej Vir Singh e Shalini Singh

O turismo e a tribologia raramente são vistos num relacionamento simbiótico – o primeiro tem a propensão de erodir os recursos frágeis e o último, invariavelmente, demanda a sua conservação e preservação. Apesar dessa aparente contradição, os hábitats remotos, isolados e incólumes dos povos indígenas das ilhas têm-se colocado cada vez mais sob a influência do turismo, em razão das suas atrações únicas, de natureza e de cultura (Price, 1996). A razão subjacente desse desenvolvimento do turismo questionável tem sido a ausência de qualquer outra opção percebida para o desenvolvimento desses ambientes inóspitos (Zinder, 1969). Alguns etnocêntricos são da opinião de que um turismo orgânico é mais razoável que a extração de recursos minerais (Butler e Hinch, 1996). Altman (1989) e Parker (1993), na sua pesquisa sobre o turismo e os aborígenes, tentaram estabelecer que a independência econômica dos povos indígenas é possível de ser alcançada mediante estratégias de turismo sustentável com base na comunidade, que prometem restaurar, proteger e conservar a diversidade biocultural e a autenticidade da comunidade (Sofield, 1993).

Este capítulo explora as possibilidades da introdução do turismo como uma opção para o desenvolvimento tribal nos remotos vales do Himalaia, onde os povos tribais lutam pela sua existência contra o meio ambiente árido. Este capítulo começa com uma discussão sobre o hábitat no Himalaia dessas tribos montanhesas e a natureza dos recursos ecológicos e culturais. A seguir, é apresentada uma breve narrativa acerca dos Sherpas do Nepal que, pela sua bravura e ingenuidade, fizeram do turismo montanhês um sucesso e elevaram sua qualidade de vida. Aproveitando o sucesso da história dos Sherpas, estão sendo feitos esforços para examinar se outras tribos do Himalaia também podem praticar o turismo com vantagens. Os Botias do Vale Bhyundar, das altas regiões do Garhwal oriental do Himalaia (Figura 1), foram identificados como possuidores de potencial para a

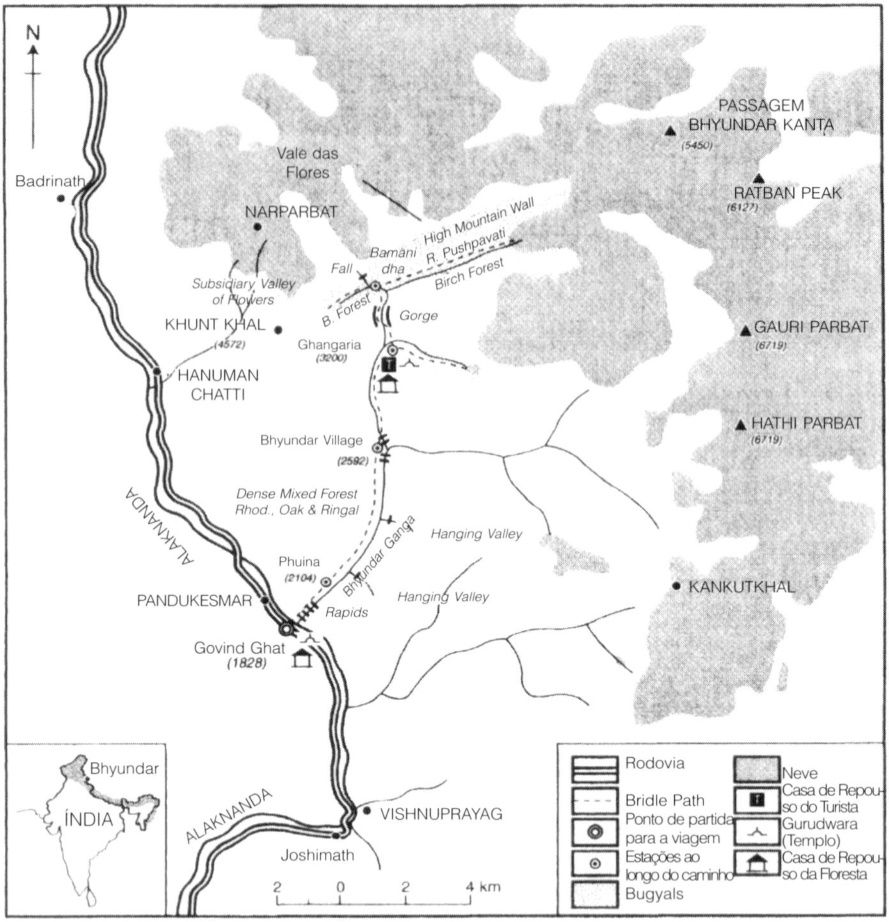

Figura 1. O Vale Bhyundar no Garhwal do Himalaia.

promoção de turismo indígena, depois de se considerarem seus recursos potenciais, as limitações e as implicações sociais de tal envolvimento.

As questões principais a serem consideradas são:

1. as oportunidades potenciais para o turismo que existem no Vale Bhyundar e ao seu redor;
2. a capacidade comunitária (potencial empresarial) de desenvolvimento de negócios turísticos;
3. a identificação das opções que representam as melhores oportunidades com relação à sua sagacidade;

4. a viabilidade do modelo turístico dos Sherpas do Nepal nessa parte do Himalaia.

Antes de revermos essas questões, cabe comentarmos brevemente as práticas turísticas prevalentes no Himalaia. Esse esforço, até certo ponto, facilitará a tarefa de selecionar as "formas" e os "estilos" de turismo pelos quais essas comunidades indígenas do Himalaia podem optar segundo sua conveniência. Podemos identificar cinco práticas (Singh, 1989):

1. peregrinações no Himalaia;
2. turismo ameno dos dias do Raj (período do Reino Britânico);
3. turismo do parque;
4. turismo de paixão; e
5. turismo nos vales pastorais.

As peregrinações dos hindus aos templos (*Yatras*) do Himalaia, com o templo de Badrinath como seu centro mais importante de peregrinações, são tão velhas quanto a civilização indiana e representam as formas mais antigas de turismo doméstico indiano. A prática desse turismo religioso era holística e humanística, na sua abordagem holística. Estimulava benefícios locais, a participação do povo, o aperfeiçoamento espiritual e social tanto de hóspedes quanto de visitantes, além de respeitar o meio ambiente, pois todos os elementos eram homenageados e incluídos no ritual do *Yatra*.

A paisagem entre Alaknanda e Bhagirathi, especialmente nas suas maiores alturas, é considerada altamente sagrada para as peregrinações, particularmente na zona de Badrinath. Todo o vale de Alaknanda, com todas as suas junções de rios (*prayagas*), é uma estrada virtual de peregrinação, possuindo uma população flutuante de cerca de 400 mil peregrinos e turistas, durante os meses de verão. Também é o hábitat dos primitivos Marcchayas e Tolcchas do clã dos Botias, que foram as testemunhas silenciosas do sacramento dos *Yatras* realizados pelos *pandas*, ou agentes religiosos. É que, por sanção religiosa, não era permitido que os Botias realizassem esses serviços, exceto a parte periférica.

O passo rápido do processo de modernização alterou todo o esquema de viagens religiosas, em detrimento do caráter da peregrinação e da sociedade himalaia. Muitos desses lugares religiosos assumiram características turísticas de massa, e apresentam espetáculos de uma mistura peculiar entre o religioso e o mundano. Entretanto, com o parcial abandono do controle exercido pelos *pandas*, foram criadas oportunidades pelo advento de um turismo novo, no qual esses montanheses podem agora tomar parte. Esse aspecto será discutido mais adiante neste capítulo.

A segunda fase do desenvolvimento do turismo está associada às administradoras inglesas, que criaram as "estações na montanha" ao longo de todo o médio Himalaia para alívio climático sazonal. Assim, Mussurie e Nainital, no Himalaia, nasceram no primeiro quarto do século XIX e, mais tarde, serviram à necessidade de amenidades dos burgueses, barões, *rajas* (reis) e *maharajas* (imperadores). Depois da independência da Índia (em 1947), eles foram vítimas do planejamento pobre do "turismo social", enfrentando saturação quando 25 milhões de visitantes sobrecarregavam sua capacidade de acomodação. Esses lugares requeriam serviços especializados, e a comunidade tribal estava mal equipada para enfrentar essas necessidades, além de estar a grande distância desse foco turístico.

Embora a Índia já conhecesse o conceito de parque desde os tempos dos Ashrams* védicos, o turismo de parques é um fenômeno recente que enfatiza particularmente três aspectos: a conservação ecológica; a educação; e a recreação. De modo geral, essas são atividades de elite que exigem serviços especializados de conhecimentos e interpretação adequada do parque.

No Garhwal oriental estão o parque mais antigo da Índia (1935), o Parque Nacional de Corbett, no sopé da montanha, e seu parque mais recente (1982), o Vale das Flores, situado no topo do Bhyundar, com diversas aldeias Botias nas suas proximidades. Nessa região, o Parque Nacional Nanda Devi é a maior reserva natural, tendo uma diversidade biocultural muito rica. O parque foi fechado aos visitantes desde 1982 por causa de relatos de pirataria e vandalismo. Infelizmente, os parques do Himalaia não se ligaram positivamente às populações locais, e a prática do ecoturismo, que deveria ter promovido oportunidades de empregos aos indígenas, não foi favorecida pelos planejadores de turismo e reservas florestais.

À medida que as remotas regiões do Himalaia abriam-se crescentemente ao turismo nos anos 1980, as subidas pela montanha, trilhas e outras formas de turismo de paixão ficaram muito populares. Uma vez que essa forma de turismo exige acesso a algumas das zonas mais sensíveis da selva do Himalaia, são necessários controles ambientais e gerenciamento apropriado para assegurar segurança ecológica, maiores benefícios econômicos e sustentação cultural. Um desenvolvimento impulsivo, somado a abordagens de planejamento pobres, foi o que provocou o fracasso nesse caso, deixando os povos locais desiludidos.

**Ashrams* são retiros espirituais, ainda existentes, e os *tempos védicos* datam de mais de 8 mil anos. (N.T.)

Seguindo o turismo de paixão, uma nova forma de turismo lentamente emergiu nos vales pastorais distantes, que são abençoados com características comunitárias singulares, com herança histórica rural rica, atributos religiosos e culturais e cenários bucólicos. Por oferecerem produtos agropastoris, as comunidades indígenas têm a oportunidade de participar de certa forma do turismo rural. Os residentes do Vale Kullu, em Himachal Pradesh, obtiveram algumas vantagens dessa oportunidade, mas ainda é cedo para se falar do Garhwal oriental. O turismo rural nos vales dos Botias parece que tem potencial econômico e é desejado, desde que coexista pacificamente e não entre em conflito com o ambiente nativo.

O que foi mencionado fornece um instantâneo do cenário turístico do Himalaia e do potencial do espectro de oportunidades que ele oferece para o povo indígena. Com respeito ao aspecto físico, esse cenário tem uma paisagem dramática e singular para o turismo, e como oportunidades culturais, ele possui, além do artesanato, os três HS (hábitat, herança e história), que Valene Smith (1996) recomenda como ferramentas de diagnóstico para o desenvolvimento de turismo indígena. Apesar do fato de a maioria das aldeias Botias estarem localizadas no meio do cenário extraordinário do Himalaia, com acesso relativamente fácil aos fluxos dos visitantes (peregrinos e turistas), o povo indígena não se acautelou quando incluíram o turismo no seu desenvolvimento socioeconômico. Embora seja verdade que nenhuma pesquisa de atitudes tenha sido realizada, também é muito evidente que a economia da peregrinação foi completamente monopolizada pelos agentes religiosos (*pandas*) e pela burocracia que permeia a indústria turística no estado de Uttar Pradesh. As duas asas (Garhwal e as Corporações de Desenvolvimento de Kumaun) de desenvolvimento do Himalaia demonstraram muito pouca imaginação e criatividade para envolver o povo local no turismo. Os residentes locais poderiam ter recebido um pouco mais de apoio do que o dado aos empresários de fora da região. Pode ser que os planejadores e desenvolvedores do turismo no Himalaia tenham considerado os locais mal informados, analfabetos ou pouco aptos para a complexa atividade do turismo. O turismo rural ainda não tinha sido desenvolvido e as peregrinações eram consideradas muito austeras para sustentar uma economia. A metamorfose do turismo secular posteriormente complicou os aspectos de sustentação. E os furiosos Botias e Johars do Himalaia, de Uttarakhand, vivendo uma existência marginal, sentiram-se perplexos com as oportunidades econômicas apresentadas pelas formas modernas de turismo.

Tendo praticado o comércio no Himalaia por séculos, na verdade os Botias possuem uma considerável sabedoria empresarial para o comércio, o que deveria ser uma vantagem para os negócios de turismo. O mundo sabe como suas contrapartes, os Sherpas do Himalaia nepalês, criaram um nicho para eles próprios no turismo montanhês. Seria apropriado, portanto, abrir uma breve discussão sobre a história do sucesso alcançado pelos Sherpas antes de responder à pergunta – se os Sherpas podem ter sucesso, por que os Botias não podem? Dito de outro modo, será que o modelo de turismo Sherpa poderia ser repetido no Himalaia indiano?

O turismo sherpa

Os Sherpas da região de Khumbu, no Himalaia do Nepal, apresentam um modelo de turismo indígena muito singular que lhes proporcionou bem-estar econômico, numa época em que eles sofriam grandes dificuldades na sua economia tradicional com o fechamento da fronteira entre o Nepal e o Tibete (1959). Os Sherpas são apenas uma das muitas populações de Botias que ocupam a maior parte das zonas fronteiriças do norte do Nepal (Haimendorf, 1981). Eles mostraram possuir uma flexibilidade e um poder de recuperação exemplares ao entrarem num novo tipo de empreendimento com o "turismo montanhês", dedicando-lhe todas as habilidades e o espírito de aventura que haviam desenvolvido como comerciantes independentes (Haimendorf, 1981, 1984). Essa nova aventura lhes ofereceu ganhos financeiros mais lucrativos do que seus negócios tradicionais (Adams, 1992). Alguns dos estudos sobre os impactos turísticos levados a efeito na região do monte Everest (Khumbu) e nos vales Langtang e Rolwaling apresentam uma cena bastante otimista, particularmente nas áreas socioeconômicas, e demonstram como o desenvolvimento do turismo transformou a subsistência da sociedade Sherpa em economia de dinheiro num curto período, elevando o padrão de vida e criando oportunidades de trabalho nas áreas marginalizadas (Pawson, 1984). Em um de seus estudos anteriores, Haimendorf (1979) observou:

> Hoje a renda do trabalho a serviço dos montanheses e turistas substituiu os ganhos derivados do comércio com o Tibete, e os Sherpas foram capazes de manter, e em certos aspectos até melhorar, seu padrão de vida.

Esses estudos revelaram que um Sherpa que trabalhava com turismo nas trilhas na floresta ganhava mais que a média nacional (Muqbil, 1984). Sacherer (1981) e Baumgartner (1992) explicaram como uma comunidade Sherpa que vive em altas montanhas, nos vales longínquos do Himalaia e com uma estreita base econômica, recebeu benefícios socioeconômicos por meio de viagens pelas trilhas e expedições nas montanhas. Os Sherpas de Raolwaling eram capazes de administrar seus recursos locais, controlar e regular seu mercado de lãs para os carregamentos e ainda desenvolver outros serviços turísticos, como refeições e acomodações para os grupos que participavam das trilhas na montanha, retendo, assim, os benefícios econômicos no próprio vale. Além disso, eles eram responsáveis por manter bons relacionamentos entre hóspedes e visitantes, atuando como agentes culturais e da natureza. Como líderes de caravanas, os Sherpas ganharam reputação mundial como excelentes guias de montanha e abridores de trilhas (Gurund *et al.*, 1996), e nenhuma expedição do Himalaia seguia sem os Sherpas que, muito freqüentemente, também desempenham o papel de gerentes de viagem (Fantin, 1978).

Apesar desse cenário, nem tudo foram rosas, pois essas comunidades das montanhas tiveram de pagar o alto preço dos danos feitos ao ambiente, onde quer que ultrapassassem os limites. Trilhas de lixo, dejetos espalhados, alienação e mercantilização da cultura foram relatados em alguns ambientes críticos (Bjonness, 1983; Adams, 1992). O aspecto mais positivo desse episódio é que esses grupos étnicos se dedicaram ao turismo com sucesso, estudaram, discutiram, analisaram os problemas, desenvolveram estratégias para poder controlar o desenvolvimento e tomar decisões para o turismo verde, orientado ao ambiente e baseado na comunidade (Singh, 1996). Campanhas do tipo "Mantenha o Himalaia limpo!", "Ecotrilhas" e "A poluição é cara" promoveram a consciêntização ambiental entre os Sherpas, que trabalharam duro para manter o Himalaia verde.

O Projeto de Conservação de Área de Anapurna (ACAP) estabeleceu o modelo para o turismo verde. Esse lindo ambiente Sherpa foi inicialmente invadido pelos *trekkers* (36 mil turistas mais o mesmo número de carregadores), que perturbaram o equilíbrio ecológico da região, como as florestas virgens de rododendros que foram impiedosamente queimadas para as necessidades de lenha dos turistas. (Existem 850 hospedarias na região de Anapurna, e Gurung (1992) estimou que uma única hospedaria de uma pequena aldeia consome um hectare de floresta de rododendro por ano, para servir às necessidades dos *trekkers*.) Os ganhos econômicos do turismo saíram da região na forma de importação para satisfazer às demandas dos turistas. A ACAP pôde alcançar resultados positivos por meio de um envolvimento pró-ativo do povo local, promovendo conscientização, treinamento e educação, assim como um código de impacto mínimo para servir de referência. A ACAP estabeleceu um centro de informação dos visitantes para a difusão da informação e realimentação, que representa uma abordagem integrada para minimizar os impactos negativos do turismo sobre o ambiente e preservar a herança do Himalaia. Em essência, isso nos remete a três questões fundamentais: a conservação da natureza, o desenvolvimento humano e o gerenciamento do turismo (Gurung, 1992).

Os Botias de Garhwal

Etnograficamente, os Botias são descendentes de Monkhemer ou Kirats (Chatterji, 1989; Rustomje e Ramble, 1990). Eles incluem os Jads, Marcchayas/Tolchhas e os Saukas (Kumaun) que habitam a região de Bhot, no Tibete, desde as montanhas mais ao sul da grande cordilheira do Himalaia e se estendendo ao norte até Zanskar, que marca a fronteira entre a Índia e o Tibete. Em Garhwal, encontra-se mais desse povo nos vales ao norte do Bagirati, do Vishnu-Ganga e Dhauli-Ganga, dentro de uma faixa de 2.250 a 3.600 metros de altitude, com uma área de terra altamente quebrada, da qual apenas 3% servem para a agricultura. Entretanto, isso é compensado por amplas faixas de bosques de grama do Himalaia, ervas e flores, misturadas com zimbros e rododendros anões. Esses pastos luxuriantes de grama *mamla* (localmente chamadas de *buggi*) oferecem alimentação altamente nutritiva para o gado e manadas de cabras e ovelhas, mas por mais de seis meses por ano esses vales permanecem cobertos de neve. Vivendo essa severidade ecológica, os Botias tiveram de estabelecer uma economia pastoral baseada na transumância com nomadismo. As cabras, ovelhas e mulas formam a espinha dorsal do estilo de vida e do artesanato dos Botias (Uppadhaya, 1988). Com dois estabelecimentos permanentes, eles têm suas aldeias altas para o verão e as aldeias baixas para o inverno. As habitações de verão, localizadas nos vales de Dhauli e Vishnu-Ganga, são conhecidas como *Maits* (aldeia de origem). As moradias para o inverno são chamadas de *Gunsas*. Catorze *Maits* do Vale Dhauli têm trinta e três *Gunsas* no distrito de Chamoli. Em outubro, esses *Maits* ficam desertos. Quase todos os Botias têm ovelhas para suas necessidades domésticas de lã e carne, mas nem todos os Botias se dedicam ao gado de pasto. Menos de duzentas ovelhas não é considerada uma manada economicamente viável, mas uma manada de duzentas a trezentas cabeças tem de ser administrada por quatro pastores e três cachorros. Os Botias transumam para o sul do vale em outubro e a coleta da lã é feita em março e setembro. Nos *Gunsas*, eles se dedicam a fabricar os fios de lã e tecer.

Os Botias possuem traços mongólicos pronunciados. Gostam de ornamentos coloridos e bijuterias, e suas roupas são muito parecidas com as dos tibetanos, semelhança que se torna cada vez mais notória à medida que a fronteira fica mais próxima. Eles pertencem à religião hindu, mas o lamaísmo se manifesta vivamente no estilo de vida desse povo, inclusive nos rituais, nas crenças totêmicas e nos tabus. Apesar do impacto causado pela modernização, preservaram sua instituição de parentesco, família e religião. *Ran Bang* é seu festival mais colorido, quando os rapazes e as moças se reúnem numa casa ou num campo para dançar, cantar e beber. Muitos jovens escalam os montes e coletam ervas, o que os ajuda a se preparar para os papéis de guia turístico ou intérpretes de trilhas. Os Botias têm um invejável senso de vida comunitária e gostam muito de conversar, fumar *Hukka* (cachimbo) e mexer o chá verde na vasilha de bambu, o que é uma grande atração para os estranhos, especialmente turistas.

Gaucher, no distrito Chamoli, é o lugar escolhido para a feira Botia, onde eles vendem seus artefatos e agasalhos de lã. Uma feira Gaucher é uma lembrança do comércio indo-tibetano, quando os Botias e outras tribos de Mana e Niti se reuniam para trocar objetos. Depois da independência, a feira ficou supermodernizada e perdeu quase toda a autenticidade. Essa comunidade tribal sofreu grandes dificuldades depois do confronto sino-indiano em 1962, quando as fronteiras tibetanas foram fechadas para ela. Mas antes desse evento, os Botias floresciam no comércio indo-tibetano com sal, lãs, Bórax (importado), rapadura e cevada (exportada). O valor das exportações e importações mantinha a razão de 1:2, o que dava 100% de lucro aos Botias da fronteira (Nityanand e Kumar 1989). Sua indústria de lã foi severamente ameaçada pelos eventos políticos, e eles tiveram de encontrar uma nova base econômica apascentando ovelhas, e foi assim que sua economia pastoral se tornou o centro de sua economia.

A sociedade Botia ganhou um nova garantia de vida pela lei de reserva tribal que começou a vigorar em 1967. Com a ajuda do governo, eles puderam estabelecer seus lanifícios, artigos de lã e serviços de transporte. As novas medidas de desenvolvimento transformaram seu estilo de vida, influenciaram sua economia pastoral e encorajaram a emigração. Durante os anos 1960, cerca de 80% das famílias Botias estavam ligadas à atividade pastoral, dos quais apenas 20% continuaram nesta atividade durante os anos 1980. Poucos deles trabalham com a economia de peregrinação e turismo, o que é surpreendente, considerando-se que vivem na parte mais fascinante do Himalaia e são aquinhoados com uma grande visão para negócios, disposição hospitaleira, habilidades físicas e manuais, além de possuir um conhecimento íntimo sobre o terreno. Tais atributos podem parecer altamente desejáveis para o envolvimento no comércio turístico.

Opção de desenvolvimento turístico: desafios

Os modelos dos Sherpas e ACAP ilustram que o turismo indígena pode ser uma opção para o desenvolvimento de sociedades tribais que vivem em um ambiente severo e com oportunidades limitadas. Na verdade, nenhum modelo indígena pode ser uma combinação perfeita, pois cada cultura indígena é única e evolui constantemente em face de mudanças que ocorrem no ambiente no qual ela está inserida. Daí que abordagens diversas e dinâmicas do turismo indígena são necessárias (Butler e Hinch, 1996). As abordagens do desenvolvimento devem respeitar a diversidade natural, social e cultural da área. Elas também deveriam assegurar um certo passo, escala e tamanho para o desenvolvimento (Rodenburg, 1989), que protege e não destrói a cultura tribal das sociedades das montanhas. Deveria ainda apoiar ativamente os empreendimentos, as cooperativas que oferecem serviços e artesanato e estimular as acomodações e facilidades "caseiras" para o turismo. Isso promoveria oportunidades de trabalho para o povo local e reduziria a emigração dos jovens e pessoas habilidosas. Deviam ser feitos todos os esforços para promover as características singulares de uma sociedade tribal sem alterá-las (Eber, 1992). Existe a necessidade de manter a diversidade e a autenticidade culturais. Os lucros auferidos mediante esses esforços devem ser canalizados de volta à área e aos seus habitantes para estimular neles um senso de orgulho de suas tribos e heranças ambientais (Niederer, 1984). É muito melhor quando os esquemas de turismo tribal são integrados com os planos de desenvolvimento local, regional e nacional.

Alcançar resultados positivos de tal simbiose só é possível por intermédio de uma estrutura de desenvolvimento redefinida – uma estrutura que não se concentre somente no aspecto econômico, mas que também se baseie na racionalidade ambiental e nas necessidades indígenas. Embora isso possa tomar conta dos aspectos baseados no conhecimento, da abordagem do desenvolvimento, existe ainda outra dimensão que deve ser estudada para assegurar que o turismo se torne um agente de sucesso na transformação do desenvolvimento. Adu-Febiri (1996) propôs uma "Plataforma de Qualidade Humana", que se concentra em identificar, explicar e sugerir abordagens efetivas para reestruturar as culturas híbridas encontradas em muitos países em desenvolvimento. Tal abordagem enfatiza os aspectos do capital humano que enfocam o serviço dedicado para transformar o turismo em um catalisador de desenvolvimento. Isso traria uma profunda compreensão das tradições, crenças, estilos de vida e qualidades humanas fundamentais. Na ausência de um exame mais detalhado, espera-se que uma investigação breve da comunidade hospedeira não apenas promova um banco de dados de recursos, mas que também sugira técnicas apropriadas de implementação para a identificação dos objetivos do desenvolvimento, dos grupos de interesse e do tipo e passo do desenvolvimento, assegurando então um total apoio e envolvimento da comunidade. O conceito de Sofield e Birtles (1996) sobre o Espectro de Oportunidades Culturais para o Turismo dos Povos Indígenas (IPCOST) pode ajudar na preparação de um plano de turismo mais sustentável.

Roughan (1994), que utilizou o conceito do IPCOST para o estabelecimento da Fundação de Desenvolvimento da Ilha Solomon (SIDT), observou que muitas aldeias não podiam participar do processo de desenvolvimento por causa da faixa de limitações geralmente ligadas à estrutura de uma comunidade e sua capacidade de funcionar como uma comunidade. Então, ele projetou um procedimento de auto-avaliação da aldeia chamado "Roda de Desenvolvimento" – uma chave para a automedida da vida da aldeia, suas forças e fragilidades, conforme relatado do processo de desenvolvimento.

Para o turismo Botia: oportunidades a serem agarradas

Uma vez que os povos indígenas evoluíram, ao longo das épocas, na arte de coexistência com os desafios da Natureza, sugere-se que eles coloquem esse conhecimento em prática para outros fins, enquanto aproveitam o turismo como outra avenida para a subsistência. Entretanto, uma questão que permanece implícita é que não se deve permitir que o turismo se torne a única sustentação do povo. O turismo deve desempenhar um papel na estratégia de diversificação que suplante a estrutura econômica existente, integrando-se às normas socioeconômicas, e da forma desejada pela comunidade para o seu bem-estar social, cultural e econômico. Essa abordagem de desenvolvimento sugere que o turismo mantenha a autenticidade e integridade étnicas sem provocar maiores desvios do estilo de vida local.

A experiência de introduzir o turismo em ambientes frágeis como catalisador econômico raramente rendeu resultados que valessem a pena. Na ausência de uma abordagem holística, a função do turismo geralmente tem falhado no cumprimento das premissas dos seus proponentes. Assim, como uma regra, o turismo deveria ser "tecido" junto com o ecossistema humano e natural. Seria apropriado recomendar um(a) papel/posição secundário(a) ou complementar para o turismo, o objetivo primário sendo o "desenvolvimento sustentável" das variáveis ecológicas do "sistema". Isso poderia ser chamado de Desenvolvimento por

Objetivo(s). O "objetivo" ou propósito do desenvolvimento sustentável deveria ser o de realinhar os valores dos investidores na direção certa.

O próximo passo é desenvolver uma agenda (estrutura) para o desenvolvimento da região. A agenda deverá servir como o princípio-guia que exige esforços básicos do povo com o objetivo de isolar os "indicadores" (Hatcher, 1996) do bem-estar biótico e abiótico da região. Esses indicadores são as forças vitais indispensáveis à coexistência humana com a Natureza. Hatcher observou cinco características de um bom indicador de sustentação:

1. Ele consistentemente reflete o *status* de uma característica significativa e fundamental.
2. Ele é compreendido e aceito pela comunidade.
3. Ele é estatística e praticamente mensurável em termos lógicos.
4. Ele possui ligações claras e compreensíveis com os outros indicadores.
5. Ele representa ou se relaciona diretamente com os valores comunitários importantes.

Utilizando esses critérios para a identificação dos fatores-chave como parâmetros de desenvolvimento sustentável para o *habitat* e os habitantes do Vale Bhyundar, pode-se propor uma estrutura para o desenvolvimento (Figura 2). A biosfera da região, mais particularmente em seus aspectos da flora, é o recurso mais vital para a coexistência do homem e da natureza. A partir daí, pode-se também recomendar fortemente as três maiores propostas viáveis, ecológica e economicamente – a etnofarmácia, a agrofloresta e a ecorrestauração. Essas sugestões são substanciadas pelos seis itens a seguir:

- *Ecoamigável* e com base na natureza: A saúde da biosfera depende da utilização adequada de recursos bióticos das espécies. Os projetos de reabilitação florestal e os projetos de pesquisa botânica são sugeridos com a intenção de que seja feita uma pesquisa profunda com base nas práticas do uso da terra para a agroflorestação.
- *Assegura* o isolamento de sistemas de apoio vital da vida por meio da propagação e da prática de fazendas indígenas e técnicas inovadoras de reciclagem. A pesquisa botânica também deve objetivar a identificação de espécies indesejáveis e potencialmente destrutivas para eliminação.
- A viabilidade *econômica* dessas funções com base na natureza pode ser obtida da aplicação de recursos locais para os resultados desejados os quais poderão ser capitalizados. Por exemplo, os projetos de ecorestauração podem alavancar uma série de funções relacionadas aos serviços com base na comunidade e ao gerenciamento de recursos. Da mesma forma, os

produtos agroflorestais podem promover a localização de pequenas ou microindústrias e centros de provisão indígena, sob a forma de amenidades ao longo do caminho. O mesmo se aplica aos projetos de pesquisa botânica sobre plantas e espécies medicinais. A viabilidade econômica também se reflete nas oportunidades de trabalho para a população local, que crescerá com a introdução desses programas/projetos.

- *É endossada* por representação nativa. Os Botias são uma sociedade pequena, fechada e que vive em grandes altitudes com práticas tradicionais e costumes folclóricos singulares. Eles vivem de acordo com o que seu ambiente lhes dita. As práticas indígenas de lavoura etnobotânica são estilos de vida endêmicos que deveriam continuar recebendo o patrocínio local.

Conforme já mencionado anteriormente, os próprios Botias são uma atração para os turistas e também um recurso para as atividades turísticas às quais eles se dedicam, como gerentes de *trekking* e trilhas, intérpretes e guias.

- *Assegura* manutenção e monitoração da biodiversidade através de práticas ecoamigáveis apropriadas.

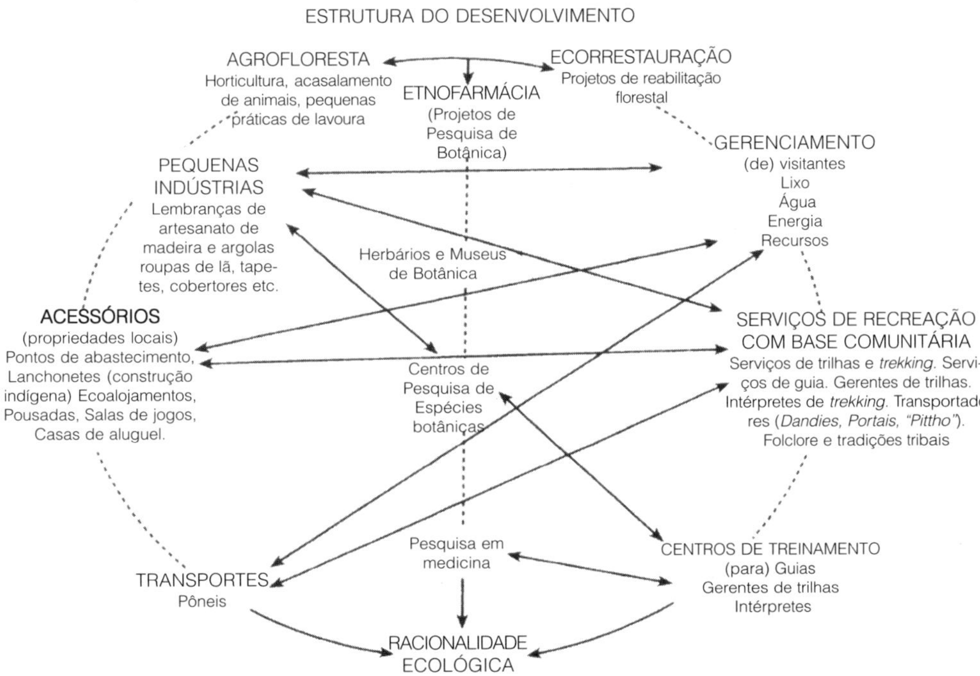

Figura 2. Uma estrutura para o desenvolvimento.
Fonte: Concebida e desenhada por Shalini Singh.

- *Abrange* um grande espectro e sistema integrado. Pelo posicionamento da lavoura, do florestamento e da etnofarmácia como focos do desenvolvimento, uma vasta faixa de opções econômicas tornam-se disponíveis. A obediência a essas diretrizes pode resultar em funções múltiplas que são inter e intradependentes numa rede sistemática.

O objetivo deveria ser o de tornar o planejamento viável e benéfico para o povo e seu habitat, e nesse contexto seria adequado denominar essa forma de atividade como Turismo Botia – pois é relativo ao turismo endêmico de local específico. O termo significa turismo de natureza indígena que deve ser planejada, nutrida e monitorada nos níveis local e regional. Isso é de fundamental importância, já que um desenvolvimento rápido e descontrolado pode destruir a diversidade das estruturas locais e regionais, especialmente quando elas são introduzidas de fora da região ou do país. Portanto, o termo defende o envolvimento local, que promete uma forte absorção de técnicas nativas de conservação junto com o espírito tradicional (Brandon, 1993).

Desde que o desenvolvimento da comunidade vive no âmago de tal programa, seu primeiro objetivo deveria ser o de educar e treinar os locais envolvidos para interagir em níveis/limites aceitáveis com os visitantes, e suprir suas exigências básicas sem comprometer seus próprios valores naturais e culturais. Essa tarefa precisa ser dirigida por instituições locais e/ou regionais, que demonstrem interesse e preocupação pela diversidade biocultural da área.

Historicamente, as sociedades Chamoli das terras altas do Garhwal himalaia são conscientes de sua herança, e foram essas pessoas que se rebelaram em massa contra o corte do verde para o comércio. Muitos desses líderes comunitários podem ser considerados "ecologistas folclóricos", possuindo sabedoria prática sobre *como* envolver o povo local, *a quem* envolver e *por que* envolver grupos indígenas nos programas de desenvolvimento rural. Alguns deles têm seus próprios centros de treinamento, ecorrestauração e ecodesenvolvimento. Na verdade, é uma pena que os gerentes e desenvolvedores de recursos dessa região os considerem informantes rústicos e ativistas perdidos.

O Vale Bhyundar, com seus encantos elíseos em paisagens fascinantes, sua extravagância floral e "pequena cultura" do Himalaia preservada, ainda mantém muito da sua glória primitiva. O turismo, de uma forma ou de outra, chegou até lá, mas grande parte da beleza local não foi tocada. Os planejadores e desenvolvedores de turismo têm uma oportunidade de criar uma forma benigna de turismo exercitando os conceitos e princípios do turismo indígena, discutido anteriormente. Esse deveria ser um desenvolvimento cooperativo, planejado, implementado e monitorado por autoridades locais e regionais, com um mecanismo de consultoria e participação pró-ativa dos Botias e montanheses mais informados. Algumas dessas idéias nascentes já foram colocadas em prática em Almora, do Kumaun himalaio, onde os Botias Sauka da região de Johar estabeleceram uma organização voluntária chamada Jan Jagran Samiti, em Binsar, que luta pelo poder socioeconômico das mulheres. Da mesma forma, outra sociedade básica rural, a ROSE (Organização Rural para Elevação Social), em Kanda (Kamaun), se compromete a desenvolver e integrar os pobres da área rural. Isso também inclui turismo rural. A ROSE trabalha e se esforça para preservar a cultura Kumauni, organizando eventos religiosos e festivais culturais de artes tradicionais para a satisfação dos hospedeiros. Parece que esse movimento vai decolar e encorajar cada vez mais os Botias à prática do "turismo de artesanato".

Revisitando o Vale Bhyundar

Como um epílogo para este tema, é interessante e talvez necessário revisitarmos o vale no papel de um turista e descobrir o estado em que se encontram os recursos turísticos, seu uso e mal uso.

Trazido à luz por F. S. Smythe (1931), o Vale das Flores já era conhecido pelos antigos sábios e santos hindus, que encontraram nele o ambiente ideal para o isolamento e a meditação. Ele também está associado à lenda dos Pândavas.* Para o povo local, é um local de fadas e, na mitologia hindu, é chamado de Nandan Kanan (o Jardim do Senhor Indra).

O Vale das Flores é próximo do Govinda Ghat (1.828 m de altura), quase 22 km depois de Joshimath na direção de Badrinath. Descendo cerca de 1,5 km pela estrada principal, chega-se a um pequeno povoado, o Govinda Ghat, que oferece hospitalidade Sikh no *Gurudwara*, e deste ponto para cima começa o Vale das Flores. A trilha, de cerca de 12,5 km até Ghangaria (o último povoado) é, na sua maior parte, ao longo do Lakshman Ganga (nome mitológico de Bhyundar). A passagem inteira é pontilhada de magníficas vistas e sons fascinantes do Himalaia, como cachoeiras, corredeiras melodiosas, pomares, flores selvagens e povoados primitivos de simplicidade orgânica. O primeiro povoado Botia que se encontra é Fulna, com choupanas cobertas de palha no meio de clareiras abertas no verde. O próximo, quase na metade do caminho, é Bhyundar (a 2.593 m de altura), que tem o mesmo nome do rio e onde se encontram

---

* Os Pândavas eram príncipes hindus, cuja história é contada no épico *Mahabharata*, que data de quase 5 mil anos. (N.T.)

Botias vivendo em perfeita harmonia com o ambiente natural. Depois dessa aldeia, a subida torna-se cansativa, embora compensadora, pois o cenário melhora dramaticamente a cada metro. O caminho começa a revelar a beleza selvagem de flores miúdas de diversas cores, das quais a rosa e a amarela são as mais comuns. E à medida que Gangaria se aproxima, Karshu e os rododendros dão lugar à plantação de majestosos cedros do Himalaia.

O Ghangaria, que tem a forma de uma tigela (3.200 m de altura), oferece facilidades, refeições e acomodações, além do *Gurudwara,* um lago das altitudes onde o *guru* dos Sikhs, Govind Singh, costumava meditar, e que provê as necessidades dos peregrinos Sikhs até Hemkund, a próxima aldeia. O Vale das Flores fica a aproximadamente 3,5 km a nordeste de uma altura média de 3.650 m, ao passo que Hemkund ascende na direção leste a 4.329 m.

Com respeito à preservação da natureza e às diretrizes para as reservas de biosfera, a represa inteira de Bhyundar pode ser subdividida em:

1. Zona cultural: a área que começa na confluência dos rios Bhyundar e Alaknanda, ascendendo até o Vale Bhyundar.
2. Zona tampão: da aldeia de Bhyundar até o Ghangaria e circunvizinhanças.
3. Zona central: compreendendo toda a área do Ghangaria até a Passagem Bhyundar Kanta e a Geleira Bhyundar.

Os aspectos florais do Vale tornam-se perceptíveis quando se sai de Ghangaria. A trilha de 3,5 km de Ghangaria até o Vale das Flores é simplesmente idílica, inspiradora. Depois de uma subida exaustiva de 1 km, a linha que marca o início da floresta começa com um jardim de bétulas prateadas que promete maravilhas na grande extensão verde do Vale. A beleza deste, aliás, se expõe por todos os lados aos olhos do visitante, que se sente tentado a explorar o mistério deste "Jardim do Éden".

O centro do Vale espalha-se num corredor sinuoso de cerca de 8 km de comprimento por 2 km de largura e sobe suavemente até a Geleira Lari Bank. Ao norte, vêem-se os penhascos impressionantes que se elevam acima de 2 mil m da sua base, um rico berço para os faisões do Himalaia (*monal*) e outros pássaros que vivem nas alturas. A face norte das montanhas é pejada de degraus de bétulas prateadas intercalados de prados montanhosos; a face virada para o sul se caracteriza por uma paisagem de verde e picos nevados e silhuetas majestosas. A vista mais espetacular é a do monte Ratban (6.127 m de altura) ao nordeste, que imediatamente seduz a atenção do visitante.

O solo do Vale é denso pelo crescimento das flores em muitos lugares lamacento e pedregoso, e estas são bastante diferentes das encontradas durante a subida, devido ao solo e ao clima. A primeira metade do solo varia de 3.525 m a 3.962 m, e este é o espectro normal de visitas para os turistas. A segunda metade, mais árida e empedrada, é uma área que atrai mais os cientistas e aventureiros de campo, pois termina no sopé da Passagem Bhyundar Kanta (5.450 m de altura).

As montanhas do Vale, e em especial as da face sul, exibem flores raras ao longo dos corredores, fendas e ao lado da geleira, e é aí que se encontram a papoula do Himalaia (azul e amarela) e o *Brahm Kamal* (Lótus de Brahma, denominação latina: *Saussurea obvallata*). Esse é o cenário das primeiras florações do Vale, de prímulas e anêmonas que gradualmente avançam rumo ao solo com a chegada das chuvas. O Vale começa a florescer pela metade de maio e a fenecer por volta de setembro. O solo do Vale se mostra mais rico em julho e agosto, quando se torna difícil andar sem pisar nas plantinhas tenras.

Os primeiros botânicos ingleses identificaram mais de 2.500 gêneros florais, e Joan Margaret Legge, outra botânica inglesa, coletou mais algumas espécies para o Jardim Botânico Kew, de Londres. Outros botânicos indianos acrescentaram outros dados a essa lista de plantas, mas atualmente só existem informações dispersas com respeito a um inventário completo das espécies de plantas do Vale das Flores, no Himalaia, e suas famílias.

A sinecologia (que é um ramo da ecologia) dessas plantas florais, na sua maioria ervas medicinais, explica como é que elas vivem em associação umas com as outras e como mantêm sua simbiose, depois da interação com o solo e o microclima, já que uma morre dando a vida para a outra. O espectro do Vale muda dramaticamente durante as semanas e os meses de verão. O espetáculo de junho é bem diferente do de julho ou agosto, e setembro é uma glória outonal, a canção do cisne.

A trilha que leva a Hemkund (alojamento Sikh) é um corolário para o Vale das Flores. Ela leva o visitante a outras paisagens, diferentes das conhecidas ao longo do Vale. Embora os visitantes não "nadem no meio de um mar de flores", como virtualmente acontece no Vale, eles veêm a abundância das papoulas azuis do Himalaia e sentem o perfume inebriante da *Brahm Kamal.*

Não se chega ao lago Hemkund facilmente, pois a trilha até ele é árdua e seu último quilômetro exige muito mais paciência e força de vontade do que propriamente resistência. Mas os bravos peregrinos Sikhs são conhecidos por sua persistência espartana. Ao lado do lago existe uma gigantesca estrutura nova, em forma de estrela, que não combina muito bem com o ambiente natural.

Os Sikhs abriram essa área para a peregrinação por volta de 1970. Na década de 1980 o Vale das Flores era cheio de turistas, com uma infra-estrutura inadequada, o que resultou em danos ambientais aos já frágeis recursos florais. Em

1982, o Vale foi declarado Parque Nacional. O setor público concentrou-se nos turistas que pagavam bem, e os locais tiveram poucas oportunidades de se envolver, exceto para servir chás à beira da estrada. Os Marcchayas e Garhwalis mais prósperos começaram a alugar pôneis para as trilhas e alguns deles até serviam de guias. O mercado dos carregadores, como sempre, foi tomado pelos astutos contratatores nepaleses. Depois de certo tempo, os Sikhs mais empreendedores não apenas modernizaram as facilidades ao longo do seu caminho para o *Gurudwara* como também introduziram o culto da *fast-food* e das bebidas em lata, o que inibiu os vendedores locais de chá na trilha principal do Vale. Alguns Botias de Bhyundar e Ghangaria (os últimos povoados) fizeram alguns esforços tímidos no sentido de criar acomodações em suas casas para os turistas de orçamento modesto, mas não tiveram muito sucesso, dada a escassez de verba e de conhecimento. Os gerentes do parque não se importavam em incorporar o povo local aos seus programas de conservação. Seus direitos ao pasto foram usurpados e eles não receberam nenhum benefício pela concessão. E para a triste surpresa deles, os empregos gerados pelo turismo foram oferecidos às pessoas de fora da aldeia. Tendo vivido por tantas gerações com as plantas e ervas nativas, o povo indígena possui um invejável conhecimento acerca de etnobotânica, que muitos pesquisadores ignoram. Assim, é óbvio que, diferentemente do que ocorreu na experiência ACAP, o Vale Bhyundar apresenta um desafio para o desenvolvimento dos recursos humanos para dirigir o turismo adequadamente. Essa é uma tarefa que precisa ser dirigida em cooperação, entre os centros de treinamento regionais das universidades de turismo em Srinagar (Garhwal), Nainital e Almora (Kumaun) e as Corporações Garhwal de Desenvolvimento e outras agências setoriais de desenvolvimento na montanha. O Instituto Nehru de Montanhismo, em Uttar Kashi, também desempenha um papel importante no treinamento de jovens Botias para trabalharem como guias de turismo nas montanhas e como líderes de trilhas.

O enfoque principal em tais áreas deveria permanecer no gerenciamento de trilhas e *trekking*, com interpretação efetiva do produto do *trekking* – sua singularidade. Dever-se-ia começar com explicações taxonômicas do incrível ciclo de crescimento das flores do Parque, sua distribuição densa e restrita, os aspectos microclimáticos e outros controles que dão à beleza floral tal encanto mágico. Infelizmente, a maioria dos visitantes volta do parque desencantada, por causa da falta de informação básica e interpretação do parque. Os indígenas educados e desempregados que moram na região deveriam ser recrutados para um treinamento de interpretação, e eles certamente trabalhariam com eficiência e orgulho. A segunda ação mais importante seria o estabelecimento de alojamento

Botias – simples, orgânicos, em acomodações unitárias de um dormitório, semelhantes às projetadas pela arquitetura vernacular, com um mínimo de facilidades básicas, com água limpa e toaletes. O conceito de alojamentos dos Botias para turistas é muito parecido com os do sistema francês de *gîtes*. Um modelo unitário poderia ser colocado ou na Aldeia Bhyundar ou em Ghangaria, com operadores locais. Deviam ser estabelecidos ecoalojamentos ao redor da área central do parque. O parque poderia servir como iniciativa e centro de aprendizado para o povo local e sua participação pró-ativa. Uma vez que esse modelo tenha demonstrado que funciona, os Botias de Bhyundar poderiam chegar com seus artefatos de *Ringal*, agasalhos e cobertores de lã e outras habilidades locais para serem vendidos, como uma opção econômica para melhorar os seus padrões de vida. Isso poderia resultar no desenvolvimento da região inteira, ao longo de linhas semelhantes. Conforme observado anteriormente, muito irá depender da implementação da política do desenvolvimento de turismo sustentável, estrutura de planejamento, monitoração e resposta do povo local.

Conclusão

Os povos indígenas, como os Botias de Bhyundar, geralmente vivem uma existência marginal em regiões inóspitas com poucas ou nenhuma oportunidade de crescimento. O desenvolvimento de turismo orgânico parece ser uma opção viável, uma vez que seus hábitats normalmente são cheios de paisagens estéticas e de exotismo cultural. Entretanto, o desenvolvimento tribal por meio do turismo ameaça a integridade dos ecossistemas, e especialmente a diversidade biocultural e a autenticidade comunitária. Somente um turismo com base na comunidade e com uma ligação efetiva dos recursos nativos, como a floresta, a horticultura, a agricultura e o artefato, é que tem oportunidade de sobreviver. A maioria das outras formas freqüentes de turismo não pode se manter sustentável e, mais cedo ou mais tarde, declina.

Os Botias, isolados, com uma capacidade comunitária limitada e pressionados pela pobreza, não poderiam se adaptar facilmente ao turismo, enquanto os Sherpas do Himalaia nepalês fizeram dos esforços e da necessidade uma virtude, estabelecendo-se como os melhores guias montanheses do mundo. Depois de um breve período, eles melhoraram sua própria situação por meio da prática do turismo montanhês, muito embora não sem antes pagarem os custos sociais.

A questão é, se os Sherpas puderam conquistar isso, por que não os Botias? Essa pergunta não é fácil de ser respondida, muito embora eles tenham pontos comuns (por exemplo, a estrutura de clã, similaridades socioeconômicas, crenças determinadas pelo meio ambiente e compulsões políticas). Uma razão simples para a falta de assertividade é, certamente, o fato de que nenhum modelo se repete exatamente da mesma forma no Himalaia, por causa da complexidade dos seus ecossistemas e singularidades culturais.

O Nepal é uma sociedade mais aberta do que Garhwal ou Kumaun, que permaneceram por longo tempo como sistemas fechados por razões estratégicas. Até o fim dos anos 1970, mesmo os residentes indianos tinham que pedir permissão para ultrapassar a "linha interna" dos militares. Foi assim que o *habitat* dos Botias permaneceu inviolado, bem preservado e isolado. Em contraste, a interação rápida dos Sherpas com os turistas e montanheses estrangeiros, vindos do mundo todo, moldou sua psique e lhes deu inspiração para o autodesenvolvimento. Os alemães os persuadiram a começar o ecotrekking, os holandeses os tornaram conscientes da riqueza ambiental, enquanto o famoso Hillary da Nova Zelândia contratou alguns deles como gerentes do parque. Esses esforços foram apoiados pela força política das suas autoridades, que compreenderam que o turismo poderia ser uma ajuda maior para sua economia fraca. Todos esses fatores tornaram os Sherpas ambiciosos e muitos deles atravessaram as fronteiras para competir nos mercados do Butão, da Índia e do Paquistão. A pesquisa na montanha sobre a complexidade ecológica do Himalaia foi feita por agências financiadoras estrangeiras, e existe agora um corpo de conhecimento multidisciplinar nos altos picos do Himalaia nepalês. Isso viabilizou o crescimento do turismo montanhês de forma científica, e os Sherpas puderam tirar vantagem desse crescimento. Katmandu, capital do Nepal, abriga um Centro Internacional para o Desenvolvimento Integrado de Montanhas (ICIMOD), que faz pesquisas e dissemina o conhecimento sobre vários aspectos da ecologia do Himalaia e das estratégias adequadas para o desenvolvimento humano.

O Himalaia indiano, particularmente nos seus altos picos, ainda não foi estudado com seriedade e, embora os velhos gazeteiros ingleses publiquem informações úteis, elas datam de duzentos anos! Alguns dos locais do grande Himalaia ainda lembram a *terra incognita*. Pode-se encontrar informações para pesquisa muito magras nas sociedades que vivem nas terras altas: suas respostas socioeconômicas, suas tradições e folclores, suas aspirações e sua luta perpétua contra um ambiente proibido. Esse é um desafio acadêmico que os eruditos da região devem aceitar. Existe um ônus para o fornecimento de realimentação e de informações para as agências de desenvolvimento das montanhas, cujas equipes permanecem presas aos programas administrativos e não têm tempo para as pesquisas de campo.

O turismo ainda não penetrou nas terras dos Botias indianos, o que promoveria uma oportunidade para um novo começo, apoiada por planos bem-feitos, baseada na resistência dos recursos com a consulta do povo local. Muito provavelmente eles favoreceriam o turismo em pequena escala, que teria permissão para crescer gradualmente e se fundamentar numa política de desenvolvimento de turismo sustentável.

Esse novo estilo de turismo será *deles* – o turismo Botia, que dará aos hóspedes o sabor das suas paisagens, lhes servirá aquela comida perfumada, os divertirá com suas danças nativas e os abrigará em alojamentos Botias. Esse novo turismo já começou a aparecer nessa parte do Himalaia, e está crescendo. Esperamos que traga melhoras ao padrão de vida dos Botias e que lhes permita conservar os elementos-chave de sua cultura.

Referências

ADAMS, V. "Shapers of Nepal: reconstruction and reciprocity", *Annals of Tourism Research* 19 (3): 534-44, 1992.

ADU-FEBIRI, F. "Tourism and socio-economic transformation in developing countries", *Review of Human Factor Studies* 11,1, 1996.

ALTMAN, J. "Tourism dilemma for Aboriginal Australians", *Annals of Tourism Research* 16(4): 456-76, 1989.

BAUMGARTNER, R. "Tourism and socio-economic change: the case of Rolwaling Valley in Nepal". *In*: T.V. Singh, M. Fish e L. Richter (eds.) *Tourism Environment: Nature, Culture, Economy*, Nova Delhi: Inter India, 1992.

BJONNESS, I.M. "External economic dependency and changing human adjustment to marginal environment in the High Himalaya, Nepal", *Mountain Research and Development* 3: 263-72, 1983.

BRANDON, K. "Basic steps towards encouraging local participation in nature tourism projects". *In*: K. Lindberg e D. Hawkins (eds.) *Eco-Tourism: A Guide for Planners and Managers*, N.Bennington, EUA: The Eco-Tourism Society, 1993.

HUTLER, R.W. & HINCH, T. *Tourism and Indigenous Peoples*. Londres: Thomson, 1996.

CHATTERJI, P.C. "Nomadic graziers of Garhwal". *In*: T.V.Singh e J.Kaur (eds.) *Studies in Himalayan Ecology*, 2ª edição, Nova Delhi: Himalayan Books, 1989.

EBER, S. *Beyond the Green Horizon*. Surrey: WWF, 1992.

FANTIN, M. *Sherpa Himalaya: Nepal*. Nova Delhi: The English Book Store, 1978.

GURUNG, C.P. The Annapurna conservation area project, Nepal. *In*: S. Eber (ed.) *Beyond the Green Horizon*, Surrey: WWF, 1992.

GURUNG, G.; SIMMONS, D.; DEVLIN, P. "Evolving role of tourist guides: the Nepali experience", R.W. Butler e T. Hinch (eds.) *Tourism and Indigenous Peoples*, Londres: Thomson Business Press, 1996.

HAIMENDORf, C.V.F. *Himalayan Trades – Life in Highland Nepal*. Londres: John Murray, 1979.

_______. *Asian Highland Societies in Anthropological Perspectives*. Nova Delhi: Sterling Publishers, 1981.

_______. *The Sherpas Transformed: Social Changes in the Buddhist Society of Nepal*. Nova Déli: Sterling Publishers, 1984.

HATCHER, R.L. "Local indicators of sustainability measuring the human eco-system". *In*: B. Nath, L. Hans e D. Devuys (eds.), *Sustainable Development*, Bruxelas: VUB Press, 1996.

KAUR, J. Himalayan Pilgramages and the New Tourism. Nova Delhi: Himalayan Books, 1985.

MUQBIL, I. "Trashing of the road to Shangri-La", *Contours* 1:7, 1984.

NIEDERER, A. "Mores, customs and traditions as factors of regional identity". *In*: E. A Brugger et al. (eds.) *Transformation of Swiss Mountain Regions*, Berna: Verlag Paul Haupte, 1984.

NITYANAND, T. e KUMAR, K. *The Holy Hilamayas: a Geographical Perspective*. Nova Delhi: Sterling Publishers, 1989.

PARKER, B. "Aboriginal tourism – from perception to reality". *In*: L.J. Reid (ed.) *Community and Cultural Tourism*, Procedimentos da viagem de 1992 e da Associação de Pesquisa e Turismo – Conferência do Canadá, de 4 a 6 de outubro de 1992, Regina, Saskatchewan: Travel and Tourism Research Association, 14-20, 1993.

PAWSON, I.G. Growth of tourism in Nepal's Everest, *Mountain Research and Development* 4 (3): 237-46, 1984.

PRICE, M. *People and tourism in fragile environments*. Nova York: Wiley, 1996.

RODENBURG, E. E. "Scale in economic development in Bali" *In*: T.V. Singh, H. L. Theuns e F.M. Go (eds.) *Towards Appropriate Tourism: The Case of Developing Countries*, Frankfurt: Peterlang, 1989.

ROUGHAN, J. "The development of Wheel", SIDT, Honiara, 1994.

RUSTOMJE, N.K. & RAMBLE, C. *Himalayan Environment and Culture*. Nova Delhi: Indus Publishing House, 1990.

SACHERER, J. "The Sherpas of Rolwaling Valley – a hundred years of economic change in Himalayan ecology", *Ethnologie*, Paris: CNRS, 1981.

SINGH, T.V. "The Kullu Valley: Impact of Tourism Developments in the Mountain Areas", Nova Delhi: Himalayan Books, 1989.

_______. "Development of tourism in the Himalayan environment: the problem of sustainability". *In*: Ruppert, Rand Storck e Karl-Ludwig *Festschrift für Wigand Ritter, Zum 60 Geburtstag*, Nuremberg: Friedrich-Alexander Universität, 1993.

________. "Development of tourism in the Himalaya". *In*: S. Singh (ed.) *Profiles of Indian Tourism*, Nova Delhi: Ashish Publishing House, 1996.

SINGH, T.V. & KAUR, J. "In search of holistic tourism in the Himalaya". *In*: T.V. Singh e J. Kaur (eds) *Integrated Mountain Development*, Nova Delhi: Himalayan Books, 1985.

________. *Studies in Himalayan Ecology*. 2ª edição, Nova Delhi: Himalayan Books, 1989.

SMITH, V. "Indigenous tourism: the four Hs". *In*: R.W. Butler e T. Hinch (eds), *Tourism and Indigenous Peoples*, Londres: Thomson, 1996.

SOFIELD, T.H.B. "Indigenous Tourism Development", *Annals of Tourism Research* 20(4): 729-50, 1993.

SOFIELD, T.H.B. & BIRTLES, "A Indigenous people's cultural opportunity spectrum for tourism". *In*: R.W. Butler e T. Hinch (eds.), *Tourism and Indigenous Peoples*, Londres: Thomson, 1996.

UPPADHAYA, V.S. "Development of highland societies: a case of central Himalaya". *In*: K.L. Bhowmik (ed.) *High Altitude Anthropology*, Nova Delhi: Inter India, 1988.

ZINDER, H. *The Future of Tourism in the Eastern Caribbean*. Washington DC: Zinder and Associates, 1969.

Desenvolvimento de turismo e parques nacionais no mundo em desenvolvimento:
Parque Nacional da Ilha Cat Ba, no Vietnã

Nguyen Thi Son, John J. Pigram e Barbara A. Rugendyke

O turismo e os países em desenvolvimento

Ao primeiro olhar, o turismo parece feito sob medida para as nações mais pobres do mundo, e um número crescente de países em desenvolvimento enfatizaram o turismo nos seus planos de desenvolvimento. As razões não são difíceis de serem encontradas. Um mercado pronto está disponível para as atrações que esses destinos podem oferecer; muitos deles têm um bom clima, combinado com cenários exóticos e uma rica herança histórica e cultural. Os custos da terra e do trabalho são comparativamente baixos e, na ausência de produção significativa de minérios ou setor de agricultura orientado para exportações, o turismo é uma fonte potencial de entrada de divisas podendo gerar novas oportunidades de emprego e estimular a demanda por produtos e indústrias locais. O turismo também é levado em consideração para promover as melhorias possíveis na infra-estrutura local, com a provisão ou modernização de estradas, aeroportos, facilidades de alojamento, acomodações, compras, entretenimento, comunicações, água e luz, serviços sanitários e de saúde.

Entretanto, a experiência demonstrou que o turismo pode não ser sempre a forma mais apropriada de investimento para as regiões do mundo em desenvolvimento. Várias questões econômicas, socioculturais, ambientais e políticas foram levantadas, o que serve para qualificar o endosso do turismo como estratégia para o desenvolvimento nas nações mais pobres do mundo, entre elas:

- potencial para conflitos entre o turismo e as culturas tradicionais, estilos de vida e paisagens, especialmente quando dominadas por interesses estrangeiros e não integradas às economias e comunidades locais e regionais;

- custos e benefícios econômicos do turismo e até que ponto os efeitos multiplicadores se aplicam (Sherman e Dixson; 1991:97-8; Sinclair e Vokes; 1993:208-9);
- sustentação das formas predadoras do turismo sem avaliações rigorosas do impacto ambiental;
- atitudes antagônicas das comunidades afetadas pelo turismo na ausência de benefícios tangíveis e socioeconomicamente compensadores (Richter, 1993,194-5).

Mesmo nos países em desenvolvimento onde o turismo parece cumprir a promessa de criar benefícios econômicos, os ganhos em moeda estrangeira são tipicamente equiparados pelas despesas consideráveis sobre importações tributáveis ao turismo (Hitchcock *et al.*, 1993:18). Um aumento de compras para cobrir demandas dos turistas, incluindo comidas e bebidas, acomodações e roupas, produtos de interesse dos turistas e infra-estrutura necessária para viagens internacionais (Pattullo, 1996,39). Uma perda cambial posterior pode ser o resultado de repatriação de lucros de corporações do exterior e pagamento de salários de pessoal especializado que ocupa as posições mais bem pagas da indústria local de turismo. Ao mesmo tempo, o número de empregos abertos à população indígena pode não satisfazer às expectativas por causa da falta de disponibilidade local das habilidades necessárias, que são restritas (Sinclair e Vokes, 1993:206). Muitos empregos criados são temporários ou inseguros, e também sazonais, dependentes do fluxo de turistas.

O comprometimento com o turismo nos países em desenvolvimento também pode trazer consigo perigos duplos: o primeiro é o da perda de controle sobre a alocação de recursos e a tomada de decisões; e o segundo é o da dependência de uma base econômica flutuante. O turismo é notoriamente aberto às pressões da inflação, das crises de combustível, dos problemas industriais, dos temores pela falta de segurança e da natureza volúvel da popularidade do local. Se as populações locais trocarem as ocupações tradicionais pelo trabalho nos empreendimentos turísticos, qualquer baixa em viagens internacionais pode ser duplamente infeliz. Muitas vezes o índice e a direção do desenvolvimento turístico ficam nas mãos de organizações transnacionais, especialmente nas áreas de transportes, cadeias de hotéis, venda de *tours* e marketing. Esse relacionamento dependente significa que grande parte dos lucros oriundos do turismo, na verdade, voltam aos países onde se localizam as multinacionais (France e Tower, 1991; Sherman e Dixson 1991:109; Pattullo, 1996:39). No sul do Pacífico, por exemplo, nenhuma nação-ilha possui qualquer uma das companhias que operam cruzeiros marítimos, e poucos governos podem pagar para ter uma linha aérea nacional independente. A extensão de tal controle de fora está crescendo com a tendência mundial para verticalizar a integração da indústria do turismo (Pearce, 1989:37-8). Na competição entre os lucros locais e o capital global, é o povo local que geralmente perde (Shaw e Williams, 1994:42-3).

Quaisquer benefícios econômicos provenientes do turismo também devem ser equilibrados contra eventuais conseqüências socioculturais adversas. Os custos e benefícios não são uniformemente distribuídos entre os residentes locais e os turistas, ou dentro das comunidades hospedeiras (Whelan, 1991:9; Hitchcock *et al.*, 1993:19; Din, 1993:328). Por exemplo, num estudo recente sobre o turismo no Nepal, Pagdin (1995) descobriu que o turismo só trazia melhoria aos padrões de vida daqueles diretamente envolvidos na indústria turística, enquanto a inflação associada, na realidade, minava os padrões de vida dos outros membros das comunidades hospedeiras. Assim, o turismo tende a "ser caracterizado por, e mais tarde gerar, desigualdades sociais" (Hitchcock *et al.*, 1993:19).

O confinamento de turistas e de seus gastos em enclaves com ar-condicionado, oferecendo experiências de viagens cuidadosamente programadas, pode tornar-se uma fonte de frustração e ressentimento para o povo local que não se beneficia diretamente, e pode meramente acentuar a distância entre a riqueza e a pobreza. Artigos e serviços importados competem com as empresas locais e pode ocorrer um conflito, pois a comercialização da terra e dos recursos se intromete nos valores locais. O povo local pode ser pressionado a abandonar suas terras para acomodar a indústria turística em expansão e dar lugar ao desenvolvimento de locais novos, especialmente próximos a praias (Pleumarom, 1992). A natureza dos impactos provocados pelo turismo, expressa na cultura estética e material pelos setores tradicionais de artesanato, também tem sido motivo de preocupação (Parnwell, 1993).

O turismo também pode servir como um agente poderoso de mudanças e rupturas sociais (Shaw e Williams, 1994:14). O excesso de turismo e o comportamento desregrado freqüentemente associado a ele podem atuar como uma afronta para as culturas hospedeiras (Din, 1993:332; Richter, 1993:198; McCarthy, 1994). O consumo conspícuo, as roupas excêntricas, o comportamento sexual inaceitável e as atividades ilegais, inclusive o uso de drogas, podem ser as fontes das tensões interpessoais e interculturais (por exemplo, Pattullo, 1996:84-101). O aumento dos crimes e comportamentos anti-sociais é apenas uma das muitas e possíveis conseqüências indesejáveis do turismo, mesmo nos países desenvolvidos, mas a capacidade que o turismo tem de induzir mudanças numa sociedade hospedeira é uma função das características dos visitantes e dos residentes no destino.

As diferenças acentuadas, econômicas e culturais, entre o povo indígena e os turistas, como é o caso típico de destinos turísticos mais recentes no mundo em desenvolvimento, podem fomentar rupturas culturais e transformação de estilos de vida. Assim, houve reclamações de resultados turísticos na "mercantilização" da cultura, além de indicações de que as culturas locais são exageradas e empacotadas numa "imagem" de cultura local que, então, é vendida aos turistas (Greenwood, 1997). Por outro lado, tem-se argumentado que as culturas e tradições locais podem ser "reconstruídas e manipuladas e ainda coexistir com o desenvolvimento e a modernidade", e até mesmo que o turismo pode fortalecer as culturas locais (Wood, 1993:52; 55-6). Também foi sugerido que uma cultura local forte e de expressão pronunciadamente nacionalista pode atuar como tampão contra a distorção da trama social (Wilson, 1993:38). Embora a extensão pela qual as mudanças sociais negativas são debatidas, e é óbvio que a natureza da mudança é especificamente contextual, não existe dúvida de que "[...] se as culturas viajam, elas não podem ficar isoladas das outras culturas. A mescla de elementos e a produção não intencional de novos valores culturais são uma conseqüência inevitável do movimento" (Rojek e Urry, 1997:11).

Seguindo o interesse global nas conseqüências ambientais do desenvolvimento, os impactos do desenvolvimento descontrolado da indústria do turismo sobre o ambiente se tornaram, cada vez mais, o enfoque da pesquisa (e.g. Green e Hunter, 1993; Parnwell, 1993; Buhalis e Fletcher, 1995; Pattullo, 1996). Os comentadores argumentam que a fome de lucros rápidos, junto com uma incrível falta de planejamento, criaram o "lado escuro do paraíso" em muitos destinos de nações em desenvolvimento, com o desenvolvimento do turismo de propriedade estrangeira contribuindo para a poluição marinha e a destruição de pesqueiros, pantanais, florestas, recifes e recursos litorâneos (Pleumarom, 1992; Parnwell, 1993; Leser, 1997:16). Ironicamente, o desenvolvimento do turismo pode ameaçar exatamente o que os turistas querem experimentar – as culturas e o ambiente local (Hawkins, 1993:185). Dessa forma, o "turismo pode ser turismo destruidor" (Hitchcock *et al.*, 1993:22).

Nesse contexto, deve-se esperar que os países em desenvolvimento procurem formas de turismo mais benignas para ajudá-los a promover o desenvolvimento econômico. O ecoturismo, ou turismo baseado na natureza, é cada vez mais aceito como uma opção ambiental e social, e com potencial para retorno econômico (Whelan, 1991:4). Em particular, o estabelecimento de parques nacionais é visto como uma maneira de abrir as atrações naturais do Terceiro Mundo aos turistas, de forma sustentável. Isso também é atraente aos olhos dos turistas, muitos dos quais se interessam por lugares novos e exóticos e estão sempre em busca de "outros" ambientes naturais não devastados (Boo, 1991:187-8).

Os parques nacionais nos países em desenvolvimento

Apesar do apelo dos parques nacionais como centro para o turismo baseado na natureza, podem surgir problemas com seu estabelecimento e seu gerenciamento, nos países em desenvolvimento. Embora certamente se possam reconhecer, na seleção de ambientes e paisagens para inclusão em sistemas de parques, as considerações ecológicas e o desejo de preservação de ecossistemas singulares, as propostas dos parques são muitas vezes avaliadas primeiramente em relação ao seu potencial econômico e aos benefícios sociais (Cochrane, 1993:317). Isso quer dizer que, em negociações de compras de terras, planejamento de operação futura e gerenciamento de um parque, torna-se de importância fundamental que a autoridade governamental possa demonstrar os benefícios específicos, especialmente para o povo local, por meio de oportunidades comerciais e de empregos (Rovinski, 1991:43). Assim, os fatores econômicos podem ofuscar as considerações ecológicas, em detrimento do ambiente do parque (Sherman e Dixson, 1991: 90-1).

Os parques nacionais agora são uma realidade em todas as esquinas do mundo em desenvolvimento, e o sudeste da Ásia não é uma exceção. Alguns desses parques e reservas refletem as tentativas feitas para proteger as paisagens naturais e a vida selvagem, com o propósito de conservação e pesquisa (e.g. Olindo, 1991; Rovinski, 1991; Hitchcock, 1993:310). Em outras situações, retornos potencialmente grandes do turismo parecem ter influenciado sua criação. Grande parte do estímulo dado a essa atividade turística vem do interesse mundial de ver a natureza e a diversidade de animais e pássaros que se encontram nos parques nacionais. Nos países menos desenvolvidos da África, por exemplo, a maioria dos visitantes dos parques são estrangeiros. Enquanto algumas nações em desenvolvimento podem considerar os parques vestígios indesejáveis de domínio anterior por estrangeiros, eles são tolerados e até mesmo encorajados, por causa do seu papel de promover empregos locais e de atrair turistas e moeda estrangeira (Cochrane, 1993).

Embora muitos parques nacionais tenham sido estabelecidos no sudeste da Ásia e nas Ilhas do Pacífico, ainda existem dificuldades consideráveis para serem superadas. Países como a Indonésia, Papua-Nova Guiné, Filipinas, Malásia e Vietnã aparentemente endossaram o conceito de parques nacionais e parecem convencidos do papel que podem desempenhar na conservação da natureza. Entretanto, não é sempre que tal convicção pode ser assumida por sociedades em que a vida selvagem ainda é considerada um obstáculo ao progresso e a necessidade de conservação ainda não é apreciada universalmente. Podem muito bem ocorrer dificuldades na distribuição de dinheiro e de força-trabalho para o desenvolvimento e gerenciamento de parques (Olindo, 1991:30) e uma relutância em tirar a terra daquilo que se considera um uso mais produtivo. Mesmo em situações nas quais as autoridades demonstram entusiasmo e consciência do valor dos parques, os obstáculos ainda podem surgir, quando se traduz isso para os níveis adequados de patrocínio e gerenciamento adequado dos parques (Rovinski, 1991:54-5).

Um problema particular pode ocorrer em áreas de habitação humana anterior, especialmente onde a terra é de propriedade comunitária e sua utilização emprega práticas como a troca de cultivo, o corte de madeira e caça, que podem destruir o ambiente. Nessas circunstâncias, é preocupante a extensão na qual os parques e reservas naturais, novos ou já existentes, podem invadir as vidas dos residentes, levando à ruptura dos padrões estabelecidos de uso da terra e da trama social (e.g. Pattullo, 1996:119-20). O problema pode ser enfrentado, em parte, pela elevação dos padrões de vida acima dos níveis de subsistência que contribuem para essas formas destrutivas de utilização da terra. Além do mais, se a população local receber algum benefício tangível de parte do estabelecimento de um parque nacional, as pessoas podem ficar mais preparadas para respeitar e manter a integridade do ambiente dos parques (Whelan, 1991:8). Entretanto, como demonstrado por Hitchcock (1993:314), algumas vezes os residentes locais ganham muito pouco, em termos econômicos, do desenvolvimento do turismo. Na prática, como argumentado por Cochrane (1996:242), é extremamente difícil alcançarem-se ambos os objetivos do ecoturismo – conservar a natureza e melhorar o bem-estar do povo local imediatamente. Assim, um equilíbrio muito tênue precisa ser mantido entre a criação de uma reserva natural estrita, de um lado, e uma empresa de turismo baseado na natureza e orientada para o comércio, do outro. Se não, permanecerá a possibilidade de ressentimento e falta de cooperação, em que um tipo de sistema de parques ambientalmente mais compatíveis, mas menos recompensadores ou benéficos, será imposto às comunidades locais (Drake, 1991:137; Olindo, 1991; Whelan, 1991: 9). Tanto para o sucesso da empresa de ecoturismo quanto para a certeza de que as comunidades locais se beneficiem do desenvolvimento do turismo, o povo local deveria participar ativamente do planejamento do turismo (Boo, 1991:189).

Um assunto relacionado ao estabelecimento e gerenciamento de parques nos países em desenvolvimento, compartilhado pelo mundo desenvolvido, é o dilema de promover parques nacionais como um mecanismo do turismo, enquanto se mantém a integridade biofísica do ambiente dos parques (Woodley, 1993:90). De acordo com os comentários de Cochrane (1996:238):

As tensões existentes no turismo e na conservação se exacerbaram pela falha da indústria do turismo e dos gerentes dos parques de se compreenderem uns aos outros. Exceder a capacidade ecológica e estética limitada dos parques significa que "ironicamente, a sobrevivência das áreas protegidas pode ser ameaçada exatamente por aquilo que as protege – o turismo".

Na ausência de uma apreciação sólida pelos valores do parque, pode ser dada uma ênfase enganosa à maximização do número de visitantes, com a finalidade de retorno econômico e em detrimento do próprio parque. Exceder as capacidades ecológicas e estética limitadas dos parques significa que, "ironicamente, as sobrevivência das áreas protegidas pode ser ameaçada exatamente por aquilo que as protege: o turismo".

Essas preocupações eram o cerne da pesquisa sobre a interação entre o turismo e os parques nacionais, num destino turístico do Vietnã recentemente desenvolvido. A pesquisa foi realizada no Parque Nacional da Ilha Cat Ba, ao norte do Vietnã.

O turismo no Vietnã

As percepções de muitas pessoas a respeito do Vietnã são coloridas pelas memórias da guerra entre o norte e o sul, e que envolveu outras nações. Desde o fim das hostilidades em 1975, a reconstrução, com a ajuda do exterior, e a recente liberação da economia estão gradualmente abrindo e mostrando o Vietnã ao mundo. Essas mudanças provocaram um rápido crescimento de investimentos estrangeiros, especialmente em operações conjuntas (de *joint venture*) em projetos turísticos. Em 1993, por exemplo, os setores hoteleiro e turístico receberam 16% do capital total de investimento, colocados no terceiro lugar depois do setor industrial, do óleo e do gás (Vu Tuan Anh, 1994). Isso, somado a um gradual relaxamento de regulamentos de vistos (Lenz, 1993) e a mudanças rumo a um mercado econômico livre, contribuiu para o número crescente de pessoas que visitaram o Vietnã como turistas.

A Ásia oriental e o Pacífico são a segunda região turística que cresce mais rápido no mundo, recebendo quase 26% do aumento total de chegadas de turistas internacionais ao redor do mundo entre 1995 e 1996 (WTO, 1996). As entradas na região aumentaram de 7,9% em 1996 para quase 90 milhões, enquanto as receitas totalizavam mais de 82 bilhões de dólares, ou seja, 13% mais do que em 1995 (WTO, 1996). Apesar de sua localização central nessa região, o Vietnã não desempenhou um papel importante para atrair turistas ao sudeste da

Ásia. Em 1992, o Vietnã recebeu apenas 2% de todos os turistas internacionais que chegaram ao sudeste da Ásia (VNAT, 1994). Entretanto, isso está mudando, uma vez que tanto os turistas internacionais quanto os turistas domésticos estão descobrindo o índice de dados naturais e culturais que o país tem a oferecer. A disponibilidade e o padrão de facilidades para os turistas também estão melhorando rapidamente. A existência de parques nacionais e muitas áreas protegidas por todo o Vietnã, que atuam como atrações turísticas baseadas na natureza, também têm contribuído para esse crescimento (Figura 1).

Um estudo realizado em 1993 sugeriu que, se desejar se tornar um concorrente no mercado turístico mundial e especialmente no setor sudeste da Ásia, o Vietnã deveria transpor alguns obstáculos, entre eles os seguintes:

- capacidade hoteleira insuficiente e acomodações de padrão de qualidade pobre;
- infra-estrutura frágil e capital estrangeiro curto;
- falta de profissionais treinados e bem qualificados para trabalhar na indústria do turismo;
- manutenção pobre de edifícios históricos e locais históricos;
- inadequação de dados estatísticos básicos sobre o turismo;
- a extensão do controle e da influência do governo;
- dependência excessiva de operadores de *tours* estrangeiros, limitando a escolha do povo vietnamita de seguir sua própria direção para o desenvolvimento do turismo (de Lozanne *et al.*, 1993; Lenz, 1993).

Enquanto se fazem esforços exaustivos para abordar esses problemas, a maioria das atividades parece concentrar-se nos centros urbanos maiores. Estimou-se que, por volta de 1997, deveria haver 95 hotéis novos ou reformados, construídos em padrão internacional, inclusive dez estabelecimentos cinco estrelas. Entretanto, a maioria deles deve estar em Saigon e Hanói, com o objetivo de atender ao setor de negócios do exterior (Tolhurst, 1994). Questiona-se se destinos turísticos isolados, como a Ilha Cat Ba e seu parque nacional, participarão desse crescimento.

O Parque Nacional e a Ilha de Cat Ba

Na última década, o número de parques nacionais no Vietnã cresceu de dois para dez, e muitas outras partes do país foram isoladas como áreas protegidas, primeiramente para pesquisas científicas. O Parque Nacional de Cat Ba é considerado por muitos o mais lindo do Vietnã e, cada vez mais, é visto como um destino favorito de muitos turistas, tanto estrangeiros quanto domésticos. A Ilha de Cat Ba se

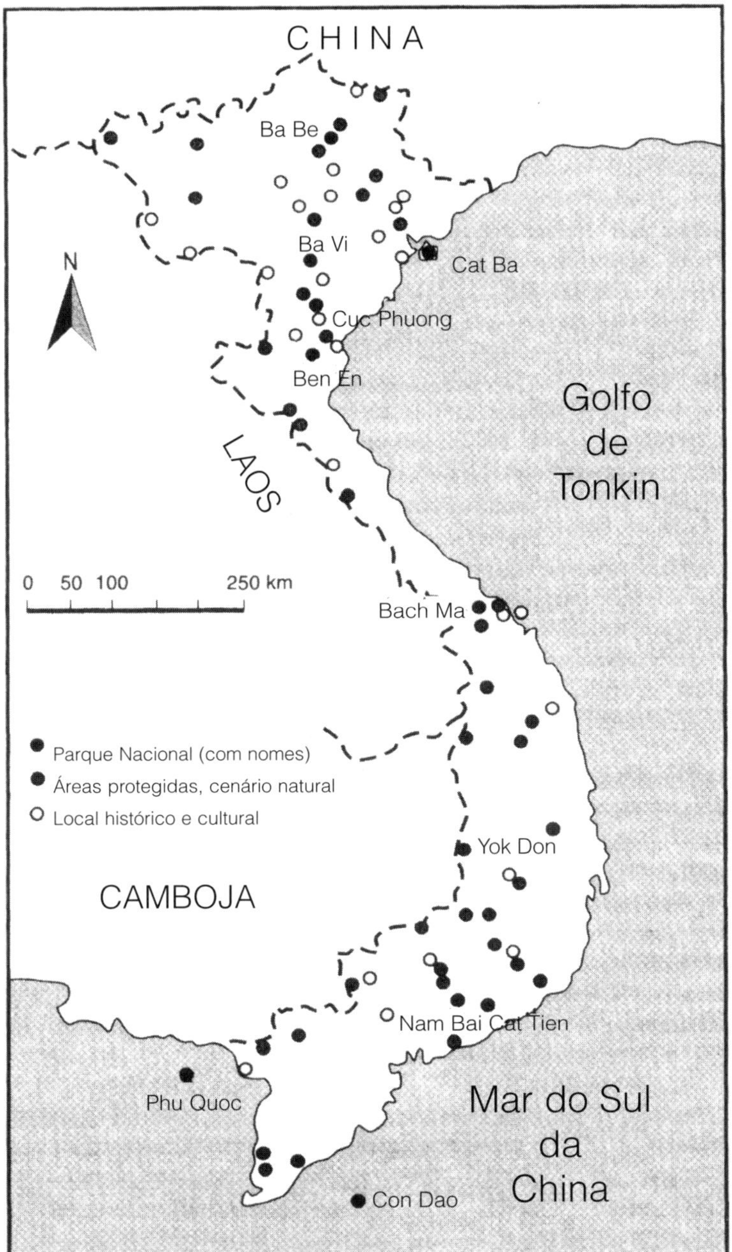

Figura 1. Recursos turísticos do Vietnã.
Fonte: Mapa fornecido pelo Escritório do Parque Nacional de Cat Ba, 1996.

localiza ao norte do país, na Baía Ha Long, a 50 km de Hai Fong, a terceira maior cidade do Vietnã. Essa ilha é notada por sua topografia *karst,* cheia de cavernas, pequenas ilhas e formas dramáticas de terra (Figura 2). Um parque nacional foi aberto na Ilha de Cat Ba em 1986, a fim de proteger os diversos ecossistemas da ilha.

Muito embora Cat Ba seja a maior ilha da Baía de Ha Long, ela só tem 25 km de comprimento por 90 km de largura. O parque nacional cobre aproximadamente metade da ilha e inclui 90 km^2 das águas costeiras adjacentes (Figura 2). Existe uma grande diversidade de paisagens e ecossistemas dentro do parque, que circunda inúmeras cavernas, lagos e cachoeiras, florestas e vida selvagem. Grandes recifes de coral e vida marinha podem ser vistos nas águas costeiras, que banham praias de areias brancas e imensas rochas junto ao mar azul-cristal. O tapete que cobre a floresta também é diversificado. Uma floresta primitiva e singular cobre 60% da ilha, com bosques tropicais verdes perenes sobre as terras baixas, florestas de calcáreo, florestas costeiras de mangues e florestas de pântanos. Existe uma fauna variada no parque, inclusive várias espécies de mamíferos, pássaros, répteis, anfíbios e grandes animais marinhos, como focas e golfinhos, que vivem nas pequenas baías ao longo da costa ao redor da ilha. Resíduos arqueológicos sugerem ocupação humana em algumas das cavernas que existem na ilha, há cerca de até sete mil anos.

A ilha de Cat Ba tem um clima tropical e morno, com as estações divididas entre um verão quente e úmido e um inverno frio e seco. As chuvas mais fortes ocorrem nos meses de verão (de maio a setembro), quando tempestades tropicais e tufões são freqüentes. De fevereiro a abril o tempo é mais frio, mas a temperatura raramente cai abaixo de 10 °C.

A beleza natural, a singularidade e a variedade do Parque Nacional de Cat Ba oferecem uma faixa impressionante de atrações para aqueles que se interessam por oportunidades de turismo baseado na natureza. Entretanto, os problemas para se chegar a essa ilha e explorar seu parque nacional representam uma grande desmotivação para os visitantes, tanto estrangeiros quanto domésticos. Além disso, permanece ainda a questão a respeito do impacto provocado sobre os ecossistemas relativamente intocados do parque, e se a comunidade da ilha acolherá e se beneficiará com o número crescente de visitantes do parque.

O povo que atualmente vive na Ilha de Cat Ba migrou das províncias costeiras próximas do continente vietnamita. A população atual, de cerca de 12 mil habitantes, ocupa principalmente a parte sul da ilha, inclusive a cidade de Cat Ba. A população também inclui um número de ciganos que vivem nos seus barcos. A maioria das pessoas ganha a vida da pesca, da área florestal, usando-a como uma fonte de *"pit props"* (lenha de suportes) para operações de mineração nas províncias próximas, e da agricultura, plantando arroz, mandioca e

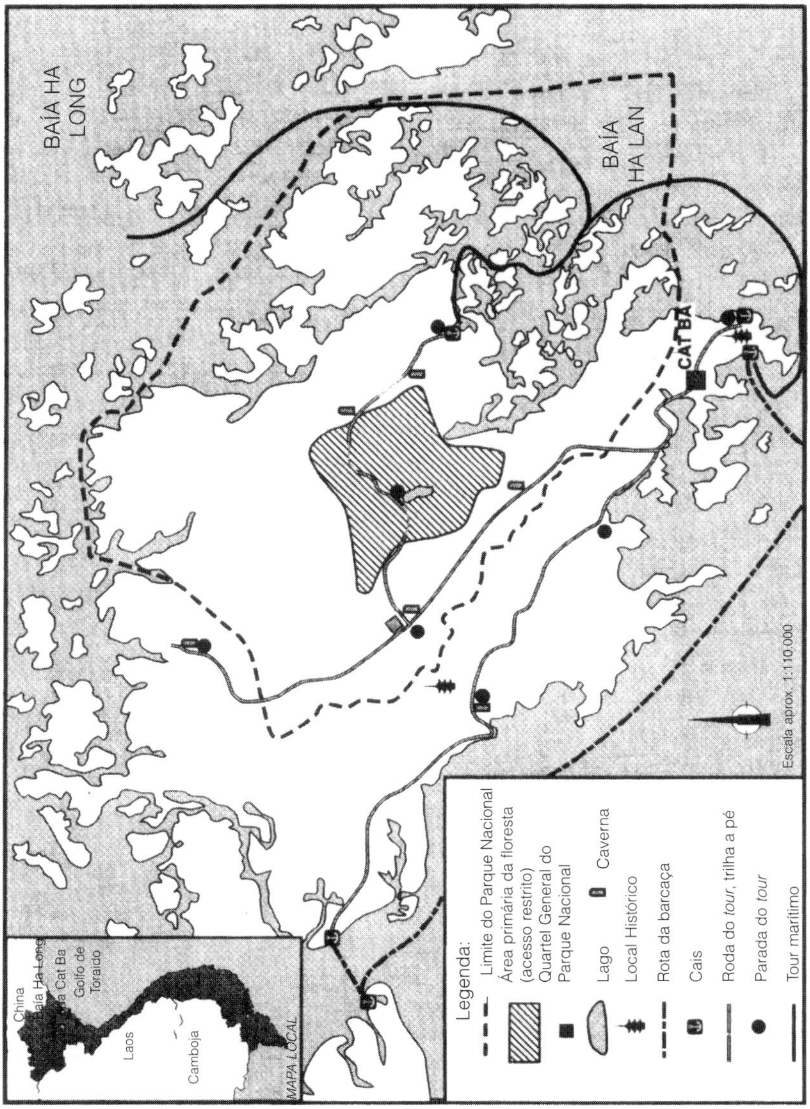

Figura 2. Parque Nacional da Ilha de Cat Ba e esboço de locais turísticos

Fonte: Adaptação de mapas fornecidos pelo Escritório do Parque Nacional de Cat Ba e da Companhia de Turismo Cat Ba, 1996.

frutas. Aqueles que vivem na cidade de Cat Ba operam vários tipos de pequenos negócios de varejo, inclusive alfaiates, mini-hotéis e transporte por motocicleta.

Algumas aldeias e comunidades se localizam dentro do parque nacional, de forma que os habitantes fazem as atividades agrícolas e limpeza da floresta, o que é até estimulado pelas autoridades. Essas atividades resultaram no desflorestamento e destruição da vegetação natural e provocaram um efeito negativo sobre o fornecimento de água e produção de peixes. Alguns programas de planejamento rural foram iniciados pelo gerenciamento do parque na tentativa de superar esses problemas.

O isolamento da Ilha de Cat Ba ficou pior devido à inadequação dos transportes e da infra-estrutura. Uma viagem de três a quatro horas de Hai Fong pelo serviço diário de barcaça, antiquado e desconfortável, através dos mares freqüentemente agitados, é um sério impedimento para muitos visitantes (Figura 2). A viagem ao redor da ilha e ao parque nacional em grupos pequenos é feita de motocicleta. Existem atualmente cerca de trezentas motocicletas na ilha. Grupos maiores de turistas viajam de ônibus que pertencem à Companhia de Turismo Cat Ba ao longo da única estrada principal que atravessa a ilha. As rotas que levam às comunidades e aldeias remotas são toscas e íngremes, e ainda se encontram em estágio preliminar de desenvolvimento.

A infra-estrutura para o turismo é limitada, com o fornecimento de água e comunicações, por exemplo, pouco desenvolvidos. A Ilha de Cat Ba não fazia parte da rede elétrica nacional até agora, a eletricidade foi fornecida por dois geradores por quatro a cinco horas por dia. Espera-se que a conexão com a rede seja completada em pouco tempo, utilizando-se os recursos dados pelo governo e pela província, e esta deverá fornecer eletricidade contínua aos hotéis durante a estação de turismo.

As facilidades para os turistas também deixam muito a desejar. Os hotéis operados pela Companhia de Turismo Cat Ba são pobremente mantidos e situados a uma distância considerável do cais da barcaça. Alguns hotéis estão em condições piores que outros, que foram construídos recentemente por empresários locais e sem planejamento oficial. Quase nenhum hotel tem água quente nos banheiros. Não existe um centro turístico que ofereça orientação, vendendo *suvenires* nem agendando viagens pela ilha. O único restaurante privado adequado para os visitantes estrangeiros foi construído há apenas dois anos. Facilidades de recreação, como quadra de golfe, locais para eventos públicos ou esportes aquáticos não existem. Não há zoológico nem nenhuma facilidade semelhante para observação de animais nativos, a não ser um pequeno local de alimentação. Apenas uma trilha natural, gasta e íngreme existe dentro do parque nacional, que atrai mais os visitantes estrangeiros aventureiros do que os turistas domésticos.

Visitantes da Ilha e do Parque Nacional de Cat Ba

O número de visitantes da Ilha de Cat Ba e seu parque nacional cresceu significativamente nos últimos anos. Em 1991 registraram-se 3.500 chegadas, inclusive de 161 estrangeiros. O número se elevou para 8.200 em 1993, com 1.900 estrangeiros e 15.600 em 1995, dos quais 6.100 não eram de origem vietnamita (Escritório Estatístico Cat Hai, 1996). A ilha e suas atrações se tornaram conhecidas aos turistas estrangeiros principalmente pelos livros-guias disponíveis para visitantes ao Vietnã.

A maioria dos turistas estrangeiros que visita a Ilha de Cat Ba parece ser de viajantes independentes. Os visitantes domésticos chegam tipicamente em grandes grupos organizados como pacotes turísticos, enquanto os estrangeiros chegam em grupos menores. Os grupos menores têm a vantagem de reduzir os impactos e a pressão sobre a infra-estrutura, a cultura local e o ambiente do parque. Eles também permitem uma flexibilidade maior nas visitas a áreas onde a infra-estrutura é deficiente e oferecem oportunidades para os visitantes se hospedarem em residências locais.

Embora o turismo na Ilha de Cat Ba tenha crescido consideravelmente nos últimos anos, tenha promovido grandes benefícios ao povo local e uma medida de desenvolvimento econômico para a ilha, ele também tem o potencial para provocar mudanças socioculturais indesejáveis e degradação ambiental. Atualmente, deve-se dirigir a atenção para a identificação dos melhores meios de satisfazer as demandas dos turistas, enquanto se mantém a integridade do ambiente biofísico da ilha e dos seus habitantes. A participação das comunidades da ilha, dos gerentes do parque nacional e daqueles que se interessam e se envolvem com o turismo está sendo chamada agora para criar estratégias apropriadas para o desenvolvimento do turismo na ilha.

Na busca desse objetivo, algumas pesquisas de campo foram realizadas na ilha de Nguyen Thi Son em 1996. Essas pesquisas se concentraram nas atitudes, motivações, atividades e níveis de satisfação dos visitantes à Ilha de Cat Ba e seu parque nacional. Os residentes locais e gerentes do parque também foram pesquisados para avaliação de suas atitudes quanto ao desenvolvimento e gerenciamento do Parque Nacional da Ilha de Cat Ba. Usaram-se entrevistas formais e menos estruturadas, junto com métodos de observação dos participantes. Ao todo, foram pesquisados/entrevistados aproximadamente cem turistas estrangeiros e domésticos, e quase cem residentes da ilha e gerentes seniores selecionados da equipe do parque.

Os resultados da pesquisa feita com os visitantes indicaram que o parque nacional era altamente avaliado pelos respondentes, com quase 23% anotando que esse era o fator motivacional mais importante para a visita à Ilha de Cat Ba, e 55% como o segundo fator mais importante. O grau de atração que o parque nacional exercia sobre os visitantes não era muito diferente entre os grupos de estrangeiros e turistas domésticos. A própria visita ao Parque Nacional de Cat Ba foi uma atividade altamente avaliada pelos turistas. Os resultados da pesquisa também sugerem uma forte preferência entre os turistas estrangeiros, por experiências ligadas à cultura local, inclusive visitas aos locais históricos e aldeias.

Em geral, os níveis de satisfação dos visitantes e sua percepção da Ilha de Cat Ba como um destino turístico foram positivos, sendo seus traços naturais e atmosfera geral altamente apreciados. As percepções negativas se relacionavam à poluição, transporte pobre e serviços pouco satisfatórios; por exemplo, o fornecimento de água e eletricidade. As indicações das possibilidades de uma nova visita sugeriram que Cat Ba tem o potencial de atrair mais turistas, especialmente aqueles que procuram conhecer os traços naturais e culturais da ilha e do parque nacional. Isso foi sugerido apesar das dificuldades enfrentadas em virtude do estágio inicial dos serviços e infra-estrutura do desenvolvimento de turismo.

Embora os resultados da pesquisa com os turistas tenha sugerido que muito ainda falta ser feito para melhorar a experiência turística na ilha, isso precisa ser empreendido com sensibilidade e sem degradação posterior do ambiente natural ou a imposição de efeitos negativos sobre a comunidade local. Cochrane recentemente sugeriu que "um dos elementos mais importantes dos futuros programas de desenvolvimento de turismo nas áreas protegidas é a certeza de que as percepções das comunidades locais sobre a área em questão sejam acertadas, e que suas necessidades, aspirações e capacidades sejam discutidas" (1996: 258). Assim, o enfoque de uma segunda pesquisa, cujos resultados serão discutidos a seguir, foi colocado sobre a reação dos residentes da ilha à presença dos turistas e o papel que eles atribuem ao Parque Nacional de Cat Ba.

Residentes da Ilha de Cat Ba

Os resultados da pesquisa sugerem que os residentes da Ilha de Cat Ba têm consciência da atração que essa área exerce sobre turistas e como um lugar para se viver. Embora uma grande proporção dos respondentes (39%) tenha afirmado não ter quase nenhum contato com os turistas, eles ficavam a maior parte do tempo na lavoura, pescando, aposentados, fazendo tarefas caseiras, vivendo em comunidades ou aldeias a alguma distância da cidade de Cat Ba e da rota para

Tabela 1. Porcentagem de residentes indicando os tipos de contato com turistas em Cat Ba.*

Tipo de contato com turistas	*Amostra*	*Porcentagem***
(a) Quase nenhum contato	36	39,1
(b) Alguns são conhecidos	31	33,7
(c) Hospeda turistas em casa	15	16,3
(d) Tem contato direto com turistas no trabalho	9	9,8
(e) Recebe dinheiro dos turistas pelo próprio negócio	21	22,8
(f) Outros	1	1,1

Fonte: Pesquisas de campo realizadas por Nguyen Thi Son.
* Os respondentes deram diversas respostas.
** Porcentagem da amostra total.

o Parque Nacional. A maioria dos respondentes tinha algum contato com turistas por meio dos seus trabalhos, negócios ou na acomodação de visitantes como convidados (Tabela 1). Estes viviam na cidade, onde se concentram os hotéis, os shoppings e as atividades turísticas.

Embora o turismo possa ser uma fonte de renda importante para alguns povos locais nos países em desenvolvimento, conforme mencionado anteriormente, podem ocorrer significativos impactos econômicos, sociais e ambientais nas áreas dos destinos e nas comunidades hospedeiras. Quando os residentes da Ilha de Cat Ba foram pesquisados com respeito ao impacto provocado pelo turismo sobre suas atividades pessoais, eles relataram uma porcentagem razoavelmente alta de efeitos positivos, muito embora muitos respondentes não tenham sentido qualquer impacto. Em geral, os residentes consideravam o turismo como um benefício para eles como indivíduos, e os aspectos positivos, como aumento de renda, por exemplo, como equilibrador dos poucos impactos negativos causados sobre suas atividades pessoais. Uma parte considerável da amostra respondeu que eles não sabiam ou não eram afetados pelo turismo. Isso reflete a descoberta anterior de que muitos dos respondentes da amostra não tinham nenhum contato com os turistas e, portanto, não tinham opinião formada sobre os impactos do turismo. Da mesma forma, a atividade "usando os recursos da floresta", que se relaciona indiretamente com o Parque Nacional da Ilha de Cat Ba, foi considerada como muito pouco afetada pelo turismo.

Algumas diferenças interessantes de reação ao turismo na ilha foram reveladas quando os dados da pesquisa diziam respeito a gênero, faixa etária e ocupações da amostra. Acima de tudo, os impactos do turismo sobre as atividades pessoais eram avaliados como mais altos pelo grupo de mulheres, com as oportunidades de compras e os efeitos econômicos sendo vistos como tendo melhorado. Isso pode ser um reflexo da maior responsabilidade assumida pelas mulheres no Vietnã, com respeito aos assuntos econômicos e apoio da família. A disponibilidade de bens e serviços também foi avaliada como tendo melhorado por causa dos maiores números de turistas, que resultaram em maiores demandas por certos tipos e qualidades de alimentos. Em conseqüência, os residentes também tinham acesso a uma faixa maior de bens e serviços do que teria sido disponível, no caso contrário.

Quando as respostas da pesquisa eram tabuladas-cruzadas com a faixa etária da amostra, a maioria das atividades era vista como positivamente afetada até certo grau pelo turismo. Os impactos causados nos indivíduos foram avaliados um pouco diferentemente pelos dois grupos dominantes de idade – 26 a 39 anos e 40 a 55 anos – que perfizeram, respectivamente, 55,4 e 29,4% da amostra. Esses desvios reforçam a noção de que as percepções sobre o turismo mudam com a idade e, possivelmente, com o tempo de residência na ilha. Por exemplo, o grupo de idade mais avançada sugeriu que o turismo causava um impacto negativo nas "outras" atividades. É possível que as pessoas mais velhas, que moram em Cat Ba há mais tempo, tenham mais consciência de outros impactos negativos sobre sua sociedade e também sobre sua cultura. A exploração dessa questão resultaria em um tópico muito útil para uma pesquisa detalhada no futuro.

A fim de serem examinadas quaisquer diferenças nas atitudes dos respondentes que tinham ocupações diferentes, com respeito ao turismo, foi feita uma comparação entre cinco categorias principais, listadas abaixo:

1. professores e empregados em geral;
2. lavoura e pesca;
3. negócios;
4. motoristas de motocicleta e trabalhadores menos qualificados;
5. aposentados, tarefas domésticas e outros.

Os resultados novamente indicam que os residentes da ilha percebem, acima de tudo, um efeito positivo do turismo sobre suas outras atividades pessoais, mas com um claro relacionamento entre as atitudes dos respondentes e as circunstâncias ocupacionais. As atitudes mais positivas com relação ao turismo foram as dos residentes dos grupos 3 e 4, que tinham bastante contato com os turistas e rendas por meio do turismo. Os residentes que não estavam empregados nem tinham nenhum interesse econômico no turismo – grupo 5, por exemplo – sentiram poucos efeitos e registraram índices mais baixos.

O turismo também pode impactar mais genericamente a comunidade hospedeira em termos de renda e ocupação, estilo de vida, disponibilidade de serviços e infra-estrutura, além de social e ambientalmente. A Tabela 2 sumariza as reações dos residentes ao impacto do turismo sobre os atributos comunitários da Ilha de Cat Ba, com respostas que variam de "muito pior" até "muito melhor".

A maioria dos respondentes sentiu que os "empregos/trabalhos" e "prosperidade econômica" tinham melhorado (80,4%) ou melhorado muito (10,8%), com porcentagens ligeiramente maiores de respondentes que indicavam que a "prosperidade econômica" tinha melhorado ou melhorado muito. As estradas e o transporte (60,9%) e "comer fora" (52,2%) também foram percebidos como tendo melhorado. Entretanto, mais da metade dos respondentes considerou que "o fornecimento de água e eletricidade" tinha piorado em conseqüência do turismo. Outros serviços e fatores sociais foram percebidos como não afetados, tanto positiva quanto negativamente, pelo turismo.

Para alguns residentes, o turismo tinha provocado impactos negativos sobre os preços. O ambiente foi percebido como muito pouco afetado, com uma alta porcentagem de respostas "não sabe". Isso sugere o fato de que a indústria do turismo causou um dano mínimo, talvez por ainda se encontrar num estágio

Tabela 2. Impactos do turismo sobre os aspectos da vida comunitária na Ilha de Cat Ba (porcentagem de respondentes) N = 92.

Impactos	*Muito pior (%)*	*Pior (%)*	*Sem alteração (%)*	*Melhorou (%)*	*Melhorou muito (%)*	*Não sabe (%)*
Fatores econômicos:						
(a) Trabalhos/empregos	0	0	6,5	80,4	10,8	2,2
(b) Prosperidade econômica	0	0	0	81,5	15,2	3,3
Aspectos sociais:						
(a) Estradas, transportes	0	7,6	29,3	60,9	0	2,2
(b) Comer fora	0	2,2	36,9	52,2	0	8,7
(c) Água e eletricidade	0	52,2	31,5	12,0	1,1	3,2
(d) Preços de artigos e serviços	0	14,1	53,3	31,5	0	1,1
(e) Segurança/crime	0	1,1	84,8	10,8	0	3,3
(f) Assistência hospitalar	0	0	73,9	17,4	0	8,7
(g) Facilidades recreativas	0	2,2	47,8	30,4	1,1	18,5
(h) Costumes/vida tradicionais	0	0	86,9	8,7	1,1	4,3
Fatores ambientais:						
(a) Vandalismo e desordem	0	16,3	64,1	0	0	20,6
(b) Ambiente do Parque Nacional	0	2,2	41,3	9,8	1,1	45,6
(c) Outros	0	0	15,2	1,1	0	25,0

Fonte: Pesquisas de campo conduzidas por Nguyen Thi Son.

inicial do desenvolvimento. Também é possível que haja um baixo nível de consciência ambiental ou uma provável indiferença entre a comunidade da ilha com respeito à conservação da natureza. Entretanto, 16,3% dos respondentes acreditam que o "vandalismo e a desordem" pioraram, enquanto nenhum respondente sugeriu que tenha havido qualquer melhora nessa área.

A análise das respostas de acordo com as características demográficas da amostra revelou poucas diferenças pronunciadas nas atitudes em relação ao turismo, além de uma reação negativa mais forte, de parte das mulheres residentes e dos mais velhos, contra a falta de fornecimento de "água e eletricidade" e o aumento de "vandalismo e lixo nas ruas". Como ocorrera com o impacto percebido do turismo sobre os indivíduos e suas atividades, de acordo com as categorias de suas ocupações, as reações mais fortes vieram daqueles cujas ocupações estavam muito ligadas ao turismo. Os empregados em negócios ou os motoristas de motocicletas alcançaram os índices positivos mais altos, enquanto aqueles que não trabalhavam ou não se associavam com o turismo demonstraram atitudes menos positivas aos efeitos do turismo sobre os atributos da comunidade.

De uma perspectiva ambiental, existe alguma indicação de que o turismo esteja começando a resultar em impactos negativos. Entretanto, o ambiente do parque nacional ainda não é de responsabilidade dos residentes. Isso pode sugerir que a concentração do turismo não atingiu o ponto no qual os residentes se conscientizam dos problemas. Também pode emprestar um apoio maior ao fato de que o povo local parece não conhecer ou, pelo menos, não está informado sobre o ambiente.

Apesar de algumas reações negativas ao turismo, os residentes entrevistados na Ilha de Cat Ba eram unânimes em apoiar o desenvolvimento futuro. As razões dadas se relacionavam ao aumento de prospectos econômicos, oportunidades de trabalho e os benefícios que poderiam ser auferidos do turismo pela melhoria do ambiente social e compreensão do povo local. Ao mesmo tempo, os residentes entendiam os obstáculos associados ao turismo, no presente, e quais deles precisavam ser dirigidos. Estes incluem:

- necessidades de infra-estrutura como transporte, acomodações, etc.
- facilidades e serviços (isto é, água, luz, informações, serviços de guia) para satisfazer às exigências dos turistas, assim como para assegurar que os residentes locais não sejam adversamente afetados por falta de água e luz, como resultado do desenvolvimento do turismo na ilha.

Além disso, alguns residentes, atualmente vivendo fora do centro de atividades turísticas, demonstraram interesse em que o desenvolvimento do turismo se estendesse à sua área.

Sumário de interação entre residentes e turistas

Embora os resultados da pesquisa sobre a reação dos residentes na ilha contra o turismo e seus efeitos não estejam claros, algumas observações gerais podem ser apresentadas, importantes para os outros países em desenvolvimento, em estágio semelhante no desenvolvimento do turismo. Parece claro que os residentes locais concordam com o fato de a Ilha da Cat Ba exercer atração potencial sobre os turistas e favorecer o posterior desenvolvimento do turismo na ilha. Entretanto, essa descoberta precisa ser qualificada pelo entendimento de que uma proporção considerável de residentes tem pouco contato com os turistas. Para aqueles que interagem com os visitantes, o impacto de lado a lado é visto como positivo ou, pelo menos, que os benefícios do turismo, especialmente em termos econômicos, ultrapassam os efeitos negativos. Ao mesmo tempo, os respondentes à pesquisa reconheceram que há muitas falhas na infraestrutura, nas acomodações, no transporte e nos serviços, que precisam ser abordadas. Os residentes também expressaram a preocupação de que o aumento do turismo tivesse provocado impactos adversos sobre o fornecimento de água e luz, e algum tipo de poluição e degradação menor do ambiente foram observados por um pequeno número de residentes. A aparente falta de consciência sobre o papel potencial do parque nacional, na estimulação do interesse no turismo na Ilha de Cat Ba, provoca alguma preocupação. Essa falta de consciência, assim como os possíveis efeitos nocivos dos aumentos do turismo sobre o ambiente do parque, foram os temas selecionados para consultas futuras com o gerenciamento do parque na ilha.

Implicações gerenciais para o Parque Nacional da Ilha de Cat Ba

Quaisquer planos que promovam o Parque Nacional de Cat Ba como atração-chave para turistas precisam levar em consideração as atitudes da gerência do parque com relação ao turismo e à sua conscientização dos possíveis efeitos causados pelo aumento do número de visitantes ao ambiente do parque. Como parte do projeto de pesquisa, membros seniores do Conselho de Gerência do

Parque foram entrevistados para que suas percepções sobre o turismo na ilha e seu impacto no parque nacional fossem avaliadas.

A visita ao parque nacional da ilha foi vista pelos gerentes como a atração turística mais importante, especialmente para os estrangeiros que, como grupos, eram observados por sua participação ativa nas atividades do parque. Quando indagados sobre as formas pelas quais atraíam os turistas e ainda conservavam o ambiente do parque, os gerentes do parque sugeriram o uso de guias turísticos para reforçar e vigiar as restrições e regulamentos, como o meio mais efetivo de administrar as visitas. Outra abordagem colocada foi o uso de panfletos que delineavam as restrições, embora essa forma não tenha atraído muito os turistas domésticos. Diversas estações de inspeção também foram fixadas para monitorar o uso do parque, e acampamentos e piqueniques no parque não foram mais permitidos. Contudo, os gerentes do parque continuam enfrentando dificuldades, da mesma forma que muitos dos residentes da ilha que vivem dentro do parque e pretendem efetuar atividades como lavoura, corte de árvores e caça.

Do mesmo jeito que o turismo traz benefícios para a Ilha de Cat Ba, também se nota que contribui para a degradação ambiental, especialmente nas áreas sensíveis como a do parque nacional. De uma faixa de possíveis impactos, os gerentes do parque identificaram que o lixo, a poluição, o vandalismo e a própria condição do ambiente estavam piorando, como resultado das atividades turísticas. Entretanto, havia incertezas sobre até que ponto a mudança poderia ser atribuída apenas ao turismo, se se levassem em consideração as atividades diárias dos residentes da ilha.

Embora os gerentes considerassem que os esforços para tornar os turistas mais conscientes da necessidade da conservação ambiental não estavam acompanhando o passo dos aumentos de visitantes, eles acharam que o turismo, por enquanto, tinha provocado pouco efeito sobre o povo local e suas tradições. Por outro lado, a atenção dada ao transporte, às acomodações e aos serviços turísticos era vistas como se necessitasse de melhorias. Essas falhas também foram identificadas no levantamento dos turistas, e esse acordo fornece informações úteis para os políticos e planejadores, em relação ao futuro desenvolvimento do turismo na ilha e no parque nacional.

Enquanto a gerência tentava equacionar os benefícios do turismo com a renda oriunda das taxas de entrada e dos serviços de guias, os gerentes concordaram que um turismo moderado e bem planejado poderia ajudar a manter e até reforçar o ambiente da ilha e suas atrações. Além disso, a inclusão do parque nacional como local de visita poderia aumentar a consciência ambiental. A esse respeito, eram preferíveis os visitantes de permanência mais longa, pois eles provavelmente se identificariam com o turismo baseado na natureza e com os *tours* educativos do parque nacional. A fim de encorajar essa tendência, foram feitas propostas para a modernização das acomodações dentro do parque e para o estabelecimento de facilidades para a visualização da fauna, da flora e da vida marinha da ilha. Um programa de educação ambiental também é considerado útil, tanto para os visitantes quanto para os residentes locais, como meio de avaliar e evitar a degradação da ilha e do parque nacional.

Resumindo, os pontos de vista dos gerentes do parque em geral concordam com os dos residentes e visitantes da ilha, com respeito aos impactos do turismo. O gerenciamento do parque se faz mais difícil pelo número de comunidades, aldeias e atividades florestais e de agricultura relacionadas, localizadas dentro das fronteiras do parque. O estabelecimento do parque e a ênfase dada à conservação da natureza poderiam interromper essas atividades, mas o povo local ainda não tem oportunidades alternativas suficientes de apoio aos seus meios de vida. Isso, somado ao baixo nível educacional dos residentes locais e dos visitantes domésticos, além da conscientização inadequada da necessidade de conservação ambiental, apresenta um desafio para os gerentes do parque quanto ao apoio a ser dado para encorajar o desenvolvimento de turismo e ao mesmo tempo minimizar a degradação do ambiente. Outra questão que surge é a do apoio do governo, pois a modernização do parque nacional e suas facilidades para suprir o aumento do turismo deverá competir por fundos e apoio para melhorar a qualidade da vida dos residentes da ilha, em geral.

Conclusão

As dificuldades enfrentadas pelos gerentes do Parque Nacional de Cat Ba não são só do parque, da ilha ou do Vietnã. As preocupações identificadas nas pesquisas feitas com os visitantes, os residentes e os gerentes são compartilhadas pelas outras comunidades dos países em desenvolvimento na tentativa de abrir suas atrações ao turismo, procurando ainda aprender com os erros cometidos em outros lugares (e.g. Din, 1993; Pagdin, 1995). O turismo baseado na natureza parece oferecer um caminho progressivo que deverá minimizar a degradação ambiental e a ruptura com as comunidades tradicionais, e os parques nacionais parecem um veículo ideal para esse propósito. Entretanto, o estabelecimento de parques nacionais e seu gerenciamento para a conservação da natureza podem, por sua vez, cortar os padrões preexistentes de uso da terra sem trazer à tona os benefícios do turismo já previstos. Uma seleção e um delineamento cautelosos da terra a ser usada para parques nacionais, somados a programas sensíveis de gerenciamento orientados ao equilíbrio da conservação da natureza, com a manutenção de locais históricos e de valores culturais, além de um envolvimento mais próximo com os povos indígenas no gerenciamento do parque, contribuirão para resultados mais positivos. Por último, a criação de formas singulares de turismo baseado na natureza, específicas para os países em desenvolvimento e que apóiem as suas estruturas econômicas e sociais, dependerá dos esforços empreendidos para convencer as populações hospedeiras a endossar o estabelecimento de parques nacionais como um meio adequado de encorajar o crescimento do número de visitantes para partilharem as atrações especiais dessas regiões do mundo em desenvolvimento. Como outros já sugeriram anteriormente (Wood, 1991:204; Din, 1993:335-6), o sucesso dessa empresa dependerá, por sua vez, de até que ponto esses desenvolvimentos promovem respostas dos residentes (*"resident responsive"*) (Pearce *et al.*, 1996:9) e sobre os benefícios que o povo local usufrui deles.

Referências

BOO, E. "Making ecotourism sustainable: recommendations for planning, development and management". *In*: Whela, T. (ed.) *Nature Tourism: Managing for the Environment.* Washington DC: Island Press, 1991.

BUHALIS, D. & FLETCHER, J. "Environmental impacts on tourist destinations: an economic analysis". *In*: H. Coccossis e P. Nijkamp (eds.) *Sustainable Tourism Development*, Aldershot: Avebury, 1995.

CAT HAI STATISTICAL OFFICE. *Annual Report 1996*. Cat Hai, Hai Phong: Cat Hai Statistical Office, 1996.

COCHRANE, J. "Tourism and conservation in Indonesia and Malaysia". *In*: M.Hitchcock, V. King e M. Parnwell (eds.) *Tourism in South-East Asia.* Londres e Nova York: Routledge, 1993.

________. "The sustainability of ecotourism in Indonesia. Fact and fiction". *In*: M. Parnwell e R. Bryant (eds.) *Environmental Change in South-East Asia; People, Politics and Sustainable Development.* Londres e Nova York: Routledge, 1996.

DE LOZANNE *et al. Study Project Vietnam: Virtues and Vices.* Roterdã: Elsevier Science, 1993.

DIN, K. "Dialogue with the hosts: an educational strategy towards sustainable tourism". *In*: M. Hitchcock, V. King e M. Parnwell (eds.) *Tourism in South-East Asia.* Londres e Nova York: Routledge, 1993.

DRAKE, S. "Local participation in ecotourism projects". *In*: T. Whelan (ed.) *Nature Tourism: Managing for the Environment.* Washington DC: Island Press, 1991.

FRANCE, L. & TOWNER, J. "Tourism and the Third World". *In*: *Conceptual Frameworks in Geography: Case Studies of the Third World*, Londres: Oliver and Boyd, 1991.

GREEN, H. e HUNTER, C. "The environmental impact assessment of tourism development". *In*: P. Johnson e B. Thomas (eds.) *Perspectives on Tourism Policy*, Londres: Mansell, 1993.

GREENWOOD, D. "Culture by the Pound". *In*: V. Smith (ed.) *Hosts and Guests: The Anthropology of Tourism.* 2ª ed., Filadélfia: Gráfica da Universidade da Pensilvânia, 1997.

HAWKINS, D. "Global Assessment of tourism policy: a process model". *In*: D. Pearce e R. Butler (eds.) *Tourism Research: Critiques and Challenges.* Londres e Nova York: Routledge, 1997.

HITCHCOCK, M. "Dragon tourism in Komodo, eastern Indonesia". *In*: M. Hitchcock, V. King e M. Parnwell (eds.) *Tourism in South-East Asia*. Londres e Nova York: Routledge, 1993.

HITCHCOCK, M.; KING, V.; PARNWELL, M. (eds.) *Tourism in South-East Asia*. Londres e Nova York: Routledge.

LENZ, R. "On resurrecting tourism in Vietnam", FOCUS 43(3): 1-6, 1993.

LESER, D. "See Bali and cry: the bulldozing of a culture", *Good Weekend, The Sydney Morning Herald Magazine*, 3 de maio: 14-25, 1997.

MCCARTHY, J. *Are Sweet Dreams Made of This? Tourism in Bali and Eastern Indonesia*. Austrália: Indonesia Resources and Information Program, 1994.

NGUYEN THI SON. "Nature Based Tourism on Cat Ba Island National Park, Vietnam", tese não publicada, preparada para o grau de Mestre de Artes (Honra), Departamento de Geografia e Planejamento, Universidade de Nova Inglaterra, 1997.

OLINDO, P. "The old man of nature tourism: Kenya". *In*: T. Whelan (ed.) *Nature Tourism: Managing for the Environment*. Washington DC: Island Press, 1991.

PAGDIN, C. "Assessing tourism impacts in the Third World: a Nepal case study", *Progress in Planning*, 44: 185-266, 1995.

PARNWELL, M. "Environmental issues and tourism in Thailand", p. 286-302. *In*: M. Hitchcock, V. King e M. Parnwell (eds.) *Tourism in South-East Asia*. Londres e Nova York: Routledge, 1993.

PATTULLO, P. *Last resorts: The Cost of Tourism in the Caribbean*. Londres: Cassell, 1996.

PEARCE, D. *Tourist Development*, 2ª ed., Nova York: Longman, 1989.

PEARCE P.; MOSCARDO, G.; ROSS, G. *Tourism Community Relationships*, Oxford: Pergamon, 1996.

PLEUMAROM, A. "Course and effect: golf tourism in Thailand", *The Ecologist* 22 (3): 104-10, 1992.

RICHTER, L. "Tourism policy-making in South-East Asia". *In*: M. Hitchcock, V. King e M. Parnwell (eds.) *Tourism in South-East Asia*. Londres e Nova York: Routledge, 1993.

ROJEK, C. & URRY, J. (eds.) *Touring Cultures: Transformations of Travel and Theory*. Londres e Nova York: Routledge, 1997.

ROVINSKI, Y. "Private reserves, parks and ecotourism in Costa Rica". *In*: T. Whelan (ed.) *Nature Tourism: Managing for the Environment*. Washington DC: Island Press, 1991.

SHAW, G. & WILLIAMS, A. *Critical issues in Tourism: A Geographical perspective*, Oxford e Cambridge: Blackwell, 1994.

SHERMAN, P. & DIXSON, J. "The economics of nature tourism: determining if it pays". *In*: T. Whelan (ed.) *Nature Tourism: Managing for the Environment*. Washington DC: Island Press, 1991.

SINCLAIR, M. e VOKES, R. "The economics of tourism in Asia and the Pacific". *In*: M. Hitchcock, V. King e M. Parnwell (eds.) *Tourism in South-East Asia*. Londres e Nova York: Routledge, 1993.

TOLHURST, C. "Large hotel groups move to get a share of boom in tourism", *Australian Financial Review*, 17 de maio: 44, 1994.

VIETNAM ADMINISTRATION OF TOURISM (VNAT). *Annual Report*, Hanói, 1994.

VU TUAN ANH. *Development in Vietnam: Policy Reforms and Economic Growth*, The Institute of Southeast Asian Studies, Cingapura, 1994.

WHELAN, T. "Ecotourism and its role in sustainable development". *In*: T. Whelan (ed.) *Nature Tourism: Managing for the Environment*. Washington DC: Island Press, 1991.

WILSON, D. "Time and tides in the anthropology of tourism". *In*: M. Hitchcock, V. King e M. Parnwell (eds.) *Tourism in South-East Asia*. Londres e Nova York: Routledge, 1993.

WOOD, M. "Global solutions: an ecotourism society". *In*: T. Whelan (ed.) *Nature Tourism: Managing for the Environment*, Washington DC: Island Press, 1991.

WOOD, R. ("Tourism, culture and the sociology of development". *In*: M. Hitchcock, V. King e M. Parnwell (eds.) *Tourism in South-East Asia*. Londres e Nova York: Routledge, 1993.

WOODLEY, S. "Tourism and sustainable development in parks and protected areas". *In*: J. Nelson, T. Butler e G. Wall, *Tourism and Sustainable Development: Monitoring, Planning and Management*. Universidade de Waterloo: Centro de Recursos Históricos, 1993.

WORLD TOURISM ORGANISATION. *Tourism Highlights, 1996*. Madri: World Tourism Organisation, 1996.

Avaliação do impacto ambiental para o turismo:

Uma discussão e um exemplo indonésio

Patricia Simpson e Geoffrey Wall

Introdução

Nas últimas décadas houve uma proliferação de estudos sobre os impactos causados pelo turismo. Muitas das descobertas eram contraditórias e as abordagens dos estudos de caso, que foram adotadas com freqüência, ainda não levaram ao conhecimento cumulativo ou ao nível de generalização desejado pelas entidades que tomam as decisões (Wall, 1996). Ao mesmo tempo, a crescente preocupação com os efeitos negativos de desenvolvimentos de todos os tipos tem levado a instituição de requisitos legais a concluir as avaliações dos impactos ambientais (EIAS) de projetos maiores, inclusive de turismo, como parte do processo para receber a aprovação do projeto. Entretanto, com um número limitado de exceções (e.g. Pearce, 1989; Butler, 1993; Hunter e Green, 1995), existe pouca orientação disponível na literatura, relativa à conduta dos EIAS formais para o turismo. Além disso, os EIAS requerem a avaliação dos possíveis impactos antes que eles ocorram, enquanto os acadêmicos tendem a começar a examinar os impactos do turismo depois que eles acontecem. Assim, existe uma disjunção entre a pesquisa acadêmica, as necessidades dos consultores encarregados da tarefa de preparar EIAS formais e os requisitos das autoridades a quem eles devem informar. A situação é ainda mais complicada pelo fato de que o turismo possui características que compõem as dificuldades associadas à avaliação do impacto.

Os propósitos deste capítulo são de chamar a atenção para a necessidade do estabelecimento de diretrizes para a condução dos EIAS para turismo e ilustrar essa necessidade por meio de uma discussão da situação a respeito do EIA da Indonésia. Embora se reconheça que as diferentes formas do desenvolvimento do turismo resultarão em conseqüências diferentes, e os contextos nos quais elas ocorram talvez possam fazer surgir avaliações diferentes sobre a importância dos impactos específicos. Os problemas associados com os EIAS são suficientemente genéricos para serem preocupações tanto nos países em desenvolvimento quanto nos países desenvolvidos. Entretanto, os ambientes políticos, legais, econômicos e naturais nos quais o turismo ocorre trazem conseqüências para a implementação dos EIAS.

Avaliação de impacto ambiental

O EIA foi definido pelo Conselho de Pesquisa e Avaliação Ambiental Canadense (1988, citado por Doberstein, 1992:12) como:

> Um processo que tenta identificar e predizer os impactos das propostas legislativas, políticas, programas, projetos e procedimentos operacionais sobre o ambiente biogeofísico e sobre a saúde e bem-estar humanos. Também interpreta e comunica informações sobre esses impactos e investiga e propõe meios para seu gerenciamento.

A inclusão dos impactos sobre o bem-estar humano indica que a avaliação do impacto social (SAI) é fundamentalmente uma parte do processo do EIA. A definição também indica que o EIA pode ser útil, tanto para analisar projetos específicos quanto para uma ferramenta no nível do planejamento e da política do desenvolvimento, e que ele também pode promover uma estrutura para o gerenciamento dos impactos. No nível do projeto, Werner (1992) sugere que o EIA seja utilizado como uma ferramenta para tomadas de decisões, na determinação da aceitação de um projeto ou como uma ferramenta de planejamento para minimizar os impactos negativos de um projeto já aceito.

Os processos do EIA variam muito de um lugar para outro mas, no nível do projeto, a maioria segue quatro princípios básicos (Roberts e Hunter, 1992):

1. identificam a natureza das atividades propostas e induzidas que devem ou podem ser geradas por um projeto ou pela introdução de um projeto;
2. identificam os elementos de um ambiente que são significativamente afetados;
3. avaliam os impactos iniciais e os subseqüentes;
4. se preocupam com o gerenciamento dos impactos benéficos e adversos que são gerados.

Junto com a aceitação atual e generalizada de que o planejamento ambiental é uma parte essencial do desenvolvimento, e que o EIA institucionalizado é necessário, está o reconhecimento de que o EIA e seus métodos são falhos. Biswas (1992a) e Hunter (1995a) discutem muitos problemas com procedimentos formais do EIA. Existe uma tendência do EIA de enfocar os impactos físicos e ignorar os sociais e culturais, o que freqüentemente resulta na produção de relatórios excessivamente mecânicos que tratam quase exclusivamente da apresentação dos dados, em detrimento de sua análise. Por exemplo, os níveis de concentração nos rejeitos ou na emissão podem ser fornecidos com uma ênfase sobre se seus limites aceitáveis foram excedidos ou não, sem uma avaliação das prováveis conseqüências para a saúde humana ou do ecossistema. O EIA em geral se concentra mais em abrandar os impactos negativos do que em tentar aumentar os impactos benéficos e nem sempre é realizada a monitoração de cumprimento. As avaliações geralmente adiam os desenvolvimentos e custam mais do que o esperado, algumas vezes porque não são feitas na etapa adequada e não são bem integradas ao ciclo do projeto. E, devido a ser quase sempre estreitamente enfocado, o EIA freqüentemente lida apenas com os impactos diretos de um novo desenvolvimento, e não sobre o que ele acrescenta aos impactos cumulativos de desenvolvimento na área.

O EIA em países em desenvolvimento

Uma das falhas na metodologia do EIA é a de que é difícil, senão impossível, transferir os procedimentos dos países desenvolvidos para os países em desenvolvimento (Doberstein, 1992). Muitas nações em desenvolvimento reconhecem agora a necessidade de evitar grandes impactos ambientais negativos de desenvolvimento, e começaram a instituir requisitos formais do EIA, em parte como resposta à pressão de forças externas, como as agências patrocinadoras de desenvolvimento, governos estrangeiros e organizações ambientais internacionais. O Banco Mundial agora recusa empréstimos para projetos de desenvolvimento que não incluam uma documentação do EIA (Mieczkowski, 1995).

Como o EIA está se tornando amplamente utilizado internacionalmente como um procedimento de controle de desenvolvimento, diretrizes específicas para as nações menos desenvolvidas são exigidas, e a literatura contém diversos estudos e recomendações. Geralmente, os procedimentos do EIA menos custosos, que requerem um mínimo de tecnologia e recursos, são os mais apropriados para as nações em desenvolvimento (Doberstein, 1992). Listas de verificação e matrizes são exemplos de métodos que permitem a identificação dos impactos sem exigir grandes despesas, extensa tecnologia nem especialização técnica para sua aplicação (Hunter, 1995a).

Doberstein (1992) resume alguns dos constrangimentos mais comuns para o EIA nos países em desenvolvimento. Muitas das dificuldades listadas por ele são, aparentemente, o resultado da falta de experiência devida, ao menos em parte, ao tempo relativamente curto em que a maioria desses países está incorporando os aspectos de planejamento ambiental ao desenvolvimento. Muitos países em desenvolvimento ainda não têm instituições bem desenvolvidas para apoiar o gerenciamento ambiental, ou uma história da aplicação da lei ambiental. Existe apenas um pequeno número de trabalhadores habilitados e com a especialização necessária para executar o EIA, e o pouco incentivo financeiro impede que eles trabalhem no setor público. Muitos países mais pobres ainda nem coletaram dados ambientais básicos, e seus burocratas talvez não apreciem seu valor para o EIA. Outros problemas mencionados por Doberstein incluem uma falta de consciência pública dos problemas ambientais, técnicas insuficientes de SIA e o fato de que os projetos são freqüentemente planejados e empreendidos por indivíduos de uma disciplina dominante, fazendo com que os relatórios do EIA não representem problemas inter ou multidisciplinares.

Talvez uma das perspectivas mais importantes para considerar o EIA para as nações em desenvolvimento seja o reconhecimento de que o desenvolvimento deve ocorrer e ocorrerá. Biswas (1992a:vii) sumariza a visão do sul, de que "... o meio ambiente não deve ser ignorado, mas o desenvolvimento também não deve ser impedido". Embora tal atitude possa implicar a aceitação de que quase todas as propostas de desenvolvimento (Biswas, 1992b), o EIA ainda pode ser muito útil para influenciar a qualidade do desenvolvimento e amenizar os impactos negativos. Medidas de amenização podem ser sugeridas preferencialmente para serem incorporadas no estágio do projeto, o que é mais econômico, preferencialmente à implantação nos estágios posteriores do ciclo do projeto (Hunter, 1995a), ou então podem propor locações alternativas, mais adequadas. Claramente, porém, são desejáveis os procedimentos do EIA e a legislação ambiental, que não permitem que desenvolvimentos inadequados sigam sem inspeção.

A avaliação do impacto social deveria ser um componente extremamente importante do EIA, especialmente nas nações em desenvolvimento, porque as populações locais freqüentemente têm pouca influência nas tomadas de decisões. O poder é normalmente centralizado, com pouca ou nenhuma alimentação exigida dos indivíduos afetados pelo desenvolvimento (Doberstein, 1992). Da mesma forma, devido às altas densidades populacionais nos países meridionais, quase todos os desenvolvimentos envolverão algum deslocamento de pessoas (Dick e Bailey, 1994). O SIA deveria assegurar que tais impactos sobre os humanos fossem considerados e administados e se tornar, assim, uma ferramenta poderosa para tomadas de decisões mais eqüitativas nos países em desenvolvimento. A maioria dos escritores concorda com o fato de que a educação ambiental para as populações locais é um dos componentes mais importantes que deveriam ser incluídos como parte do processo do SIA (Doberstein, 1992). Entretanto, a literatura do EIA não sugere nenhum formato específico para o SIA nos países em desenvolvimento, mas adverte que qualquer formato precisará ser adaptado para refletir as características das sociedades individuais.

Avaliando os impactos do turismo

O EIA deveria se basear numa forte compreensão da natureza do agente de mudança, caso se desejem prever todas as implicações. Infelizmente, o turismo tem várias características que tornam isso particularmente desafiador para conduzir os EIAS. O turismo é um fenômeno extremamente complexo. Por exemplo, a indústria do turismo é fragmentada, envolve tanto corporações multinacionais quanto uma infinidade de operações pequenas e médias que interagem numa rede de inter-relacionamentos institucionais; é um exemplo, *par excellence*, das conexões intricadas entre os fenômenos que interagem operando simultaneamente em escala global e local. Essas conexões envolvem operadores dos setores privado e público, e abarca vários fenômenos econômicos, como transporte, hotéis e restaurantes, atrações e *shoppings* de compras, que nem sempre são considerados como parte do mesmo setor econômico, e cujos papéis no turismo podem ser difíceis de serem separados de suas outras funções (Smith, 1988).

Também é um tanto artificial separar as conseqüências do turismo em domínios ambientais, econômicos e sociais, como é feito freqüentemente. Essa divisão é normalmente adotada por conveniência mas, na verdade, eles não são domínios separados. O reconhecimento dessas questões, que não são restritas apenas ao turismo, resultou na incorporação do SIA e das avaliações econômicas como componentes de muitos EIAS.

Os EIAS são geralmente conduzidos para desenvolvimentos específicos, tais como novos complexos de refúgio. Como tal, o enfoque do EIA pode restringir-se aos limites do desenvolvimento daquele refúgio. Entretanto, a maioria dos turistas não fica dentro dos refúgios apenas. Eles chegam pelo ar ou outras formas de transporte e devem ser transportados ao local. Assim, o novo local tem implicações quanto ao número de jatos que aterrissam no aeroporto e o número de táxis e ônibus na estrada. Eles também viajam para ver as paisagens nas vizinhanças e, desta forma, penetram em outras partes da região do destino. Tais situações são difíceis de documentar e resultam em desafios para se chegar aos termos de referência, para conduzir o EIA de turismo e assegurar que ele abarcará ambos os impactos, *in locco* e regional.

Embora os grandes desenvolvimentos sejam candidatos naturais a EIAS, os impactos cumulativos de muitos desenvolvimentos pequenos podem ser tão problemáticos quanto, mas muito mais difíceis de serem abarcados, dentro dos processos tradicionais do EIA. O turismo exibe muitas das características de recursos de propriedade comum, em que deve haver um incentivo para os empresários individuais expandirem suas operações em detrimento de outros, o que resulta na degradação dos recursos dos quais eles, em última análise, dependem (Hardin, 1968). O desenvolvimento gradual e insidioso de uma multidão de pequenas unidades de acomodação, restaurantes e lojinhas de *suvenires* pode mudar rapidamente o caráter de um lugar, mas leva muito tempo e custa muito dinheiro conduzir as avaliações de cada pequena iniciativa.

É fácil escrever sobre o turismo como se ele fosse um fenômeno não diferenciado. Entretanto, o turismo varia enormemente em escala, tipo de ambiente e atividades exercidas. As conseqüências do turismo também serão modificadas pelo contexto político e os papéis que os intermediários, como os guias turísticos, desempenham na influência das interações entre os visitantes e o povo local. Isso faz com que seja difícil adotar as avaliações de classe, como às vezes é feito para alguns setores e atividades, tais como a construção de florestas ou estradas, em que as lições aprendidas de um desenvolvimento podem ser rapidamente aplicadas a outro.

É desejável que tanto as conseqüências positivas do turismo quanto as negativas sejam avaliadas antes do desenvolvimento, a fim de que os efeitos indesejáveis sejam evitados ou amenizados, e os efeitos desejáveis sejam reforçados. Infelizmente, a literatura sobre o abrandamento dos impactos, como o mesmo deve ser aplicado ao turismo, é extremamente reduzida (porém, veja Long, 1992). Para complicar o assunto ainda mais, o turismo é geralmente dirigido para ambientes especiais onde o abrandamento das mudanças ambientais adversas pode ser particularmente difícil de ser abordado. Os ambientes de alta energia, como os litorais e as montanhas, são os mais freqüentemente procurados pelos turistas. Os turistas não se satisfazem normalmente com experiências ou situações comuns, mas desejam ver prédios especiais, festivais culturais ou espécies em perigo, fazendo com que seu potencial para a ruptura se torne marcante.

Os impactos do turismo são bem documentados e é amplamente reconhecido que o turismo pode afetar potencial e virtualmente todos os aspectos do ambiente, e que os impactos sociais e culturais do turismo podem ser profundos. Mathieson e Wall (1982), Mieczkowski (1995) e Shera e Matsuoka (1992) discutem os impactos sociais e culturais do desenvolvimento de complexo de refúgio sobre as comunidades locais. As mudanças físicas provocadas na área afetarão o estilo de vida das populações locais, enquanto a interação com os turistas pode vir a ter uma influência enorme sobre a sociedade inteira. Nenhum outro tipo de desenvolvimento inclui a antecipação de um fluxo contínuo de visitantes, dos quais não se espera que tentem se integrar com a comunidade local, e que interagirão com eles numa ampla variedade de situações. Da mesma forma, os recursos dedicados ao desenvolvimento do turismo não são mais disponíveis para os usuários tradicionais, o que pode causar certa inconveniência ou até mesmo dificuldades.

Ainda assim, foi permitido o desenvolvimento do turismo, em muitos lugares, sem uma prévia avaliação pelos processos EIA. Além disso, embora o SIA esteja incorporado à maioria dos processos EIA atuais, é tradicionalmente uma área frágil (Hunter, 1995a). Embora a literatura atual sobre o turismo apóie a utilização do EIA na avaliação dos desenvolvimentos do turismo (Ceballos-Lascuráin, 1996), a literatura do EIA não menciona muito o turismo nem aborda a natureza singular dos seus impactos.

Em 1982, Mathieson e Wall (p. 5) escreveram que, por causa da novidade do EIA, existia uma certa escassez de diretrizes metodológicas para o empreendimento de investigações sobre os impactos causados pelo turismo. Agora, quinze anos depois, embora existam inúmeras diretrizes para os métodos EIA, poucas delas são especificamente orientadas para avaliar os impactos causados pelos desenvolvimentos do turismo. Mieczkowski (1995) sugere que tais estudos sejam comparados uns com os outros pelo do uso de metodologias, escalas e níveis de análise semelhantes. Hunter (1995a) sugere alguns critérios gerais para determinação da necessidade do EIA, recomenda que o EIA seja executado para todos os desenvolvimentos de turismo planejados e preexistentes, e postula ainda que eles terão maior sucesso se forem feitos no contexto de uma estrutura nacional, para equilibrar os objetivos do desenvolvimento e as preocupações ambientais.

O contexto da pesquisa na Indonésia

Muitas nações em desenvolvimento carecem de uma estrutura inclusiva para planejamento e gerenciamento ambiental, portanto muito pouco é feito para evitar, ou abrandar, a conseqüente degradação ambiental. Esse não é o caso da Indonésia, onde a legislação do EIA já existe há aproximadamente uma década. Nós agora iniciamos uma discussão da situação na Indonésia e, especificamente, sobre a aplicação do EIA ao desenvolvimento de Sulawesi do Norte. O trabalho relatado se baseia em uma pesquisa detalhada da literatura EIA em geral, bem como da literatura da Indonésia, da avaliação da legislação e dos regulamentos do EIA na Indonésia, da familiaridade com o turismo na Indonésia, que ganha depois de quase uma década de pesquisas sobre os vários aspectos do turismo nesse país, e da avaliação detalhada da aplicação do EIA de diversos desenvolvimentos de turismo em Sulawesi do Norte. Será apresentada uma breve visão geral sobre o turismo e o EIA na Indonésia, antes da discussão de um estudo de caso detalhado do Hotel e Refúgio Paradise Beach em Likupang, em Sulawesi do Norte. Dessa maneira ambas, a teoria (o que deveria ser feito) e a prática (o que se faz na verdade), serão apresentadas.

Turismo e desenvolvimento na Indonésia

A Indonésia é o exemplo de um país em desenvolvimento com uma indústria de turismo florescente. Até a crise financeira de 1996-1997, a produtividade e a economia da nação tinham aumentado significativamente nas últimas décadas, em grande parte talvez por causa da exploração dos recursos naturais, mas o ambiente mostra a evidência do custo desse avanço (por exemplo, para Bali, veja Martopo e Mitchell, 1995, e Knight, Mitchell e Wall, 1997). Entre outros efeitos, a poluição do ar e das águas é grande, especialmente nos centros urbanos; corte e queimas massivas estão dizimando a floresta tropical úmida; e mudanças rápidas e urbanização crescente estão afetando as pessoas e seus estilos de vida (Banco Mundial, 1994). O governo da Indonésia está consciente da necessidade de gerenciamento ambiental dentro dos planos de desenvolvimento e emitiu regulamentos ambientais, fazendo assim com que o país se tornasse um estudo de caso interessante para exame das teorias e práticas do EIA nos desenvolvimentos do turismo.

A estratégia de desenvolvimento nacional da Indonésia deve promover o crescimento, a igualdade e a sustentação – uma trilogia vista não como objetivos separados, mas como "aspectos mutuamente interdependentes do mesmo objetivo fundamental: melhorar a qualidade de vida de todos os cidadãos da Indonésia" (Banco Mundial, 1994:7). Uma das estratégias do governo da Indonésia para aumentar a igualdade dentro do desenvolvimento tem como alvo principal as áreas de muita pobreza, tanto nas províncias ocidentais mais desenvolvidas quanto nas comunidades mais remotas das províncias orientais menos desenvolvidas. O turismo é uma ferramenta fundamental para a expansão do crescimento econômico da Indonésia oriental (Wall, 1997).

Grande parte do turismo na Indonésia se baseia nos recursos litorâneos, e o plano qüinqüenal atual de desenvolvimento do governo nacional (*Repelita* VI) apóia a expansão dos empreendimentos relacionados ao mar, inclusive o turismo, especialmente nas ilhas orientais do arquipélago. Um dos alvos específicos do plano de desenvolvimento é manter um índice anual de crescimento de 12,9% no turismo, e já se sabe que a maioria dos turistas será atraída aos ambientes litorâneos (Ministério do Estado para o Ambiente, 1996). Antes da recente crise econômica, o crescimento do turismo quase alcançava o índice objetivado, com cerca de 11% ao ano, tinha se tornado uma fonte importante de entrada de moeda estrangeira no país e também se fazia representar nas três maiores indústrias, em termos de contribuição ao produto nacional bruto (Telfer, 1996).

A Estratégia do Turismo Nacional da Indonésia se concentra no turismo em praias, com acomodações de alta qualidade para visitantes ricos, como uma prioridade do desenvolvimento, embora também se reconheça a necessidade de facilidades de nível médio para os turistas domésticos (Richter, 1993). As partes do país visitadas pela maioria dos turistas estrangeiros são atualmente as ilhas de Java e Bali, e o principal objetivo da estratégia é vender o conceito de visitas agregadas às outras partes do país (Diretoria Geral do Turismo/UNDP, 1992). A cidade de Manado, em Sulawesi do Norte, é um dos muitos centros da Indonésia oriental cujo objetivo é o desenvolvimento luxuoso (Wall, 1997).

Ao mesmo tempo, o governo nacional é comprometido com as "questões de sustentação global" (Banco Mundial, 1994). As leis nacionais da Indonésia orientadas ao ambiente, de 1982, estão comprometidas com os princípios de sustentação ambiental, e a legislação subseqüente a elas reforça esse compromisso. À medida que a indústria do turismo na Indonésia é encorajada ao crescimento e se torna uma das principais forças do desenvolvimento econômico regional, é necessário assegurar que ela não apenas contribui para a renda nacional e regional, mas também que melhora a qualidade de vida das pessoas que afeta. A Estratégia Nacional do Turismo recomenda que os desenvolvimentos do turismo obedeçam aos altos padrões de cuidados ambientais, e que eles devem considerar as características sociais e culturais das comunidades hospedeiras (Diretoria Geral do Turismo/UNDP, 1992). Com a rápida expansão da indústria, está se tornando cada vez mais importante criar turismo sadio do ponto de vista do ambiente, que contribua com o desenvolvimento sustentável.

EIA na Indonésia

A história da legislação ambiental na Indonésia foi documentada por Dick e Bailey (1994) e Conover e Hanson (1992). Embora o EIA tenha sido introduzido informalmente na Indonésia desde o início dos anos 1970, a primeira orientação para a implementação dos procedimentos formais do EIA foi regulamentada em 1986 e atualizada em 1993, com o regulamento do Governo nº 51 de 1993, atualmente vigente, "Com Relação à Avaliação do Impacto Ambiental". Nesse regulamento nacional, a avaliação do impacto ambiental, ou AMDAL (*Analisis Mengenai Dampak Lingkungan*), como é conhecida na Indonésia, é definida como "o processo de estudar o impacto significativo sobre o ambiente, de um negócio ou atividade proposta, que é parte do processo de tomada de decisões" (BAPEDAL, 1996:48). O regulamento exige que as AMDALS sejam empreendidas para os desenvolvimentos planejados que se espera que promovam impactos significativos sobre o ambiente, ao passo que os impactos significativos são definidos como mudanças fundamentais causadas no perfil ambiental original da área em questão. Mudanças fundamentais são definidas como aquelas que provocam "impactos positivos ou negativos sobre o ambiente para facilitar ou complicar as conquistas dos objetivos do gerenciamento ambiental" (BAPEDAL, 1996: 74).

Em 1987 foram estabelecidas várias diretrizes genéricas para a AMDAL, e o Ministro do Ambiente, junto com a agência governamental responsável pelo gerenciamento dos impactos ambientais (BAPEDAL), desde então continuou a desenvolver os procedimentos AMDAL. Em 1994, o departamento governamental responsável pelo setor de turismo, Depparpostel (Ministério do Turismo, Correios e Telecomunicações), emitiu diretrizes com o objetivo específico de avaliar os impactos dos desenvolvimentos do turismo sobre o ambiente.

Desde a legislação de 1986, o processo AMDAL foi implementado por vários departamentos governamentais, assim como por desenvolvimentos privados. A legislação exige claramente a aplicação do EIA para todos os desenvolvimentos novos, tanto no setor privado quanto no público, o que se espera que venha a causar impactos significativos. Diversas agências centrais do governo e dos governos provinciais dividem a responsabilidade da administração do AMDAL, dependendo do nível e do setor governamental responsável pelos projetos de desenvolvimento individual.

O processo AMDAL é delineado nos regulamentos nacionais. O regulamento 51/93 enfatiza o fato de que a integração do gerenciamento ambiental às políticas nacionais sobre crescimento e desenvolvimento é vital. Ele estipula que a AMDAL deve ser executada como parte do estudo de viabilidade de um projeto proposto, faz previsões para a participação pública e determina que os projetos devem desenvolver gerenciamento ambiental e planos de monitoração como parte do processo AMDAL. Ainda inclui avaliação dos impactos sociais, também como parte integral do processo.

Sumarizando, todas as AMDALS consistem de quatro estágios:

- o escopo, documentado nos Termos de Referência (KA-ANDAL);
- a análise do impacto, documentado na Declaração de Impacto Ambiental (ANDAL);
- desenvolvimento de um Plano de Gerenciamento Ambiental (RKL);
- desenvolvimento de um Plano de Monitoração Ambiental (RPL).

O processo começa com o escopo, para determinar os aspectos do projeto que devem ocasionar impactos significativos e os componentes ambientais que podem vir a ser afetados. O documento KA-ANDAL contém os resultados do processo de delineamento do escopo, e serve como "uma referência para melhorar a eficiência e efetividade da preparação da declaração do processo de impacto ambiental" BAPEDAL, 1996:70). Da mesma forma, o projeto e os limites ecológicos, sociais e administrativos dentro do estudo da área do AMDAL são listados no KA-ANDAL.

O processo AMDAL continua, então, com a ANDAL, "uma pesquisa detalhada e profunda dos impactos significativos de um negócio ou atividade propostos" (BAPEDAL, 1996:49). Depois que a análise está concluída, são desenvolvidos o RKL e o RPL. O RKL apresenta "os esforços que serão feitos para gerenciar os impactos ambientais significativos resultantes de um negócio ou atividade propostos" (BAPEDAL, 1996:49) e que ambos devem definir de que forma os impactos delineados na ANDAL serão administrados e identificar claramente a parte, ou partes, responsável pela execução do gerenciamento ambiental. O RPL apresenta "os esforços que serão feitos para os componentes ambientais que serão sujeitos aos impactos significativos que surgirem de um negócio ou atividade propostos (BAPEDAL, 1996:49). Ele formula um plano a longo prazo, inclusive métodos de monitoração de impactos e, como no RKL, deve indicar a parte, ou partes, responsável pela monitoração de atividades.

A fim de se evitar confusão, deve-se observar que a sigla AMDAL é usada para cobrir o processo inteiro, do escopo à monitoração, enquanto ANDAL se refere a uma parte específica do processo, a Declaração de Impacto Ambiental.

O Regulamento 51/93 declara que o processo AMDAL deve ser executado como parte do estudo de viabilidade para as propostas de projeto, para utilização no processo de tomada de decisões. Se a ANDAL determinar que os impactos negativos do projeto proposto são impossíveis de serem abrandados, ou que o custo do seu gerenciamento superará os impactos positivos, então o projeto deverá ser rejeitado.

Além disso, nenhuma licença de operação final será emitida até que o RKL e o RPL tenham sido não apenas aprovados, mas também implementados (BAPEDAL, 1996).

Na verdade, o processo AMDAL é raramente executado da forma delineada na legislação de EIA e nos regulamentos bem desenvolvidos do país. As entrevistas com os consultores da AMDAL e os oficiais do governo revelam que uma grande variedade de impedimentos, desde a corrupção e a ineficiência até uma falta de especialização ambiental e a incerteza sobre as próprias responsabilidades contribuem para a freqüente produção de AMDALS apressados ou superficiais. Algumas dessas questões serão ilustradas no próximo estudo de caso.

Hotel e Refúgio do Paradise Beach, em Sulawesi do Norte

Sulawesi é uma das ilhas orientais da Indonésia cujo mercado turístico se expande mais rapidamente. Tem atrações naturais e culturais, inclusive mergulho (*scuba diving*) no internacionalmente famoso Parque Nacional de Bunaken, assim como uma variedade de espécies animais endêmicas e raras, que são protegidas nas reservas dos parques de vida selvagem (Whitton, Mustafa e Henderson, 1987). Tanto o Sulawesi do Norte quanto o do Sul estão no "estágio de desenvolvimento" do modelo de ciclos de evolução em destinos turísticos de Butler, isto é, um estágio de crescimento rápido (Sofield, 1995). Kinnaird e O"Brien (1996) relatam que o turismo internacional na província aumentou cerca de 400% entre 1990 e 1996, e que a visitação cresceu aproximadamente 30% ao ano.

O plano provincial de Sulawesi do Norte para o desenvolvimento do turismo regional apóia o plano nacional para o desenvolvimento na Indonésia oriental, e grandes extensões da linha costeira são marcadas para desenvolvimento de turismo futuro, inclusive as pontas mais afastadas da península, onde poucas outras indústrias operam (Pt Dinnelator Likupang Beach Paradise, 1997). São nesses lugares que existem numerosas aldeias litorâneas onde as pessoas, em geral, vivem uma existência no nível da subsistência, com base principalmente nos recursos marinhos e na agricultura. Em Sulawesi, como em muitos lugares da Indonésia, as comunidades litorâneas se caracterizam pelo baixo nível de educação formal, capital e tecnologia limitados, pouco acesso à infra-estrutura econômica, poucos serviços sociais, desemprego sazonal quando os *monsuns* (chuva) impedem a pesca, e excessiva confiança nos recursos pesqueiros (Ministério de Estado para o Ambiente, 1996). Oportunidades de emprego complementares e alternativas são muito necessárias mas, como Carter (1997:48) indica, a tendência do desenvolvimento do turismo na Indonésia é entrar em conflito com os usos tradicionais dos recursos costeiros e os benefícios do desenvolvimento "nem sempre vão para as comunidades litorâneas, que sacrificam o acesso aos recursos costeiros em nome do desenvolvimento".

Sulawesi do Norte, com sua indústria turística que cresce rapidamente, tem vários desenvolvimentos recentes para os quais as AMDALS foram executadas, e é um local privelegiado para pesquisas sobre o uso do EIA. O Hotel e Refúgio Paradise Beach é um desenvolvimento que passou pelo processo AMDAL. A documentação AMDAL foi obtida, as observações em campo foram feitas e as entrevistas foram realizadas com indivíduos envolvidos na condução da AMDAL, oficiais do governo local e os indivíduos afetados pelo refúgio ou familiares com o mesmo. Também foram feitas trinta entrevistas com residentes de Maen e Tamba, aldeias muito próximas do refúgio. Foram obtidas informações de como o processo AMDAL foi aplicado ao projeto e sobre como esses impactos estão sendo gerenciados e monitorados. Foram feitas investigações entre julho e setembro de 1997.

População, economia e estabelecimento

O Hotel e Refúgio Paradise Beach fica no distrito de Likupang, uma área isolada na ponta da península de Sulawesi do Norte, onde o desenvolvimento do turismo é uma prioridade maior (Figura 1). O hotel foi aberto para negócios em 1995 e emprega aproximadamente 250 pessoas, enquanto continua a construção de mais quartos, alojamentos para empregados e um campo de golfe. O Paradise atualmente consiste de um hotel luxuoso com piscinas, quadras de tênis, um campo de golfe quase concluído, um quebra-mar com plataformas para operações de mergulho e uma pequena reserva natural com trilha para caminhada. Entretanto, com uma área projetada de 450 ha, o plano a longo prazo é para um refúgio muito maior. Até o ano de 2006, o local deveria ter, pelo menos, mais dois hotéis, apartamentos separados, campos, outros campos de golfe, uma marina, um restaurante flutuante, um parque de aves, um pomar, um shopping center, e até mesmo uma pequena aldeia com sua própria igreja, hospital e escola.

A principal atração para os turistas é o *scuba diving*. O local é naturalmente muito atraente, com praias de areias brancas e pretas, formações rochosas dramáticas nas águas e morros encrespados ao fundo, que atualmente estão cobertos de coqueiros. A operação de mergulho e mergulho com *snorkel* (tubo de ar para respiração de mergulhadores) ficam numa linda área de recifes de corais e ilhas, estendendo-se até as vizinhanças do Parque Nacional de Bunaken.

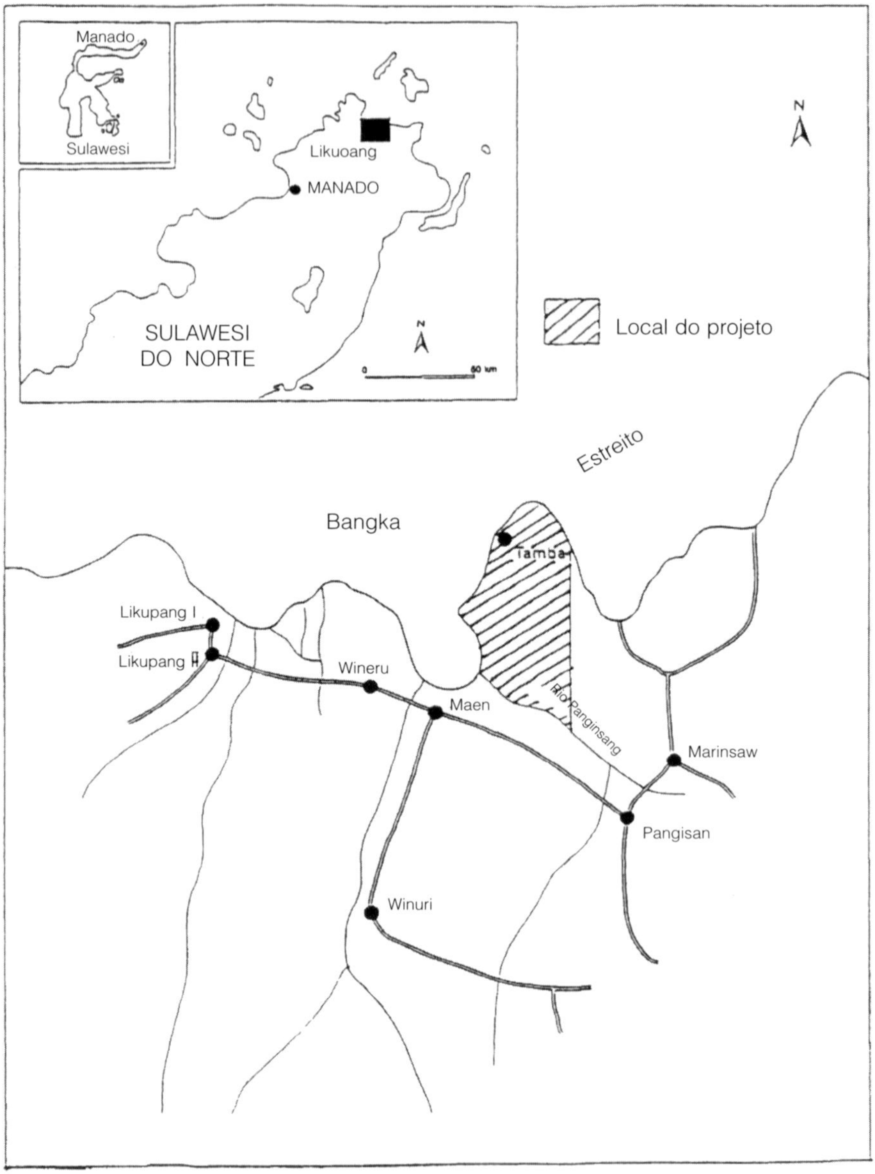

Figura 1. Localização do projeto do Hotel e Refúgio Paradise Beach, em Likupang, Sulawesi do Norte, na Indonésia.

A densidade populacional da área é bastante baixa, pelos padrões da Indonésia. Maen, a aldeia mais próxima do Paradise, tem pouco mais de 900 habitantes e o distrito administrativo (*Kecamatan*) tem uma população de 32.400 habitantes espalhada em várias ilhas. Existe muito pouca atividade industrial além de alguma produção de copra. Mais de 75% dos residentes são fazendeiros, sendo a pesca a segunda atividade mais comum. A maioria dos moradores da aldeia pesca para seu consumo pessoal e também tem cultivo para seu uso próprio. Aproximadamente metade das terras do local do projeto é fértil e viável para a agricultura, que inclui milho, coco e palmito, pratica-se jardinagem e criam-se animais domésticos, ao passo que o resto da terra é pantanosa ou tem solo pobre, suportando somente arbustos e grama (Pt Dinnelator Likupang Beach Paradise, 1997).

Antes do desenvolvimento do Paradise, Tampa, um subdistrito de Maen, já existia perto da praia do Estreito de Bangka, com 117 famílias residentes. Os moradores utilizavam as áreas mais férteis do lugar para agricultura e jardins. A terra era pública e o governo do distrito junto com o proprietário do hotel concordaram em pagar uma certa quantia aos residentes, como compensação pela perda do uso da terra. Quarenta e duas famílias escolheram receber uma casa nova e a propriedade da terra onde esta se localizava, num lugar novo na fronteira do local do projeto, a aproximadamente um quilômetro da praia e um quilômetro de Maen, na direção oposta. As outras famílias optaram por compensação financeira.

Além disso, muitas famílias da parte principal da aldeia de Maen tinham jardins no local do projeto, onde cultivavam vegetais e cocos e criavam animais domésticos. Eles também receberam alguma compensação financeira pela perda do uso da terra.

A AMDAL do Paradise

O Paradise começou a adquirir terras para o projeto em 1990, e foi objeto de uma avaliação completa de impacto ambiental que teve início em 1991 (Massie, 1997). A ANDAL do Paradise é um documento grosso, de aproximadamente 270 páginas, inclusive vários mapas e figuras, além de outras cinqüenta páginas com anexos. Está dividido em oito seções com os seguintes títulos: introdução, atividades planejadas, perfil do ambiente original no local, impactos previsíveis, avaliação de impactos, minimização de impactos, direcionamentos e alternativas para o Plano de Gerenciamento Ambiental e para o Plano de Monitoração Ambiental, e conclusão. Os anexos são: licenças aprovadas (alvarás) para a operação do hotel de uma variedade de instituições governamentais, assim como dados biográficos sobre a equipe da AMDAL que efetuou o estudo.

O RKL e o RPL (planos de gerenciamento e monitoração ambientais) são muito menores, cada um com aproximadamente 80 páginas divididas em duas seções, mais cerca de 15 páginas de anexos. A primeira seção descreve a importância do gerenciamento e da monitoração ambientais, respectivamente, e relaciona resumidamente os componentes ambientais do projeto Paradise que serão gerenciados e monitorados. Diversos mapas dos locais dos impactos estão incluídos. A segunda seção é uma lista detalhada de todas as atividades de gerenciamento e monitoração a serem executadas, de acordo com a etapa do projeto. Os anexos incluem matrizes que mostram os impactos a serem gerenciados ou monitorados, assim como as partes envolvidas, e fluxogramas que mostram as conexões existentes entre os impactos.

Os impactos do Paradise

Ambiente físico

A ANDAL caracteriza a área como não particularmente fértil, mas de grande beleza estética graças a água cristalina, aos recifes de corais sadios, às dramáticas estruturas rochosas e aos coqueiros esvoaçantes. O ecossistema terrestre é considerado sadio e estável. Foi registrado que a vida marinha na área não é altamente diversificada, mas normal para a região. O RKL para o lugar sugere que se permita que os pescadores locais continuem trabalhando, mas numa área menor, e que a utilização de produtos químicos seja proibida. Eles também foram instruídos para não pescarem determinadas espécies de peixes.

De acordo com a ANDAL do projeto, na preparação da terra para a construção, alguns morros pequenos foram nivelados e os pântanos foram aterrados, algumas pequenas mangueiras foram removidas e muitos coqueiros foram cortados e utilizados na construção de novas casas para os residentes de Tamba. A maioria dos materiais de construção dos edifícios foi trazida de outras áreas, e o governo melhorou a estrada até a área, naquela época como parte de um projeto de desenvolvimento da área para o turismo. Da mesma forma, o hotel pavimentou o antigo caminho que ia da estrada principal até o hotel, e que passa por uma parte de Maen. Uma vez que a terra tinha sido anteriormente utilizada para agricultura, nenhuma floresta virgem foi destruída, e poucas espécies selvagens, altamente valiosas, habitavam a região.

A principal fonte de fornecimento de água para o hotel é o rio Maen, e a descarga do rejeito líquido é canalizada para outro rio, o Pangisang. O rejeito líquido primeiro corre através de um processo de tratamento de esgoto, para não aumentar muito a poluição do rio. Além disso, nesses rios, atualmente, são proibidos banhos ou lavagem de roupa. O hotel tem um aterro no local para lixo sólido, e na tentativa de evitar o espalhamento do lixo inclui coleta regular.

A ANDAL prevê que os impactos potenciais significativos provocados sobre o ambiente físico durante a fase de construção poderiam incluir: aumento de nível de barulho, nivelamento da terra, poluição da água do mar e uma diminuição da biodiversidade da vegetação terrestre do local. O RKL lida com cada um desses impactos, com atividades que objetivam abrandar todos, exceto o nivelamento da terra, que é visto como um impacto positivo. Embora o RKL ainda não estivesse realmente concluído na época da construção, as entrevistas feitas com os empregados do hotel e residentes da comunidade indicam que esses impactos foram bem administrados. Apenas um número mínimo de árvores cortadas e amostras de água coletadas perto do fim da fase de construção mostraram que a qualidade não tinha sido significativamente deteriorada do seu nível original (Massie, 1997).

Cada um dos impactos potenciais negativos possui técnicas de neutralização ou amenização incorporadas ao plano de gerenciamento para o projeto, e os que são contínuos também são programados para monitoração pelo RPL. A ANDAL também sugere que a ponte com sua operação de mergulho seja reposicionada. Entretanto, nenhuma localização alternativa foi oferecida e a sugestão, não considerada essencial para o gerenciamento ambiental do local, também não foi incluída no RKL.

Um componente do ambiente físico que não foi considerado na AMDAL foi a erosão da linha costeira, mas este parece que ainda será um problema. Outro, uma omissão mais significativa na AMDAL, é que nem todos os impactos provocados pela operação de mergulho foram considerados, inclusive os que afetam o Parque Marinho de Bunaken. Enquanto se discute sobre o potencial de poluição da água localizada perto da ponte, os impactos sobre os recifes de coral a pouca distância da praia e no parque não são discutidos.

Na ausência de amostras atuais da qualidade de solo, vegetação, ar ou água, à primeira vista parece que o refúgio Paradise se esforça para proteger e melhorar o ambiente da vida da área. Um dos gerentes do refúgio entrevistados declarou que o ambiente é o objeto do turismo lá, e que então eles simplesmente não podem se dar ao luxo de destruí-lo. Entretanto, uma monitoração ambiental cuidadosa é essencial para assegurar que mudanças negativas não surjam no futuro.

Ambiente social

Os impactos sociais do projeto sobre as comunidades locais foram mais dispersos e menos positivos do que as mudanças físicas. A ANDAL previu que o projeto Paradise quase não teria impactos sociais negativos, além de uma leve diminuição do apoio local para o projeto, devido ao aumento do barulho e do influxo de trabalhadores das outras áreas. Enquanto isso, programava um grande número de impactos sociais e econômicos positivos que seriam provocados sobre os residentes de Tamba e Maen. As mudanças positivas previstas foram as seguintes: aumento de renda local, aumento de satisfação no trabalho, aumento do nível de educação, maiores oportunidades de negócios, melhores moradias, satisfação com casas e terras próprias e melhoria da infra-estrutura no distrito. Embora alguns desses benefícios esperados tenham se concretizado, a maioria deles ainda não se concretizou, e muitos impactos negativos surgiram em seu lugar. Alguns desses impactos negativos não foram previstos, enquanto outros foram previstos e os métodos para amenizá-los foram delineados no RKL, mas não foram executados. Também foram delineadas ações gerenciais com o objetivo de assegurar que alguns dos impactos positivos fossem otimizados no RKL, mas não foram executadas.

A equipe da AMDAL avaliou os impactos sociais do projeto Paradise durante o estágio de pré-construção, depois que os residentes de Tamba foram informados de qual seria sua compensação para sua relocação forçada. As entrevistas feitas com os residentes de Tamba revelaram que as quantias oferecidas como compensação pela terra foram julgadas, em muitos casos, insuficientes (Pt Dinnelator Likupang Beach Paradise, 1997). Embora a ANDAL não revele as quantias oferecidas, as entrevistas indicaram que elas eram muito baixas, cerca de 35 rúpias/m^2, ou entre 1 e 2 centavos canadenses/m^2. Muitas famílias de Maen também tinham jardins no projeto, onde cultivavam vegetais, cocos e animais domésticos, e receberam uma compensação financeira semelhante pela perda do uso da terra. Uma observação freqüentemente ouvida foi a de que o dinheiro não era suficiente nem para comprar uma caixa de fósforos – elas custam 50 rúpias. Alguns dos que se preocupam com o projeto são da opinião de que a compensação foi razoável, mas que os residentes a esbanjaram de maneira insensata (Massie, 1997). Entretanto, o consenso geral é que o índice de compensação financeira foi muito baixo. Embora o ANDAL mencione a questão e sugira que a insatisfação dos residentes poderia provocar um impacto negativo sobre a percepção do projeto da comunidade, pois a quantia fora determinada pelo "Tripeka", que é a tríade formada pelo governo, pelos militares e pela polícia, e aceita pelo proprietário do hotel, e não era negociável. Em outras partes da ANDAL, o pagamento da compensação foi registrado como um impacto positivo significativo para o aumento da renda da comunidade.

Apesar de expressar sua insatisfação a respeito da compensação que receberam pela terra da qual eles dependiam, os residentes de Tamba apoiaram fortemente o projeto quando a equipe da AMDAL os entrevistou. O governo assegurou às comunidades locais que a primeira prioridade no desenvolvimento do turismo seria contratar trabalhadores locais em todas as fases do projeto. Imaginava-se que haveria uma troca da agricultura para o turismo como a maior indústria regional, e que os filhos dos fazendeiros e pescadores seriam empregados no turismo. Na época do levantamento da ANDAL, 100% dos respondentes demonstraram apoio ao hotel, pois eles sentiam que ele lhes abriria novas oportunidades de trabalho e de empreendimentos. Muitos jovens estavam bastante entusiasmados com a possibilidade de trabalhar na indústria turística. Eles esperavam receber treinamento no hotel, tanto em empregos ligados à hospedagem quanto em idiomas estrangeiros. Os residentes mais velhos previram trabalho disponível durante a construção e potencial de venda de alimentos e outros bens aos trabalhadores, ao pessoal do hotel e aos turistas.

As realidades locais de emprego não combinaram com as expectativas locais. Embora a maioria da comunidade estivesse empregada no hotel durante a construção, hoje poucas pessoas locais estão empregadas lá. De aproximadamente 250 empregados do hotel, todos são cidadãos da Indonésia e 95% são de Sulawesi, a maioria de Sulawesi do Norte, mas muito poucos são realmente do distrito de Likupang. Os relatórios com números conflitantes existem. Oficialmente, enquanto os diversos cargos são preenchidos por residentes locais, tanto quanto possível, o plano de gerenciamento do projeto declara que mais de 80% da força de trabalho deve ser local. Um gerente afirma que a força de trabalho é de aproximadamente 50% local e outros funcionários do hotel dizem que existem poucos locais trabalhando ali. Os chefes das aldeias de Tamba, Maen e Wineru relatam que somente entre cinco e dez residentes de cada uma das aldeias trabalham no hotel. A maioria que lá trabalha ocupa cargos menores como limpeza e ajardinamento. Não recebem treinamento e são mal pagos. Aliás, eles recebem diárias, o que significa que, se estiverem doentes ou faltarem ao trabalho, não receberão pelo dia. Embora o índice de pagamento esteja acima do mínimo legislado, o povo local afirma que não é suficiente para sustentar uma família. Dois respondentes contaram que tiveram que desistir do trabalho no hotel, porque suas rendas eram insuficientes para pagar suas necessidades.

Em apoio aos benefícios esperados pelos residentes locais, o RKL, que foi aceito pelo proprietário do hotel e aprovado pelas autoridades regionais do governo, sugere que o dono do hotel dê treinamento aos residentes de Tamba e Maen sobre a indústria hoteleira e cursos sobre as indústrias de alojamento baseados, na maior parte, na produção de artesanato local para venda na loja de *suvenires* do hotel. O RKL também sugere que o proprietário ofereça seminários para ensinar às pessoas locais atividades empresariais. Até agora, existe pouca evidência de que algum esforço tenha sido feito neste sentido. Nem cursos nem seminários foram oferecidos, nem *suvenires* nem artesanato local estão à venda na cidade e a lojinha de presentes do hotel é muito pequena e com um estoque muito pobre. Nenhum local trabalha em qualquer posição de colarinho branco do hotel, nem nenhum curso interno foi oferecido para as posições na indústria de serviço. Alguns residentes relatam que os membros da comunidade local são proibidos de entrarem no local do projeto, daí a dificuldade de venderem ou produzirem artesanato diretamente para o hotel. O hotel compra peixe e produtos no mercado local, na aldeia principal do distrito, mas muitos residentes de Tamba e Maen disseram que eles não têm mais terra para plantar vegetais nem cocos para vender. Alguns dançarinos tradicionais da área se apresentam no hotel, mas eles vêem de aldeias mais distantes de Wineru e Winuri.

Os documentos da ANDAL, do RKL e do RPL para o Paradise ainda não estavam concluídos até março de 1997. Uma vez que o hotel foi inaugurado para negócios em dezembro de 1995, já estava operando há mais de um ano antes que o plano de gerenciamento fosse concluído. É óbvio que muitos elementos do RKL não poderiam ter sido implementados durante as primeiras fases do projeto, e tampouco existe qualquer evidência de que o proprietário do hotel tenha alguma intenção de preencher os requisitos delineados para sua fase operacional. Os chefes de cada aldeia desconhecem quaisquer planos de cursos sobre a indústria hoteleira, nem se mantêm em contato com o dono do hotel nem com o BLH, a agência governamental então responsável pela implementação dos planos de gerenciamento ambiental na província.

Na ANDAL prevê-se que a renda da comunidade aumentaria com a disponibilidade de trabalho durante as fases de construção e operação do hotel do projeto e o surgimento de oportunidades empresariais de vendas de bens e materiais para a abertura do hotel. Embora algumas pessoas locais tenham aumentado o nível de sua renda, definindo o aumento de renda como um impacto positivo significativo, a ANDAL ignora o fato de que quando as terras do local do projeto eram utilizadas para a agricultura, os residentes tinham menos falta de dinheiro, pois não precisavam dele para comprar comida. Na verdade, a ANDAL não trata conclusiva e efetivamente da questão do uso da terra e dos impactos provocados sobre a comunidade, quando os residentes perderam suas terras. Embora a

ANDAL inclua um estudo de um componente ambiental intitulado "Padrões de Propriedade de Terras e Utilização de Terras", a ênfase é colocada sobre a propriedade, e seu impacto é avaliado como positivo. O único fator considerado é que os residentes reinstalados receberam certificados de propriedade de suas novas casas e terra onde vivem. Na verdade, a apropriação da terra e a utilização da terra são coisas muito diferentes e, neste caso, embora seja verdade que os residentes de Tamba estejam satisfeitos com suas novas propriedades, eles também estão extremamente contrariados com a perda da terra para agricultura e com a compensação insuficiente. Idealmente, as duas questões requerem tratamentos separados, e a AMDAL deveria reconhecer o impacto negativo provocado sobre os residentes e o impacto potencial de acompanhamento sobre a atitude deles acerca do projeto. Se o trabalho no hotel tivesse aparecido, como prometido, talvez a renda tivesse substituído a perda da terra. Mas como está, esse impacto levou a uma certa desintegração da comunidade, pois muitas pessoas se mudaram porque não podiam ganhar o suficiente para sustentar suas famílias.

Além do potencial de trabalho no hotel, o povo de Tamba esperava melhores condições de vida na nova moradia, com casas mais saudáveis, eletricidade, água limpa e uma boa estrada. As casas da aldeia nova variam em tamanho, e muitas estão em estágios diferentes de renovação ou estão sendo aumentadas. Quase todas são de aparência maior e mais pesada do que a maioria das casas de Maen, embora muitos residentes de Tamba digam que, para começar, elas eram menores e que estão sendo aumentadas porque os membros da aldeia participam do "*arisan*", uma prática tradicional na qual todas as famílias contribuem com uma certa quantia para um "bolo" comunitário, que é entregue a cada mês a uma família diferente para ajudá-la na construção. Os residentes da aldeia possuem água potável, porém ela é muito cara e muito poucos deles a utilizam, e a maioria continua a se servir da água de poço. Agora, embora tenham ocorrido muitas mudanças positivas, as pessoas de ambas as partes de Tamba estão muito descontentes com a situação atual, e muitas reclamam em alto e bom som, desaprovando o projeto do Paradise Beach. Todas elas sentem que prometeram prosperidade aos residentes da aldeia com o desenvolvimento do turismo, mas que essa promessa não foi cumprida e que agora elas estão mais pobres do que antes. Em geral, elas se sentem incapazes de fazer qualquer coisa sobre essa situação, expressando uma atitude chamada "pasrah", que é o conceito de submissão à fatalidade.

Avançando um pouco mais na direção da parte principal da aldeia de Maen, aproximadamente metade dos residentes anteriormente entrevistados tinham jardins nas terras tomadas pelo projeto e todos estavam muito descontentes com a compensação financeira que tinham recebido. Todos falavam da dificuldade em ganhar dinheiro para comprar a comida que antes eles próprios cultivavam e muitos deles sentiam que a quantia que lhes haviam pago era tão pequena que não serviu para nada, sendo apenas um gesto amigável e simbólico por parte do proprietário do hotel.

Diferentemente do que as pessoas muito infelizes de Tamba pensavam, menos da metade expressou uma atitude negativa contra o hotel e muitos outros expressaram ambivalência, afirmando que o hotel tinha influenciado muito pouco em suas vidas, se é que realmente isso acontecera. As pessoas de Maen são predominantemente muçulmanas, uma religião que dá grande importância à aparência modesta, e muitos membros da aldeia expressaram sua desaprovação a respeito dos trajes de banho que os turistas vestem, em geral. Entretanto, essa desaprovação foi, apenas em um caso, suficientemente forte para chegar à desaprovação de todo o desenvolvimento de turismo. Um engenheiro civil que trabalha para o hotel vê o projeto como um forte impacto positivo sobre a comunidade.

A informação estatística contida no relatório da ANDAL nem sempre é contrária. Por exemplo, embora a ANDAL contenha muitas informações sociais e demográficas, somente uma pequena parte delas foi analisada para determinar os elementos vulneráveis aos impactos ou aos relacionamentos entre os componentes ambientais e os impactos potenciais. Por exemplo, nenhuma conexão é feita entre os níveis de educação e os prospectos de emprego na indústria turística. Nenhuma indicação é dada acerca do relacionamento entre a religião ou o nível de educação e os impactos das influências novas. Sumarizando, embora haja abundância de informações sobre os aspectos sociais da região, elas nem sempre são avaliadas adequadamente e de forma útil.

Forças e fraquezas do processo AMDAL do Paradise

A Indonésia possui regulamentos sofisticados que exigem que sejam conduzidas avaliações severas dos impactos ambientais para projetos de desenvolvimento. No entanto, o processo AMDAL foi menos efetivo do que deveria ter sido no refúgio Paradise. Muitos dos impactos sociais do projeto foram pobremente avaliados e pobremente gerenciados. Muitas das falhas do processo AMDAL, nesse caso, são resultado de uma implementação de política ambiental frágil, enquanto outras são a conseqüência de diretrizes insuficientes para a avaliação dos desenvolvimentos do turismo, ou treinamento insuficiente em SIA.

A ANDAL Paradise é um documento muito longo e detalhado. Fornece um perfil resumido dos ambientes físico e social originais ao redor do local do projeto. As explicações sobre as atividades planejadas são detalhadas e os impactos que elas eventualmente provocariam estão nitidamente indicadas, assim como os componentes ambientais que são vulneráveis aos impactos. A coleta de dados é minuciosa e de alta qualidade. Todas as amostras físicas e biológicas foram colhidas em dois anos diferentes e nas estações seca e úmida tendo, portanto, alta validade. A ANDAL explica claramente os critérios pelos quais cada impacto é considerado significativo ou não significativo, justificando assim aqueles que estiverem, então, implicados no gerenciamento ou na monitoração. Os critérios utilizados são os relacionados nas diretrizes publicadas para a determinação do significado dos impactos.

Entretanto, o fato de que o processo da AMDAL não foi concluído até tão tarde no ciclo do projeto evidencia que ele não foi considerado como parte do estudo de viabilidade. O *timing* da documentação da AMDAL também impediu a participação pública no ciclo do projeto. O projeto Paradise é um exemplo de situação na qual nenhuma participação pública ocorre, qualquer que seja. Pelo motivo de que a a ANDAL Paradise, o RKL e o RPL não foram aprovados até muito tempo depois do início da fase operacional do hotel, e que não foi enviada nenhuma cópia dos documentos para os residentes antecipadamente, não havia fórum para eles participarem. A maioria das pessoas entrevistadas não tinha nenhuma idéia do que se esperava delas para que seus pontos de vista fossem conhecidos pelo governo e pelos iniciadores do projeto; e aqueles que disseram que estavam cientes dos seus direitos legais insistiam em que não houve nenhuma oportunidade para que eles participassem de qualquer estágio do processo de tomada de decisões. Na verdade, a maioria dos entrevistados expressou o sentimento de que as mudanças lhes tinham sido impostas sem absolutamente nenhuma palavra local sobre o assunto.

A equipe da AMDAL não previu os impactos muito significativos que resultaram do fato de os residentes de Tamba perderem o uso da terra para agricultura. Essa situação reflete a tendência geral de uma avaliação pobre do impacto social pela AMDAL, e provavelmente é o resultado de uma combinação de fatores. O formato do relatório sobre os impactos sociais acompanha as diretrizes do Depparpostel para a AMDAL para desenvolvimentos de turismo muito próximos, e isso enfatiza a necessidade de melhorar essas diretrizes na área do SIA. Também é provável que os membros da equipe da AMDAL não fosse suficientemente treinados ou experientes para a avaliação de impacto social.

O RKL delineia atividades gerenciais que poderiam amenizar vários dos impactos sociais muito negativos que emergiram, mas o RKL não tinha sido implementado. Embora os impactos físicos do projeto pareçam estar bem administrados, eles não estão sendo monitorados, permitindo a possibilidade muito real de que uma mudança negativa surja no futuro. A falta de comprometimento do governo para reforçar a política ambiental é um fator importante por trás da situação. A confusão entre as várias responsabilidades das agências envolvidas na AMDAL é outra causa provável da falta de ação na situação do Paradise. Também não ficou claro qual a parte que tinha o poder de implementar. Além disso, o hotel começou a operar antes da aprovação da AMDAL. Portanto, a política de licenças vinculadas à implementação dos planos de gerenciamento e da monitoração não foi imposta, nem o dono do hotel foi multado por não seguir os dois planos.

Embora o plano de monitoração também esteja aprovado e teoricamente funcionando, não existe nenhuma indicação de que qualquer monitoração esteja sendo realmente feita. O chefe da equipe da AMDAL que fez o estudo original não sabe de nenhuma atividade, e as entrevistas com os chefes das comunidades de Maen e Tamba revelam que nenhuma equipe de monitoração visitou a área. O Centro de Estudos Ambientais da Universidade Sam Ratulangi, em Manado, é registrado no RPL como responsável pela monitoração de barulho pós-construção, qualidade de água e vegetação terrestre, por meio de coleta de uma variedade de amostras em intervalos de tempo predeterminados. Isso não tinha começado até setembro de 1997.

Conclusões

Embora o turismo não provoque impactos negativos no ambiente e os turistas usem os recursos, é um bom posicionamento da indústria contribuir para o desenvolvimento sustentável. Haywood (1993) indica que muitos grupos de interesse, desde agentes turísticos até comunidades de destinos e turistas individuais, sabem que a experiência do turismo sofre por causa da degradação ambiental, do aumento de população e da poluição. A indústria do turismo, por sua vez, freqüentemente confia na alta qualidade dos ambientes, e seria do maior interesse (a longo prazo) da própria indústria controlar seu crescimento para evitar esses impactos. Hunter (1995b) sugere que o desenvolvimento do turismo sustentável pode ocorrer quando se puder compreender que a viabilidade econômica a longo prazo dos projetos do turismo depende do crescimento controlado e do gerenciamento sustentável e adequado dos recursos sobre os quais eles se baseiam. Mieczkowski (1995:376) sugere que o turismo, quando regulamentado, é "uma das opções de desenvolvimento econômico mais amigáveis ao ambiente e, portanto, é provável que se expanda e cresça sua contribuição ao GNP do mundo".

A exigência de que os desenvolvedores empreendam as avaliações de impactos com cuidado e dentro do prazo, e que ajam conforme seus resultados, é uma das formas de regulamentação. O desenvolvimento do turismo pode ter conseqüências de longo alcance para as comunidades da área do destino e o EIA é potencialmente uma ferramenta valiosa para o planejamento ambiental – que pode ser usada para formular políticas nacionais sobre o desenvolvimento, determinar as melhores alternativas entre uma variedade de projetos propostos, determinar as melhores alternativas de desenvolvimentos dentro de um projeto aprovado, minimizar impactos negativos do desenvolvimento e encontrar o nível ótimo dos impactos positivos. O EIA tanto pode ser usado no nível de planejamento regional quanto, como já foi discutido no estudo de caso anterior, num nível local específico, e desempenhar um papel importante na promoção do desenvolvimento sustentável. Entretanto, esse é um empreendimento carregado de desafios, especialmente quando aplicado ao turismo.

A Indonésia possui um processo legislado do EIA, a AMDAL, que inclui a avaliação dos impactos sociais e dos impactos físicos dos projetos do desenvolvimento. Até o momento, a AMDAL foi mais utilizada quase exclusivamente na base de projetos específicos do que em um nível de planejamento mais amplo. A AMDAL é obrigatória para todos os projetos de desenvolvimento que causem impactos significativos sobre o ambiente, e o governo já tem uma lista compilada dos locais e ecossistemas sensíveis que requerem, automaticamente, o EIA antes que o desenvolvimento se inicie (Dick e Bailey, 1994). Contudo, a literatura da AMDAL pouco fala sobre o desenvolvimento do turismo no país, apesar do fato de que o turismo vem crescendo rapidamente e o governo vem encorajando sua expansão. As AMDAL são concluídas, freqüentemente, muito tarde para fazerem parte dos estudos de viabilidade do projeto e, na verdade, o processo muitas vezes não começa até bem depois que o projeto é aprovado e pode ser que não esteja concluída até que a construção já tenha sido iniciada. Em tal situação, as descobertas e recomendações da AMDAL não podem ser consideradas no processo de tomada de decisões, e a realimentação local é obstruída e as questões sociais e ambientais são negligenciadas: os desenvolvimentos são executados em locais impróprios e com poucos levantamentos ambientais. Todavia, para se chegar a uma avaliação completa de impactos potenciais são necessários comprometimento de recursos, pessoal habilitado e vontade política, e todos eles estão em falta na Indonésia. Embora haja um reconhecimento crescente da importância do turismo, a Indonésia não está atualmente bem preparada para avaliar, monitorar nem gerenciar os impactos do turismo.

A Indonésia não foi separada para ser criticada. Na verdade, de muitas formas suas estruturas legal e administrativa são modelos a serem seguidos pelos outros. Mas, infelizmente, existe uma grande brecha entre a teoria e a prática. Ainda assim, o crescimento rápido do turismo na Indonésia e em muitas outras nações em desenvolvimento sugere a necessidade de se desenvolverem métodos de avaliação específicos para o turismo nesses países. Porém, as características do turismo fazem com que este seja um empreendimento desafiador.

As sugestões de Hunter (1995a) para o uso do EIA no desenvolvimento do turismo incluem: estudo dos impactos sociais, econômicos e ambientais; encorajamento de consultas públicas; utilização de critérios de seleção que permitam uma "peneiração", de forma que só aqueles desenvolvimentos que tenham efeitos ambientais significativos sejam estudados; utilização de procedimentos de avaliação do escopo a fim de que os recursos não sejam desperdiçados em estudos de impacto insignificante; atenção a uma avaliação cuidadosa dos impactos cumulativos; reconhecimento e avaliação da variação dos impactos por causa dos padrões sazonais; e determinação do tamanho da área circunvizinha proposta para os desenvolvimentos de turismo que deve ser considerada, que dependerá da situação local. Essas sugestões são sábias e têm aplicação global, particularmente quando o turismo pode expor ambientes e comunidades a mudanças repentinas e massiças, a novas tecnologias, a novas pessoas e a novos estilos de vida.

Agradecimentos

A pesquisa de campo relatada neste trabalho foi custeada, em parte, por uma concessão do Conselho de Pesquisas de Ciências Sociais e Humanidades do Canadá feita a G. Wall e pela Universidade Consórcio sobre o Ambiente por meio da Agência de Desenvolvimento Internacional Canadense. A pesquisa foi facilitada pela dra. Louise Waworunto e pelo sr. Denny Karwur da Universidade Sam Ratulangi, de Manado, e pelo projeto de Desenvolvimento na Indonésia do Centro de Estudos Ambientais. Os autores agradecem também as importantes contribuições de Ibu Maasje Massie, Ibu Fransine Manginsela e Ibu Julie Waworuntu.

Referências bibliográficas

BAPEDAL. *Himpunan Peraturan Tentang Pengendalian Dampak Lingkungan*. Seri II, Jacarta, Indonésia: BAPEDAL, 1996.

BISWAS, A K. "Preface". *In*: A K. Biswas e S.B.C Agarwal (eds) *Environmental Impact Assessment for Developing Countries*. Oxford: Butterworth-Heinemann, 1992a.

_______. "Summary and Recommendations". *In*: A K. Biswas e S.B.C Agarwal (eds.) *Environmental Impact Assessment for Developing Countries*. Oxford: Butterworth-Heinemann, 1992b.

BUTLER, R.W. "Pre and post-impact assessment of tourism development". *In*: D.G. Pearce e R.W. Butler (eds.) *Tourism Research: Critiques and Challenges*. Londres: Routledge, 1993.

CARTER, J. A. *Assessment of Coastal and Marine Resources Issues in Sulawesi and Analysis of Related Institutional Needs of BAPEDAL Wilayah III*. Ujung Pandang: Projeto Ambiental em Colaboração entre a Indonésia (CEPI) e a Agência Internacional Canadense de Desenvolvimento (CIDA), 1997.

CEBALLOS-LASCURÁIN, H. *Tourism, Ecotourism and Protected Areas*. Gland, Suíça: IUCN, 1996.

CONOVER, S.A M. & HANSON, A J. *The Development of Environmental Assessment (AMDAL) in Indonesia*, Projeto de Desenvolvimento de Gerenciamento Ambiental na Indonésia, Relatórios Ambientais 22, Halifax, Canadá: Universidade Dalhousie, 1992.

DICK, J. & BAILEY, L. *Indonesia"s Environmental Assessment Project (AMDAL): Progress, Problems and a Blueprint for Improvement*, Projeto de Desenvolvimento de Gerenciamento Ambiental na Indonésia, Relatórios Ambientais 29, Halifax, Canadá: Universidade Dalhousie, 1994.

DIRECTORATE GENERAL OF TOURISM AND UNITED NATIONS DEVELOPMENT PROGRAM. *Tourism Sector Programming and Policy Development, Resultado 1. National Tourism Strategy*, Jacarta: Governo da Indonésia, 1992.

DOBERSTEIN, B. (1992) *An Evaluation of the Use of Environmental Impact Assessement for Urban Solid Waste Management in Denpasar, Bali*, Trabalho de Estudante nº 12, Waterloo, Canadá: Consórcio Universitário de Publicações em Série sobre o Meio Ambiente, Universidade de Waterloo, 1992.

HARDIN, G. "The tragedy of the commons" , *Science* 162: 1243-8, 1968.

HAYWOOD, K.M. "Sustainable development for tourism: a commentary with an organizational perspective". *In*: J.G. Nelson; R. Butler; G. Wall (eds.) *Tourism and Sustainable Development: Monitoring, Planning, Managing*, Publicação nº 1 conjunta com o Centro de Recursos Históricos, Waterloo, Canadá: Departamento de Geografia, Universidade de Waterloo, 1993.

HUNTER, C. "Environmental Impact Assessment and Tourism Development", em C. Hunter e H. Green (eds.) *Tourism and the Environment: A Sustainable Relationship*, Londres: Routledge, 1995a.

HUNTER, C. "Key concepts for tourism and the environment". *In*: C. Hunter e H. Green (eds.) *Tourism and the Environment: A Sustainable Relationship*. Londres: Routledge, 1995b.

HUNTER, C. & GREEN, H. *Tourism and the Environment: A Sustainable Relationship*: Londres: Routledge, 1995.

KINNAIRD, M.F. & O'BRIEN, T. *Tangkoko-Duasudara Nature Reserve, North Sulawesi Draft Management Plan*, um Relatório de Conservação da Vida Selvagem preparado para a Diretoria de Conservação da Natureza – Diretoria Geral de Florestas, República da Indonésia, 1996.

KNIGHT, D.; MITCHELL, B.; WALL, G. "Bali: sustainable development, tourism and coastal management", *Ambio* 26(2): 90-6, 1997.

LONG, V. "Social mitigation of tourism development impacts: Bahías de Huatalco, Oaxaca, Mexico", em C.A M. Fleischer-van Rooijen (ed.) *Spatial Implications of Tourism*. Groningen: Geo Pers, 1992.

MARTOPO, S. & MITCHELL, B. (eds.) *Bali: Balancing Environment, Economy and Culture*. Departamento de Geografia, Publicação Série 44, Waterloo: Universidade de Waterloo, 1995.

MASSIE, M. Comunicação pessoal com a direção da equipe do AMDAL. Notas escritas, julho de 1997.

MATHIESON, A & WALL, G. *Tourism: Economic, Physical and Social Impacts*, Londres: Longman, 1982.

MIECZKOWSKI, Z. *Environmental Issues of Tourism and Recreation*, Maryland: Gráfica da Universidade da América, 1995.

MINISTRO DO ESTADO PARA O MEIO AMBIENTE. *Indonesia"s Marine Environment: A Summary of Policies, Strategies, Actions and Issues*. Jacarta, Indonésia, 1996.

PEARCE, D. *Tourist Development*, 2ª ed., Londres: Longman, 1989.

PT DINNELATOR LIKUPANG BEACH PARADISE. *Analisis Dampak Lingkungan (ANDAL), Kawasan Pariwisata, Dinnelator Likupang Beach Paradise and Recreation Facilities*. Manado: Hotel e Refúgio Paradise, 1997.

RICHTER, L. "Tourism policy-making in South-East Asia". *In*: M. Hitchcock; V.T. King; M.J.G. Parnwell (eds.) *Tourism South-East Asia*. Nova York: Routledge, 1993.

ROBERTS, P. & HUNTER, C. "Environmental assessment: taking stock", *Working paper* 11, Leeds: Centro de Desenvolvimento urbano e Gerenciamento Ambiental, Universidade Metropolitana de Leeds, 1992.

SHERA, W. & MATSUOKA, J. "Evaluating the impact of resort development on an Hawaiian Island: implications for social impact assessment policy and procedures", *Environmental Impact Assessment Review* 12 (3): 349-62, 1992.

SMITH, S.L.J. "Defining tourism: a supply side view", *Annals of Tourism Research* 15 (2): 179-90, 1988.

SOFIELD, T.H.B. "Indonesia"s national tourism development plan", *Annals of Tourism Research* 22(3): 690-3., 1995.

TELFER, D.J. *Development Through Economic Linkages: Tourism and Agriculture in Indonesia*, Tese de Ph.D., Waterloo: Departamento de Geografia, Universidade de Waterloo, 1996.

WALL, G. "Rethinking impacts of tourism", *Progress in Tourism and Hospitality Research* 2 (3/4): 207-15, 1996.

______. "Indonesia: the impact of regionalization". *In*: F. Go e C. Jenkins (eds.) *Tourism and Development in Asia and* Australasia. Londres: Cassell, 1997.

WERNER, G. "Environmental impact assessment in Asia: lessons from the past decade". *In*: A K. Biswas e S.B.C. Agarwal (eds.) *Environmental Impact Assessment for Developing Countries*. Oxford: Butterworth-Heinemann, 1992.

WHITTON, A J.; MUSTAFA, M.; HENDERSON, G.S. *The Ecology of Sulawesi*. Yogyakarta: Gráfica da Universidade Gadjah Mada, 1987.

WORLD BANK. Indonesia: *Environment and Development*, um Estudo do País pelo Banco Mundial, Washington DC: Banco Mundial,, 1994.

Impacto provocado por turistas coreanos sobre residentes coreanos no Havaí e em Queensland, na Austrália

Sang Mu Kim

Introdução

Grupos grandes de coreanos viajando ao exterior é um fenômeno recente. Antes de 1989 o governo coreano impedia que seus cidadãos viajassem ao exterior em grande número impondo restrições como limite de idade e de duração da viagem, controles de câmbio de moedas estrangeiras, controle do propósito da viagem e exigência de altos depósitos de dinheiro (em 1983 eram mais de 2.500 dólares) com as agências governamentais. O objetivo dessa política era aumentar as reservas de moeda coreana. Lado a lado com essa política, o governo fomentou o turismo doméstico, investindo pesadamente na infra-estrutura desse tipo de turismo. Essa política criou inadvertidamente um gosto pelo turismo que se traduziu, em última análise, por um desejo de viajar e conhecer outros mares.

A balança da situação de pagamentos da Coréia melhorou e a demanda por viagens ao exterior pelos seus cidadãos aumentou, as restrições gradualmente foram se tornando mais flexíveis e acabaram completamente em 1º de janeiro de 1989. No primeiro ano de liberação total, as partidas internacionais aumentaram em 67,3%, para 1.213.112 pessoas. Durante esse ano o crescimento de turistas em viagens de lazer em relação às outras categorias foi particularmente notável, com um aumento de 253,5% sobre o total do ano de 1988, contabilizados em 37% do mercado total de viagens ao exterior (KNTO: Organização Nacional de Turismo da Coréia, 1990).

O crescimento subseqüente de viagens ao estrangeiro foi rápido, aumentando em 526,3% ao longo do período de sete anos entre 1989 e 1995. Em 1995, o número de viajantes internacionais coreanos chegou a 3.818.740, e pela primeira vez ultrapassou o número de turistas estrangeiros que visitavam o país. O índice de crescimento foi de 21,1% sobre o ano anterior (KNTO, 1995). Em termos de destinos, o Relatório Anual de Turismo Coreano de 1995 indicou que o Japão era o destino mais popular (26,2%), seguido pelos Estados Unidos da América (17,2%), a China (10,6%), a Tailândia (8%) e Hong-Kong (5,9%). A avaliação por continente indica que a Ásia recebeu 64,1% do mercado de turismo externo total da Coréia em 1995, seguida pelas Américas (19,2%), pela Europa (8%), Oceania (8%) e África (0,7%).

Entretanto, um aumento tão rápido do número de turistas coreanos em viagens ao exterior causou alguns problemas. Por exemplo, a balança de pagamentos da Coréia em relação ao turismo entrou no vermelho em 1991, sendo registrado um déficit de 358 milhões de dólares, que cresceu para 523 milhões em 1992. Em 1992, a balança ficou positiva, graças à exclusão de despesas gastas por estudantes no exterior, mas em 1994 e 1995 ela novamente mostrou déficits de 282 milhões e de 494 milhões, respectivamente (KNTO, 1996: Tabela 1). Além disso, uma imagem negativa dos turistas coreanos tinha se desenvolvido entre os residentes de alguns destinos turísticos, por causa da cultura e dos costumes diferentes dos novos turistas (Kim, 1993).

Os problemas acima mencionados precisam ser considerados não apenas do ponto de vista econômico, mas também deveriam ser seriamente examinados de uma perspectiva sociocultural. Há muito tempo foi observado que o turismo pode ser um mecanismo importante para aumentar a compreensão internacional (Mathieson e Wall, 1986). Entende-se que esse processo é gerado do contato mútuo entre turistas e hospedeiros. Obviamente, os empregados na indústria turística têm contato direto com os turistas. A análise do relacionamento que esses empregados têm com os turistas poderia nos mostrar a intensidade dos impactos econômicos e socioculturais provocados pelos turistas internacionais e permitir que compreendêssemos melhor as repercussões que afetarão as imagens da Coréia e seu povo, como um todo.

De acordo com o levantamento feito pela KNTO, 50,8% dos viajantes coreanos ao exterior responderam que a razão principal pela qual viajavam era ter a "experiência da viagem internacional", seguida por "visitar uma cidade ou local em particular" (42,3%) e "preço razoável" (24,5%). Isso indica que a maioria dos coreanos considera o propósito de viajar ao exterior uma "mudança" ou "para melhorar seu *status* social" (Tabela 2). Pediu-se aos entrevistados que completassem essas perguntas de forma descritiva. Entretanto, parece que o levantamento não é tão útil para avaliar os impactos reais, uma vez que os próprios respondentes são julgados, e talvez não seja apropriado agirem como juízes. Portanto, seria mais apropriado e objetivo fazer um levantamento de residentes de destinos, particularmente os proprietários de negócios ligados ao turismo em destinos, a fim de se identificarem mais objetivamente os impactos socioculturais e os impactos econômicos.

Nos primeiros anos do turismo coreano ao exterior, muitos turistas coreanos viajavam inicialmente em grupos acompanhados de guias ou em grupos, para reduzir os problemas do idioma e dos costumes pouco familiares dos lugares visitados, da mesma forma que os turistas japoneses faziam no seu período inicial de crescimento. Aliado a isso, os empresários coreanos começaram a operar uma faixa de negócios em destinos populares para os turistas coreanos, aproveitando a oportunidade de desenvolvimento econômico e também enfatizando a necessidade de serviços no idioma e nos costumes coreanos. Assim, em alguns destinos, os turistas coreanos podem hospedar-se em acomodações operadas em língua coreana, comprar em lojas coreanas, comer comida coreana e utilizar guias coreanos. Outras nacionalidades tomam ações semelhantes em outros locais (os ingleses no Mediterrâneo são um exemplo notável). Os negociantes coreanos ligados a tais atividades se encontram numa posição singular de servir aos seus compatriotas, assistir à interação existente entre os turistas e os residentes, e ainda agir como corretores culturais e econômicos. Seus papéis e percepções foram pouco pesquisados até esta data, e este estudo é uma espécie de esforço piloto para se delinearem as reações dos turistas coreanos e seus efeitos nos destinos.

Tabela 15.1. Chegada de turistas e balança de pagamentos (1989–1995).

Ano	*Chegadas de Visitantes*		*Partidas de coreanos*		*Receita de turistas*		*Despesas em viagens dos coreanos*		*Balança*
	000s	*%**	*000s*	*%**	*US$ milhões*	*%**	*US$ milhões*	*%**	*US$ milhões*
1989	2.728	(16,6)	1.213	(67,3)	3.556	(8,9)	2.602	(92,2)	955
1990	2.959	(8,5)	1.561	(28,7)	3.559	(0,1)	3.166	(21,7)	393
1991	3.196	(8,0)	1.856	(18,9)	3.426	(-3,7)	3.784	(19,5)	- 358
1992	3.231	(1,1)	2.043	(10,1)	3.272	(-4,5)	3.794	(0,3)	- 523
1993	3.331	(3,1)	2.420	(18,4)	3,475	(6,2)	3.259	(-14,5)	216
1994	3.580	(7,5)	3.154	(30,3)	3.806	(9,5)	4.088	(25,4)	- 282
1995	3.753	(4,8)	3.819	(21,1)	5.587	(46,8)	5.903	(44,4)	- 316

Fonte: Organização Nacional de Turismo da Coréia, 1996.
* Porcentual de mudança sobre o ano anterior.

Tabela 2. Razões para viajar ao exterior.

Categoria	*%*
Experimentar viagem ao exterior	1 (50,8)
Visitar uma cidade ou local particular	2 (42,3)
Preço razoável	3 (24,5)
Nenhum local para visitar no país	4 (12,8)
Obter informações e conhecimento	5 (7,2)
Apreciar costumes e cultura estrangeiros	6 (1,5)

Fonte: KNTO, 1995.

Propósito de estudo

A pesquisa sobre os efeitos econômicos do turismo tem uma história muito mais longa do que sobre os impactos menos tangíveis. Um número considerável de pesquisas foi efetuado sobre os impactos econômicos (Archer, 1973, 1977, 1982; Sadler, Archer e Owens, 1973; Archer e Wanhill, 1981, 1985; Wanhill, 1983, 1988; Fletcher, 1987), mas também foram executadas pesquisas menos específicas sobre os impactos socioculturais (Belisle e Hoy, 1980; Var, Kendall e Tarakcioglu, 1985; Ap, 1990). O turismo pode provocar um impacto significativo sobre os residentes de um país destino; porém, mais especificamente, sobre proprietários de negócios ligados ao turismo. O turismo interno normalmente tem um efeito positivo sobre a economia, em termos de divisas, renda e emprego (Mill e Morrison, 1985), embora alguns destinos tenham sofrido efeitos socioculturais negativos (Mathieson e Wall 1982; Kim, 1993).

A Coréia tem duas questões para resolver, com respeito ao turismo para o exterior: a primeira, um déficit na balança dos pagamentos do turismo internacional desde 1991 e, a segunda, os impactos socioculturais negativos causados por turistas coreanos sobre os residentes dos destinos, inclusive nos residentes coreanos nesses locais. Essas questões foram particularmente criticadas por repórteres de jornais que registraram uma imagem negativa do turismo coreano ao exterior por todo o país (Kim, 1996). Alguns coreanos até se sentiram culpados por terem viajado ao exterior.

É perigoso publicar esse tipo de assunto sem qualquer evidência que prove ter uma base em pesquisa científica, porque isso pode criar impedimentos ao turismo coreano ao exterior, assim como uma imagem falsa da Coréia e dos coreanos. Em conseqüência, essas questões precisam ser estudadas e exploradas adequadamente a fim de se identificar se os residentes de um destino em particular recebem benefícios econômicos reais do turismo coreano. Simultaneamente, o impacto sociocultural dos turistas coreanos sobre os residentes deve ser examinado para identificar claramente e medir quaisquer efeitos.

Em seguida ao afrouxamento das restrições de viagens sobre os cidadãos coreanos em 1989, o turismo coreano exterior para o Havaí e a Austrália, entre outros destinos, aumentou consideravelmente. Em 1995, os turistas coreanos que foram ao Havaí e à Austrália somaram 104.550 e 167.975, respectivamente, o que tornou o mercado coreano o quinto maior para esses destinos (KNTO, 1995). Em resposta a isso, alguns coreanos que tinham pouca experiência em gerenciamento de turismo se mudaram para esses destinos para operar negócios ligados ao turismo.

O propósito deste capítulo é explorar os impactos econômicos e socioculturais de turistas coreanos no exterior, provocados sobre residentes coreanos envolvidos em negócios turísticos no Havaí e em Queensland, na Austrália, a fim de identificar os impactos positivos e negativos sobre os residentes. Com base nos resultados do estudo, serão sugeridas algumas recomendações e estratégias apropriadas para melhorar a situação.

Administração do levantamento

O Havaí era conhecido pelos coreanos, há muito tempo, como o "paraíso na terra", e atraiu 104.550 turistas coreanos em 1995. Esse número representava um índice de crescimento de 272,8% sobre um período de sete anos (38.330 turistas coreanos em 1989). Por outro lado, a Austrália é um novo destino turístico, emergente e popular para os coreanos. Ela atraiu 167.975 turistas coreanos em 1995, indicando um índice de crescimento de 6,4% sobre o mesmo período de sete anos (10.406 turistas coreanos em 1989). De acordo com a avaliação feita sobre os turistas negociantes coreanos no Havaí e em Queensland, na Austrália, o que mais atrai os turistas coreanos em ambos os destinos são os lindos cenários, seguidos pelas praias limpas, atividades turísticas e o povo gentil e amigável (Tabela 3).

Os dados para esse estudo foram compilados de dois grupos: 52 proprietários coreanos de negócios turísticos residentes no Havaí e 40 coreanos residentes, ligados a negócios turísticos, em Queensland. A informação sobre as populações de negociantes foi obtida por meio da Associação de Agentes de Turismo Coreano em Honolulu e da Associação de Turistas Coreanos em Queensland, na Golden Coast. A fim de coletar os dados, foram feitas entrevistas para levantamento com 70 negociantes coreanos ligados ao turismo no Havaí, pelo autor, durante o período de 1º

Tabela 3. Dados atrativos do destino.

Categoria	*Posição no Havaí*	*%*	*Posição em Queensland*	*%*
Lindos cenários	1	(96,2)	1	(97,4)
Meio ambiente e praias limpas	2	(92,9)	2	(94,2)
Atividades turísticas	3	(59,5)	4	(66,4)
Povo gentil e amigável	4	(51,2)	3	(72,4)
Clima agradável	5	(49,2)	5	(45,8)
Cultura e costumes tradicionais	6	(26,1)	6	(30,2)
Boas oportunidades de compras	7	(6,5)	7	(8,4)
Culinária singular	8	(3,5)	8	(6,6)

Fonte: Dados de levantamento.

de janeiro a 28 de fevereiro de 1993; e 51 negociantes coreanos ligados ao turismo em Queensland foram entrevistados no período de 1º de março a 30 de abril de 1996. O propósito dos levantamentos incluía os negócios turísticos registrados em ambas as associações. Eles foram divididos em três categorias: agências de viagem, restaurantes e lojas de *suvenires*. Os índices de respostas foram: 74,3% no Havaí e 78,4% em Queensland (Tabela 4).

Os dados foram coletados sobre a receita dos negociantes coreanos ligados ao turismo, o número de empregados que tinham, os itens mais populares de compras, os impactos positivos e negativos percebidos, causados pelos turistas coreanos, e a atitude dos residentes a respeito dos turistas coreanos.

A quantidade de dados não foi suficiente para rodar os testes de Chi-quadrado ou ANOVA (Análise de Variância) com o programa do Sistema de Análise Estatística (SAS). Entretanto, as observações foram utilizadas para se derivarem freqüências e porcentagens baseadas em análise estatística simples.

Tabela 4. *Status* dos respondentes classificados por categoria.

Categoria	*Destino*	*Nº de Entrevistados*	*Respondentes*	*Índice de Resposta %*
Agência de viagens	Havaí	30	24	80,0
	Queensland	17	16	99,1
Restaurantes	Havaí	25	18	72,0
	Queensland	18	13	72,2
Lojas de *suvenires*	Havaí	15	10	66,7
	Queensland	16	11	68,8
Total	Havaí	70	52	74,3
	Queensland	51	40	78,4

Fonte: Dados de levantamento.

Análise e resultados

Impacto econômico

De acordo com o levantamento do KNTO, as despesas *per capita* dos turistas coreanos ao exterior em 1994 foi de 2.011 dólares, o que mostra um aumento de 24,8% sobre o ano anterior. A despesa média com acomodações por turista coreano no exterior foi de 600 dólares ou 29,8% do total gasto, seguido de compras com 412 dólares (20,5%), comida e bebida com 312 dólares (15,5%) e entretenimento com 262 dólares (13%). Outras despesas ou despesas sem identificação por turista coreano tinham a média de 425 dólares ou 21,2% do total de gastos (Tabela 5).

Entretanto, o gasto médio por turista coreano no Havaí foi de 1.637 dólares, o que é 18,6% menor que a média dos gastos de todos os viajantes coreanos ao exterior. A razão principal para isso é que a duração média da estada no Havaí é apenas de 4,9 dias, enquanto a estada média total dos viajantes coreanos no exterior é de 11,2 dias. Embora a duração média da estada na Austrália seja de 7,2 dias, que também é menor do que a estada média total, o gasto médio por turista coreano na Austrália foi de 2.230 dólares, o que é 10,9% maior que a média geral. Isso acontece principalmente porque os turistas coreanos na Austrália tendem a gastar mais dinheiro do que a média na compra de produtos locais como comida natural, opalas e artigos de pele de carneiro.

A renda média anual de vendas dos negociantes coreanos ligados ao turismo e residentes no Havaí foi de 875 mil dólares, e 74,6% desse total foi recebido de turistas coreanos. Entre os negócios, a renda média das lojas de *suvenires* foi de 1.082 mil dólares, seguida da agência de viagens (918 mil dólares) e restaurantes (703 mil dólares). Os dados sobre a renda média anual de vendas dos negocian-

Tabela 5. Gastos de turistas coreanos internacionais, por categoria.

Categoria	*1992*	*1993*	*1994*
	US$	*US$*	*US$*
Acomodações	550	537	600
Comida & bebida	287	275	312
Entretenimento	265	250	262
Compras	425	312	412
Outros	362	237	425
Total	1.889	1.611	2.011

Fonte: KNTO, 1995.

tes coreanos em Queensland ligados ao turismo não eram disponíveis; entretanto, parecem semelhantes aos do Havaí, com base em observações e discussões pessoais.

Os gastos dos turistas com compras geralmente causam um grande impacto sobre a economia do destino turístico. Quando os turistas compram bens produzidos e vendidos na área local, isso acelera a economia do destino, estimulando o resultado das indústrias relacionadas. Portanto, as autoridades ligadas ao turismo daquele destino normalmente mostram um grande interesse nos gastos dos turistas com compras.

Os itens favoritos de compras dos turistas coreanos, por categoria, mostram que no Havaí as jóias foram os itens mais populares, seguidas de produtos locais (por exemplo, nozes macadâmias e chocolates), alimentos naturais (vitaminas e mel) e roupas. Em Queensland, os alimentos naturais (mel e vitaminas) eram os itens favoritos, seguidos pelos produtos locais (pele de carneiro e couro), joalheria (opalas) e roupas. Isso indica que existem algumas diferenças entre a média dos gostos dos turistas internacionais coreanos em destinos diferentes (Tabela 6). Este pode ser o resultado de diversos fatores, inclusive conhecimento e destinos diferentes, mercados diferentes, promoção e anúncios variados e disponibilidade de produtos diferentes também.

Tabela 6. Itens favoritos de compra de turistas coreanos internacionais, por categoria.

Categoria	*Preferência no Havaí*	*Preferência em Queensland*	*Preferência de todos os turistas coreanos**
Joalherias	1	3	6
Produtos locais	2	2	4
Alimentos naturais	3	1	5
Roupas	4	4	3
Cosméticos	5	5	1
Uísque (bebidas alcoólicas)	6	6	2

* *Fonte*: KNTO, 1995.

Tabela 7. Número de empregados em cada negócio, por categoria.

Categoria	*Havaí*	*Queensland*
Agência de viagens	13,4	13,4
Restaurante	5,1	9,2
Loja de *suvenires*	11,1	11,1
Total	10,1	11,4

Fonte: Dados do levantamento.

O número médio de empregados dos negociantes coreanos ligados ao turismo era de 10,1 pessoas no Havaí e 11,4 pessoas em Queensland, o que indica que o tamanho dos negócios em ambos os destinos é quase o mesmo. O número médio de empregados nas agências de viagens foi o mais alto das categorias, com 13,4 pessoas nos dois destinos, seguido das lojas de *suvenires* (11,1 pessoas em ambos) e restaurantes (5,1 pessoas no Havaí e 9,2 pessoas em Queensland; Tabela 7).

O impacto econômico global sobre os residentes nos dois destinos demonstrou ser positivo. Mais de 70% do total dos respondentes afirmaram que os gastos dos turistas coreanos não apenas aumentava sua renda (73,9% no Havaí e 72,4% em Queensland), como também permitia a criação de novos empregos (50% no Havaí e 52,7% em Queensland), gerava resultados nas indústrias relacionadas (47,8% no Havaí e 48,8% em Queensland), causava efeito de propaganda sobre os produtos locais (17,4% no Havaí e 16,2% em Queensland) e aumentava os impostos locais (12% no Havaí e 11,8% em Queensland – Tabela 8).

Impactos socioculturais

Em termos de impactos socioculturais, os respondentes tiveram uma reação negativa, exceto com respeito aos efeitos de troca cultural (17,2% no Havaí e

Tabela 8. Impacto econômico sobre residentes coreanos.

Categoria	*Havaí*	*%*	*Queensland*	*%*
Aumento de renda	1	(73,9)	1	(72,4)
Criação de novos empregos	2	(50,0)	2	(52,6)
Geração de resultados nas indústrias relacionadas	3	(47,8)	3	(48,8)
Efeito de propaganda sobre produtos locais	4	(17,4)	4	(16,2)
Aumento de impostos locais	5	(12,0)	5	(11,8)
Melhoria da infra-estrutura	6	(10,2)	6	(9,4)

Fonte: Dados do levantamento.

Tabela 9. Impacto sociocultural sobre residentes coreanos.

Categoria	*Havaí*	*%*	*Queensland*	*%*
Comportamento descortês	1	(68,2)	2	(52,4)
Falta de moral pública	2	(20,4)	1	(62,0)
Diferença cultural	3	(14,6)	3	(24,2)
Aparentando pressa	4	(7,4)	4	(6,6)
Ostentação	5	(4,2)	5	(3,4)

Fonte: Dados do levantamento.

16,4% em Queensland). As razões principais dessas reações negativas era o comportamento descortês dos turistas coreanos (68,2% no Havaí e 52,4% em Queensland), sua falta de moral pública (20,4% no Havaí e 62,0% em Queensland), a diferença cultural entre os visitantes e os residentes (14,6% no Havaí e 24,2% em Queensland), a pressa dos turistas (7,4% no Havaí e 6,6% em Queensland) e a "ostentação" dos turistas (4,2% no Havaí e 3,4% em Queensland – Tabela 9).

Alguns respondentes afirmaram que às vezes sentiam vergonha de ser coreanos por causa da falta de educação dos turistas coreanos, mencionando comportamento como: modos desordenados, falta de pontualidade, tendência para pechinchar, o fato de serem barulhentos e de se embebedarem e fumarem em locais onde o fumo é proibido. Os respondentes acreditam que seu *status* social foi prejudicado devido as atitudes irracionais dos turistas coreanos, se comparadas às dos turistas estrangeiros dos outros países. Os respondentes também acreditam que os residentes locais não coreanos consideram o turista coreano não como um indivíduo apenas, mas como "um exemplo de todos os coreanos". Além disso, poucos respondentes disseram que foram insultados por turistas coreanos ricos que exageravam e exibiam sua opulência em público.

O problema é que esses fenômenos podem criar não apenas relacionamentos negativos entre visitantes e hospedeiros, mas também pode resultar em que os turistas coreanos não sejam mais tratados adequadamente pelos negociantes coreanos dos destinos. Portanto, devem ser tomadas medidas para corrigir essa situação, uma vez que se não forem feitos esforços neste sentido provavelmente a situação piorará, particularmente em face do número de turistas coreanos estar aumentando, tanto para esses quanto para outros destinos internacionais.

Atitude dos residentes coreanos para com os turistas coreanos

Quando indagados sobre a atitude que tinham com os turistas coreanos, 26,2% dos coreanos residentes no Havaí e 41,5% dos coreanos residentes em Queensland disseram que recebiam bem a vinda dos turistas coreanos. Isso indica que os coreanos residentes em Queensland têm atitudes mais receptivas para com os turistas coreanos do que os residentes no Havaí. Embora os residentes sejam receptivos aos turistas coreanos, uma minoria considerável, de 46,5% dos coreanos residentes no Havaí e 39,1% dos coreanos residentes em Queensland, disse que os turistas coreanos não são bem-vindos (Tabela 10).

As razões principais apresentadas para considerar os turistas coreanos bem-vindos foram as de que eles trazem dinheiro, geram empregos e benefícios econômicos. Além dos benefícios econômicos, porém, eles afirmaram não ter mais nenhuma razão para receber bem os turistas coreanos. Isso sugere que o impacto sociocultural dos turistas coreanos sobre os residentes coreanos é negativo. Além do mais, os respondentes do Havaí disseram que apenas 19,6% do total de turistas coreanos demonstrou interesse nas atrações culturais e históricas locais, e que mais de 14,6% deles não se importavam com os recursos socioculturais do destino (Kim, 1993).

Embora 5,3% e 14,6%, respectivamente, de turistas coreanos no Havaí e em Queensland, tenham respondido que o serviço de guia turístico era pobre, os residentes culpam os turistas por essa atitude. Os coreanos residentes acham que a melhoria da situação depende completamente das mudanças de atitudes e comportamentos dos turistas coreanos que visitam os destinos.

Discussão

Como mencionado anteriormente, a Coréia enfrenta duas questões a serem resolvidas com respeito ao turismo internacional: primeira, reduzir o déficit na balança de pagamentos do turismo internacional e, segunda, melhorar os impactos socioculturais causados pelos turistas coreanos sobre os residentes nos destinos.

Os dados coletados mostram que a média de negociantes coreanos ligados ao turismo no Havaí ganha 875 mil dólares anuais por venda de produtos e serviços aos turistas coreanos, o que acabou aumentando a renda familiar e criando novos empregos para muitos outros residentes locais. Da mesma forma, os gastos adicionais dos turistas coreanos, como corridas de táxi, compras em supermercados e em lojas de comidas, todos contribuem para a economia local.

Pelo motivo de o poder aquisitivo dos turistas coreanos ser maior do que o poder aquisitivo médio de todos os turistas, é óbvio que o efeito multiplicador da renda do turismo na comunidade local é maior do que o efeito dos turistas interna-

Tabela 10. Atitude dos residentes para com os turistas coreanos.

Categoria	*Havaí %*	*Queensland %*
Boas-vindas efusivas	4,3	4,5
Boas-vindas	21,9	37,0
Neutra	27,1	19,6
Não são bem-vindos	46,5	39,1

Fonte: Dados do levantamento.

cionais no Havaí (Kim, 1993). Em 1995, uma autoridade do Governo Estadual do Havaí relatou que 40,6% dos gastos dos turistas contribuíam para a geração de renda familiar (Departamento de Negócios, Desenvolvimento Econômico e Turismo, Estado do Havaí, 1996). Aplicando-se o resultado desse estudo ao montante total dos gastos dos turistas coreanos que visitaram o Havaí em 1995 (171.148 milhões de dólares), nota-se que 69.487 milhões de dólares contribuíram para a renda familiar dos coreanos residentes (Tabela 15.11). No caso da Austrália, 73,1% dos gastos dos turistas contribuíram para o aumento da renda familiar (Departamento de Turismo de *Commonwealth*, Austrália, 1994-1995). Se aplicamos esses números aos gastos dos turistas coreanos, descobriremos que um total de 273.592 milhões de dólares (168.985 milhões de dólares em renda familiar direta e 104.607 milhões de dólares em renda familiar indireta) contribuíram para o aumento da renda familiar (Tabela 11).

Em 1995, no Havaí, foi relatado que as oportunidades de emprego eram proporcionais a 1,4 pessoas para cada cem mil dólares gastos pelos turistas (Departamento de Negócios, Desenvolvimento Econômico e Turismo, Estado do Havaí, 1996). Isso indica que os gastos dos turistas coreanos geraram um total de 2.387 empregos em 1995 (Tabela 12). Na Austrália, a análise mostrou que as oportunidades de emprego eram na proporção de 2,7 pessoas para cada cem mil dólares gastos pelos turistas (Departamento de Turismo de Commonwealth, Austrália, 1994-1995), o que indica que os gastos dos turistas coreanos geraram um aumento efetivo de oportunidades de emprego para 10.081 pessoas na Austrália.

Conseqüentemente, o impacto causado pelos turistas coreanos sobre os negociantes coreanos residentes nos destinos não é apenas positivo, em termos econômicos, mas também produz benefícios à renda familiar e oportunidades efetivas de emprego a muitos dos residentes. Essa efetividade é um fator muito importante para o desenvolvimento econômico dos destinos. Como a análise acima mostra, na Tabela 12, os efeitos econômicos do turismo são positivos em

Tabela 11. Impacto provocado pelos gastos dos turistas na renda familiar dos residentes em 1995.

Categoria	*Número de Turistas*	*Gastos dos Tur. US$ 000*	*Renda Familiar* **Direta US$ 000**	**Indireta US$ 000**	**Total US$ 000**
Havaí*	104.550	171.148	–	–	69.487
Austrália**	174.000	388.107	175.047	108.659	283.706

Fontes: * Departamento de Negócios, Desenvolvimento Econômico e Turismo, Estado do Havaí, Economia do Havaí no Primeiro Trimestre, 1996, p. 6-7.
** Câmara Comum do Departamento de Turismo, Austrália, Relatório Anual 1994-5, p. 9-10.

Tabela 12. Impacto provocado pelos gastos dos turistas em oportunidades de emprego em 1995.

Categoria	*Gastos dos Turistas*	*Emprego* *Direta US$ 000*	*Indireta US$ 000*	*Total US$ 000*	*Emprego/ US$ 100.000 gastos dos turistas*
Havaí*	171.148	–	–	2.387	1.4
Austrália**	388.107	7.305	3.138	10.443	2.7

Fontes: * Departamento de Negócios, Desenvolvimento Econômico e Turismo, Estado do Havaí, Economia do Havaí no Primeiro Trimestre, 1996, p. 6-7.
** Câmara Comum do Departamento de Turismo, Austrália, Relatório Anual 1994-5, p. 9-10.

ambos os destinos, Havaí e Austrália. Em comparação, também se mostra que a Austrália recebeu benefícios econômicos maiores do que o Havaí.

A fim de aumentar os benefícios econômicos oriundos do turismo, os negociantes coreanos e as autoridades ligadas ao turismo nos dois países tentaram atrair mais turistas coreanos e, como resultado dos esforços empreendidos, foi demonstrado que, durante os sete últimos anos, a Austrália tinha atraído 560% a mais de turistas coreanos do que o Havaí, apesar da sua distância da Coréia ser muito maior que a do Havaí. Além disso, as atitudes mostradas em Queensland são menos negativas para com os turistas coreanos do que as amostradas no Havaí, talvez por causa do fato de que o turismo coreano para a Austrália é mais recente do que para o Havaí.

A fim de continuar a atrair turistas coreanos e maximizar os benefícios econômicos advindos deles, os negociantes coreanos residentes nos dois destinos também devem considerar os problemas vividos pelos turistas. Esses problemas foram chamados de "fatores de inconveniência" e sobreviveram ao KNTO e ao autor (Kim, 1993, 1996).

Os fatores de inconveniência enfrentados pelos turistas coreanos internacionais foram arbitrariamente segmentados pelo KNTO para a pesquisa sobre as viagens internacionais dos coreanos (Tabela 13). De acordo com os estudos feitos por Kim (1993, 1996), nos casos do Havaí e de Queensland, o fator mais inconveniente foi a comunicação (84,2% para o Havaí e 85,4% para Queensland), seguida de problemas relacionados à comida local (51,9% para o Havaí e 38,6% para Queensland), transporte (29,8% para o Havaí e 53,2% para Queensland) e informações sobre viagens (16,4% para o Havaí e 40,8% para Queensland). Esses quatro fatores mais inconvenientes continuam os mesmos, para todos os turistas coreanos que viajam para destinos turísticos internacionais. A fim de lidar com esses fatores adversos, sugere-se que os negociantes ligados ao turismo em ambos os destinos se esforcem para permitir que os turistas coreanos ultrapassem as diferenças culturais entre eles próprios e os residentes locais e, ao mesmo tempo, que ajudem as autoridades locais do turismo a compreender a cultura coreana.

Por outro lado, conforme mostrado pela análise do estudo empírico, o comportamento pouco polido e as diferenças culturais entre os turistas coreanos e os coreanos residentes locais resultaram em respostas negativas a respeito dos turistas, o que é um problema significativo. Este se torna um problema especialmente significativo quando os residentes locais dizem que consideram os turistas coreanos não como "indivíduos" mas como "coreanos". Não foi totalmente compreendido que o comportamento indiscreto de alguns turistas coreanos pode ser visto como um padrão comum pelo qual todo o povo coreano é julgado, e isso resultou em uma deterioração da imagem nacional da Coréia.

Portanto, é necessário resolver esses problemas. Os turistas e os residentes locais precisam aceitar e ampliar a compreensão mútua. Os negociantes coreanos residentes, por causa da sua posição singular como intermediários nessa situação, como anteriormente observado, deveriam se esforçar para atenuar os efeitos negativos do turismo, ajudando os turistas coreanos a entender as reações locais e persuadindo-os a reconhecer e suavizar as diferenças culturais entres os dois grupos de coreanos.

Tabela 15.13. Fatores de inconveniência avaliados pelos turistas coreanos.

Categoria	*Havaí**		*Queensland***		*Total (todos os destinos)*	
	Avaliação	*%*	*Avaliação*	*%*	*Avaliação*	*%*
Barreira do idioma	1	(84,2)	1	(85,4)	1	(61,7)
Serviço de alimentação	2	(51,9)	4	(38,6)	2	(44,8)
Sistema de transportes	3	(29,8)	2	(53,2)	3	(24,8)
Informação sobre viagens	4	(16,4)	3	(40,8)	4	(18,9)
Câmbio	5	(13,4)	5	(16,2)	7	(8,7)
Reserva de vôos	6	(10,1)	7	(10,2)	5	(11,6)
Entretenimento/ vida noturna	7	(6,5)	8	(8,4)	11	(3,1)
Serviço de guia turístico	8	(5,3)	6	(14,6)	8	(7,6)
Gorjeta obrigatória	9	(4,8)	10	(6,9)	9	(6,9)
Compras obrigatórias	10	(4,0)	9	(7,4)	10	(5,7)
Serviço de segurança	11	(3,4)	11	(5,2)	6	(9,4)

Fontes: Kim, S. M. (* 1993 e ** 1996).

Conclusões

As questões levantadas neste estudo foram: primeira, as preocupações do governo coreano acerca de um déficit na balança internacional de pagamentos do turismo; segunda, o impacto sociocultural negativo provocado pelos turistas coreanos sobre os residentes coreanos nos destinos; terceira, os fatores de inconveniência experimentados pelos turistas coreanos; e quarta, a perspectiva distorcida que os residentes locais têm, nos destinos, da imagem do povo coreano.

Dessa forma, as possíveis soluções e recomendações para a melhoria dessas questões podem ser sugeridas conforme abaixo:

1. Com respeito ao aspecto econômico, a média dos negociantes coreanos ligados ao turismo no Havaí repartia cerca de 10 mil dólares anuais de volta à Coréia; os donos de lojas de *suvenires* enviam 12 mil dólares anuais de volta à Coréia, seguidos dos proprietários de agências de viagens (11 mil dólares) e de restaurantes (9 mil dólares). Esses números, entretanto, não são exatos, uma vez que os negociantes coreanos residentes relutaram em fornecer informações financeiras detalhadas. Pela mesma razão, as quantias repatriadas para a Coréia não foram obtidas também no caso da amostra de Queensland. Conseqüentemente, o autor não conseguiu identificar a fluidez dos lucros dos negociantes. Vários produtos importados da Coréia são vendidos em lojas de *suvenires* e em restaurantes coreanos, nos dois destinos. Estes itens deveriam ser incluídos na balança internacional de pagamentos do turismo. Portanto, não é exato analisar-se apenas o que é mostrado na balança internacional visível dos gastos dos turistas em relação ao balanço de pagamentos. Considerando-se os efeitos do retorno das divisas e as exportações para as compras dos turistas no exterior, deve-se procurar um novo elemento para calcular a balança de pagamentos do turismo internacional. É necessário um novo cálculo para a balança de pagamentos do turismo internacional que leve em conta esses fatores, a fim de fornecer uma estimativa mais precisa para a verdadeira balança de pagamentos do turismo internacional.
2. A fim de minimizar os efeitos negativos do estereótipo sociocultural que influencia as atitudes dos residentes locais a respeito dos turistas coreanos, é necessário que os próprios turistas façam um esforço no sentido de obter alguma informação cultural sobre os destinos antes de partir da Coréia. Simultaneamente, os negociantes coreanos ligados ao turismo precisam persuadir os turistas coreanos a reduzir o comportamento im-

próprio. O ideal seria que tanto os turistas quanto os residentes locais tivessem a oportunidade de se conhecer melhor e demonstrar seus próprios valores e costumes, e que os turistas pudessem apreciar as atrações culturais do destino por meio do contato com os residentes locais. Por intermédio de providências adequadas, os dois grupos poderiam maximizar a oportunidade natural de troca sociocultural, facilitada pelo turismo internacional. Os negociantes e fornecedores coreanos ligados ao turismo também deveriam tentar melhorar suas próprias atitudes, antes de imputar a responsabilidade total pelas influências socioculturais negativas aos turistas coreanos.

3. É necessária uma atitude positiva no sentido de reduzir as inconveniências sentidas pelos turistas coreanos, como os problemas de comunicação, comida local, transporte, informações sobre viagens e câmbio, entre os negociantes locais no destino. A habilidade de remover ou contornar esses impedimentos ao turismo internacional depende não apenas dos desejos dos próprios turistas de se adaptarem às circunstâncias diferentes, mas também é uma questão para as autoridades locais do turismo analisarem: os negociantes coreanos ligados ao turismo deveriam, portanto, cooperar com essas autoridades a fim de encontrar e implementar as soluções e melhorias adequadas.
4. Não é aceitável que os residentes locais tratem os turistas coreanos como um grupo homogêneo. Em outras palavras, o comportamento dos turistas coreanos não deveria ser considerado como uma representação da "consciência de todos os coreanos". Eles devem ser tratados como "indivíduos" a fim de que a má interpretação e a falta de compreensão causadas pelas diferenças culturais possam ser reduzidas ou eliminadas. Portanto, a percepção preconceituosa dos residentes locais deveria mudar junto com a mudança de atitudes e de comportamento dos turistas coreanos para com os residentes locais e proprietários de negócios turísticos. É necessário que sejam envidados os maiores esforços, tanto de parte dos turistas quanto dos residentes coreanos, como cidadãos internacionais que são, para promover uma boa imagem uns dos outros.

Espera-se que, no futuro imediato, pelo menos, a participação coreana no turismo internacional diminua consideravelmente, por causa da depreciação da moeda coreana e da recessão econômica que começou em 1997. Como resultado, os turistas coreanos provavelmente causarão um impacto econômico menor sobre os destinos turísticos específicos, ao passo que se esperam impactos socioculturais mais positivos no futuro imediato. A pesquisa sobre os resultados da recessão econômica nas áreas de destinos por meio da análise integrada de impacto é um tópico que deveria ser de interesse em futuro previsível, não apenas no caso do turismo coreano, mas para todos os países do sudeste da Ásia afetados pela atual virada econômica nas suas economias.

Referências bibliográficas

AP, J. "Residents" perceptions research on the social impacts of tourism", *Annals of Tourism Research* 17 (4): 610-15, 1990.

ARCHER, B.H. *The Impact of Domestic Tourism*. Cardiff: Gráfica da Universidade do País de Gales, 1973.

_______. *Tourism Multiplier: The State of Art*. Cardiff: Gráfica da Universidade do País de Gales, 1977.

_______. *The Economic Impact of Tourism in Seychelles*. Commonwealth Secretariat, CFTC / SEY / 51, 1982.

ARCHER, B.H. & WANHILL, S.R.C. *The Economic Impact of Tourism in Mauritius*, Banco Mundial, MAR/ 80/004/A/01/42, 1981.

_______. *Tourism in Bermuda: na Economic Impact Study*. Governo da Bermuda, 1985.

BELISLE, F.J. & HOY, D. "The perceived impact of tourism by residents; a case study in Santa Marta, Colombia, *Annals of Tourism Research* 7 (1): 830-101, 1980.

COMMONWEALTH DEPARTMENT OF TOURISM. Relatório Anual da Austrália, 9-10, 1994-1995.

DEPARTMENT OF BUSINESS, ECONOMIC DEVELOPMENT AND TOURISM, ESTADO DO HAVAÍ, Primeiro Trimestre da Economia do Havaí, 6-7, 1996.

FLETCHER, J.E. *The Economic Impact of Tourism on the National Economy of the Solomon Islands*, WTO/ UNDP, 1987.

HAWAII VISITORS BUREAU. *Annals of Tourism Research*. Honolulu, 1990-1995.

JOHNSON, J.D.; SNEPENGER, D.J.; AKIS, S. "Residents" perceptions of tourism development", *Annals of Tourism Research* 21 (3): 629-42, 1994.

KIM, S.M. "A study on the actual conditions of Korean outbound tourism and recommendations for its improvements", *Study on Tourism*, 17, Coréia, 1993.

KOREA NATIONAL TOURISM ORGANIZATION. *Annual Tourism Report*, Seul, Coréia, 1990-1995.

_______. (*Tourism Statistical Report*, Seul, Coréia, 1990-1996.

MATHIESON, A e WALL, G. *Tourism: Economic, Physical and Social Impacts*. Londres: Longman, 1986.

MILL, R.C. e MORRISON, A M. *The Tourism System: An Introductory Text*. Prentice-Hall International Editions, p. 221, 1995.

REYNOLDS, P.C. "Impacts of tourism on indigenous communities: the Australian case". *In*: C.P. Cooper e A. Lockwood (eds.) *Progress in Tourism, Recreation and Hospitality Management* 4, 1992.

SADLER, P.; ARCHER, B.H.; OWENS, C. *Regional Income Multipliers*. Cardiff: Gráfica da Universidade do País de Gales, 1973.

VAR, T.; KENDALL, K.W.; TARAKCIOGLU, E. "Residents" attitudes toward tourists in a Turkish resort town", *Annals of Tourism Research* 12 (4): 652-8, 1985.

WANHILL, S.R.C. "Measuring the economic impact of tourism", *Service Industries Journal* 3 (1): 9-20, 1983.

_______. Tourism multipliers under capacity constraints, *Service Industries Journal* 8 (2): 136-42, 1988.

Impressão e acabamento:
GRÁFICA PAYM
Tel. (011) 4392-3344